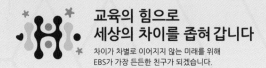

교육의 힘으로
세상의 차이를 좁혀 갑니다

차이가 차별로 이어지지 않는 미래를 위해
EBS가 가장 든든한 친구가 되겠습니다.

모든 교재 정보와 다양한 이벤트가 가득!
EBS 교재사이트 book.ebs.co.kr

본 교재는 EBS 교재사이트에서
eBook으로도 구입하실 수 있습니다.

KB185044

고등학교
입문서
NO. 1

고등
예비
과정

공통영어

기획 및 개발

김현영
정자경
허진희

본 교재의 강의는 TV와 모바일 APP, EBS 중학사이트(mid.ebs.co.kr),
EBS*i* 사이트(www.ebs*i*.co.kr)에서 무료로 제공됩니다.

듣기 MP3 파일
바로듣기 & 내려받기

발행일 2024. 7. 14. **2쇄 인쇄일** 2024. 12. 13. **신고번호** 제2017-000193호 **펴낸곳** 한국교육방송공사 경기도 고양시 일산동구 한류월드로 281
표지디자인 ㈜무닉 **편집** ㈜동국문화 **인쇄** ㈜타라티피에스
인쇄 과정 중 잘못된 교재는 구입하신 곳에서 교환하여 드립니다. 신규 사업 및 교재 광고 문의 pub@ebs.co.kr

듣기 MP3 파일 및 정답과 해설 PDF 파일은 EBS*i* 사이트(www.ebs*i*.co.kr)에서 내려받으실 수 있습니다.

교재 내용 문의
교재 내용 문의는
EBS*i* 사이트(www.ebs*i*.co.kr)의 학습 Q&A 서비스를
활용하시기 바랍니다.

교재 정오표 공지
발행 이후 발견된 정오 사항을
EBS*i* 사이트 정오표 코너에서 알려 드립니다.
교재 → 교재 자료실 → 교재 정오표

교재 정정 신청
공지된 정오 내용 외에 발견된 정오 사항이 있다면
EBS*i* 사이트를 통해 알려 주세요.
교재 → 교재 정정 신청

고등학교
입 문 서
NO. 1

고등
예비
과정

공통영어

구성과 특징 STRUCTURE & FEATURES

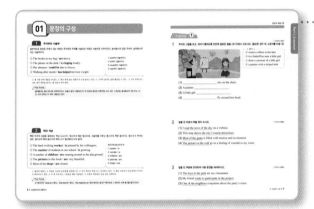

Part I Grammar

2022 개정 교육과정 및 교과서에서 중요하게 다루어지는 영어 문장의 구조를 문법 요목별로 한눈에 정리할 수 있도록 구성하였고, 다양하고 실용적인 예문들을 이용해 흥미롭고 간단한 문제를 풀어 봄으로써 학습한 문법 사항을 제대로 이해했는지 바로 확인할 수 있도록 하였다.

Review Test

요목별로 학습한 문법을 전국연합평가 등 수능 유형의 시험에 출제되는 어법 유형과 고등학교 내신 시험에 자주 출제되는 유형으로 다루어 볼 수 있도록 하였다.

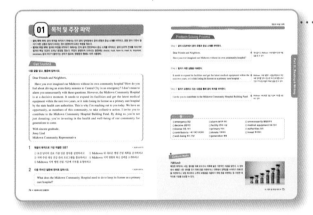

Part II Reading & Writing

다양한 정보의 글을 읽고, 중심 내용 파악, 세부 정보 이해, 논리적 구조 파악의 핵심 사항을 정리하고 이를 적용하여 정확한 독해를 할 수 있도록 함과 동시에 수능형 읽기 문제에 익숙해지도록 하였다.
한편, 내신 서술형 문제를 추가로 제공하여 지문에 대한 이해도를 높임과 동시에 다양한 유형의 내신형 문제를 충분히 연습할 수 있도록 하였다.

Review Test

수능 핵심 유형을 중심으로 구성된 테스트를 풀어 봄으로써 전국연합평가 등 수능 유형의 시험에 실제로 출제되는 다양한 유형의 문항을 접해 볼 수 있도록 하였다.

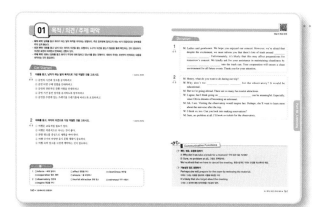

Part III Listening

2022 개정 교육과정 및 교과서에서 중요하게 다루어지는 의사소통 표현을 익힘과 동시에 수능 듣기 유형을 연습할 수 있도록 구성하였다.

수능 듣기 문제에서 다뤄지는 주요 의사소통 표현을 집중하여 듣고 써 볼 수 있는 Dictation 코너와 해당 표현들을 활용한 다양한 대화 상황을 이용한 문제 풀이 연습도 가능하도록 구성하였다.

학생

인공지능 DANCHOQ
푸리봇 문|제|검|색

EBS*i* 사이트와 EBS*i* 고교강의 APP 하단의 AI 학습도우미 **푸리봇**을 통해 문항코드를 검색하면 푸리봇이 해당 문제의 해설과 해설 강의를 찾아 줍니다. **사진 촬영으로도 검색**할 수 있습니다.

문제별 문항코드 확인

[242014-0001]

1. 아래 그래프를 이해한 내용으로 가장 적절한 것은?

문항코드 검색

242014-0001

[242014-0001]

사진 촬영 검색

선생님

EBS 교사지원센터
교재 관련 자|료|제|공

교재의 문항 한글(HWP) 파일과 교재이미지, 강의자료를 무료로 제공합니다.

⬇ 한글다운로드   🖼 교재이미지   ☰ 강의자료

• 교사지원센터(teacher.ebsi.co.kr)에서 '교사인증' 이후 이용하실 수 있습니다.
• 교사지원센터에서 제공하는 자료는 교재별로 다를 수 있습니다.

차례 CONTENTS

Part III Listening

중학교와 달라지는 고등학교, 이렇게 시작하세요

입시 전략 세우는 법은?

모의고사는 어떻게 대비하지?

달라지는 내신 평가 방법?

시작이 반! 제대로 시작하기

대입으로의 첫걸음을 딛는 고등학교 생활! 막연한 두려움을 가질 필요는 없습니다. 어디를 향해 출발해야 할지 알고 목표를 명확하게 세운다면 좋은 결과를 얻을 것입니다. 고등학교에서 배우는 내용의 깊이와 낯선 수능 유형 적응이라는 관문이 높게 보이겠지만, 중학교에서 학습한 내용에 근간을 두고 있다는 점을 명심하고 자신감 있게 시작해 봅시다.

수능 첫 관문, 전국연합학력평가

3월에 시행되는 전국연합학력평가는 나의 성취 수준을 가늠할 수 있는 고등학교 1학년 전국 단위 첫 시험으로 중학교 전 범위가 출제범위입니다. 6월, 9월, 10월에도 전국연합학력평가가 시행되며, 고등학교 1학년 공통과목(국어, 수학, 영어, 한국사, 통합사회, 통합과학) 교육과정 순서에 따라 일부 단원까지만 출제범위에 포함됩니다.

고1 3월 전국연합학력평가 출제범위		
영역(과목)		출제범위
국어		중학교 전 범위
수학		
영어		
한국사		
탐구	사회	
	과학	

대학수학능력시험 출제범위		
영역(과목)		출제범위
국어		화법과 언어, 독서와 작문, 문학
수학		대수, 미적분 I , 확률과 통계
영어		영어 I , 영어 II
한국사		한국사
탐구	사회	통합사회
	과학	통합과학

성공적인 대입을 위한 내신 관리의 중요성

대학 입시 전형에서 수시 모집 인원이 차지하는 비중은 70% 내외로 수시 모집 전형은 대체로 높은 내신 성적을 요구합니다. 그러므로 고등학교 입학과 동시에 철저한 내신 관리가 필요합니다. 내신 관리의 가장 중요한 점은 학교 수업에서 강조한 부분이 무엇인지 알고 어떤 문제 유형이 출제되는지 아는 것입니다. 성공적인 학습 성과를 거두기 위해 자신의 적성과 진로에 맞춰 과목을 선택하고, 수동적으로 수업을 듣는 것에 그치지 않고 꾸준히 자기 주도 학습을 하는 것이 중요합니다.

★ EBS 100% 활용하기 (+만점을 위한 학습 습관 기르기)
- 교재에 수록된 문항코드를 검색해 모르는 문제는 강의까지 꼼꼼하게 복습한다.
- 기출은 필수! EBSi에서 기출문제 내려받아 풀고, AI단추를 활용해 취약 영역 중심으로 반복 학습한다.

Part I

Grammar

01 문장의 구성

1 주어부와 서술부

일반적으로 문장은 주제가 되는 부분인 주어부와 주제를 서술하는 부분인 서술부로 이루어진다. 술어동사의 앞은 주어부, 술어동사부터는 서술부이다.

① The books in my bag / **are** heavy.

② The phone on the desk / **is ringing** loudly.

③ Her absence / **could be** due to illness.

④ Walking after meals / **has helped** me lose weight.

① are부터 서술부이다.
② is부터 서술부이다.
③ could부터 서술부이다.
④ has부터 서술부이다.

① 내 가방 안의 책들은 무겁다. ② 책상 위에 놓인 전화기가 크게 울리고 있다. ③ 그녀의 결석은 질병 때문일 수 있다. ④ 식사 후에 걷는 것은 내가 체중을 줄이는 데 도움이 되어 왔다.

+ Plus Points
술어동사는 동사 하나로 이루어지거나, 조동사 등이 사용되어 두 개 이상의 동사로 이루어질 수도 있다. ①에서는 술어동사가 하나이고, ②, ③, ④의 경우는 두 개씩 사용되고 있다.

2 핵의 개념

핵은 어구의 성질을 결정하는 핵심 요소이다. 명사구의 핵은 명사이며, 서술부를 이루는 동사구의 핵은 동사이다. 명사구가 주어인 경우, 명사구의 핵과 동사구의 핵의 수가 일치된다.(수의 일치)

① The hard-working **worker** / **is** praised by her colleagues.

② The **number** of students at our school / **is** growing.

③ A number of **children** / **are** running around in the playground.

④ The **pictures** in this book / **are** very beautiful.

⑤ Most of the **shops** / **are** closed.

명사구와 동사구의 핵
① worker / is
② number / is
③ children / are
④ pictures / are
⑤ shops / are

① 열심히 일하는 그 직원은 자신의 동료에게 칭찬받는다. ② 우리 학교의 학생 수는 증가하고 있다. ③ 많은 어린이가 운동장에서 이리저리 뛰어다니고 있다. ④ 이 책 속에 있는 그림들은 매우 아름답다. ⑤ 상점의 대부분은 문을 닫은 상태이다.

+ Plus Points
⑤ 명사구인 「most of+명사」, 「the rest of+명사」, 「the majority of+명사」에서는 명사가 핵이므로 그 명사의 수에 동사를 일치시킨다.

Practice 1

1 주어진 그림을 보고, 의미가 통하도록 빈칸에 알맞은 말을 〈보기〉에서 고르시오. (필요한 경우 대·소문자를 바꿀 것)

┤ 보기 ├
ⓐ wears a ribbon in her hair
ⓑ two butterflies near a little girl
ⓒ draws a portrait of a little girl
ⓓ a painter with a striped shirt

(1) _____ sits on the chair.

(2) A painter _____.

(3) A little girl _____.

(4) _____ fly around her head.

2 밑줄 친 부분의 핵을 찾아 쓰시오.

(1) I <u>read the news of the day</u> on a website.

(2) This map <u>shows the city's tourist attractions</u>.

(3) <u>Most of the game</u> is filled with tension and excitement.

(4) <u>The picture on the wall</u> gives a feeling of warmth to my room.

3 밑줄 친 부분에 유의하여 다음 문장을 해석하시오.

(1) <u>The boys in the park</u> are my classmates.

(2) My friend <u>wants to participate in the project</u>.

(3) <u>One of the neighbors</u> complains about the party's noise.

3 주격 보어

주격 보어는 주어의 상태나 특성을 설명한다. 명사(구), 형용사(구), to부정사(구), 분사(구), that절 또는 what절 등의 명사절이 주격 보어로 쓰일 수 있다.

① Finally, they became **colleagues**.

The traffic light turned **red**.

② My hobby is **to learn new languages**.

She felt **betrayed by her closest friend**.

③ The fact is **that she doesn't want to go there**.

That is **what I want to say**.

① 명사와 형용사가 주격 보어로 쓰였다.
② to부정사구와 분사구가 주격 보어로 쓰였다.
③ that절과 what절이 주격 보어로 쓰였다.

① 마침내 그들은 동료가 되었다. / 신호등이 빨간색으로 바뀌었다. ② 내 취미는 새로운 언어를 배우는 것이다. / 그녀는 자신의 가장 친한 친구에게 배신감을 느꼈다. ③ 사실은 그녀가 그곳에 가고 싶어 하지 않는다는 것이다. / 그것이 내가 말하고 싶은 것이다.

+ Plus Points

주격 보어가 필요한 동사: be, remain, stay, become, get, turn, appear, seem, look, feel, smell, sound, taste 등

4 목적어

목적어는 동사가 나타내는 동작의 대상이 되는 존재이다. 목적어로 쓰일 수 있는 것은 명사(구), to부정사(구), 동명사(구), 명사절 등이다.

① She raises **two cute cats**.

He decided **to make an early start**.

I finished **cleaning the room**.

② He knows **that I don't like eggs**.

I asked her **if she wanted to stay home**.

Choose **what you want to eat for dinner**.

③ I wonder **why he always wears the hat**.

④ The sun gives **us heat and light**.

→ The sun gives heat and light **to us**.

① 명사구, to부정사구, 동명사구가 목적어로 쓰였다.
② that절, if[whether]절, what절이 목적어로 쓰였다.
③ 의문절이 목적어로 쓰였다.
④ 목적어가 두 개 사용되었다.
   (간접목적어 us + 직접목적어 heat and light)

① 그녀는 두 마리의 귀여운 고양이를 기른다. / 그는 일찍 출발하기로 결정했다. / 나는 방을 청소하는 것을 마쳤다. ② 그는 내가 달걀을 좋아하지 않는다는 것을 안다. / 나는 그녀에게 집에 머물기를 원하는지를 물었다. / 저녁 식사로 먹고 싶은 것을 고르세요. ③ 나는 왜 그가 항상 그 모자를 쓰는지 궁금하다. ④ 태양은 우리에게 열과 빛을 준다.

+ Plus Points

2개의 목적어를 가질 수 있는 동사(give, buy, tell, show, make, teach, send 등)를 수여동사라고 한다. 수여동사가 쓰인 문장에서 간접목적어가 직접목적어의 뒤로 가면 대부분 전치사 to를 붙이지만, buy, make, get 등의 동사는 for를 붙이고, ask는 of를 붙인다.

I gave him some advice. → I gave some advice **to** him.

He bought his daughter a dress. → He bought a dress **for** his daughter.

Practice 2

1 주어진 그림을 보고, 의미가 통하도록 알맞은 말끼리 서로 연결하시오. ▶ 242014-0004

(1)  (2)  (3)  (4)

(1) The good news is   •

(2) The children seemed •

(3) His plan is   •

(4) My sister became   •

  • ⓐ an opera singer.

  • ⓑ to travel by bicycle.

  • ⓒ that I won the tennis competition.

  • ⓓ delighted with the new toys.

2 다음 문장의 밑줄 친 동사의 목적어에 밑줄을 그으시오. ▶ 242014-0005

(1) She <u>enjoys</u> doing yoga for relaxation.

(2) I can't <u>understand</u> why she likes the horror movie.

(3) Don't <u>forget</u> that it is your mother's birthday tomorrow.

(4) My father <u>asked</u> if I wanted to stay in the hospital longer.

3 주어진 문장을 의미가 같도록 전치사 to 혹은 for를 이용하여 다시 쓰시오. ▶ 242014-0006

(1) He told his brother an interesting story.

  → _____

(2) I showed my friends some pictures of London.

  → _____

(3) My grandmother made me a delicious homemade meal.

  → _____

5 목적격 보어

목적격 보어는 목적어의 상태나 특성을 설명한다. 목적격 보어의 역할을 하는 어구는 주로 명사(구)와 형용사(구)이다. 목적어와 목적격 보어가 필요한 주요 동사는 call, name, consider, think, find, keep, make, leave 등이다.

① They consider pets **friends**.

② We call the lion **the king of beasts**.

③ She found the work **dull**.

   Close the door to keep the room **warm**.

④ His attitude made him **very unpopular** with his colleagues.

   I thought myself **capable of passing the exam**.

① 명사가 목적격 보어로 쓰였다.

② 명사구가 목적격 보어로 쓰였다.

③ 형용사가 목적격 보어로 쓰였다.

④ 형용사구가 목적격 보어로 쓰였다.

① 그들은 반려동물을 친구로 생각한다. ② 우리는 사자를 짐승의 왕으로 부른다. ③ 그녀는 그 일이 따분하다고 생각했다. / 방을 따뜻하게 유지하기 위해 문을 닫아라. ④ 그의 태도는 그를 자신의 동료들 사이에서 아주 인기가 없도록 만들었다. / 나는 내가 시험에 통과할 수 있을 것으로 생각했다.

6 부사구

동사구를 수식하여 장소, 시간, 방법, 양태 등을 나타내는 어구나 전치사구(전치사+명사)를 부사구라고 한다. 부사구는 문장의 필수 요소는 아니지만, 부사구가 없으면 의미가 매우 어색하여 부사구를 꼭 필요로 하는 동사도 있다.

① Most turtles move **slowly**.

   They got married **on December 11, 2010**.

   My son went to school **after breakfast**.

   I pay for the meal **by credit card**.

   We spent last weekend **at home**.

② The museum is **in the middle of the city**.

   The two nations are **at war**.

   I don't want to put you **in danger**.

① slowly, on December 11, 2010, after breakfast, by credit card, at home이 부사(구)로 쓰였다.

② The museum is. (×)

   The two nations are. (×)

   I don't want to put you. (×)

① 대부분의 거북은 천천히 움직인다. / 그들은 2010년 12월 11일에 결혼했다. / 내 아들은 아침 식사 후 학교에 갔다. / 나는 신용 카드로 식비를 지불한다. / 우리는 지난 주말을 집에서 보냈다. ② 그 박물관은 도시의 한가운데에 있다. / 그 두 나라는 전쟁 중에 있다. / 나는 당신을 위험에 처하게 하고 싶지 않습니다.

+ Plus Points

②에서 in the middle of the city, at war, in danger는 전치사구로서 부사구의 역할을 하고 있으며 이 부사구가 없으면 어법적으로 어색한 문장이 된다.

Practice 3

1 주어진 그림을 보고, 빈칸에 알맞은 말을 〈보기〉에서 고르시오. ▶ 242014-0007

┤ 보기 ├
ⓐ into the swimming pool
ⓑ behind the clouds
ⓒ by train
ⓓ in the middle of the stage

(1)   (2)   (3)   (4)

(1) A ballet dancer performs _____.

(2) A businessman goes on a business trip _____.

(3) The sun disappeared _____.

(4) A swimmer dives _____.

2 다음 문장의 목적격 보어를 찾아 쓰시오. ▶ 242014-0008

(1) The princess named him the guardian of the forest.

(2) I find the science fiction novel interesting.

(3) Her goal makes him eager to study harder.

3 다음 글의 빈칸에 들어갈 말을 〈보기〉에서 골라 쓰시오. ▶ 242014-0009

┤ 보기 ├
carefully
difficult
in the middle of it
capable of clearing the big stone

There once was a very wealthy king. People named him the king of curiosity. The king found a road, so he placed a huge stone ____(1)____. Then he hid near the road. A farmer came along the way. When he got near the stone, the farmer tried to move the big stone. He found the work ____(2)____. However, he thought himself ____(3)____ and finally succeeded. When he was ready to go on his way, the farmer found an unfamiliar purse lying in the road. He opened the purse ____(4)____. The purse was filled with gold coins, the king's reward.

02 단어와 구

1 명사

명사는 문장 내에서 주어, 목적어, 보어의 역할을 한다. 명사의 앞이나 뒤에 한정사와 수식어구가 올 경우 명사는 핵의 역할을 하며 명사구를 이끈다. 동사의 수는 주어 역할을 하는 명사구의 핵의 수에 따라 결정된다.

① **The museum supported by the city** is opening tomorrow.
② The fruit has **vitamin essential to nutrition**.
　She has an interest in **environmental conservation**.
③ This is **the message repeated in the advertisement**.
　We consider him **one of the best leaders**.
④ The pretty **girl** in the crowd **is** my younger sister.

① 주어: 핵은 museum
② 동사의 목적어: 핵은 vitamin
　전치사 in의 목적어: 핵은 conservation
③ 주격 보어: 핵은 message
　목적격 보어: 핵은 one
④ 주어의 핵은 단수인 girl이므로 동사도 그에 상응하는 is이다.

① 시에서 지원하는 박물관이 내일 개장한다. ② 과일에는 영양에 필수적인 비타민이 들어 있다. / 그녀는 환경 보호에 관심이 있다. ③ 이것이 그 광고에서 되풀이된 메시지이다. / 우리는 그를 가장 훌륭한 지도자 중 한 명이라고 생각한다. ④ 그 무리 속의 예쁜 소녀가 내 여동생이다.

+ Plus Points
① supported by the city는 The museum을 수식한다.
② essential to nutrition은 vitamin을 수식한다.
③ repeated in the advertisement는 the message를 수식한다.

2 형용사

형용사가 단독으로 명사를 수식할 때는 대체로 수식하는 명사 앞에 놓이지만, 형용사가 어구를 이루어 명사를 수식할 때는 수식하는 명사 뒤에 놓이며, -thing, -body 형태의 명사를 수식할 때는 단독으로 수식하는 형용사도 명사의 뒤에 놓인다. 형용사가 보어로 쓰이는 서술적 용법에서 형용사(구)는 주어나 목적어의 상태나 특성을 설명하는 역할을 한다.

① She brought **pretty** flowers.
② Nothing **strange** happened to us.
　The audience enjoyed watching a film **full of humor**.
③ **Jessica** looks **worried**.
④ **Who** do you consider **responsible for the error**?

① flowers를 앞에서 수식한다.
② Nothing을 뒤에서 수식한다.
　형용사구(full of humor)가 a film을 뒤에서 수식한다.
③ 주어 Jessica의 상태를 설명한다.
④ 목적어 Who의 상태를 설명한다.

① 그녀는 예쁜 꽃을 가져왔다. ② 어떤 이상한 일도 우리에게 일어나지 않았다. / 그 관객은 유머로 가득 찬 영화를 보는 것을 즐겼다. ③ Jessica는 걱정스러워 보인다. ④ 당신은 누가 그 실수에 대해 책임이 있다고 생각합니까?

1 주어진 그림을 보고, 의미가 통하도록 빈칸에 알맞은 말을 〈보기〉에서 고르시오. ▶ 242014-0010

┤ 보기 ├
ⓐ delighted
ⓑ eager to serve the customers
ⓒ full of freshly baked bread
ⓓ responsible for making bread

(1) The bakery is _____.

(2) Emily is the baker _____.

(3) Two employees are _____.

(4) The customers seem _____ at the freshly baked bread.

2 괄호 안에서 어법상 알맞은 것을 고르시오. ▶ 242014-0011

(1) The children surrounding the tree (is / are) singing a song.

(2) The cookie baked by my grandmother (taste / tastes) delicious.

(3) Parents getting ready for Christmas Day (is / are) busy buying presents.

(4) She always carries (something interesting / interesting something) in her bag.

3 밑줄 친 부분에 유의하여 다음 문장을 해석하시오. ▶ 242014-0012

(1) The picture taken at the beach captured a beautiful moment.

(2) Have you ever heard of the mysterious rumors related to Margaret?

(3) This is a letter written by an unknown person in the old days.

3 부사

부사는 동사, 형용사, 다른 부사, 전치사구 혹은 절 전체를 수식한다.

① The man apologized to me **politely**.

　 She can speak French **fluently**.

② This novel was **completely** fascinating to me.

③ The tourists walked **too** far.

　 Fortunately, we could arrive **just** in time.

④ **Thankfully**, I managed to pay off all my debts.

① 동사 apologized를 수식
　동사 speak를 수식
② 형용사 fascinating을 수식
③ 부사 far를 수식
　전치사구 in time을 수식
④ 절 전체를 수식

① 그 남자는 나에게 정중하게 사과했다. / 그녀는 프랑스어를 유창하게 말할 수 있다. ② 이 소설은 나에게 완전히 매혹적이었다. ③ 그 관광객들은 너무 멀리 걸었다. / 다행히도 우리는 딱 시간에 맞추어 도착할 수 있었다. ④ 다행히도 나는 가까스로 내 모든 빚을 갚았다.

+ **Plus Points**

④ certainly(확실히), interestingly(흥미롭게도), surprisingly(놀랍게도), naturally(당연히), fortunately(다행스럽게도) 등도 절 전체를 수식하는 부사로 자주 쓰인다.

4 전치사

전치사의 목적어로는 명사, 대명사, 동명사구, 의문절, whether절, what절 등이 쓰인다. 두 개 이상의 단어가 연결된 전치사를 구전치사라고 한다.

① I learned a lot **from** [the book / it].

　 He looked tired **from** [walking all the way here].

② I'm interested **in** [how my cat reacts to my actions].

　 We talked **about** [whether she would arrive on time].

③ The boss is thinking **about** [what you suggested].

④ He had to retire **because of** [ill health].

　 I stayed in bed all day **instead of** [going to work].

① (대)명사와 동명사구가 전치사의 목적어로 쓰였다.
② 의문절과 whether절이 전치사의 목적어로 쓰였다.
③ what절이 전치사의 목적어로 쓰였다.
④ 명사구와 동명사구가 구전치사의 목적어로 쓰였다.

① 나는 그 책[그것]에서 많은 것을 배웠다. / 그는 여기까지 쭉 걸어오느라 피곤해 보였다. ② 나는 고양이가 내 행동에 어떻게 반응하는지에 관심이 있다. / 우리는 그녀가 제시간에 도착할 수 있을지에 대해 이야기했다. ③ 사장은 당신이 제안했던 것에 대해 생각하고 있다. ④ 그는 좋지 않은 건강 때문에 은퇴해야 했다. / 나는 출근하는 대신에 종일 침대에 누워 있었다.

+ **Plus Points**

④ 구전치사의 예: according to(~에 따라), due to(~ 때문에), owing to(~ 때문에), because of(~ 때문에), thanks to(~ 덕분에), in case of(~의 경우에), in spite of(~에도 불구하고), instead of(~ 대신에) 등

Practice **2**

1 주어진 그림을 보고, 빈칸에 알맞은 말을 〈보기〉에서 고르시오.   ▶ 242014-0013

┤ 보기 ├
ⓐ more than an hour of heavy rain   ⓑ taking a walk in the countryside
ⓒ what caused the sudden traffic jam   ⓓ whether the experiment will be a success

(1)  (2)  (3)  (4)

(1) A scientist has a question about _____.

(2) Have you heard of _____?

(3) The baseball game was delayed because of _____.

(4) They enjoyed nature by _____.

2 어법상 틀린 부분을 찾아 바르게 고쳐 쓰시오.   ▶ 242014-0014

(1) Be very carefully of sharp knives when cutting vegetables.

(2) Her ability to speak multiple languages is amazing impressive.

(3) Regrettable, he had to decline the job offer due to personal reasons.

(4) The snake moved silent through the grass, hunting for its next meal.

3 주어진 우리말과 같은 의미가 되도록 괄호 안의 어구를 바르게 배열하시오.   ▶ 242014-0015

(1) 장애를 가졌음에도 불구하고, 그는 목표를 달성할 수 있었다.
   (achieve his goal / having a disability / was able to / in spite of / he)
   → _____

(2) 자가용 대신에 대중교통을 이용하세요.
   (private cars / instead of / public transportation / use)
   → _____

(3) 최근 연구에 따르면, 규칙적인 운동은 정신 건강을 개선할 수 있다.
   (regular exercise / mental health / according to / can improve / recent studies)
   → _____

5 인칭대명사와 재귀대명사

인칭대명사 중에서 you, we, they는 일반적인 사람을 나타낼 수 있다. 주어와 목적어가 동일한 대상을 가리키는 경우, 목적어는 재귀대명사의 형태가 된다. 또한 재귀대명사는 주어 혹은 보어나 목적어를 강조할 수 있는데, 주어를 강조할 때는 주어의 뒤나 문장의 맨 뒤에 위치하며, 보어나 목적어를 강조할 때는 보어나 목적어의 바로 뒤에 위치한다.

① **You** should be careful with poison.

  We know that the earth goes around the sun.

② **I myself** wouldn't do such a foolish thing.

  My sister fixed the broken toy **herself**.

③ The problem may be **the television itself**.

  I spoke to **the beautiful actress herself**.

④ **Jack** still thinks of **him** as a little boy.

  Jack still thinks of **himself** as a little boy.

① You, We: 일반적인 사람
② 주어를 강조하는 재귀대명사
③ 보어나 목적어를 강조하는 재귀대명사
④ Jack ≠ him
  Jack = himself

① 독을 다룰 때는 조심해야 한다. / 우리는 지구가 태양의 주위를 돈다는 것을 안다. ② 나 자신은 그러한 어리석은 일을 하지는 않을 것이다. / 내 여동생은 직접 고장 난 장난감을 고쳤다. ③ 문제는 텔레비전 자체일지도 모른다. / 나는 그 아름다운 여배우에게 직접 말했다. ④ Jack은 여전히 그를 어린 남자아이로 생각한다. / Jack은 여전히 자신을 어린 남자아이로 생각한다.

6 지시대명사와 부정대명사

지시대명사 that은 앞에서 언급된 단수명사를 반복할 때 그 단수명사를 대신하여 쓰이고, 앞의 명사가 복수인 경우에는 those가 쓰인다. 이 that과 those는 보통 「the＋명사」의 개념을 대신한다. those는 관계절의 선행사로 '사람들'이라는 의미로도 쓰인다. 부정대명사인 either와 neither는 대명사 혹은 형용사로 사용된다.

① **The temperature** here is lower than **that** of Sydney.

  The cars in the 1950s were different from **those** of today.

② **Those who** want to travel abroad should start saving money.

③ I haven't seen **either** of these programs.

  Either program will do.

  Neither of the boys knows the secret.

  Neither boy knows the secret.

① that = The temperature
  those = The cars
② Those = People
③ either와 neither는 대명사나 형용사로 쓰인다.
  either: (둘 중) 어느 하나 / 하나의
  neither: (둘 중의) 어느 쪽도 아닌 것 / 아닌

① 이곳의 기온은 Sydney의 기온보다 더 낮다. / 1950년대의 자동차는 오늘날의 자동차와 달랐다. ② 해외 여행을 하고 싶은 사람들은 돈을 모으기 시작해야 한다. ③ 나는 이 두 프로그램 중 어느 것도 보지 않았다. / (둘 중의) 어느 프로그램이라도 괜찮을 것이다. / 그 소년들 중 어느 쪽도 그 비밀을 알지 못한다. / (둘 중의) 어느 소년도 그 비밀을 알지 못한다.

Practice **3**

1 주어진 그림을 보고, 빈칸에 알맞은 말을 〈보기〉에서 고르시오. (필요한 경우 대·소문자를 바꿀 것) ▶ 242014-0016

| 보기 |
ⓐ neither　　　　ⓑ either　　　　ⓒ they　　　　ⓓ those

(1)　(2)　(3)　(4)

(1) _____ say that laughter is the best medicine.

(2) She finds _____ of the pictures is understandable.

(3) _____ who are performing on stage are my friends.

(4) There's a green or red shirt available—you can choose _____ .

2 괄호 안에서 어법상 알맞은 것을 고르시오. ▶ 242014-0017

(1) She solved the difficult math problem (her / herself).

(2) I felt proud of (me / myself) after completing the marathon.

(3) Elephants from Africa are bigger than (that / those) from India.

3 다음 글의 빈칸에 들어갈 말로 알맞은 것을 〈보기〉에서 골라 쓰시오. (필요한 경우 대·소문자를 바꿀 것) ▶ 242014-0018

| 보기 |
either　　　　neither　　　　those　　　　himself

　A long time ago, there was a boy who needed help. He thought of _____(1)_____ as smart, but he often got angry and said hurtful things to his friends, John and Ted. Although _____(2)_____ of his friends wanted to, they finally decided to help him. So, they suggested two solutions: "either remain calm, or take a nail and drive it into the old fence." _____(3)_____ of their suggestions was intended to help the boy manage his anger. Although the fence was very tough and the hammer heavy, the boy was so furious that on the very first day, he drove 37 nails. However, day after day, the number of nails gradually decreased. After some time, the boy started to understand that holding his temper was easier than driving nails into the fence. Their suggestions, like _____(4)_____ of a wise mentor, worked well.

03 조동사와 시제

1 조동사 (1) can, may, must, will, shall, do

조동사는 동사 앞에 쓰여서 동사의 의미를 도와주는 역할을 한다. 조동사의 뒤에는 동사의 원형이 쓰인다.

① Cats **can** climb trees very skillfully.

　Traffic **can** become heavy during rush hour.

② **May** I use your phone to make a quick call?

　It **may** rain later according to the weather forecast.

③ You **must** wear a helmet when riding a bicycle.

　You **must** be tired after such a long trip.

　cf. She **cannot** be the person you saw.

④ The sun **will** rise at 6 a.m. tomorrow.

　I **will** complete the project on time.

⑤ **Shall** I open the window for some fresh air? / **Shall** we dance?

⑥ I **do** appreciate all your help.

　I **did** try my best to solve the problem.

① can: 능력(= be able to), 가능성
② may: 허가(= be allowed to), 추측(~일 지도 모른다)
③ must: 의무(= have to), 긍정적 추론(↔ cannot은 부정적 추론)
④ will: 단순 미래(~일 것이다), 화자의 의지 (~하겠다)
⑤ shall: 제의나 제안(~할까요?)
⑥ do: 일반동사의 강조

① 고양이는 나무를 매우 능숙하게 오를 수 있다. / 교통량이 혼잡 시간대에 많아질 수 있다. ② 간단한 통화를 위해 당신의 휴대 전화를 사용해도 될까요? / 일기예보에 따르면 나중에 비가 올지도 모른다. ③ 자전거를 탈 때는 헬멧을 써야 한다. / 그렇게나 긴 여행 이후에 너는 틀림없이 피곤할 것이다. / *cf.* 그녀는 네가 보았던 사람일 리가 없다. ④ 태양은 내일 오전 6시에 뜰 것이다. / 나는 제시간에 프로젝트를 끝낼 것이다. ⑤ 신선한 공기를 위해서 창문을 좀 열까요? / 춤을 추실까요? ⑥ 당신의 모든 도움에 정말 감사드립니다. / 나는 그 문제를 해결하기 위해 정말 최선을 다했다.

2 조동사 (2) ought to, used to, had better

이들은 두 단어로 이루어져 있지만, 바로 뒤에 동사의 원형이 이어져 조동사와 유사한 역할을 하므로 준조동사라고도 한다.

① We **ought to** drink more water to stay healthy.

　You **ought not to** stay up too late.

　She **ought to** be here by now.

② I **used to** go for a run every morning.

　There **used to** be a cinema in the town.

③ You **had better** save some money.

　You **had better not** go out tonight.

① ought to: 의무(~해야 한다), 추측(~일 것 이다) (부정은 ought not to+동사의 원형)
② used to: 과거의 습관(~하곤 했다), 현재 와 대조되는 과거(전에는 ~이었다[했다])
③ had better: ~하는 것이 좋을 것이다, ~해 야 할 것이다(= should, ought to) (부정은 had better not+동사의 원형)

① 건강을 유지하려면 우리는 물을 더 많이 마셔야 한다. / 너무 늦게까지 깨어 있지 않아야 한다. / 그녀는 지금쯤이면 여기에 도착할 것이다. ② 나는 매일 아침 달리기를 하러 가곤 했다. / 전에는 마을에 극장이 있었다. ③ 너는 돈을 조금 저축하는 것이 좋겠다. / 너는 오늘 밤에 외출하지 않는 게 좋겠다.

Practice 1

1 주어진 그림을 보고, 빈칸에 알맞은 말을 〈보기〉에서 고르시오.

▶ 242014-0019

┤ 보기 ├
ⓐ does seem to enjoy
ⓑ can see the performance clearly
ⓒ will recommend this rock concert
ⓓ must be really talented

(1) They _____ from where they are.

(2) The guitar players on stage _____.

(3) The woman _____ the concert.

(4) The man _____ to his friends tomorrow.

2 괄호 안에서 어법상 알맞은 것을 고르시오.

▶ 242014-0020

(1) A couple of hours ought (be / to be) enough to finish this task.

(2) We used to (go / going) to the beach every summer.

(3) She (do / does) believe we can achieve our goals with hard work.

(4) You had (better not / not better) neglect your health.

3 다음 우리말을 영어로 옮길 때 빈칸에 알맞은 단어를 쓰시오.

▶ 242014-0021

(1) 비가 올 예정이니 우산을 챙기는 것이 좋겠다.

→ You _____ _____ pack an umbrella because it's going to rain.

(2) 나는 매일 아침 커피를 마시곤 했지만, 지금은 차를 더 좋아한다.

→ I _____ _____ drink coffee every morning, but now I prefer tea.

(3) 태풍에 대한 경고를 무시해서는 안 된다.

→ You _____ not to ignore the warnings about the storm.

(4) 우리 공원에 산책하러 갈까요?

→ _____ we go for a walk in the park?

03 조동사와 시제

3 조동사 (3) should, would, would rather

should와 would는 각각 shall과 will의 과거형에서 출발하였으나, 맥락에 따라 의미가 달라진다.

① Drivers **should** respect the speed limit.

This solution **should** fix the problem.

② He **would** tell stories by the campfire.

Would you mind closing the window?

③ They **would rather** travel by train.

He **would rather** work late **than** start early.

I **would rather not** eat spicy food.

① should: 의무(~해야 한다), 가능성에 대한 기대나 추측(아마 ~할 것이다)

② would: 과거의 습관(~하곤 했다), 정중한 부탁

③ would rather: 차라리 ~하고 싶다

would rather A than B: B하느니보다는 차라리 A하고 싶다(would rather의 부정은 would rather not+동사의 원형)

① 운전자들은 제한 속도를 준수해야 한다. / 이 해결책이 그 문제를 해결할 것이다. ② 그는 모닥불 옆에서 이야기를 들려주곤 했다. / 창문을 닫아 주시겠어요? ③ 그들은 차라리 기차로 여행하고 싶어 한다. / 그는 일찍 출근하는 것보다 차라리 늦게 퇴근하고 싶어 한다. / 나는 차라리 매운 음식을 먹지 않고 싶다.

4 조동사+완료형

「조동사+완료형」은 과거의 일에 대한 추측, 가능성, 확신, 유감이나 후회를 나타낼 수 있다.

① She **may[might] have forgotten** our meeting today.

② They **could have caught** the earlier train.

Without your help, they **couldn't have finished** the task.

He **can't have been** the one who left the door unlocked.

③ You **must have forgotten** to set the alarm.

④ He **should have apologized** for his late arrival.

She **shouldn't have opened** the box.

He **ought to have kept** his appointment.

He **ought not to have made** so much noise.

⑤ We **needn't have hurried**. The event has been postponed.

① may[might]+완료형: 과거의 일에 대한 추측(~했을지도 모른다)

② could+완료형: 이루어지지 않은 과거의 가능성(~할 수도 있었을 것이다)

could not + 완료형: 과거의 일에 대한 가정적 추론 (~할 수 없었을 것이다)

cannot + 완료형: 과거의 일에 대한 부정적 추론(~했을 리가 없다)

③ must+완료형: 과거의 일에 대한 긍정적 확신(~했음이 틀림없다)

④ should[ought to]+완료형: 과거의 일에 대한 유감이나 후회(~했어야 했는데)

⑤ need not+완료형: 이미 한 불필요한 일에 대한 후회(~할 필요가 없었는데)

① 그녀는 오늘 우리의 회의를 잊었을지도 모른다. ② 그들은 더 이른 기차를 탔을 수도 있었을 것이다. / 네 도움이 없었다면, 그들은 작업을 완료할 수 없었을 것이다. / 그가 문을 잠그지 않은 채로 둔 사람이었을 리가 없다. ③ 너는 알람을 설정하는 것을 잊어버렸음이 틀림없다. ④ 그는 자신의 늦은 도착에 대해 사과했었어야 했는데. / 그녀는 그 상자를 열지 말았어야 했는데. / 그는 자신의 약속을 지켰어야 했는데. / 그는 너무 시끄럽게 하지 말았어야 했는데. ⑤ 우리는 서두를 필요가 없었는데. 행사는 연기되었다.

+ Plus Points

didn't need to는 '~할 필요가 없었다(그래서 하지 않았다)'라는 뜻이다.

cf. I **didn't need to make** a lot of cookies. (나는 쿠키를 많이 만들 필요가 없었다.)

Practice 2

1 주어진 그림을 보고, 빈칸에 알맞은 말을 〈보기〉에서 고르시오. ▶ 242014-0022

┤ 보기 ├
ⓐ must have celebrated all night　　ⓑ would rather not comment
ⓒ would watch the stars　　ⓓ should fly high

(1) 　(2) 　(3) 　(4)

(1) With this wind, the kite _____.

(2) You _____ to be this tired.

(3) He _____ on the issue.

(4) We _____ through the telescope.

2 주어진 우리말과 같은 의미가 되도록 괄호 안의 단어들을 바르게 배열하시오. ▶ 242014-0023

(1) 그들은 숲을 통과하는 다른 길을 택했을지도 모른다. (another / might / have / path / taken)

　→ They _____ that goes through the forest.

(2) 만약 그가 더 빨리 달리지 않았다면, 그는 그 버스를 잡아 탈 수 없었을 것이다.

　(caught / couldn't / have / the bus)

　→ If he hadn't run faster, he _____.

(3) 그들은 그렇게나 많은 호텔 객실을 예약할 필요는 없었는데. (booked / need / have / not)

　→ They _____ so many hotel rooms.

(4) 우리는 수영하기보다 차라리 하이킹을 가고 싶다. (go / hiking / swimming / than)

　→ We would rather _____.

3 밑줄 친 부분에 유의하여 다음 문장을 해석하시오. ▶ 242014-0024

(1) He <u>could have finished</u> the project if he had more time.

(2) You <u>ought to have called</u> them to confirm the appointment.

(3) She <u>cannot have known</u> about the surprise party. We kept it a secret.

(4) Now that you've taken the medicine, you <u>should feel better</u> by the morning.

03 조동사와 시제

5 기본 시제와 진행형

동사의 기본 시제는 현재형과 과거형이다. 진행형(be동사+동사원형-ing)은 be동사의 시제에 따라 현재진행형과 과거진행형으로 나뉜다.

① We **go** to the cinema every Friday night.

Water **boils** at 100 degrees Celsius.

The train **leaves** at 7:00 a.m. and **arrives** in Daegu at 9:00 a.m.

② He **bought** a new car last month.

They **were** on vacation for two weeks in July.

When I **was** young, I **rode** my bike every day.

③ He **is fixing** the broken window.

They **are** always **leaving** the lights on.

We **are celebrating** our anniversary this weekend.

④ She **was cooking** dinner at 7:00 p.m. yesterday.

She **was leaving** that afternoon.

He **was** always **leaving** his clothes on the floor.

① 현재형: 현재의 습관적인 동작, 일반적인 사실, 또는 이미 예정된 일정 등을 표현한다.
② 과거형: 과거의 사건, 과거의 일정한 기간 동안 일어난 일, 또는 과거의 습관적인 행동 등을 표현한다.
③ 현재진행형: 현재 하고 있는 행동, 말하는 사람의 불만(늘 ~한다), 가까운 미래 등을 표현한다.
④ 과거진행형: 과거의 진행 중인 동작, 과거의 예정, 과거의 행위에 대한 불만 등을 표현한다.

① 우리는 매주 금요일 밤 영화를 보러 간다. / 물은 섭씨 100도에서 끓는다. / 그 기차는 오전 7시에 출발해서 대구에 오전 9시에 도착한다. ② 그는 지난달에 새 차를 샀다. / 그들은 7월에 2주 동안 휴가 중이었다. / 어렸을 때, 나는 매일 자전거를 탔다. ③ 그는 깨진 창문을 고치고 있다. / 그들은 항상 불을 켜 놓고 있다. / 우리는 이번 주말에 우리의 기념일을 축하할 것이다. ④ 그녀는 어제 오후 7시에 저녁 식사를 준비하고 있었다. / 그녀는 그날 오후에 떠날 예정이었다. / 그는 항상 옷을 바닥에 내버려 두었다.

6 완료형

완료형(have+p.p.)은 have의 시제에 따라 현재완료형과 과거완료형으로 나뉜다.

① It **has been** cold since yesterday.

She **has visited** the U.K. three times.

They **have known** each other for over a decade.

② They **had finished** their meal when we arrived.

By the time the meeting started, I **had completed** the report.

Before I moved to London, I **had** never **seen** a play in a theater.

① 현재완료형: 과거에 시작되어 현재까지 이어지는 상태나, 과거에 일어났지만 현재까지 영향을 미치는 일을 표현한다.
② 과거완료형: 과거의 특정 시점보다 더 이전에 일어난 일이나, 과거의 특정 시점을 기준으로 그 이전에 발생하여 그 시점까지 영향을 미치는 일이나 상황 등을 나타낸다.

① 어제부터 내내 날씨가 춥다. / 그녀는 영국을 세 번 방문했다. / 그들은 10년 넘게 서로를 알고 지냈다. ② 우리가 도착했을 때, 그들은 식사를 마쳤었다. / 회의가 시작했을 때쯤에 나는 보고서를 완료했었다. / 런던으로 이사하기 전에는, 나는 극장에서 연극을 본 적이 없었다.

+ Plus Points

현재완료형은 의문사 when 또는 과거를 나타내는 부사(구)와 함께 쓰이지 않는다.

When have you **finished** your work? (×)　　**When did** you **finish** your work? (○) (너는 언제 네 일을 끝냈니?)

He **has returned** ten minutes ago. (×)　　He **returned** ten minutes ago. (○) (그는 10분 전에 돌아왔다.)

Practice 3

1 주어진 그림을 보고, 빈칸에 알맞은 말을 〈보기〉에서 고르시오. ▸ 242014-0025

┃ 보기 ┃
ⓐ closes at 9:00 p.m. ⓑ were walking in the park
ⓒ is taking a yoga class ⓓ had left the party

(1)  (2)  (3)  (4)

(1) She _____ before I arrived.

(2) He _____ right now.

(3) We _____ when it started raining.

(4) The shop _____ on Saturdays.

2 괄호 안의 동사를 활용하여 빈칸에 어법상 알맞은 형태로 쓰시오. ▸ 242014-0026

(1) He always _____ a hat when he went outside. (wear)

(2) He _____ his friend's birthday gift yesterday. (buy)

(3) She _____ her presentation right now. (prepare)

(4) He has changed a lot since we last _____. (meet)

3 다음 글의 밑줄 친 (1), (2), (3)을 어법에 맞게 고쳐 쓰시오. ▸ 242014-0027

Among the Roman soldiers who travelled around Europe conquering land for Emperor Nero in the first century A.D. (1) has been a Greek doctor named Dioscorides. No doubt Dioscorides did his duty in the camp hospitals, tending battle-wounded soldiers with the medicines and sharp-toothed saws provided by the military, but his heart wasn't really in it. What he loved most was the days he (2) can escape to the hillsides, away from the battle cries, and collect medicinal plants. He wrote a textbook about his discoveries, titled *Materia Medica*, and it (3) was a useful source of information for botanists, physicians and historians ever since.

04 부정사

1 to부정사의 명사적 용법

to부정사는 문장 내에서 명사처럼 주어, 보어, 혹은 목적어의 역할을 할 수 있다.

① **To dream** is to live with hope.

   To try is one thing, and **to succeed** is another.

② Elena's goal is **to become** a famous author.

   Aileen seems **to** truly **enjoy** the music.

   The team's plan appears **to be** working just fine so far.

③ He wants **to be** your best friend.

   We promised **to bring** her favorite dessert to the party.

① 주어: to부정사가 주어일 때는 주어와 보어, 또는 주어와 주어끼리 대응하는 경우가 많다.

② 보어: be, seem, appear 등의 동사와 함께 쓰여 동사의 보어로 사용된다.

③ 목적어: 목적어 자리의 to부정사는 아직 실현되지 않은 상황이나 앞으로 할 일을 표현하는 경우가 많다.

① 꿈을 꾸는 것은 희망을 가지고 사는 것이다. / 시도하는 것과 성공하는 것은 전혀 다른 것이다. ② Elena의 목표는 유명한 작가가 되는 것이다. / Aileen은 음악을 진정으로 즐기는 것처럼 보인다. / 팀의 계획은 지금까지 꽤 잘 진행되고 있는 것 같다. ③ 그는 너의 가장 친한 친구가 되고 싶어 한다. / 우리는 파티에 그녀가 가장 좋아하는 디저트를 가져오기로 약속했다.

+ Plus Points

- to부정사가 주어일 경우, 「It ~ to부정사구」의 구문으로 쓰일 때가 많다.
  To solve the problem is hard. → **It** is hard **to solve the problem**. (그 문제를 풀기는 어렵다.)
- 주어절의 do의 내용을 밝히는 보어 자리에는 to부정사 혹은 동사의 원형이 쓰인다.
  What[All that] you have to **do** is **(to) answer** his questions. (네가 해야 하는 것[모든 것]은 그의 질문에 답하는 것이다.)

2 to부정사의 형용사적 용법

to부정사는 형용사 역할을 하며 명사의 뒤에서 명사를 수식할 수 있다. 수식을 받는 명사와 to부정사 사이에는 여러 가지 관계가 성립한다.

① I'm looking for **a person to help** me.

② She has **some seeds to plant** in the garden.

   They adopted **a dog to keep company with**.

③ She was **the last student to leave** the classroom.

④ He has **no intention to leave** his job.

① 앞선 명사가 의미상 to부정사의 주어이다.

② 앞선 명사가 의미상 to부정사의 목적어이다.

③ 「the first, the last, the only+명사」는 to부정사로 수식받는 경우가 많다.

④ to부정사가 앞선 명사를 수식하며 명사의 구체적 내용을 설명한다.

① 나는 나를 도와줄 사람을 찾고 있다. ② 그녀는 정원에 심을 씨앗 몇 개를 가지고 있다. / 그들은 함께 지낼 개를 입양했다. ③ 그녀는 교실을 떠난 마지막 학생이었다. ④ 그는 자기 직장을 떠날 의사가 없다.

Practice ①

1 주어진 그림을 보고, 빈칸에 알맞은 말을 〈보기〉에서 고르시오.　　▶ 242014-0028

┤ 보기 ├
ⓐ for students to practice enough
ⓑ to include in their report
ⓒ to share her ideas with the group
ⓓ to prepare

(1) The boy with glasses has a presentation _____.

(2) The girl wants _____.

(3) Finding articles _____ is a priority for students.

(4) It's important _____ to give a good presentation.

2 괄호 안에서 어법상 알맞은 것을 고르시오.　　▶ 242014-0029

(1) The chance (to win / winning) the contract is so slim.

(2) Lewis found it not so difficult (deal / to deal) with customers.

(3) The need for worldwide cooperation (protect / to protect) endangered animals is growing significantly.

(4) Researchers struggled (identifying / to identify) the cause of the problem they face.

3 주어진 우리말과 같은 의미가 되도록 괄호 안의 단어들을 바르게 배열하시오.　　▶ 242014-0030

(1) 인생에서 성공하는 것에는 인내와 노력이 필요하다. (in / life / succeed / to)

→ _____ takes patience and hard work.

(2) 그들이 비밀 파일에 접근할 수 있는 유일한 사람들이다. (ones / only / the / to)

→ They are _____ have access to the secret files.

(3) 우리가 해야 할 일은 차를 수리할 유능한 사람을 고르는 것이다. (do / is / pick / to)

→ All we need _____ a good person to repair the car.

(4) 그 단체의 주된 목표는 전 세계적으로 빈곤을 퇴치하는 것이다. (eliminate / is / to)

→ The organization's primary objective _____ poverty worldwide.

04 부정사

3 목적과 결과

to부정사가 목적의 의미를 가지는 경우와 결과의 의미를 가지는 경우는 가끔 혼동될 수 있으므로 의미를 잘 구분해 해석해야 한다.

① Lucia reads books **to gain** more knowledge.

　Rio exercises daily **to stay** healthy.

② The boy grew up **to become** a famous scientist.

　He rushed to the meeting, **only to find** he had the wrong data.

　Heather said goodbye to her friends, **never to see** them again.

① 목적: ~하기 위하여

② 결과: 결국 ~하다

　only to do: (…하지만) 결국 ~할 따름이다; 결국 ~할 뿐이다

　never to do: (…하고 나서) 결국 ~하지 못하다

① Lucia는 더 많은 지식을 얻기 위하여 책을 읽는다. / Rio는 건강을 유지하기 위하여 매일 운동을 한다. ② 그 소년은 자라서 유명한 과학자가 되었다. / 그는 회의에 서둘러 갔지만, 결국 잘못된 데이터를 가지고 있다는 것만 알게 되었을 뿐이었다. / Heather는 자신의 친구들에게 작별 인사를 하고 나서, 결국 그들을 다시 만나지 못했다.

> **+ Plus Points**
>
> 　① = in order[so as] to gain / = in order[so as] to stay
> 　② = The boy grew up and became a famous scientist.
> 　　 = He rushed to the meeting, but he **only found** (that) ...
> 　　 = Heather said goodbye to her friends and in the end **never saw** ...

4 형용사+to부정사

형용사의 뒤에 오는 to부정사는 감정의 원인이나 판단의 근거를 나타내는 경우가 많으며, 형용사의 의미를 보충하기도 한다.

① I was excited **to start** a new job.

　She was angry **to hear** the news.

　Ellie was relieved **to find** her lost keys.

　He felt lucky **to have** these supportive friends.

② You must be brave **to speak** in front of such a large audience!

③ Daisy is willing **to learn** new painting skills.

① thrilled, excited, relieved, lucky처럼 감정을 표현하는 형용사 뒤에서 그러한 감정의 원인을 나타낸다.(~해서, ~하므로)

② 판단의 근거를 나타낸다.(~하다니)

③ 앞선 형용사의 의미를 보충한다.(be willing to do 기꺼이 ~하다, be likely to do ~할 가능성이 높다, ~할 것 같다)

① 나는 새로운 일을 시작하게 되어 신이 났다. / 그녀는 그 소식을 듣고 화가 났다. / Ellie는 자신의 잃어버린 열쇠를 찾아서 안도했다. / 그는 이러한 힘이 되는 친구들이 있어서 행운이라고 느꼈다. ② 그렇게나 많은 청중 앞에서 발표하다니 너는 용기가 있는 게 틀림없구나! ③ Daisy는 기꺼이 새로운 그림 기술을 배우고자 한다.

Practice ②

1 주어진 그림을 보고, 의미가 통하도록 알맞은 말끼리 서로 연결하시오.　▶ 242014-0031

(1)  (2)  (3)  (4)

(1) He reads a lot　·

(2) She arrived at the store ·

(3) He was astonished　·

(4) She was proud　·

· ⓐ only to realize she forgot her wallet.

· ⓑ to find an old friend in the crowd.

· ⓒ to be named the team captain.

· ⓓ to broaden his knowledge.

2 괄호 안에서 어법상 알맞은 것을 고르시오.　▶ 242014-0032

(1) She plans to travel abroad next summer (learning / to learn) Spanish.

(2) You need a password (access / to access) the security system.

(3) They are wise (follow / to follow) the instructions carefully.

(4) She saved money for years, only (spent / to spend) it on an unexpected expense.

3 주어진 우리말과 같은 의미가 되도록 괄호 안의 단어들을 바르게 배열하시오.　▶ 242014-0033

　　Gratitude leads to more positive emotions. People who feel grateful experience more happiness, joy, and pleasure on a daily basis. They even feel more awake and energetic. Gratitude improves social lives, too. Grateful people ＿＿＿(1)＿＿＿. They behave in a more outgoing fashion and feel less lonely and isolated. Also, ＿＿＿(2)＿＿＿.

(1) 다른 사람들을 더욱 기꺼이 용서하려고 한다 (are / forgive / more / others / to / willing)

　→ ＿＿＿＿＿＿＿＿＿＿＿＿＿＿＿＿＿＿＿＿＿＿

(2) 그들은 너그럽게 행동할 가능성이 더 높다 (are / behave / generously / likely / more / they / to)

　→ ＿＿＿＿＿＿＿＿＿＿＿＿＿＿＿＿＿＿＿＿＿＿

04 부정사

5 be동사＋to부정사

「be＋to부정사」는 문맥에 따라 다양한 의미를 표현한다.

① The plane **is to depart** at 9 a.m. sharp.

   cf. The train **is about to leave** the station.

② Nothing **was to be done** in that situation.

③ They **are to report** directly to the manager.

④ He **was to become** one of the greatest artists of his time.

⑤ If we **are to solve** this problem, we must work together.

① 계획이나 예정: ～하기로 되어 있다, ～할 예정이다 *cf.* be about to *do*는 '～하려고 하다'라는 의미로 매우 가까운 미래에 일어날 일을 표현할 때 쓰인다.(= The train is just going to leave the station.)
② 가능: ～할 수 있다(이 경우는 to부정사가 보통 수동형임)
③ 명령이나 지시: ～해야 한다(= must)
④ 운명: ～하게 되어 있다, ～할 운명이다 (= be destined to *do*)
⑤ 의도: ～하려고[하고자] 하다(if로 시작되는 조건절에 주로 쓰임)

① 비행기가 오전 9시 정각에 출발할 예정이다. *cf.* 기차가 역을 막 떠나려고 한다. / ② 그 상황에서는 아무것도 할 수 없었다. / ③ 그들은 매니저에게 직접 보고해야 한다. / ④ 그는 당대 최고의 예술가 중 한 명이 될 운명이었다. / ⑤ 우리가 이 문제를 해결하려고 한다면, 우리는 함께 일해야 한다.

6 형용사/부사＋enough to *do*, too＋형용사/부사＋to *do*

이 두 가지는 매우 자주 쓰이는 to부정사구의 표현이므로 잘 익혀 두어야 한다.

① She is **experienced enough to handle** the project on her own.

   The room is **warm enough** for us **to relax** comfortably.

② It's **too late to call** him now.

   The box is **too heavy** for me **to lift** alone.

① 「A enough to *do*」～할 만큼 (충분히) A한[하게], 대단히 A하여 ～할 수 있다
② 「too A to *do*」～하기에는 너무 A한[하게], 너무 A하여 ～할 수 없다

① 그녀는 혼자서 그 프로젝트를 처리할 수 있을 만큼 경험이 많다. (그녀는 대단히 경험이 많아 그 프로젝트를 혼자서 처리할 수 있다.) / 그 방은 우리가 편안하게 쉴 수 있을 만큼 따뜻하다. (그 방은 매우 따뜻해서 우리는 편안하게 쉴 수 있다.) ② 지금 그에게 전화하기에는 너무 늦었다. (너무 늦어 그에게 전화할 수 없다.) / 그 상자는 내가 혼자 들기에는 너무 무겁다. (그 상자가 너무 무거워서 내가 혼자 들 수 없다.)

+ Plus Points

① = She is **so experienced that** she **can handle** the project on her own.

  = The room is **so warm that** we **can relax** comfortably.

② = It's **so late that** I **cannot call** him now.

  = The box is **so heavy that** I **cannot lift** it alone.

Practice 3

1 주어진 그림을 보고, 의미가 통하도록 알맞은 말끼리 서로 연결하시오. ▶ 242014-0034

(1)  (2)  (3)  (4)

(1) The ice is thick enough for us ·　　　　· ⓐ to have a conversation.

(2) The music is too loud for us ·　　　　· ⓑ to skate on safely.

(3) She ran fast enough ·　　　　· ⓒ to remain seated during the presentation.

(4) Students are ·　　　　· ⓓ to catch up with the runner ahead.

2 주어진 우리말과 같은 의미가 되도록 괄호 안의 단어들을 바르게 배열하시오. ▶ 242014-0035

(1) 새 소프트웨어는 이달 말까지 출시될 예정이다. (be / is / launched / to)

　→ The new software _____ by the end of the month.

(2) 방문객들은 자신들의 가방을 입구에 두어야 한다. (are / leave / to)

　→ Visitors _____ their bags at the entrance.

(3) 커피가 너무 뜨거워서 그녀는 바로 마실 수 없었다. (drink / for / her / hot / to / too)

　→ The coffee was _____ immediately.

(4) 우리가 이 위기를 극복하려면, 협력이 필수적이다. (are / overcome / to)

　→ If we _____ this crisis, cooperation is essential.

3 다음 글의 밑줄 친 (1), (2), (3)을 어법에 맞게 고쳐 쓰시오. ▶ 242014-0036

　A good website needs to be solidly planned and well written. Research supports that while visuals (1) to entertain, most site visitors—regardless of the industry—value the words far more than the graphics. The goal of the technology component of the site is (2) ensure that visitors can easily find what they want and navigate the site intuitively. Properly seen, design and technology serve (3) make the words work. That's where the message is.

*intuitively 직관적으로 **properly 적절하게

05 동명사

1 동명사의 용법(1)

동명사는 명사처럼 문장의 주어, 목적어, 보어로 사용되지만, 동사적 성격을 여전히 가지기 때문에 부사구의 수식을 받거나 타동사의 경우 목적어가 필요하다. 또한, 동명사는 현재분사와 형태가 같으므로 구별해서 사용해야 한다.

① **Riding** a bike along the river refreshes me.

② My favorite activity is **watching** a TV movie.

　　cf. He **is watching** a TV movie in the living room.

③ He disliked **me[my] working** late.

④ The patient had to sit in the **waiting room** for an hour.

　　cf. They were told not to wake the **sleeping baby**.

- ① 주어로 쓰인 동명사구: 단수로 취급
- ② 보어로 쓰인 동명사구
  - *cf.* 진행형(be동사＋현재분사)
- ③ 동명사의 의미상의 주어: 목적격 또는 소유격(목적격이 더 구어적임)
- ④ 복합명사를 이루는 「동명사＋명사」
  - *cf.* 「현재분사＋명사」: 현재분사가 명사를 수식

① 강을 따라 자전거를 타는 것은 나를 상쾌하게 한다. ② 내가 가장 좋아하는 활동은 TV 영화를 보는 것이다. *cf.* 그는 거실에서 TV 영화를 보는 중이다. ③ 그는 내가 늦게까지 일하는 것을 싫어했다. ④ 그 환자는 한 시간 동안 대기실에 앉아 있어야 했다. *cf.* 그들은 자고 있는 아기를 깨우지 말라는 말을 들었다.

+ Plus Points

④「동명사＋명사」로 이루어진 복합 명사: sleeping car(침대차), rocking chair(흔들의자), swimming pool(수영장), living room(거실) 등

2 동명사의 용법(2)

동명사는 타동사나 전치사의 목적어로 쓰일 수 있다. 특히 전치사 to의 목적어로 동명사가 쓰인 경우와 to부정사를 혼동하지 않도록 한다.

① I always consider **trying** new recipes for dinner.

② Let's continue **discussing**[to discuss] the project during the meeting.

③ You can't judge a person without **getting** to know him or her.

④ Alice is looking forward to **going** to Hawaii next week.

- ① 타동사의 목적어
- ② 동명사와 to부정사를 모두 목적어로 취하는 동사
- ③ 전치사의 목적어
- ④ look forward to＋*doing*(～을 고대하다): 전치사 to의 목적어

① 나는 항상 저녁 식사에 새로운 요리법을 시도해 보는 것을 고려한다. ② 회의 시간에 그 프로젝트에 대해 계속 논의해 봅시다. ③ 어떤 사람을 알게 되지 않고는 그 사람을 판단할 수 없다. ④ Alice는 다음 주에 하와이에 가는 것을 고대하고 있다.

+ Plus Points

- 동명사를 목적어로 취하는 동사: avoid, finish, mind, enjoy, deny, give up, escape, consider 등
- 동명사와 to부정사 둘 다 목적어로 취하는 동사: like, hate, begin, start, continue 등
- 「전치사 to＋동명사」: be used to＋*doing*(～하는 데 익숙하다), object to＋*doing*(～하는 데 반대하다), when it comes to＋*doing* (～하는 것에 관해서라면), devote oneself to＋*doing*(～하는 데 헌신하다) 등

Practice 1

1 주어진 그림을 보고, 빈칸에 알맞은 말을 〈보기〉에서 고르시오. ▶ 242014-0037

┤ 보기 ├
ⓐ chatting happily
ⓑ cleaning the board
ⓒ playing video games
ⓓ doing their homework

(1) The favorite activity for girls during break time is _____.

(2) Some students concentrate on _____.

(3) One student prepares for the next class by _____.

(4) A few boys enjoy _____ on their phones.

2 괄호 안에서 어법상 알맞은 것을 고르시오. ▶ 242014-0038

(1) She finished (crossing / to cross) the marathon's end point with a smile.

(2) I am interested in (learn / learning) foreign languages to better myself.

(3) Our main goal was (achieve / achieving) success in our projects.

(4) I devoted my time to (finish / finishing) the tricky crossword puzzle.

3 밑줄 친 부분에 유의하여 다음 문장을 해석하시오. ▶ 242014-0039

(1) ⓐ Reading books is my favorite hobby.

　　ⓑ I am currently reading a fascinating novel.

(2) ⓐ The secret to his health is running regularly every day.

　　ⓑ The man, running in the park, caught my attention.

3　to부정사와 동명사

목적어로 동명사와 to부정사를 취할 때 그 의미가 달라지는 동사들이 있다.

① I **forgot asking** him for his address last week.

　I **forgot to ask** him for his address earlier.

② I **regret saying** that I doubted your abilities.

　I **regret to say** that I won't be able to attend the meeting.

③ He **tried opening** the bottle.

　He **tried to open** the bottle.

① forget＋동명사/to부정사
② regret＋동명사/to부정사
③ try＋동명사/to부정사

① 나는 지난주에 그에게 그의 주소를 물었다는 것을 잊어버렸다. / 나는 더 일찍 그에게 그의 주소를 물어봐야 하는 것을 잊어버렸다. ② 내가 네 능력을 의심했다고 말한 것을 후회한다. / 제가 회의에 참석할 수 없다는 것을 전하게 되어 유감입니다. ③ 그는 그 병을 여는 것을 시도했다. / 그는 그 병을 열려고 노력했다.

+ Plus Points
①, ② forget, remember, regret＋동명사: 이미 한 일을 나타낸다. / forget, remember, regret＋to부정사: 앞으로 할 일을 나타낸다.
③ try＋동명사 '~하는 것을 시도하다[해 보다]' / try＋to부정사 '~하려고 노력하다'

4　동명사가 이루는 구문

동명사는 여러 다양한 구문을 이루는 데 쓰인다.

① The windows **need cleaning** before the guests arrive.

② I will **go swimming** with my friend tomorrow.

③ **The idea of starting** a new semester excites me.

④ Lucy **couldn't help laughing** at his joke.

⑤ **It is no use worrying** about the past.

① need＋doing
② go＋doing
③ 명사＋of＋doing: 동격
④ cannot help＋doing
⑤ it is no use＋doing

① 창문은 손님들이 도착하기 전에 닦일 필요가 있다. ② 나는 내일 내 친구와 함께 수영하러 갈 것이다. ③ 새로운 학기를 시작한다는 생각은 나를 신나게 한다. ④ Lucy는 그의 농담에 웃지 않을 수 없었다. ⑤ 과거에 대해서 걱정해도 소용없다.

+ Plus Points
① need, want, require＋동명사: 동명사가 수동의 의미를 가진다. (= The windows need to be cleaned before the guests arrive.)
② 「go＋doing」은 '~하러 가다'의 뜻으로, 주로 일상의 여가 활동을 나타낸다.
　e.g. go fishing/dancing/shopping/hiking
③ the idea, the thought, the chance, the possibility of＋동명사: 명사와 동명사는 동격 관계를 이룬다.
④, ⑤ 동명사가 포함된 관용적인 표현은 숙어처럼 익혀 둘 필요가 있다.
　e.g. cannot help＋doing(~하지 않을 수 없다), it is no use＋doing(~해도 소용없다)
　　feel like＋doing(~하고 싶은 기분이 든다), be worth＋doing(~할 가치가 있다), on＋doing(~하자마자)
　　spend＋돈/시간＋doing(~하는 데 돈/시간을 쓰다), there is no＋doing(~하는 것은 불가능하다)

Practice 2

1 주어진 그림을 보고, 빈칸에 알맞은 말을 <보기>에서 골라 적절한 형태로 쓰시오. ▶ 242014-0040

| 보기 |
| hike cry forget eat |

(1)  (2)  (3)  (4)

(1) I regret _____ to bring an umbrella.

(2) He went _____ to enjoy the beauty of nature.

(3) I cannot help _____ when I watch a sad movie.

(4) She couldn't stop _____ the delicious homemade cookies.

2 괄호 안에서 어법상 알맞은 것을 고르시오. ▶ 242014-0041

(1) It is no use (to deny / denying) the impact of climate change.

(2) The plants need (to water / watering) regularly to keep them healthy.

(3) I regret (inform / to inform) you that the event has been canceled.

(4) I feel like (watching / to watch) a horror movie alone tonight.

3 다음 글의 밑줄 친 (1), (2), (3)을 어법에 맞게 고쳐 쓰시오. ▶ 242014-0042

Last week, I went to the playground to play baseball with my friends. On (1) <u>stepped</u> onto the ground, a baseball bat hit me in the face. A classmate accidentally let go of the bat while swinging. The impact messed up my nose. I was bleeding so much. It was no use (2) <u>wipe</u> the blood from my nose. People rushed over to stop the bleeding. It took a moment for me to realize how bad things were. I couldn't help (3) <u>to cry</u> and started searching for my phone to contact my family.

06 분사

1 분사의 형태와 의미

분사는 현재분사(-ing)와 과거분사(p.p.)로 나뉜다. 현재분사는 be동사와 더불어 시제상 진행형을 나타내고, 과거분사는 be동사와 더불어 형태상 수동태를, have동사와 더불어 시제상 완료형을 나타낸다. 명사를 수식하는 형용사구로 활용되는 경우 현재분사는 능동이나 진행의 의미를, 과거분사는 수동이나 완료의 의미를 나타낸다.

① She **is baking** a delicious cake for the party.

② The gift **was sent** to her by her father.

③ They **have finished** their homework for the day.

④ I was surprised by the spider **moving** with the wind.

⑤ There is a **broken** window high up on the wall.

⑥ The documentary film was quite **boring**.

⑦ She is **excited** about the upcoming trip.

① is baking: 현재진행형
② was sent: 과거 수동태
③ have finished: 현재완료형
④ moving: 움직이고 있는(능동, 진행)
⑤ broken: 깨진(수동, 완료)
⑥ boring: 형용사로 파생된 현재분사 (지루한)
⑦ excited: 형용사로 파생된 과거분사 (신이 난, 흥분한)

① 그녀는 파티를 위해 맛있는 케이크를 굽고 있는 중이다. ② 그 선물은 그녀의 아버지에 의해 그녀에게 보내졌다. ③ 그들은 그날의 숙제를 끝마쳤다. ④ 나는 바람에 움직이고 있는 거미를 보고 깜짝 놀랐다. ⑤ 벽의 높은 곳에 깨진 유리창이 있다. ⑥ 그 다큐멘터리 영화는 꽤 지루했다. ⑦ 그녀는 다가오는 여행에 신이 나 있다.

2 분사의 위치와 기능

분사는 형용사처럼 명사를 수식하거나 보어로 쓰일 수 있다. 분사가 단독으로 명사를 수식할 때는 주로 명사의 앞에, 목적어나 전치사구 등 다른 어구와 함께 분사구의 형태로 명사를 수식할 때는 명사의 뒤에 놓인다.

① The children watched the **floating** balloons in the sky.

   The **bored** kids looked around for something fun to do.

② Look at the cute puppies **running after each other**.

   The picture **painted by the little girl** inspired visitors with its creativity.

③ The baseball game was really **exciting**.

   My father looked **disappointed** at my report card.

④ I found the movie very **boring**.

   What she saw made her **shocked**.

① 단독 분사: 명사의 앞에서 수식
② 분사구: 명사의 뒤에서 수식
③ 주격 보어로 쓰인 분사(구): 주어의 상태 설명
④ 목적격 보어로 쓰인 분사(구): 목적어의 상태 설명

① 아이들은 하늘에 떠다니는 풍선들을 보았다. / 지루해하는 아이들이 뭔가 할 만한 재미있는 것을 찾아 주변을 둘러보았다. ② 서로 쫓아다니는 저 귀여운 강아지들 좀 봐. / 그 어린 소녀가 그린 그림은 그것의 창의성으로 방문객들을 감명시켰다. ③ 그 야구 경기는 정말로 흥미진진했다. / 나의 아버지는 내 성적표에 실망하신 듯했다. ④ 나는 그 영화가 매우 지루하다고 느꼈다. / 그녀가 본 것은 그녀를 충격에 빠지게 했다.

1 주어진 그림을 보고, 빈칸에 알맞은 말을 〈보기〉에서 골라 적절한 형태로 고쳐 쓰시오.   ▶ 242014-0043

┤ 보기 ├	
fill	write
dance	wear

(1) The stadium was _____ with excitement.

(2) People watched the _____ cheerleaders.

(3) A group of people _____ red shirts were cheering for the team.

(4) One fan put up a board with 'Go for Victory' _____ on it.

2 괄호 안에서 어법상 알맞은 것을 고르시오.   ▶ 242014-0044

(1) The (smiling / smiled) girl greeted her friends at the entrance of the party.

(2) He was (disappointing / disappointed) at the weather news for the weekend.

(3) The story (writing / written) by a mysterious writer was made into a movie.

(4) The children (playing / played) in the park laughed with joy.

3 다음 우리말을 영어로 옮길 때 괄호 안의 단어들을 변형하여 빈칸을 채우시오.   ▶ 242014-0045

(1) 정비사가 나의 아버지의 고장 난 자동차를 고치고 있는 중이다. (repair, break)

   → A mechanic is _____ my father's _____ car.

(2) 감독은 신나는 장면이 상영될 때 만족한 듯 보였다. (satisfy, excite)

   → The director looked _____ as the _____ scene was played.

(3) 전쟁터에서 찍힌 사진은 많은 사람에게 충격적이었다. (take, shock)

   → The photo _____ on the battleground was _____ to many people.

3 분사구문 (1)

등위 접속사 and 등으로 연결될 수 있는 두 개의 절 중 하나를 분사구문으로 표현하여, 동시 상황, 연속 상황, 부대 상황, 결과 상황 등을 나타낼 수 있다.

① The sun set beautifully, **spreading a warm light over the horizon**.

② **Taking a deep breath**, he stepped onto the stage.

③ He went out of the room, **slamming the door**.

④ It rained all day long, **ruining my holiday**.

① 동시 상황: 덜 중요한 상황을 분사로 표현
② 연속 상황: 먼저 일어난 상황을 분사로 표현
③ 부수적 상황: 후에 일어난 상황이 앞선 상황의 일부일 때 이후의 상황을 분사로 표현
④ 결과 상황: 후에 일어난 상황이 앞선 상황의 결과일 때 이후의 상황을 분사로 표현

① 태양이 수평선에 따뜻한 빛을 퍼뜨리면서 아름답게 졌다. ② 심호흡을 한 후, 그는 무대에 올라섰다. ③ 그는 문을 쾅 닫으면서 그 방에서 나갔다. ④ 하루 종일 비가 내렸는데, 그것이 내 휴가를 망쳤다.

+ Plus Points

① = The sun **set** beautifully and **spread** a warm light over the horizon.
② = He **took** a deep breath and **stepped** onto the stage.
③ = He **went** out of the room and **slammed** the door.
④ = It rained all day long, **which**(= **and it**) ruined my holiday.

4 분사구문 (2)

분사구문은 삽입절이나 이유나 조건, 양보의 부사절을 대신하여 쓰인다. 특히 시간의 부사절의 경우 대체로 접속사를 생략하지 않고 「when/while+분사」로 표현한다.

① The cabin, **surrounded by tall trees**, felt like a peaceful place.

② **Lost in thought during the meeting**, he missed an important point.

③ Take your time **when eating**.

④ **While reading a book**, I felt a breeze from the open window.

① 삽입절의 대용
② 이유의 부사절 대용
③ when+분사
④ while+분사

① 키가 큰 나무들로 둘러싸인 그 오두막은 평화로운 장소처럼 느껴졌다. ② 회의 중에 생각에 사로잡혀, 그는 중요한 논점을 놓쳤다. ③ 먹을 때는 서둘지 말라. ④ 책을 읽는 동안, 나는 열린 창문으로부터 산들바람을 느꼈다.

+ Plus Points

① = The cabin, **which was surrounded by tall trees**, felt like a peaceful place.
② = **As he was lost in thought during the meeting**, he missed an important point.
③ = Take your time **when you eat**.
④ = **While I was reading a book**, I felt a breeze from the open window.

Practice 2

1 주어진 그림을 보고, 빈칸에 알맞은 말을 〈보기〉에서 고르시오. (필요한 경우 대·소문자를 바꿀 것) ▶ 242014-0046

┤ 보기 ├
ⓐ letting me get soaked
ⓑ while sitting on the grass
ⓒ listening to her favorite music playlist
ⓓ having a terrible headache

(1) ___ (2) ___ (3) ___ (4) ___

(1) Sarah completed her painting, _____.

(2) The wind knocked over my umbrella, _____.

(3) _____, I felt a gentle breeze through my hair.

(4) _____, he called in sick for work.

2 다음 두 문장이 같은 뜻이 되도록 빈칸을 채우시오. ▶ 242014-0047

(1) He waved goodbye and boarded the train.

= _____ goodbye, he boarded the train.

(2) They shared jokes at the dinner table and created a lively atmosphere.

= They shared jokes at the dinner table, _____ a lively atmosphere.

(3) While I was listening to music, I suddenly heard a knock on the door.

= While _____ to music, I suddenly heard a knock on the door.

3 다음 우리말을 영어로 옮길 때 괄호 안의 단어들을 변형하여 빈칸을 채우시오. ▶ 242014-0048

(1) 열쇠를 돌려서, 그는 비밀의 방의 문을 열었다.

→ _____, he opened the door to the secret room. (the key, turn)

(2) 나중에 만날 것을 약속하면서, 그녀는 그녀의 친구들을 꼭 안아 주었다.

→ She hugged her friends tightly, _____. (promise, later, to meet)

(3) 그 아기는 놀이 매트에서 장난감을 가지고 놀면서 행복하게 웃었다.

→ The baby laughed happily, _____ on the playmat. (with, play, toys)

5 분사구문 (3)

완료형으로 시작하는 분사구문, 분사구문의 부정, 그리고 분사구문에서 생략할 수 있는 부분 등에 유의해야 한다.

① **Having baked cookies**, Jenny shared them with friends.

② **Not knowing what to do**, David asked her for advice.

③ **(Being) Deep in her work**, she ignored everything else.

(Having been) Weakened by successive storms, the bridge was no longer safe.

① 완료형 분사구문(having+p.p. …): 주절보다 먼저 일어난 일

② 분사구문의 부정: not+분사

③ Being/Having been: 생략 가능

① 쿠키를 굽고 난 후, Jenny는 친구들과 함께 그것을 나눴다. ② 무엇을 해야 할지 몰라서, David는 그녀에게 조언을 구했다. ③ 자신의 일에 깊이 몰두하고 있었으므로, 그녀는 다른 모든 것은 무시했다. / 계속되는 폭풍우에 의해 약해졌으므로, 그 다리는 더 이상 안전하지 않았다.

+ Plus Points

① = **After she had baked** cookies, Jenny shared them with friends.

② = **As he didn't know** what to do, David asked her for advice.

③ = **As she was deep** in her work, she ignored everything else.

= **As it had been weakened** by successive storms, the bridge was no longer safe.

6 분사구문 (4)

분사의 행위자가 주절의 주어와 다를 때는 분사의 앞에 주어를 생략하지 않고 쓴다(독립 분사구문). 관용어구로 굳어져 숙어처럼 쓰이는 분사구문은 일반인인 의미상의 주어가 생략된 형태이다. 한편, 「with+목적어+기타 어구」의 형태는 주절의 부수적 상황이나 이유 등을 명백하게 나타낸다. 기타 어구로는 목적어의 상태를 설명하는 분사, 형용사, 부사, 전치사구 등이 사용된다.

① **The signal being given**, they started to leave the room.

There being no milk, Sarah had a bowl of cereal with yogurt.

② **Strictly speaking**, the deadline for the project is tomorrow.

③ Elizabeth closed her eyes **with her arms folded**.

Santa Claus was standing up **with his bag full** of gifts.

The man was having lunch **with his hat on**.

① 독립 분사구문

② 관용어구로 쓰이는 분사구문

③ with+목적어+과거분사

with+목적어+형용사

with+목적어+부사

① 신호가 주어지자, 그들은 방을 떠나기 시작했다. / 우유가 없어서, Sarah는 시리얼 한 그릇을 요거트와 함께 먹었다. ② 엄격히 말하자면, 프로젝트 마감일은 내일이다. ③ Elizabeth는 팔짱을 낀 채 눈을 감았다. / 산타클로스는 가방을 선물로 가득 채운 채로 일어서고 있었다. / 그 남자는 모자를 쓴 채 점심을 먹고 있었다.

+ Plus Points

관용적 분사구문의 예: frankly speaking(솔직히 말해서), generally speaking(일반적으로 말해서), broadly speaking(대체로), judging from ~(~로 판단하면)

Practice 3

1 주어진 그림을 보고, 빈칸에 알맞은 말을 〈보기〉에서 고르시오. ▶ 242014-0049

┤ 보기 ├
ⓐ Having been bitten by a dog   ⓑ There being no more pizza left
ⓒ Not wanting to wake my mom   ⓓ With his backpack hanging over one shoulder

(1)  (2)  (3)  (4)

(1) _____, Lisa became cautious about approaching unfamiliar dogs.

(2) _____, Alex hurried to catch the bus.

(3) _____, we decided to order our favorite pasta for dinner instead.

(4) _____, I tried not to make any noise by tiptoeing out of the room.

2 괄호 안의 동사를 활용하여 빈칸에 어법상 알맞은 형태로 쓰시오. ▶ 242014-0050

(1) Weather _____, we will go on a picnic tomorrow. (permit)

(2) _____ from hard work, Tim rested on his couch for a while. (exhaust)

(3) _____ from his accent, it seemed like Peter was from a different place. (judge)

(4) Lisa rushed into the room with her phone _____. (ring)

3 다음 글의 각 네모에서 어법상 알맞은 것을 고르시오. ▶ 242014-0051

Frankly (1) | speaking / speak |, the day started a bit stressful. After organizing my desk, I couldn't find some important papers. (2) | Being searched / Having searched | everywhere, I finally found them under a pile of books. Looking at my tidy desk, I felt relieved. (3) | The day progressing / The day progressed |, I faced deadlines, and I worked hard to meet them. In the end, the day turned out better than I expected, showing that even when things start off rough, you can turn them around with a bit of effort.

07 태와 법

1 여러 형태의 수동태

주어와 동사의 능동이나 수동 관계를 나타내는 형식을 태(Voice)라고 한다. 능동태 문장에서 주어는 동작의 행위자이며, 수동태 문장에서 주어는 동작의 대상이다.

① The novel **was written** by a French author in the 20th century.

② It **is being conducted** by experienced scientists.

③ Arabic **has been spoken** since the 7th century in Egypt.

④ It's a movie **to be watched** many times.

⑤ I hate **being stuck** at home all day.

① 수동태 기본 형태: be동사+p.p.

② 진행형 수동태: be동사+being+p.p.

③ 완료형 수동태: have[has/had] been+p.p.

④ to부정사의 수동태: to be+p.p.

⑤ 동명사의 수동태: being+p.p.

① 그 소설은 20세기에 한 프랑스 작가에 의해 쓰였다. ② 그것은 경험 있는 과학자들에 의해 수행되고 있는 중이다. ③ 이집트에서는 7세기 이래로 아랍어가 사용되고 있다. ④ 그것은 여러 번 감상되어야 할 영화다. ⑤ 나는 하루 종일 집 안에 갇혀 있는 것을 싫어한다.

> **+ Plus Points**
>
> 두 개의 목적어를 취하는 타동사의 수동태 전환
> Tony **gave** Emily a ring. → *Emily* **was given** a ring by Tony. 〈간접목적어를 주어로 하는 수동태〉
> → *A ring* **was given to** Emily by Tony. 〈직접목적어를 주어로 하는 수동태〉

2 유의해야 할 수동태

구동사는 전체를 하나의 타동사로 생각하여 수동태로 표현하고, 목적격 보어는 수동태 문장에서 주격 보어가 되는데 지각동사나 사역동사의 목적격 보어로 쓰인 동사원형은 수동태 문장에서는 to부정사로 바꿔 쓴다.

① The children **are looked after** by their grandparents.

② The treasure **was found buried** beneath the ancient ruins.

③ I **was made to read** French literature at school.

④ **It is said that** purple was Cleopatra's favorite color.

= Purple **is said to have been** Cleopatra's favorite color.

① 구동사의 수동태

② 보어가 쓰인 수동태

③ 사역동사와 지각동사의 수동태: 목적격 보어인 동사원형이 수동태 문장에서 to부정사로 표현된다.

④ 「They say that ~」형 문장의 수동태: 두 가지 형태로 표현 가능

① 그 아이들은 그들의 조부모님에 의해 돌봄을 받는다. ② 그 보물은 고대의 폐허 아래에서 묻힌 채로 발견되었다. ③ 나는 학교에서 프랑스 문학을 읽어야 했다. ④ 보라색은 Cleopatra가 가장 좋아했던 색이었다고들 한다.

> **+ Plus Points**
>
> ① = Their grandparents **look after** the children.
> ② = They **found** the treasure **buried** beneath the ancient ruins.
> ③ = They **made** me **read** French literature at school.
> ④ = **They say that** purple was Cleopatra's favorite color.

Practice 1

1 주어진 그림을 보고, 빈칸에 알맞은 말을 괄호 안의 단어들을 적절한 형태로 변형하여 쓰시오. ▶ 242014-0052

The construction site was busy as materials were (1) _____ (be, unload) by the workers. Heavy machinery (2) _____ (be, operate) by the skilled operators. The sound of hammers and saws (3) _____ (be, hear) filling the air. The progress of the project was (4) _____ (be, monitor) by the project manager.

2 다음 문장의 밑줄 친 부분을 어법에 맞게 고쳐 쓰시오. ▶ 242014-0053

(1) The old furniture was finally getting rid of by the homeowners.

(2) The new exhibit is being displaying at the city's famous art gallery.

(3) I was made clean up my room before I could go out with my friends.

(4) I dislike being interrupting while I'm focused on my work.

3 다음 문장을 수동태로 바꾸어 빈칸을 완성하시오. ▶ 242014-0054

(1) My family eagerly look forward to the upcoming vacation.

　　→ The upcoming vacation _____.

(2) The librarian called the collection of rare books a valuable resource.

　　→ The collection of rare books _____.

(3) People say that curiosity is the key to knowledge.

　　→ Curiosity _____.

　　→ It _____.

3 명사절에 사용되는 가정법

문장의 목적어나 내용상의 주어의 역할을 하는 명사절에서 가정법 시제가 쓰이기도 한다.

① I **suggested** that he **rest**.

② It is **necessary** that she **attend** the meeting.

③ I wish **I had more time to spend with them**.

④ I wish **she had informed me about the party**.

⑤ I wish **I could learn a new language**.

① 목적어절에 쓰인 가정법 현재형
  (동사의 원형)
② 내용상의 주어절에 쓰인 가정법 현재형
③ wish의 목적어절에 쓰인 가정법 과거형:
  주절과 같은 때의 상황에 반대되는 소망
④ wish의 목적어절에 쓰인 가정법 과거완료
  형: 주절보다 앞선 상황에 반대되는 소망
⑤ wish의 목적어절에 쓰인 「could/would＋
  동사의 원형」: 미래의 상황에 대한 소망

① 나는 그가 쉴 것을 제안했다. ② 그녀가 회의에 참석하는 것이 필요하다. ③ 내가 그들과 함께 보낼 시간이 더 많으면 좋을 텐데. ④ 그녀가 그 파티에 대해서 나에게 알려 주었다면 좋았을 텐데. ⑤ 내가 새로운 언어를 배울 수 있으면 좋을 텐데.

+ Plus Points

■ 제안, 주장, 요구, 권유, 명령 등의 의미를 가진 동사는 목적어절에서 가정법 현재형이 쓰인다.(suggest, propose, demand, require, insist, order, command, advise, recommend 등)
cf. suggest와 insist가 제안이나 주장의 의미가 아닐 때는 목적어절에 직설법 동사를 써야 한다.
　　He **insists** that everything **be** done immediately. (그는 모든 일이 즉시 이루어져야 한다고 주장한다.)
　　He **insists** that everything **was** done on time. (그는 모든 일이 제시간에 끝났다고 우긴다.)
■ 필요, 의무, 당연 등을 나타내는 형용사 뒤에 이어지는 that절에도 가정법 현재형이 쓰인다.(necessary, essential, important, desirable, better, natural 등)

4 if를 이용한 조건문의 다양한 표현

「If 조건절(현재형 동사)＋주절(will＋동사의 원형)」의 형태로, 일어날 수도 있고 일어나지 않을 수도 있는 미래의 일을 가정할 수 있다.

① **If** you **start** watching the movie, you**'ll be** eager to see the ending.

② The flight **might be** delayed if air traffic conditions do not permit.

③ If there is a will, there **is** a way.

④ **If** you **should change** your mind, do let me know.

① 조건절: if＋현재형 동사, 주절: will＋동사의
  원형
② 주절: might＋동사의 원형
③ 주절: 현재형 동사
④ 조건절: should＋동사의 원형

① 당신이 그 영화를 보기 시작한다면, 당신은 그 결말을 보기를 간절히 바랄 것이다. ② 항공 교통 상황이 허락하지 않는다면, 항공편이 지연될지도 모른다. ③ 뜻이 있으면, 길이 있다. ④ 네 마음이 바뀌면, 꼭 나에게 알려 줘.

+ Plus Points

② 주절에는 will 외에 다른 조동사가 사용될 수도 있다.
③ 주절에 조동사를 쓰지 않는 경우는 습관적이거나 자동적인 일을 표현한다.
④ 일어날 가능성이 희박한 일을 가정할 때는 조건절에 should를 쓴다.

Practice 2

1 주어진 그림을 보고, 빈칸에 알맞은 말을 〈보기〉에서 골라 적절한 형태로 쓰시오. ▸ 242014-0055

| 보기 |
| tell   take   have   complete |

(1) (2) (3) (4)

(1) I wish we _____ a larger audience to fill this room.

(2) The doctor suggested I _____ a daily walk for better health.

(3) I wish somebody _____ me about the change of schedule.

(4) He insisted that we _____ the project by the end of the week.

2 괄호 안에서 어법상 알맞은 것을 고르시오. ▸ 242014-0056

(1) If you (log / will log) on to the website, you may discover new features and updates.

(2) If they invest in energy technologies, their company (grow / will grow) in the market.

(3) He proposed that we (organize / will organize) a team-building event to strengthen our relationships.

(4) I wish I (learned / had learned) to play a musical instrument when I was younger.

3 다음 우리말을 영어로 옮길 때 괄호 안의 단어들을 활용하여 빈칸을 완성하시오. ▸ 242014-0057

(1) 네가 선생님께 이메일을 보내면, 그분은 네가 그 문제를 해결하는 데 도움을 주실 거야. (send, help)

→ If you _____ to the teacher, he _____ to solve the problem.

(2) 아이들이 숏폼 영상을 너무 많이 보면, 그들은 집중력을 잃게 될지도 모른다. (watch, lose)

→ If _____ short-form videos too much, they _____ concentration.

(3) 아버지께서 내가 앞으로 쓸 돈을 위해 돈을 저축하기 시작해야 한다고 충고하셨다. (start, saving)

→ My father advised that I _____ for future expenses.

(4) 나의 개가 더 아프기 전에 수의사에게 데려갔다면 좋았을 텐데. (take, my dog)

→ I wish I _____ to the vet before it got sicker.

5 가정법 과거

가정법 과거는 「조건절(과거형 동사)+주절(조동사의 과거형+동사의 원형)」의 형식으로, 주로 현재의 사실과 반대되는 상황을 가정할 때 사용된다. 이 형식에서 조건절에 쓰이는 be동사는 인칭과 수에 관계없이 were이지만 구어적인 표현에서는 was가 쓰이기도 한다.

① **If my grandma were still alive**, I **could celebrate** her birthday today.

② I **would be surprised if they canceled the event without any notice**.

③ If that **were to happen**, millions of people **would die**.

① 현재 사실에 반대되는 상황 가정

② 일어날 가능성이 매우 낮은 미래의 일 가정

③ 조건절(were+to부정사): 미래에 일어날 가능성이 적다는 것을 강조

① 만약 할머니께서 아직 살아 계신다면, 나는 오늘 할머니의 생신을 축하드릴 수 있을 텐데. ② 만약 그들이 어떤 공지도 없이 그 행사를 취소한다면 나는 놀랄 것이다. ③ 만약 그 일이 일어난다면, 수백만 명의 사람들이 죽게 될 것이다.

+ Plus Points

직설법
① My grandma is not alive.
② I don't think they will cancel the event without any notice.
③ I don't think that will happen.

6 가정법 과거완료

가정법 과거완료는 「조건절(동사의 과거완료형)+주절(조동사의 과거형+have+p.p.)」의 형식으로, 과거의 사실과 반대되는 상황을 가정할 때 사용된다.

① **If the police hadn't found him in time**, they wouldn't have saved his life.

② You could solve the problem **if you had read the book previously**.

③ **Had it** not been for your help, I **couldn't have completed** the project.

① 과거 사실에 반대되는 상황 가정

② 혼합 가정법: 조건절과 주절의 시제가 다른 경우. 조건절은 과거의 사실에 대한 반대, 주절은 현재의 사실에 대한 반대를 표현한다.

③ 조건절에서 if의 생략
(= If it had not been for ...)

① 경찰이 그를 제시간에 찾지 못했다면, 그들은 그의 생명을 구하지 못했을 것이다. ② 네가 미리 그 책을 읽었다면, 너는 그 문제를 풀 수 있을 텐데. ③ 너의 도움이 없었더라면, 나는 그 프로젝트를 마칠 수 없었을 것이다.

+ Plus Points

① The police found him in time.
② You didn't read the book previously.
③ 조건절에 were, should, 「had+p.p.」 등이 사용된 경우, if를 생략하고, 주어와 were, should, had를 도치하기도 한다.
If it were[Were it] not for air, all living things would die. (공기가 없다면, 모든 생물은 죽을 것이다.)
If anyone should[Should anyone] call, please tell them I'm busy. (누가 전화하면, 그에게 제가 바쁘다고 말해 줘요.)

Practice 3

1 주어진 그림을 보고, 빈칸에 알맞은 말을 〈보기〉에서 골라 적절한 형태로 쓰시오. ▸ 242014-0058

| 보기 |

know   buy   miss   hand

(1) If they _____ tickets in advance, they wouldn't be standing in line now.

(2) If she _____ about the traffic, she wouldn't have driven to the meeting.

(3) Had it not been for your notice, I wouldn't _____ in the report by yesterday's deadline.

(4) If they _____ the flight, their entire vacation plans would have been ruined.

2 주어진 문장을 참고하여, If로 시작하는 문장을 완성하시오. ▸ 242014-0059

(1) As they don't know the answer, they won't raise their hands in class.

→ If _____ .

(2) As she didn't follow the recipe correctly, the cake was burned.

→ If _____ .

(3) As I didn't learn Spanish, I cannot communicate with the locals during my trip.

→ If _____ .

3 다음 글의 밑줄 친 부분 중 어법상 틀린 것을 찾아 알맞게 고쳐 쓰시오. ▸ 242014-0060

Reflecting on my recent trip to Bali, I realize that insufficient planning was my mistake. If I (1) had planned carefully beforehand, I wouldn't be sad and regretful now. Looking back, I can see the problems that arose from my lack of preparation. If I (2) took the time to plan, it might have spared me from missing out on fascinating places. It's like a story where you wish you (3) could change certain things. To focus on the positive, I (4) can learn from this experience. If I (5) were to visit Bali again, I would gather a lot of information before my trip.

08 명사절과 부사절

1 접속사 that, whether[if]가 이끄는 명사절

접속사 that, whether[if]는 주어, 목적어, 또는 보어 역할을 하는 명사절을 이끈다.

① It is true **that** kindness is stronger than anger.

② We know **(that)** washing our hands helps prevent spreading germs.

③ The great fact about conservation is **that** it stands for development.

④ I'm **sure that** water pollution is bad for animals.

⑤ Betty wants to find out **whether[if]** Bill really did go to Greece.

⑥ I am not interested **in whether** you agree with me or not.

⑦ **Whether** it rains or not doesn't just depend on how much water is in the atmosphere.

① 내용상의 주어로 쓰인 that절

② 동사의 목적어로 쓰인 that절: 일상적으로 사용되는 동사 뒤에서는 that이 흔히 생략된다.

③ 보어로 쓰인 that절

④ sure, certain 등의 형용사+that절: that절이 마치 목적어처럼 쓰여 형용사의 의미를 보충한다.

⑤ 동사의 목적어로 쓰인 whether절: if로 바꾸어 쓸 수 있다.

⑥ 전치사의 목적어로 쓰인 whether절

⑦ 문장의 주어로 쓰인 whether절

① 친절함이 분노보다 더 강하다는 것은 사실이다. ② 우리는 손을 씻는 것이 세균 확산을 방지하는 데 도움이 된다는 것을 안다. ③ 보존에 관한 중요한 사실은 그것이 발전을 의미한다는 것이다. ④ 나는 수질 오염이 동물들에게 나쁘다고 확신한다. ⑤ Betty는 Bill이 정말로 그리스에 진짜 갔는지를 알아내고 싶어 한다. ⑥ 나는 네가 나에게 동의하는지 아닌지에 관심이 없어. ⑦ 비가 오는지 안 오는지는 대기 속에 얼마나 많은 수분이 있는지에만 좌우되는 것은 아니다.

+ Plus Points

whether 대신 if를 쓸 수 없는 경우
– 전치사의 목적어로 쓰인 경우: Think *about* **whether** you are stressed out. (네가 스트레스를 받고 있는지에 대해 생각해 봐.)
– 문장의 주어로 쓰인 경우: **Whether** you like it or not doesn't matter. (네가 그것을 좋아하는지 아닌지는 중요하지 않아.)
– or not이 whether 바로 뒤에 오는 경우: Can you tell me **whether** *or not* you like it?
(네가 그것을 좋아하는지 아닌지를 나에게 말해 줄 수 있니?)

2 관계사 what이나 의문사가 이끄는 명사절

관계사 what이나 의문사 who, when, where, why가 주어, 목적어, 또는 보어 역할을 하는 명사절을 이끈다.

① **What** we need to avoid is wasting time on unnecessary things.

② We use various kinds of emoticons to show **how** we feel.

Let's talk about **why** people like to visit spots from their favorite TV shows.

③ **When** do you think he'll be back?

④ It's time to decide **where to go** for a holiday.

① 주어로 쓰인 what절

② 동사나 전치사의 목적어로 쓰인 의문사절

③ do you think[suppose/believe/guess/say]의 목적어로 의문사절이 쓰일 때는 의문사가 문장의 맨 앞에 놓인다.

④ 의문사절은 「의문사+to부정사」의 형태로도 흔히 쓰인다.(= where we should go ...)

① 우리가 피해야 하는 것은 불필요한 일에 시간을 낭비하는 것이다. ② 우리는 어떻게 느끼는지를 보여 주기 위해 다양한 종류의 이모티콘을 사용한다. / 왜 사람들은 자신이 좋아하는 TV 프로에 나온 장소에 가고 싶어 하는지에 대해 이야기해 보자. ③ 너는 그가 언제 돌아올 거라고 생각해? ④ 어디로 휴가를 갈지 정할 시간이야.

Practice ①

1 주어진 그림을 보고, 빈칸에 알맞은 말을 〈보기〉에서 고르시오. ▶ 242014-0061

┤ 보기 ├
ⓐ how I would cook   ⓑ what to buy
ⓒ how to improve recycling   ⓓ whether trees can talk

(1)   (2)   (3)   (4)

(1) Mom told me _____ at the market.

(2) I'm very interested in _____ to each other.

(3) My parents wanted to know _____ for myself.

(4) There was a discussion about _____ in our community.

2 다음 우리말과 일치하도록 할 때 문장에서 어법상 **틀린** 부분을 찾아 알맞게 고쳐 쓰시오. ▶ 242014-0062

(1) She's sure about that she locked the door before leaving the house.

(그녀는 집을 나서기 전에 문을 잠갔다고 확신한다.)

(2) If you want it or not makes a difference for our project.

(여러분이 그것을 원하는지 아닌지가 우리 프로젝트에 영향을 미칩니다.)

(3) That we need to plan for is our future career goals.

(우리가 계획해야 할 것은 우리의 미래 경력 목표이다.)

(4) Do you think when the concert will start? (너는 콘서트가 언제 시작될 거라고 생각하니?)

3 다음 주어진 두 문장을 한 문장으로 연결하시오. (필요한 경우 접속사를 이용할 것) ▶ 242014-0063

(1) It is interesting. Apples come in different colors.

→ It is interesting _____.

(2) She decided. She would study abroad.

→ She decided _____.

(3) We're curious about it. Who will be our new teacher?

→ We're curious about _____.

3 시간과 양태를 나타내는 부사절

시간의 부사절을 이끄는 접속사에는 when, as, while, since, until, as soon as 등이 있다. 양태의 부사절을 이끄는 접속사에는 as, as if 등이 있다.

① She practiced the piano **while** her parents were at work.

② **As** I walked along the beach, I collected seashells in a bucket.

③ I haven't seen Emily **since** she went to Paris.

④ I did**n't** go out to play soccer **until** I finished my homework.

⑤ The passengers got off the plane **as soon as** it landed.

⑥ They did **as** I had asked.

⑦ She looks **as if** she needs more sleep.

① while: ~하는 동안
② as: ~하면서(동시 상황)
③ since: ~ 이래로
④ not A until B: B할 때까지는 A하지 않다
   (B하고 나서야 비로소 A하다)
⑤ as soon as: ~하자마자
⑥ as: ~ 대로, ~처럼
⑦ as if: 마치 ~처럼(= as though)

① 그녀는 부모님께서 일하시는 동안 피아노를 연습했다. ② 나는 해변을 따라 걸으면서, 조개껍데기를 양동이에 모았다. ③ Emily가 파리에 간 이래로 나는 그녀를 보지 못했다. ④ 나는 숙제를 끝마치고 나서야 비로소 축구를 하러 나갔다. ⑤ 승객들은 비행기가 착륙하자마자 비행기에서 내렸다. ⑥ 그들은 내가 부탁했던 대로 했다. ⑦ 그녀는 마치 잠이 더 필요한 것처럼 보인다.

+ Plus Points

'~하자마자 …하다'의 다양한 표현

As soon as[The moment / The instant] he saw the bear, he ran away. (곰을 보자마자 그는 도망쳤다.)

= He had **hardly[scarcely]** seen the bear **when[before]** he ran away.

= He had **no sooner** seen the bear **than** he ran away.

4 이유와 양보를 나타내는 부사절

이유의 부사절을 이끄는 접속사에는 as, because, since 등이 있고, 양보의 부사절을 이끄는 접속사에는 though, although, even if, even though 등이 있다.

① He missed the bus, **as** he overslept this morning.

   I couldn't go **because** it was raining.

   Since you say so, I will believe it.

② **Though[Although / Even though]** he worked hard, he couldn't pass the exam.

③ **Young as** she is, she plays her part wonderfully.

① 이유의 부사절
② 양보의 부사절
③ 특수한 양보절: 보어+as+주어+동사
   (= Although she is young, ~.)

① 그는 오늘 아침에 늦잠을 잤기 때문에 버스를 놓쳤다. / 비가 오고 있었기 때문에 나는 갈 수가 없었다. / 네가 그렇게 말하니까 나는 그것을 믿을게. ② 그는 열심히 공부했지만, 시험을 통과할 수 없었다. ③ 그녀는 비록 어리지만, 자신의 배역을 훌륭하게 연기한다.

Practice 2

1 주어진 그림을 보고, 빈칸에 알맞은 말을 〈보기〉에서 고르시오. ▶ 242014-0064

│ 보기 │
ⓐ while
ⓑ because
ⓒ since
ⓓ though

(1) _____ it was summer, the weather was surprisingly cool.

(2) _____ we were fishing by the river, my dog was sleeping nearby.

(3) My mother was pleased _____ I caught a big fish.

(4) My brother has been swimming in the river _____ we got there.

2 빈칸에 알맞은 말을 〈보기〉에서 고르시오. ▶ 242014-0065

│ 보기 │
while   until   as   although

(1) She wore a jacket _____ it was cold outside.

(2) I won't start watching the movie _____ everyone arrives.

(3) _____ I was watching TV, I became really interested in the story.

(4) _____ it was raining, they still decided to have a picnic in the park.

3 주어진 우리말과 의미가 같도록 빈칸을 완성하시오. ▶ 242014-0066

(1) 그녀는 마치 늦게까지 공부한 것처럼 피곤해 보인다.

→ She looks tired _____ she stayed up late studying.

(2) 아이들은 비가 그치자마자 밖에서 놀기 시작했다.

→ The children started playing outside _____ the rain stopped.

(3) 그녀는 비록 용감하지만, 나무 위로 올라가지는 않을 것이다.

→ Brave _____ she is, she won't climb up the tree.

5 목적을 나타내는 부사절

목적의 부사절로는 「so that+주어+will/can+동사원형」 그리고 「so that[in order that]+주어+may+동사원형」 등이 쓰인다. 미래에 대한 대비를 나타낼 때는 in case절을 주로 사용한다.

① He's exercising regularly **so that** he **will** stay healthy and fit.

She's learning to code **so that** she **can** build her own website.

② They risk their lives **so that[in order that]** we **may** live more safely.

③ I don't let him climb trees **in case** he tears his trousers.

① so that+주어+will+동사원형: ~하도록

so that+주어+can+동사원형: ~할 수 있도록

② so that[in order that]+주어+may+동사원형: ~할 수 있도록

③ in case: ~할 경우에 대비하여

(= **because** he **may** tear his trousers)

① 그는 건강과 체력을 유지하도록 규칙적으로 운동하고 있다. / 그녀는 자신의 웹사이트를 구축할 수 있도록 코딩하는 법을 배우고 있다.
② 그들은 우리가 더 안전하게 살 수 있도록 그들의 목숨을 건다. ③ 나는 그가 바지를 찢을 경우에 대비하여[바지를 찢을지도 몰라서] 그를 나무에 올라가지 못하게 한다.

+ Plus Points

- in case의 뒤에 should를 쓰는 경우도 있다.
  I always keep candles in the house **in case** there **is[should be]** a power cut.
  (정전이 있을 경우에 대비하여 나는 집에 늘 양초를 둔다.)
- so that[in order that]절의 주어가 주절의 주어와 같으면 so as to[in order to] ~로 표현할 수도 있다.
  She goes jogging every morning **so that** she **can** stay healthy. = ~ **so as to** stay healthy.

6 결과를 나타내는 부사절

결과의 부사절을 이끄는 어구는 so (that) ~, so ~ that ..., such ~ that ... 등이며, 문맥에 따라 so ~ that[such ~ that]은 정도의 의미를 나타내기도 한다.

① The traffic was heavy, **so (that)** we arrived late to the party.

② I was **so** tired **that** I fell asleep on a bus.

③ The boy asked **such a foolish question that** everybody laughed at him.

① so (that) ~: (그래서) ~하다

② so ~ that ...: 매우 ~해서 …하다(결과), …할 정도로 ~한(정도)

③ such+(a[an]+)형용사+명사+that ~: 형용사의 뒤에 명사가 쓰일 때 사용된다. a[an]가 있을 때는 「so+형용사+a[an]+명사」로 어순이 바뀐다.(= so foolish a question)

① 차가 많이 막혀서, 우리는 파티에 늦게 도착했다. ② 나는 매우 피곤해서 버스에서 잠이 들었다. ③ 그 남자아이가 매우 어리석은 질문을 해서 모두가 그를 비웃었다.

+ Plus Points

「many[much]+명사」의 앞에는 such가 아니라 so가 쓰인다.
So many people complained **that** they took the program off. (아주 많은 사람들이 항의했기 때문에 그들은 그 프로그램을 중단했다.)

Practice ③

1 주어진 그림을 보고, 의미가 통하도록 알맞은 말끼리 서로 연결하시오. ▶ 242014-0067

(1)  (2)  (3)  (4)

(1) He set an alarm ・　　　　　・ ⓐ that it burned my tongue.

(2) She brought an umbrella ・　　　　　・ ⓑ so that she wouldn't get wet in the rain.

(3) The coffee was so hot ・　　　　　・ ⓒ so that he could wake up on time for work.

(4) The music was so loud ・　　　　　・ ⓓ that she had to cover her ears.

2 다음 문장의 의미가 통하도록 밑줄 친 부분을 알맞게 고쳐 쓰시오. ▶ 242014-0068

(1) I followed the recipe precisely <u>in case</u> the cake would turn out perfectly.

(2) The Wi-Fi was down, <u>in order that</u> I couldn't finish my homework online.

(3) <u>Such</u> many people were at the park that we couldn't find an empty bench.

3 다음 글을 읽고, 물음에 답하시오. ▶ 242014-0069

> Tommy was always full of curiosity. One day at school, he asked the teacher, "Why does the sky look blue?" (a) 그것은 매우 어리석은 질문인 것 같아서 모두가 그를 비웃었다. Tommy tried to ask why everyone laughed, but he couldn't because his heart was hurt. Since that day, Tommy has hidden his curiosity and lived quietly, always keeping to himself. However, (b) he studied harder so that he could better understand the sky's mysteries. Years later, he became a scientist and wrote a paper explaining the color of the sky. Now, he has achieved his dream and is respected by all.

(1) 밑줄 친 문장 (a)의 우리말과 같은 의미가 되도록 다음의 단어들을 배열하시오.

> at / everyone / question / such / that / laughed / foolish / a / him

It seemed like _____.

(2) 밑줄 친 (b)를 다음과 같이 바꾸어 쓸 때 빈칸에 알맞은 단어를 쓰시오.

he studied harder _____ _____ _____ better understand the sky's mysteries

09 관계절

1 주격 관계대명사, 소유격 관계대명사

주격 관계대명사(who, which)는 관계절 안에서 주어의 역할을 하고, who나 which 대신 that을 쓸 수도 있다. who와 which의 소유격은 모두 whose이며, 소유격은 그 뒤에 명사가 반드시 따르므로, 소유격 관계대명사는 문장 안에서 늘 「whose+명사」의 형태로 나타난다.

① The doctor **who** treated my mother was very kind.
② I like the novels **which** were written by J. K. Rowling.
③ The girl **that** sells the tickets is quite talkative.
④ The teacher **whose** class is always fun is everyone's favorite.
⑤ Ellie lives in the house **whose** roof is white.

① 주격 관계대명사(선행사는 사람)
② 주격 관계대명사(선행사는 사물)
③ 주격 관계대명사 that
④ 소유격 관계대명사+명사(선행사는 사람)
⑤ 소유격 관계대명사+명사(선행사는 사물)

① 나의 어머니를 치료한 그 의사는 매우 친절했다. ② 나는 J. K. Rowling이 쓴 소설을 좋아한다. ③ 표를 파는 그 소녀는 상당히 수다스럽다. ④ 수업이 항상 재미있는 그 선생님은 모두가 가장 좋아하는 분이다. ⑤ Ellie는 지붕이 하얀 집에 산다.

+ Plus Points

소유격 관계대명사의 선행사가 사물일 경우, 「whose+명사」를 「the+명사+of which」의 형태로 풀어서 쓰기도 한다.
⑤ = Ellie lives in the house **the roof of which** is white.

2 목적격 관계대명사

목적격 관계대명사(who(m), which)는 관계절 안에서 목적어의 역할을 한다. who(m)나 which 대신 that을 쓸 수도 있다. 관계대명사가 전치사의 목적어일 때는, 선행사 뒤에 「전치사+관계대명사」로 두거나, 전치사만 따로 원래의 위치에 두기도 한다.

① She met the man **whom** her brother had asked for help.
② The car **which** I rented broke down after ten miles.
③ The restaurant **that** we visited for dinner had delicious food.
④ History is the subject **in which** Tom is most interested.
⑤ I taught the boy **whom** she often talked **about**.

① 목적격 관계대명사(선행사는 사람, had asked의 목적어)
② 목적격 관계대명사(선행사는 사물, rented의 목적어)
③ 목적격 관계대명사 that(선행사는 사물, visited의 목적어)
④ 목적격 관계대명사(선행사는 사물, in의 목적어)
⑤ 전치사의 목적어 역할을 하는 관계대명사는 전치사와 분리될 수 있다.

① 그녀는 자기 남동생이 도움을 요청했던 남자를 만났다. ② 내가 빌린 그 차는 10마일을 가고 고장 났다. ③ 우리가 저녁 식사를 위해 방문한 식당은 음식이 맛있었다. ④ 역사는 Tom이 가장 많이 관심을 가지고 있는 과목이다. ⑤ 나는 그녀가 자주 이야기하던 그 소년을 가르쳤다.

+ Plus Points

② 목적격 관계대명사는 생략할 수 있다.
= **The car** I rented broke down after ten miles.
④ 전치사의 목적어 역할을 하는 관계대명사는 전치사와 분리되어 있을 때만 생략할 수 있다.
History is the subject **(which)** Tom is most interested **in**.

1 주어진 그림을 보고, 빈칸에 알맞은 말을 〈보기〉에서 고르시오. ▶ 242014-0070

┤ 보기 ├
ⓐ who always participates   ⓑ which I bought
ⓒ whose class I enjoy the most   ⓓ which can fly

(1) (2) (3) (4)

(1) The shoes _____ were made by people with disabilities.

(2) Mrs. Lake is the teacher _____.

(3) She is the girl _____ in our English class.

(4) The bat is the mammal _____.

2 다음 문장의 빈칸에 들어갈 알맞은 관계사를 쓰시오. ▶ 242014-0071

(1) People _____ fear flying avoid traveling by plane.

(2) They climbed that mountain _____ top is still covered with snow.

(3) The bench on _____ I sat was wet, so I had to stand until it dried.

(4) The severe drought _____ occurred last summer ruined the corn crop.

3 다음 주어진 두 문장을 적절한 관계사를 이용하여 한 문장으로 연결하시오. ▶ 242014-0072

(1) Do you know the man? His car is parked over there.

→ Do you know _____?

(2) Dr. Jones is the professor. I sometimes talked to you about him.

→ Dr. Jones is _____.

(3) The paintings have already been sold. The paintings are marked with a small red dot.

→ The paintings _____ have already been sold.

3 관계사 that과 what

관계대명사 that은 who(m)와 which를 대신하여 쓰일 수 있으며, that 바로 앞에는 전치사가 올 수 없다. what은 선행사를 포함하는 관계대명사로 관계절의 주어, 목적어, 보어를 포함한다.

① The friend **that** helped me with my homework is very smart.	① 사람이 선행사(= who)
② The movie **that** we watched last night was fantastic.	② 사물이 선행사(= which)
③ **What** he said to me turned out to be false.	③ what절: 주어 역할
④ I tried in vain to remember **what** I saw.	④ what절: 목적어 역할
⑤ Inner peace is **what** brings happiness.	⑤ what절: 보어 역할

① 내 숙제를 도와준 친구는 정말 똑똑하다. ② 우리가 어젯밤에 본 영화는 환상적이었다. ③ 그가 내게 말한 것은 거짓으로 드러났다. ④ 나는 내가 본 것을 기억하려고 했지만 허사였다. ⑤ 내면의 평화가 행복을 가져다주는 것이다.

+ Plus Points

관계대명사 that은 전치사 다음에는 쓰이지 않지만, 전치사가 관계대명사와 분리되어 있을 때는 who(m)나 which 대신 쓰일 수 있다.
This is the house **in which** the poet was born. (○) *cf.* This is the house **in that** the poet was born. (×)
This is the house (**which[that]**) the poet was born **in**. (○)

4 관계부사

관계부사는 관계절의 부사(구)의 역할을 하며 「시간, 장소, 이유, 방법 등의 전치사+관계대명사」를 대신하는 표현이다.
• how는 선행사와 함께 쓰이지 못하므로, 둘 중 하나만 써야 한다.
• where와 when은 계속적 용법으로도 쓰이는데, 「접속사+부사」의 뜻을 가진다.
• 관계부사 대신에 that을 쓸 수 있으며 이 경우 선행사는 생략할 수 없다.
• 선행사(the place, the time, the reason)는 생략한 채 관계부사만 쓸 수 있다.

① Do you know the day **when** your parents first met?	① when = on which
② I visited the place **where** we used to play as children.	② where = in which
③ She still doesn't know the reason **why** the project was canceled.	③ why = for which
④ She doesn't like the way **(that)** he looks at her.	④ the way (that) = the way in which
⑤ She went to Paris, **where** she studied for five years.	⑤ 계속적 용법(= and there)
⑥ That's **why** John wasn't selected as a finalist.	⑥ 선행사 the reason 생략
⑦ He told his fans the reason **that** he came back.	⑦ that = why

① 여러분은 부모님이 처음 만난 날을 알고 있나요? ② 나는 우리가 어렸을 때 놀던 곳을 방문했다. ③ 그녀는 그 프로젝트가 취소된 이유를 아직도 알지 못한다. ④ 그녀는 그가 자기를 바라보는 방식을 좋아하지 않는다. ⑤ 그녀는 파리로 가서, 거기서 5년 동안 공부했다. ⑥ 그것이 John이 결승전 진출자로 선택되지 못한 이유이다. ⑦ 그는 자기 팬들에게 자신이 돌아온 이유를 말했다.

Practice 2

1 주어진 그림을 보고, 빈칸에 알맞은 말을 〈보기〉에서 고르시오.   ▶ 242014-0073

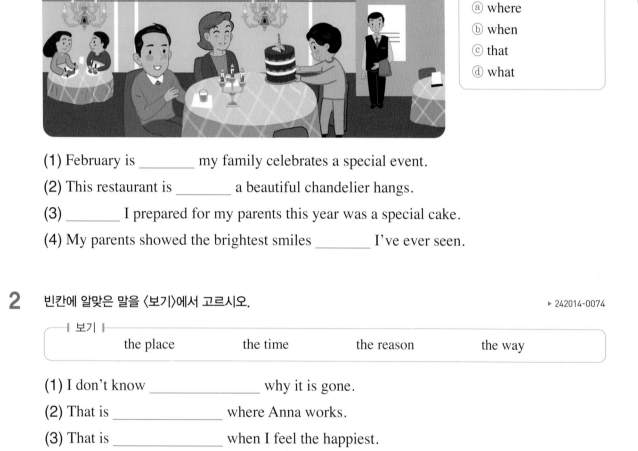

| 보기 |
ⓐ where
ⓑ when
ⓒ that
ⓓ what

(1) February is _____ my family celebrates a special event.

(2) This restaurant is _____ a beautiful chandelier hangs.

(3) _____ I prepared for my parents this year was a special cake.

(4) My parents showed the brightest smiles _____ I've ever seen.

2 빈칸에 알맞은 말을 〈보기〉에서 고르시오.   ▶ 242014-0074

| 보기 |
| the place | the time | the reason | the way |

(1) I don't know _____ why it is gone.

(2) That is _____ where Anna works.

(3) That is _____ when I feel the happiest.

(4) I admire _____ she handles difficult situations.

3 주어진 우리말과 의미가 같도록 괄호 안의 어휘를 사용하여 빈칸을 완성하시오.   ▶ 242014-0075

(1) 그가 하고 있는 말은 이해하기 쉽지 않다. (saying)

→ _____ _____ _____ _____ is not easy to understand.

(2) 내가 가진 유일한 문제는 운동할 시간을 찾는 것뿐이다. (have)

→ The only problem _____ _____ _____ is finding time to exercise.

(3) 그 영화에서 내가 가장 좋아하는 부분은 끝에 일어나는 일이다. (happens)

→ My favorite part of the movie is _____ _____ at the end.

5 계속적 용법과 관계사의 생략

관계대명사 앞에 콤마(,)를 두면, 선행사를 부가적으로 설명하는 계속적 용법이 된다. 특히 which는 앞선 절의 내용 일부나 전체를 선행사로 취할 수도 있다. 계속적 용법의 관계대명사는 「접속사+대명사」로 풀어 쓸 수 있으며, that은 계속적 용법으로는 사용하지 않는다. 한편, 목적격 관계대명사는 생략되는 경우가 많고, 주격 관계대명사와 be동사는 그 뒤에 분사구가 이어질 때는 함께 생략할 수 있다. 관계부사 when, why, how 등은 생략할 수 있다.

① He has some guests, **who** brought snacks for the party.

② Kevin studies without any rest, **which** is impossible for me.

③ I failed to get my driver's license once again, **which** made me sad.

④ The book, **which[that(✗)]** I found interesting, was written by a famous physicist.

⑤ The man (**whom**) I thought to be honest told me a lie.

⑥ This is the post office (**which[that]**) you're looking for.

⑦ He is repairing the fence (**which[that] was**) broken yesterday.

⑧ January is the month (**when**) many people make New Year's resolutions.

① 선행사는 some guests
② 선행사는 studies without any rest
③ 선행사는 앞선 절 내용 전체
④ 선행사는 The book이고, 계속적 용법에서 that은 올 수 없다.
⑤ 목적격 관계대명사의 생략: thought의 목적어
⑥ 목적격 관계대명사의 생략: 전치사 for의 목적어
⑦ 「주격 관계대명사+be동사」 생략
⑧ 관계부사 when 생략

① 그는 손님이 몇 명 있는데, 그들이 파티를 위해 간식을 가져왔다. ② Kevin은 쉬지도 않고 공부하는데, 그것은 나에게는 불가능하다. ③ 나는 다시 한번 운전 면허를 따지 못했는데, 그것이 나를 슬프게 했다. ④ 나는 그 책이 흥미롭다는 것을 알게 되었는데, 그 책은 유명한 물리학자가 썼다. ⑤ 내가 정직하다고 생각했던 남자가 나에게 거짓말을 했다. ⑥ 이것이 네가 찾고 있는 우체국이다. ⑦ 그는 어제 부서진 울타리를 수리하고 있다. ⑧ 1월은 많은 사람이 새해 결심을 하는 달이다.

6 복합관계사

「관계사+-ever」의 형태를 복합관계사라고 한다. 복합관계대명사(whoever, whichever, whatever)는 관계사의 의미가 강조되어 명사절 혹은 부사절을 이끌고, 복합관계부사(wherever, whenever, however)는 관계사의 의미가 강조되어 부사절을 이끈다.

① Give this to **whoever** wants to keep it.

It is my purpose to get you **whatever** you want.

A bike will take you **wherever** you want to go.

Let me know **whenever** you come.

② **Whoever** keeps it, no one will be satisfied.

Whatever I said, he wouldn't listen to me.

However hard I tried, I couldn't solve the question.

① 명사절/부사절(= anyone who / anything that / to any place where / at any time when)
② 양보의 부사절(= No matter who / No matter what / No matter how)

① 이것을 갖고 싶어 하는 사람 누구에게든 그것을 주세요. / 네가 원하는 것이 무엇이든 너에게 주는 것이 내 목표이다. / 자전거는 네가 가고 싶어 하는 곳 어디로든 너를 데려다줄 것이다. / 당신이 올 때는 언제든지 내게 알려 주세요. ② 누가 그것을 보관하든, 아무도 만족하지 않을 것이다. / 내가 무슨 말을 하든, 그는 내 말을 들으려고 하지 않았다. / 내가 아무리 열심히 노력해도, 나는 그 문제를 풀 수 없었다.

Practice 3

1 주어진 그림을 보고, 의미가 통하도록 알맞은 말끼리 서로 연결하시오. ▶ 242014-0076

(1)  (2)  (3)  (4)

(1) You can choose   •

(2) They buy souvenirs   •

(3) Whoever finds the key   •

(4) The collector wants to possess •

• ⓐ whatever you like from the shelf.

• ⓑ should return it to the front desk.

• ⓒ whatever the artist creates.

• ⓓ wherever they travel.

2 주어진 문장과 같은 의미가 되도록 밑줄 친 부분에 유의하여 빈칸에 알맞은 말을 쓰시오. ▶ 242014-0077

(1) <u>Whoever</u> wins the competition, we should congratulate them.

= _____ wins the competition, we should congratulate them.

(2) <u>Whenever</u> you arrive, I'll be here waiting for you.

= _____ you arrive, I'll be here waiting for you.

(3) <u>No matter where</u> you go, I'll always be there for you.

= _____ you go, I'll always be there for you.

3 다음 글을 읽고, 물음에 답하시오. ▶ 242014-0078

> <u>Jasmine is a type of plant known for its fragrant flowers.</u> <u>It grows best in warm climates.</u> The plant is often found in tropical regions. It requires plenty of sunlight and well-drained soil to thrive. Its flowers are used in perfumes, teas, and as decorations due to their pleasant scent. Jasmine is a popular choice for gardens and landscaping in areas with mild winters, where it can grow and bloom all year round.

(1) 윗글의 밑줄 친 두 문장을 관계사의 계속적 용법을 사용하여 한 문장으로 바꾸어 쓰시오.

(2) 윗글의 내용과 일치하면 T, 일치하지 않으면 F에 표시하시오.

- Jasmine thrives in extremely dark conditions.   (T / F)
- The blossom of Jasmine is inedible in any state.   (T / F)

1 다음 글의 밑줄 친 부분 중, 어법상 <u>틀린</u> 것은? ▸ 242014-0079

Young ① <u>as</u> she is, Ella Pangilinan has already embraced the life of an athlete. "Being an athlete encouraged me to learn how ② <u>to discipline</u> myself as well as create a balance between my priorities and those activities that should follow after." Learning the importance of putting the team first ③ <u>has</u> taught her the responsibility of commitment and perseverance to excel not just during practice, but also during official games. ④ <u>Having played</u> as the Brent Varsity Girls Team Striker, Ella believes that "if you have the heart, nothing else should stop you from pursuing ⑤ <u>that</u> you're passionate about." Simply put, she says, "No heart, no chance."

[2~3] 다음 글을 읽고, 물음에 답하시오.

Polite dining at the table, (A) though / whether the meal is formal or informal, has developed as one of the behaviors that set human beings apart from other animals. Nowhere else is a person's difference from beasts more evident than in eating manners and social behavior. Dining etiquette is important because it enables you (B) enjoy / to enjoy the finer things in life—good company, good food, and good conversation. Knowing about these refinements not only (C) make / makes dining more enjoyable but also can give you a competitive edge in business. When you're confident of your manners, you're a more relaxed and polished representative of your company.

2 윗글의 (A), (B), (C)의 각 네모 안에서 어법에 맞는 표현을 골라 쓰시오. ▸ 242014-0080

3 다음 영영 풀이에 맞는 영어 표현을 윗글에서 찾아 쓰시오. ▸ 242014-0081

the fact that a company has an advantage over its competitors

4 다음 글의 밑줄 친 부분 중, 어법상 <u>틀린</u> 것은? ▸ 242014-0082

Superman (1938), the comic book, is a direct result of writer and co-creator Jerry Siegel's inability ① <u>to get</u> girls when he was a young man. "As a high school student," he once explained, "I liked several attractive girls who either didn't know I existed ② <u>or</u> didn't care I existed. It occurred to me: What if I was really amazing? What if I had something ③ <u>special</u> going for me, like jumping over buildings or throwing cars around? Then maybe they would notice me." Siegel and Joe Shuster, the other creator, named their character after movie actors *Clark* Gable and *Kent* Taylor. Lois Lane was inspired by a woman named Lois Amster, ④ <u>whom</u> Shuster liked when he was in school. Superman never married Lois Lane—but Shuster, who modeled Clark Kent after himself, eventually ⑤ <u>marrying</u> Joanne Carter, the woman he had hired to model for Lois Lane.

[5~6] 다음 글을 읽고, 물음에 답하시오.

Maria Tallchief was born on an Osage Indian reservation in Oklahoma and, as a young child, (A) studied / studying piano and dance in Los Angeles and Beverly Hills. She joined a ballet company directed by the famous George Balanchine, (B) him / whom she married in 1946. The next year she joined the dance group that later became the New York City Ballet. Maria is generally (C) considered / considering the most accomplished American-born ballerina and was the prima ballerina of the company in the 1950s. She worked with a variety of ballet companies after her retirement from the New York City Ballet in 1965.

5 윗글의 (A), (B), (C)의 각 네모 안에서 어법에 맞는 표현을 골라 쓰시오. ▸ 242014-0083

6 다음 빈칸에 공통으로 들어갈 수 있는 한 단어를 윗글에서 찾아 쓰시오. ▸ 242014-0084

• I made a(n) _____ at the restaurant for 7 o'clock.

• He accepted my advice without _____.

• The family lives on a Native American _____.

7 다음 글의 밑줄 친 부분 중, 어법상 <u>틀린</u> 것은?   ▸ 242014-0085

Let's say you have a habit of watching TV for six hours a day (this is actually the American average). Every day you realize you have lost six hours of your life ① <u>in which</u> you didn't do anything useful. You know you have to change. If you decide just to turn off the TV and do nothing else, you will be creating a void. You will feel like the time passes ② <u>slowly</u>. The six hours will feel like twelve because you haven't filled your time with something else. ③ <u>Using</u> a positive approach, you can fill the time with positive activities, such as reading, exercising, or talking with friends. The key is that it must be something that makes you ④ <u>feel</u> good. If you decide to read a book, read something that interests you. If you just read something you don't enjoy, you'll get ⑤ <u>boring</u> very quickly and return to watching TV again.

*void 공허(감)

[8~9] 다음 글을 읽고, 물음에 답하시오.

The longer we keep people waiting, the worse they are likely to feel. (A) | Imagine / Imagining | a middle manager summoned to a meeting with the president at 1 p.m., who arrives at a "respectful" 12:50. She remains comfortable until 1:10, when she asks the secretary <u>remind</u> the president that she is there. If the secretary checks and conveys that the president will be right with her, the manager will probably remain comfortable until around 1:25. By 1:45, however, she is likely to be quite angry and assume (B) | that / what | the president doesn't really care about seeing her. If the president then lets the manager in and proceeds directly to the business at hand without (C) | offers / offering | an explanation, the manager may appear somewhat irritable. This may negatively affect the meeting and the relationship.

8 윗글의 (A), (B), (C)의 각 네모 안에서 어법에 맞는 표현을 골라 쓰시오.   ▸ 242014-0086

9 윗글의 밑줄 친 remind를 문맥에 맞는 형태로 고쳐 쓰시오.   ▸ 242014-0087

10 다음 글의 밑줄 친 부분 중, 어법상 틀린 것은? ▶ 242014-0088

In his book *Lyrics*, Oscar Hammerstein tells of the time he saw a picture of the top of the head of the Statue of Liberty, ① <u>taken</u> from a helicopter. He was amazed at the detail and painstaking work that ② <u>was done</u> on the lady's coiffure. Hammerstein reflected that the sculptor could not have imagined, even in his wildest dreams, ③ <u>what</u> one day there would be a device that could look on top of the head of his creation. Yet he gave as much care to that part of the statue as he ④ <u>did</u> to the face, arms, and legs. He wrote, "When you are creating a work of art, or any other kind of work, ⑤ <u>finish</u> the job off perfectly. You never know when a helicopter, or some other instrument not at the moment invented, may come along and find you out."

*coiffure (여성용) 머리 장식

[11~12] 다음 글을 읽고, 물음에 답하시오.

The American Academy of Pediatrics (AAP) explains that Facebook depression "develops when preteens and teens spend a great deal of time on social media sites, such as Facebook, and subsequently (A) exhibit / exhibiting classic symptoms of depression." Since American teens are losing interest in Facebook by the week, this should be redefined as "social media depression." In 2011, the AAP expressed concern (B) that / what teenagers who spent a lot of time on social media sites were at increased risk for depression. In some circumstances, social media may (C) contribute / be contributed to low self-esteem and "unhappiness." Researchers at the University of Michigan followed 80 undergraduates on Facebook. They found that the more time students spent on Facebook, the less happy they were in the moment and the less satisfied they were with their life in general.

11 윗글의 (A), (B), (C)의 각 네모 안에서 어법에 맞는 표현을 골라 쓰시오. ▶ 242014-0089

12 윗글의 내용을 다음과 같이 요약할 때 빈칸에 알맞은 단어를 찾아 쓰시오. ▶ 242014-0090

→ Young people's excessive dependence on social media may cause _____, _____
_____, and _____.

13 다음 글의 밑줄 친 부분 중, 어법상 틀린 것은? ▸ 242014-0091

Roses represent various positive emotions, including love, friendship, and attachment. The thorns, on the other hand, stand in for the challenges and problems ① that could develop in a partnership. Have you ever seen a rose bush without thorns, though? No matter how ugly they are, thorns are necessary to protect the rose and aid in its growth, yet we have never heard of anyone discussing ② its importance. The tale of the rose and the thorn implies that relationships can experience both ups and downs and that love is not always a simple thing ③ to achieve. It also implies that in order to enjoy and grow the beauty and love that exist between two people, it is ④ critical to traverse the problems and difficulties that come in a relationship. Overall, it is crucial to be prepared to overcome obstacles in order to nurture and develop the love that already ⑤ exists between two people.

*traverse 헤쳐 나가다, 가로지르다

[14~15] 다음 글을 읽고, 물음에 답하시오.

Before World War II, Lucy Carrington Wertheimer ran an art gallery that concentrated on the works of then-modern artists. Often, she heard only criticism of these artists' works, although many of them became well known and well respected as artists later. One late afternoon, after she had heard nothing but criticism all day, a couple of tourists dropped into her gallery and (A) made / making very admiring remarks about the works of art, although unfortunately they had no money with which to buy them. Ms. Wertheimer was so happy (B) to hear / heard their positive comments—especially about a picture by Kolle that they admired—that she gave it to them: "Please have it. Please take it away with you. (C) Do / Doing go on enjoying it."

14 윗글의 (A), (B), (C)의 각 네모 안에서 어법에 맞는 표현을 골라 쓰시오. ▸ 242014-0092

15 Ms. Wertheimer가 여행자 부부에게 그림을 준 이유를 우리말로 쓰시오. ▸ 242014-0093

16 다음 글의 밑줄 친 부분 중, 어법상 틀린 것은? ▸ 242014-0094

Just as we can learn what things are nasty by observing others, we can also learn about what things are nice and where ① to go to find them. We see this happening in an elegantly simple experiment with nine-spined sticklebacks, small predatory fish ② found in rivers and ponds. But here they are in big glass tanks in the lab. An individual stickleback was isolated and learned ③ that food could be found on the left side of a tank, but not on the right side. After a while, the fish would always swim to the left ④ when given the choice. After a delay of seven days, the stickleback observed other fish feeding on the right side of the tank. Promptly, it abandoned its previously learned preference and now swam to the right. Simple observation of others ⑤ overturning a preference previously gained by individual learning (go to the left) in favor of the opposite preference (go to the right).

*stickleback 큰가시고기(민물고기)

[17~18] 다음 글을 읽고, 물음에 답하시오.

If your goal is to get fit and burn calories, walking *fast* is more efficient than walking *longer*. If you can carry on a normal conversation or sing while (A) | walk / walking |, you're probably not walking fast enough. Imagine you are walking to an important appointment, and you don't want to be late. Your breathing should be heavy enough to make it difficult (B) | carried / to carry | on a conversation. If you're walking for relaxation, walk at a leisurely pace that you enjoy. Walking seems to have a dose-related effect. The faster and the longer you walk, the (C) | great / greater | the heart benefit you get. Some studies show that simply moving 30 minutes a day can cut the risk of heart disease in half. You don't have to run a marathon. Even no-sweat activities can yield tremendous health benefits.

*dose-related effect 용량 관련 효과(투여되는 용량과 비례하여 커지는 효과)

17 윗글의 (A), (B), (C)의 각 네모 안에서 어법에 맞는 표현을 골라 쓰시오. ▸ 242014-0095

▸ 242014-0096

18 윗글의 제목을 다음과 같이 나타낼 때, 빈칸에 들어갈 알맞은 말을 윗글에서 찾아 쓰시오. (필요할 경우 어형을 바꿀 것)

_____ of Walking for Fitness and Health

1 다음 글의 밑줄 친 부분 중, 어법상 <u>틀린</u> 것은?   ▸242014-0097

> Laughter is an involuntary behavior. It's not something we actively decide to do; our brains simply do it ① <u>naturally</u>. In this way, laughter is similar to other involuntary behaviors ② <u>like</u> breathing, blinking, hiccuping, and vomiting. But whereas these are merely physiological, laughter is an involuntary *social* behavior. We use laughter ③ <u>to bond</u> with friends, mock our enemies, explore social standards, and mark the boundaries of our social groups. It's a response to social cues, ④ <u>laced</u> with interpersonal significance. And yet "we"—the conscious, intentional, willful parts of our minds—don't get to decide when we ⑤ <u>doing</u> it.
>
> *hiccuping 딸꾹질 **physiological 생리적인

[2~3] 다음 글을 읽고, 물음에 답하시오.

> The main tool for changing your interpretations of hardship (A) are / is disputation. Practice disputing your automatic interpretations all the time from now on. Anytime you find yourself down or anxious or angry, (B) ask / asking what you are saying to yourself. Sometimes the beliefs will turn out to be accurate; when this is so, concentrate on the ways you can alter the situation and prevent hardship from becoming disaster. But usually your negative beliefs are distortions. Challenge them. Don't let them run your emotional life. Unlike dieting, learned optimism is easy (C) maintaining / to maintain once you start. Once you get into the habit of disputing negative beliefs, your daily life will run much better, and you will feel much happier.
>
> *disputation 이의 제기, 논쟁

2 윗글의 (A), (B), (C)의 각 네모 안에서 어법에 맞는 표현을 골라 쓰시오.   ▸242014-0098

3 윗글의 주제를 다음과 같이 쓸 때 빈칸에 알맞은 말을 본문에서 찾아 쓰시오. (필요할 경우 어형을 바꿀 것)   ▸242014-0099

> the importance of _____ _____ _____ to feel happier and make life better

4 다음 글의 밑줄 친 부분 중, 어법상 틀린 것은?   ▶ 242014-0100

> If you have two employees who are sharing one job, it can be confusing to manage them effectively. If possible, have a meeting with both employees so that you can all talk about ① whom is responsible for what and get a firm schedule down. Indicate if you need to be informed when they switch days or hours. Make it ② clear that even though they may divide the work up, they are both going to be responsible for meeting the job description for the position, and if one person drops the ball, ③ the other will need to pick it up. Make sure the two people handling the job ④ are a good fit. If they approach the job differently, there needs to be middle ground, and you must be sure they aren't duplicating work by each ⑤ doing something in their own way.
>
> *duplicate 이중으로 하다

[5~6] 다음 글을 읽고, 물음에 답하시오.

> Children are not born (A) | knowing / known | words to describe their feelings. Part of getting to know and manage oneself is learning names for your emotions so that you can communicate better with others. This may sound (B) | simple / simply |, but young children don't have an extensive vocabulary for feelings and will primarily use basic words like "sad," "mad," "angry," and "happy." As they grow, parents can add to their feelings vocabulary by using additional words like "frustrated," "annoyed," "proud," and "ashamed." Caring adults can also help by actively and accurately (C) | reflect / reflecting | a child's feelings by saying things like, "I notice you are getting frustrated with your project," or "Wow, you seem really excited!" There are new words for feelings in the books you read aloud to your children, as well. Recognizing and naming feelings are the first steps to managing them.

5 윗글의 (A), (B), (C)의 각 네모 안에서 어법에 맞는 표현을 골라 쓰시오.   ▶ 242014-0101

6 윗글의 제목을 다음과 같이 쓸 때 빈칸에 알맞은 말을 주어진 철자로 시작하도록 본문에서 찾아 쓰시오. ▶ 242014-0102

> Help Your Child Learn to D_____ Feelings

7 다음 글의 밑줄 친 부분 중, 어법상 틀린 것은? ▸ 242014-0103

Cotton was first domesticated in the Indus River valley some time between 2300 and 1760 B.C., and by the second millennium B.C. the Indians ① <u>had begun</u> to develop sophisticated dyeing techniques. During these early millennia Indus River valley merchants are known to have lived in Mesopotamia, ② <u>which</u> they sold cotton textiles. In the first century B.C. Egypt became an important overseas market for Indian cottons. By the next century there was a strong demand for these textiles both in the Mediterranean and in East Africa, and by the fifth century they were being ③ <u>traded</u> in Southeast Asia. The Indian textile trade continued ④ <u>to grow</u> throughout the next millennium. Even after the arrival of European ships in Asian ports at the turn of the sixteenth century, ⑤ <u>it</u> continued intact.

[8~9] 다음 글을 읽고, 물음에 답하시오.

One day Shizuo Kakutani was teaching a class at Yale. He wrote down a lemma on the blackboard and announced (A) that / what the proof was obvious. One student timidly raised his hand and said that it wasn't obvious to him. Could Kakutani explain? After several moments' thought, Kakutani realized that he could not himself prove the lemma. He apologized, and (B) said / saying that he would report back at their next class meeting. After class, Kakutani went straight to his office. He labored for quite a time and found that he could not prove the lemma. He skipped lunch and went to the library to track down the lemma. After much work, he finally found the original paper. The lemma (C) stated / was stated clearly and succinctly. For the proof, the author had written, "Exercise for the reader." The author of this 1941 paper was Kakutani.

*lemma 부명제(다른 진술이 참임을 검증하기 위해 참인 것으로 여겨지는 진술)

8 윗글의 (A), (B), (C)의 네모 안에서 어법에 맞는 표현을 골라 쓰시오. ▸ 242014-0104

9 윗글의 내용과 일치하도록 주어진 철자로 시작하여 빈칸의 단어를 완성하시오. ▸ 242014-0105

Kakutani couldn't p_____ the lemma in class, whose p_____ he himself had left for the reader in his original p_____.

10 다음 글의 밑줄 친 부분 중, 어법상 틀린 것은?　　　　　▶ 242014-0106

It is appropriate to acknowledge that leadership can be thrust on a person by unforeseen circumstances. Our sons and daughters need to be alert to the fact that fate can offer a chance ① to lead when they least expect it. Some years ago, one of my students was at Parramatta railway station in Sydney when a man at the station had a heart attack and ② fell down unconscious. People scattered. However, the boy ③ wasn't. He administered CPR and started the man's heart and then his breathing. Later, paramedics arrived and took over—but not before they acknowledged it was the sixteen-year-old boy who ④ had saved the man's life. The boy had not shown any leadership tendencies until that day, and neither ⑤ had he anticipated undertaking any leadership responsibilities.

*CPR (cardiopulmonary resuscitation) 심폐소생술　**paramedic 구급대원

[11~12] 다음 글을 읽고, 물음에 답하시오.

(A) Imagine / Imagining ancient hunters coming home from a day chasing and capturing a wild beast. They sit around the fire at night, roasting their freshly caught meat. They communicate the tales of their activities, describing the successful strategies they used and detailing the events that caused one of their members (B) gets / to get injured. In this way they are sharing their experiences with the young people of the tribe who sit there listening to the tales, learning the things to avoid and the things to ensure a successful hunt. These stories short-circuit our learning processes. The wide-eyed children listening to the hunters' tales don't need to trap wild animals (C) them / themselves to learn about those processes that work and those that do not.

*short-circuit 간단하게 하다

11 (A), (B), (C)의 각 네모 안에서 어법에 맞는 표현을 골라 쓰시오.　　　　　▶ 242014-0107

12 윗글의 내용을 바탕으로 하여, 다음 문장의 빈칸에 알맞은 말을 주어진 철자로 시작하도록 쓰시오.　　　　　▶ 242014-0108

The tales that hunters tell allow the children to i＿＿＿＿＿ learn effective hunting strategies.

13 다음 글의 밑줄 친 부분 중, 어법상 틀린 것은? ▸ 242014-0109

I have my own cleaning business. I have had several clients for many years, and we are friends and ① discuss problems as any friend would. One day I was talking to a client about an outrageous medical bill. Since I am self-employed, I have my own health insurance. I have opted for a large deductible. I was upset about how high my deductible was, and ② that I owed so much. So I got angry about it. The woman I work for ③ turning to me without hesitation and said, "Would you like $1,000?" I was stunned. This was not a loan. She was ④ sincerely offering. Although I did not take her up on her offer, the fact ⑤ that she made the offer meant more to me than the thousand dollars. A lot more.

*deductible (건강 보험의) 본인 부담금

[14~15] 다음 글을 읽고, 물음에 답하시오.

Sharing food is an important aspect of most Native American societies today. Food is usually offered to guests, and in some tribes it is considered (A) rude / rudely for a guest to refuse food. It is also impolite to eat in front of others without sharing. Any extra food is often given to members of the extended family. In some nations of the Southwest, meals are prepared and eaten communally. Each woman makes a large amount of one dish and shares it with the other families, who in turn share (B) that / what they have prepared. Many Native Americans find the idea of selling food inconceivable; it is suggested that this is one reason there are few restaurants (C) feature / featuring Native American specialties.

14 (A), (B), (C)의 각 네모 안에서 어법에 맞는 표현을 골라 쓰시오. ▸ 242014-0110

15 윗글의 내용을 한 문장으로 요약하고자 한다. 빈칸 (a), (b)에 적절한 말을 〈보기〉에서 골라 쓰시오. ▸ 242014-0111
(필요할 경우 어형을 바꿀 것)

┤ 보기 ├
cultural   discourage   encourage   fading

→ Sharing food is a(n) ____(a)____ norm in Native American societies along with ____(b)____ the commercialization of their cuisine.

16 다음 글의 밑줄 친 부분 중, 어법상 **틀린** 것은?   ▶ 242014-0112

I know that some people may not be accustomed to ① leaving tips in hotel rooms, because essentially they are leaving money for someone they will never see or have any contact with. Doing things for someone who can never thank you personally ② is the message of the saying "what goes around, comes around." You should be kind to everyone and ③ show appreciation to those who do things for you, and in return it can bring only good things for you. Speaking of leaving tips, I think no one can appreciate how important it is ④ left an appropriate tip unless you have worked for tips yourself. For example, I guarantee you ⑤ that if you are waiting tables you will not find a better tipper than someone who has also waited tables.

[17~18] 다음 글을 읽고, 물음에 답하시오.

The Piri Reis map, one of the oldest known surviving maps showing the Americas, first came to light in 1929, when historians (A) working / worked in the Topkapi Palace in Istanbul discovered it in a pile of rubble. It is currently located in the Library of the Topkapi Palace, (B) despite / though it is not usually on display to the public. The map dates to the year 1513 and was drawn on gazelle skin by an admiral in the Ottoman Turkish fleet named Piri Reis. It includes a web of criss-crossing lines, known as rhumb lines, common on late medieval mariner's charts, and (C) think / thought to have been used in plotting out a course. Close examination of the document has shown that it was originally a map of the whole world, but was torn into pieces at some time in its history.

*rhumb line 항정선(항해할 노정을 표시한 선)

17 (A), (B), (C)의 각 네모 안에서 어법에 맞는 표현을 골라 쓰시오.   ▶ 242014-0113

18 윗글의 내용과 일치하도록 빈칸 (a), (b)에 적절한 말을 〈보기〉에서 골라 알맞은 형태로 쓰시오.   ▶ 242014-0114
(필요할 경우 어형을 바꿀 것)

┤ 보기 ├

distort   illustrate   seldom   frequently

Found in 1929, the Piri Reis map from 1513, which ____(a)____ early images of the Americas, is kept in Istanbul's Topkapi Palace Library but ____(b)____ shown to the public.

To change your life,
you must first change
your day.

———

인생을 바꾸기 위해서는
먼저 당신의 하루를 바꿔야 한다.

Part II
Reading & Writing

- **글의 목적 파악**: 글의 목적을 파악하기 위해서는 먼저 글의 앞부분에서 글의 유형과 중심 소재를 파악하고, 글을 읽어 가면서 필자가 처한 상황과 필자가 바라는 점이 분명하게 드러난 부분을 찾는다.
- **필자의 주장 파악**: 필자의 주장을 파악하기 위해서는 먼저 글의 전반부에서 중심 소재를 파악하고, 글의 논리적 전개를 따라가며 필자의 핵심 의견이 드러난 문장을 찾는다. 주장이 분명하게 드러나는 문장에는 should, must, have to, need to, important, necessary 등의 어구가 들어가는 경우가 많으며, 명령문의 형태도 자주 사용된다.

Get Started

다음 글을 읽고, 물음에 답하시오.

Dear Friends and Neighbors,

Have you ever imagined our Midtown without its own community hospital? How do you feel about driving an extra thirty minutes to Central City in an emergency? I don't mean to alarm you unnecessarily with these questions. However, the Midtown Community Hospital is at a decisive moment. It needs to expand its facilities and get the latest medical equipment within the next two years, or it risks losing its license as a primary care hospital by the state health care authorities. This is why I'm reaching out to you today. We have an opportunity, as members of this community, to take collective action. I invite you to contribute to the Midtown Community Hospital Building Fund. By doing so, you're not just donating; you're investing in the health and well-being of our community for generations to come.

With sincere gratitude,
Jessy Lind
Midtown Community Representative

1 윗글의 목적으로 가장 적절한 것은?　　　　　　　　　　　　　▶ 242014-0115

① 보건 당국의 진료 기관 인증 절차를 설명하려고　② Midtown 내 새로운 병원 건립 계획을 공지하려고
③ 지역 주민 대상 건강 관리 프로그램을 홍보하려고　④ Midtown 지역 병원의 최신 설비를 소개하려고
⑤ Midtown 지역 병원 건립 기금에 기부를 요청하려고

2 다음 주어진 질문에 영어로 답하시오.　　　　　　　　　　　　▶ 242014-0116

What does the Midtown Community Hospital need to do to keep its license as a primary care hospital?

Problem Solving Process

Step 1 글의 도입부에서 글의 유형과 중심 소재를 파악한다.

> Dear Friends and Neighbors,
>
> Have you ever imagined our Midtown without its own community hospital?

● 편지글이고, Midtown 지역 병원에 관한 내용임을 알 수 있다.

Step 2 필자가 처한 상황을 이해한다.

> It needs to expand its facilities and get the latest medical equipment within the next two years, or it risks losing its license as a primary care hospital ~.

● Midtown 지역 병원이 시설을 확장하고 최신 의료 장비를 갖추지 않으면 1차 진료 병원으로서 인증이 취소될 위험에 처해 있음을 알 수 있다.

Step 3 필자가 요청하고 있는 내용을 통해 글의 목적을 파악한다.

> I invite you to contribute to the Midtown Community Hospital Building Fund.

● Midtown 지역 병원 건립 기금에 기부를 요청하고 있다.

Words & Phrases

- □ **emergency** 응급
- □ **decisive** 결정적인
- □ **license** 인증, 허가
- □ **contribute to** ~에 기부[기여]하다
- □ **well-being** 복지, 안녕

- □ **alarm** 놀라게 하다
- □ **facility** (편의) 시설
- □ **primary** 1차의
- □ **donate** 기부하다
- □ **generation** 세대

- □ **unnecessarily** 불필요하게
- □ **medical equipment** 의료 장비
- □ **authorities** 당국
- □ **invest** 투자하다

Culture Note

기금(fund)

특정한 목적이나 사업, 행사를 위해 모으거나 저축해 놓은 기본적인 자금을 말한다. 시 정부에서 새로운 시민 센터를 짓기 위해 돈을 마련하거나, 대학에서 장학금을 수여하기 위해 돈을 마련하거나, 보험 회사에서 고객의 보험금을 지급하기 위해 돈을 마련하는 등 다양한 목적으로 기금을 조성할 수 있다.

다음 글을 읽고, 물음에 답하시오.

When you go through something terrible, and you measure the experience against what you ideally thought it should be, then life is happening *to* you, and you're the byproduct of your experiences. You're the powerless victim of what happened. The gap leads to unhealthy comparisons and a lack of learning from your experiences. The gain happens when you transform every experience into personal growth. No matter what occurs, frame the experience as a gain. Proactively and consciously learn from your experiences, and become better, not bitter, as a result. When you go through something terrible, and you frame the experience as a gain, then life is happening *for* you. Rather than being the byproduct of your experiences, your experiences are the byproduct of your conscious choosing. You _____.

*proactively 능동적으로

1 윗글에서 필자가 주장하는 바로 가장 적절한 것은?　　▶ 242014-0117

① 고통스러운 경험을 계속 상기하기보다는 잊어야 한다.
② 일상의 작은 일에 지나치게 일희일비하지 말아야 한다.
③ 자신의 의지로 어찌하지 못하는 일이 있음을 인정해야 한다.
④ 의식적으로 모든 경험이 자신에게 이득이 되도록 만들어야 한다.
⑤ 성취감을 느낄 수 있는 경험을 반복하면서 자존감을 키워야 한다.

2 문맥상 빈칸에 들어갈 알맞은 말을 다음 단어를 바르게 배열하여 완성하시오.　　▶ 242014-0118

mean / your / determine / experiences / what

Words & Phrases

□ **go through** ~을 겪다　　□ **measure** 평가하다　　□ **byproduct** 부산물
□ **victim** 희생자　　□ **unhealthy** 건강하지 못한　　□ **comparison** 비교
□ **gain** 이득, 이익　　□ **transform** 바꾸다　　□ **consciously** 의식적으로

76 • 고등예비과정 공통영어

Exercise 2

다음 글을 읽고, 물음에 답하시오.

Dear Mr. Armitage,

Not only is your letter, dated January 28, extremely rude, it is also quite inaccurate. According to your statement, one of our West Branch Sales Associates spoke offensive words to you and your wife while you were in line. I apologize if you had an unpleasant shopping experience in our store; however, the employee you have charged with inappropriate behavior was not working on the day of your visit. In addition, we have no sales receipts for the items that you say you purchased. I am continuing to look into this matter, but I have to admit some reservations on our behalf. Please call our store if we can help further.

Sincerely,
Hugh G. Printz
Store Manager

*sales associate 영업 사원

Part II_Reading & Writing

1 윗글의 목적으로 가장 적절한 것은? ▶ 242014-0119

① 고객 불만 사항을 접수하는 방법을 소개하려고
② 환불 시에 영수증이 필요한 이유를 설명하려고
③ 고객 불만 사항을 다루는 부서 신설을 요청하려고
④ 무례한 모습을 보인 영업 사원에게 사과를 요구하려고
⑤ 접수된 불만 사항이 부정확함을 고객에게 알려 주려고

2 Mr. Armitage의 불만 사항을 우리말로 쓰시오. ▶ 242014-0120

Words & Phrases

□ **extremely** 극히, 대단히	□ **inaccurate** 부정확한	□ **according to** ~에 따라
□ **statement** 진술	□ **branch** 지점	□ **offensive** 불쾌한, 무례한
□ **apologize** 사과하다	□ **unpleasant** 불쾌한	□ **charge** 비난하다, 고소하다
□ **inappropriate** 부적절한	□ **in addition** 게다가	□ **receipt** 영수증
□ **item** 물건, 항목	□ **look into** ~을 조사하다	□ **admit** 인정하다
□ **reservation** 의구심	□ **on one's behalf** ~을 대표하여	

심경 파악 문항은 어떤 상황 속에서 인물이 느끼는 심경 혹은 심경의 변화를 묻는 유형이다. 이를 파악하기 위해서는 우선 인물이 처한 전체적인 상황을 파악한 후, 그 상황에 대한 인물의 태도나 대처를 찾아본다. 마지막으로 심경을 직접적으로 유추할 수 있는 표현을 찾아 인물의 심경을 확인하도록 한다.

Get Started

다음 글을 읽고, 물음에 답하시오.

On October 28, I had my fourth annual concert. With delight, I learned that my relative Sue Carol Verheyden would be attending. The news filled me with anticipation and served as a significant source of motivation. It was a great chance to impress her. Sue Carol's favorite piece is "Etude Op. 10 No. 3" by Chopin. That happened to be one of the eight pieces in this concert. I normally don't practice on the day of a concert or a recital because I get too nervous. When I have a concert, I look for a distraction to keep my mind off of it. Since I knew that I would be playing Sue Carol's favorite piece, I decided to make an exception and rehearse it before the concert. I started out fine but when I got to the middle section, I couldn't remember it. I thought about it, trying to figure out those notes and nothing came to me. My heart started pounding.

1 윗글에 드러난 'I'의 심경 변화로 가장 적절한 것은?   ▶ 242014-0121

① excited → nervous
② uneasy → passionate
③ indifferent → jealous
④ disappointed → proud
⑤ worried → determined

2 'I'가 예외를 두어 연주회 전에 곡을 연습하기로 한 이유는 무엇인지 우리말로 쓰시오.   ▶ 242014-0122

Words & Phrases

□ **annual** 연례의	□ **anticipation** 기대	□ **motivation** 동기 부여
□ **distraction** 마음을 딴 데로 돌리는 것	□ **exception** 예외	□ **rehearse** 연습하다
□ **note** 음, 음표		

Problem Solving Process

Step 1 인물이 처한 전체적인 상황을 파악하고, 초반에 드러난 인물의 심경을 확인한다.

On October 28, I had my fourth annual concert. With delight, ~ Sue Carol Verheyden would be attending. The news filled me with anticipation and served as a significant source of motivation. It was a great chance to impress her.

● 연례 연주회에 기쁘게도 Sue Carol Verheyden이 참석한다는 소식을 들은 'I'는 기대로 가득 찼고 동기 부여가 되어 그녀에게 깊은 인상을 줄 좋은 기회라고 생각하고 있음을 알 수 있다.

Step 2 그 상황에 대한 인물의 태도나 대처를 찾아본다.

I normally don't practice on the day of a concert or a recital because I get too nervous. ~ Since I knew that I would be playing Sue Carol's favorite piece, I decided to make an exception and rehearse it before the concert.

● 'I'가 평상시에는 연주회 당일에 연습을 하지 않지만, Sue Carol이 가장 좋아하는 곡이기에 예외를 두어 그녀를 위해 연주회 전에 연습하기로 결심했음을 알 수 있다.

Step 3 심경의 변화를 유추할 수 있는 표현을 찾아 인물의 심경을 확인한다.

I started out fine but when I got to the middle section, I couldn't remember it. I thought about it, trying to figure out those notes and nothing came to me. My heart started pounding.

● 'I'가 연습을 시작했는데, 곡의 중간 부분을 기억할 수 없었고 아무것도 떠오르지 않아 심장이 쿵쾅거리기 시작했다고 진술한 부분에서 'I'가 초조해진 것을 확인할 수 있다.

Culture Note

Frédéric Chopin(프레데리크 쇼팽)

프레데리크 쇼팽(1810~1849)은 폴란드 작곡가이자 낭만주의 시대의 거장 피아니스트로, 주로 솔로 피아노를 위한 곡을 썼다. 그는 시적 천재성을 바탕으로 한 최고의 음악가로서 세계적인 명성을 유지해 왔으며, 당대에는 비교할 수 없는 전문적 기교를 바탕으로 한 음악가였다.
그의 연습곡 'Etude Op. 10 No. 3'은 1832년에 작곡하여 그다음 해에 프랑스, 독일, 영국에서 처음 출판되었다. 이 곡은 다성적(두 개 이상의 독립된 성부에 의해 악곡이 구성)이고 레가토 연주(음과 음 사이를 끊지 않고 원활하게 연주)를 위한 느린 칸타빌레 곡이다. 쇼팽은 이 곡의 멜로디가 본인이 작곡한 곡 중 가장 아름답다고 생각했으며 수많은 대중적인 편곡을 통해 유명해졌다.

다음 글을 읽고, 물음에 답하시오.

The hiking group, including Danny, finally reached a lake. Just around the side of the lake was the cozy AMC hut. Danny entered it and sat down next to a few other hikers who were hanging out. They generously welcomed (a) him, and he settled into peanut butter sandwiches and slices of cheese. The basic comforts and hospitality comforted him. The leader of the hiking group went into excellent logistics action mode, calling the base camp to explain the situation. (b) He told them his hiking team couldn't continue with wet sleeping bags, so they would have to stay in the AMC hut for the day. Then, he made a plan to hike down Tuckerman Ravine. He figured out a safe, clear route for his members to take down the mountain. Danny felt grateful for the plan.

*logistics 실행 계획

1 윗글에 드러난 Danny의 심경으로 가장 적절한 것은?   ▸ 242014-0123

① calm and bored   ② relaxed and thankful
③ ashamed and regretful   ④ sorrowful and sorry
⑤ confused and perplexed

2 밑줄 친 (a) him과 (b) He가 각각 지칭하는 대상을 본문에서 찾아 쓰시오.   ▸ 242014-0124

Words & Phrases

□ **cozy** 안락한   □ **hut** 오두막   □ **hang out** 시간을 보내다
□ **generously** 너그럽게   □ **settle into** ~에 자리를 잡다   □ **hospitality** 환대

Exercise ②

다음 글을 읽고, 물음에 답하시오.

On July twenty-second I was en route to Washington, D.C. for a business trip. It was very ordinary until we landed in Denver for a plane change. As I collected my belongings from the overhead bin, an announcement was made for Mr. Lloyd Glenn to see the United Customer Service Representative immediately. I thought nothing of it until I reached the door to leave the plane and I heard a gentleman asking every male if he was Mr. Glenn. At this point I knew something was wrong and my heart sunk. When I got off the plane, a solemn-faced young man came toward me and said, "Mr. Glenn, there is an emergency at your home. I do not know what the emergency is, or who is involved, but I will take you to the phone so you can call the hospital."

1 윗글에 드러난 'I'의 심경으로 가장 적절한 것은?   ▶ 242014-0125

① angry   ② bored   ③ excited
④ worried   ⑤ relieved

2 기내 방송의 내용을 우리말로 쓰시오.   ▶ 242014-0126

Words & Phrases

□ **be en route to** ~로 가는 길이다   □ **land** 착륙하다   □ **collect** 모으다
□ **belongings** 소유물   □ **overhead bin** (여객기의 객석 위에 있는) 짐칸
□ **announcement** 안내 방송   □ **Customer Service Representative** 고객 서비스 상담원
□ **immediately** 즉시   □ **think nothing of** ~에 대해 아무렇지도 않게 생각하다
□ **sink** 가라앉다   □ **get off** ~에서 내리다   □ **solemn-faced** 엄숙한 표정의
□ **emergency** 응급 상황   □ **involved** 관련된

문장이나 어구의 함축적 의미를 추론하는 문제 유형으로, 글의 요지와 전반적인 맥락을 파악하는 것이 중요하다. 글의 전반적인 내용을 살펴 단락의 요지를 파악하고, 이를 바탕으로 밑줄 친 부분 전후의 맥락을 파악한다. 밑줄 친 부분의 사전적 의미를 넘어, 글의 요지와 관련하여 해당 부분이 담고 있는 의미를 파악한다.

Get Started

다음 글을 읽고, 물음에 답하시오.

As an empathetic listener, you are on a journey with a direction but no destination. You will never "arrive." You will never be able to say, "I truly understand you." We are all too complex for that, and our skills (A) imagine / to imagine ourselves into other people's lives are too limited. But in a sense this is good news. Psychologists have found that we are each more (B) interesting / interested in knowing that the other person is *trying* to empathize with us—that they are willing to struggle to understand how we feel and see how we see—than we are in believing that they have actually accomplished that goal. Good listening, as we've said, is profoundly communicative. And struggling to understand (C) communicates / communicating the most positive message of all.

*empathetic 공감적인

▶ 242014-0127

1 밑줄 친 a journey with a direction but no destination이 윗글에서 의미하는 바로 가장 적절한 것은?

① a continuous personal challenge to improve your speaking skills
② a deep search to understand the essence of human life
③ a series of heated discussions on miscommunication
④ a pursuit of the ultimate solution for psychological problems
⑤ a constant attempt to understand others despite your limitations

2 윗글의 (A), (B), (C)의 각 네모 안에서 어법에 맞는 표현을 골라 쓰시오.

▶ 242014-0128

Words & Phrases

□ **journey** 여행
□ **destination** 도착지, 목적지
□ **complex** 복잡한
□ **in a sense** 어떤 의미에서는, 어느 정도
□ **empathize** 공감하다
□ **be willing to *do*** 기꺼이 ~하다
□ **struggle** 노력하다, 애쓰다
□ **accomplish** 달성하다
□ **profoundly** 완전히, 깊이
□ **communicative** 소통하는, 속을 잘 털어놓는
□ **communicate** 전달하다

Problem Solving Process

Step 1 글의 도입 부분을 통해 단락의 소재를 파악한다.

> As an empathetic listener, you are on a journey with a direction but no destination.

첫 번째 문장을 통해서 단락의 소재가 공감적 경청 또는 공감적인 경청자의 태도와 관련된 것임을 확인할 수 있다.

Step 2 글의 중반 부분을 통해 단락의 소재에 대한 글쓴이의 의견이나 부연 설명을 확인한다.

> You will never "arrive." You will never be able to say, "I truly understand you." We are all too complex for that, and our skills to imagine ourselves into other people's lives too limited. But in a sense this is good news.

도입부 이후에서 진정한 이해의 복잡성과 우리의 공감 능력의 한계에 대한 필자의 생각과 공감적 경청의 본질에 대한 의견을 살펴볼 수 있다.

Step 3 이를 토대로 단락의 요지를 파악하고, 밑줄 친 부분의 함축적 의미를 이와 관련하여 추론한다.

> 근거: Psychologists have found that we are each more interested in knowing that the other person is *trying* to empathize with us ~ than we are in believing that they have actually accomplished that goal.
>
> 견해: Good listening, as we've said, is profoundly communicative.
>
> 주장: And struggling to understand communicates the most positive message of all.

경청을 할 때 상대방을 이해하고 공감하려고 끊임없이 노력하는 것이 가장 긍정적인 메시지를 전달한다는 내용에서 경청자의 태도와 관련된 밑줄 친 부분의 의미를 추론할 수 있다.

Part II_Reading & Writing

Culture Note

공감적 경청(Empathic Listening)

공감적 경청이란 상대방의 말을 이해하고 그들의 감정에 깊이 공감하는 것을 뜻한다. 이는 상대의 말을 단지 듣기만 하는 것이 아니라, 상대의 감정과 생각을 진심으로 이해하려 하고 그들의 입장에서 생각해 보려는 노력을 의미한다. 이를 통해 우리는 타인과 더 깊은 정서적 유대를 형성할 수 있다.

다음 글을 읽고, 물음에 답하시오.

Moments after I listened to the voice mail delivering news of a tragic loss, I boarded the second plane for my connecting flight. As I sat dazed and disheartened, I looked to my left and a small sign caught my eye: "LIFE VEST INSIDE." My eyes focused on those three small words. I smiled and felt an instant comfort. A life vest has the ability to stay afloat r_____ of how much one may push down upon it. Our life vest, our ability to overcome our hardships, to make it through, comes from "inside!" Through the kindness we bestow on others and through the kindness others bestow upon us—we help keep each other afloat in the stormy seas of life. We can't prevent life's obstacles, mishaps, and curveballs from coming our way, but what we can do, what we have the power to do, is <u>to throw someone a life vest</u>.

*bestow 베풀다, 주다

1 밑줄 친 <u>to throw someone a life vest</u>가 윗글에서 의미하는 바로 가장 적절한 것은?   ▸ 242014-0129

① to adjust to changing environments
② to focus on the good in life rather than the bad
③ to kindly help someone triumph over their adversity
④ to make others dependent on external circumstances
⑤ to build strength to protect against external physical threats

2 윗글의 빈칸에 들어갈 한 단어를 주어진 철자로 시작하도록 쓰시오.   ▸ 242014-0130

다음 글을 읽고, 물음에 답하시오.

> It is quite common in my research studies for people to describe themselves as "people pleasers." They feel terribly guilty if they do not help, because their concern for their relationship with others far exceeds meeting their own needs and desires. They need to free themselves from the labels that disable them. For the so-called people pleasers out there, I have a simple request: please don't give yourself a label. All labels do is carry messages or prompt self-talk that confines us to a particular role or behavior. In the same way a child called "a troublemaker" will begin to perceive herself as such and live down to this label, labeling yourself a people pleaser will result in you taking the easiest way out in the short run by saying yes in the moment, only to pay the price later.

1 밑줄 친 the labels that disable them이 윗글에서 의미하는 바로 가장 적절한 것은?

▶ 242014-0131

① habits of underestimating the capabilities of others
② states of feeling easily overwhelmed or discouraged
③ beliefs that there is nothing others can do for them
④ mindsets of constantly seeking validation from others
⑤ attitudes of prioritizing others' demands over their own

▶ 242014-0132

2 윗글의 필자가 언급한 "people pleasers"의 의미를 다음과 같이 제시하였을 때, 빈칸에 들어가기에 적절한 말을 주어진 철자로 시작하도록 쓰시오.

> individuals who find it hard to r_____ requests from others and always strive to help

글의 핵심 내용에 대한 이해를 확인하는 유형들로, 문단의 앞부분에 글의 소재가 드러나 있는 경우가 많으므로, 앞부분에서 핵심 소재를 파악한 후 반복되는 개념으로 중심 내용을 이해하고, 이를 정확하게 표현한 선택지를 골라서 문제를 해결할 수 있다.

Get Started

다음 글을 읽고, 물음에 답하시오.

Throughout the years, animals living with others in the same territories have learned many tricks to establish dominance, while risking the least amount of possible damage. A defeated wolf, for example, will roll over on its back, exposing its throat to the victor, who will not then choose to tear it out. The now-dominant wolf may still need a future hunting partner, even one as weak as his now-beaten opponent. Bearded dragons wave their front legs peacefully at one another to show their wish for social harmony. Dolphins produce specialized sound pulses while hunting and during other times of high excitement to reduce potential conflict among dominant and subordinate group members.

*victor 승리자 **bearded dragon 턱수염도마뱀 ***subordinate 종속하는

1 윗글의 주제로 가장 적절한 것은?   ▶ 242014-0133

① evolution of dominance of animal species
② predatory behavior in the animal kingdom
③ environmental factors influencing animals' dominance
④ strategies of animals for dominance and social harmony
⑤ communication and cooperation between humans and animals

2 다음 주어진 질문에 대한 답을 본문에서 찾아 우리말로 쓰시오.   ▶ 242014-0134

How do bearded dragons express their desire for social harmony?

Words & Phrases

□ **territory** 영역, 영토   □ **establish** 확립하다   □ **dominance** 우위, 지배
□ **risk** (~의) 위험을 각오하다   □ **defeat** 패배시키다   □ **expose** 노출시키다
□ **tear** 찢다, 뜯다   □ **beat** 패배시키다   □ **opponent** 상대
□ **sound pulse** 음파   □ **potential** 잠재적인   □ **conflict** 갈등

Problem Solving Process

Step 1 글의 앞부분에서 핵심 소재를 파악한다.

> Throughout the years, animals living with others in the same territories have learned many tricks to establish dominance, while risking the least amount of possible damage.

첫 문장에서 '동물들이 같은 영역 안에서 함께 살기 위해 최소의 손상을 입을 위험을 각오하며 우위를 확립하는 요령을 배운다'고 언급하고 있으므로 핵심 소재가 '공존을 위해 동물들이 습득하는 우위를 확립하는 요령들'임을 알 수 있다.

Step 2 반복적으로 제시되는 개념을 통해 중심 내용을 파악한다.

> A defeated wolf, for example, will roll over on its back, ~. Bearded dragons ~ wave their front legs peacefully at one another to show their wish for social harmony. Dolphins produce specialized sound pulses ~ to reduce potential conflict among dominant and subordinate group members.

패배한 늑대의 행동, 사회적 화합을 위한 턱수염도마뱀의 행동, 갈등을 줄이기 위한 돌고래의 행동들이 바로 핵심 소재인 '공존을 위해 동물들이 습득하는 우위를 확립하는 방법들'이며 이 예시들이 글의 중심 내용임을 알 수 있다.

Step 3 파악한 핵심 소재와 중심 내용을 정확하게 표현한 선택지를 고른다.

> ① evolution of dominance of animal species
> ② predatory behavior in the animal kingdom
> ③ environmental factors influencing animals' dominance
> ④ strategies of animals for dominance and social harmony
> ⑤ communication and cooperation between humans and animals

파악한 핵심 소재와 중심 내용을 정확하게 표현한 선택지는 바로 ④ '우위와 사회적 화합을 위한 동물들의 전략들'이다.

Culture Note

세렝게티 국립공원(Serengeti National Park)

세렝게티 국립공원은 킬리만자로 국립공원 남서쪽에 위치하며, 사바나, 산악 지대, 그리고 숲이 어우러진 지역으로 다양한 동물이 서식하고 있어 사파리 투어와 트레킹을 통해 방문객에게 동물들의 자연스러운 행동을 직접 관찰하는 특별한 경험을 제공하기로 유명하다. 사자들의 무리가 먹이를 사냥하거나 얼룩말 떼가 초원을 가로지르는 모습은 자연의 아름다움과 생태 다양성에 대한 감탄을 자아낸다.

이 지역은 동물 행동학 연구에 중요한 자료를 제공하며, 연구자들은 생태계의 균형과 동물들 간의 상호 작용에 대한 깊은 이해를 얻고 있다. 따라서 세렝게티 국립공원은 자연과 동물에 대한 경이로움을 느낄 수 있는 특별한 장소로 손꼽힌다.

Part II_Reading & Writing

다음 글을 읽고, 물음에 답하시오.

It's a fact that life will hand us problems and difficulties—if that hasn't happened to you yet, you're lucky. Despite <u>this fact</u>, we all have the power to choose. We can make a conscious decision each day to embrace a positive attitude. It requires convincing yourself that you can wake up and decide to focus on positive emotions. In order not for you to think I am painting too rose-colored a picture of our elders, it is important to keep in mind that everyone who reaches their seventies and beyond has experienced tragedy of one kind or another. This is one of the basic sources of elder wisdom and a reason why we need to listen so closely to what they tell us—no other group in society has this much experiential knowledge. They have become experts in walking a balance between accepting loss and maintaining an awareness of life's pleasures. The elders overwhelmingly believe that each of us can choose to be happier and that we can do so in the face of the painful events that inevitably follow the process of living.

1 윗글의 주제로 가장 적절한 것은?   ▸ 242014-0135

① overcoming challenges with youthful energy
② mastering life's balance through loss and joy
③ valuable secrets of life from each generation
④ the relief of elders from life's tough challenges
⑤ lessons from elders on choosing joy in adversity

2 윗글의 밑줄 친 this fact가 가리키는 것을 우리말로 쓰시오.   ▸ 242014-0136

Words **&** Phrases

□ **despite** ~에도 불구하고 　　□ **conscious** 의식적인 　　□ **embrace** 받아들이다, 품다
□ **positive** 긍정적인 　　　　　□ **attitude** 태도 　　　　　□ **convince** 확신시키다, 설득하다
□ **emotion** 감정 　　　　　　　□ **elder** 어르신(의) 　　　　□ **experiential** 경험적인
□ **expert** 전문가 　　　　　　　□ **loss** 상실 　　　　　　　□ **maintain** 유지하다
□ **awareness** 의식 　　　　　　□ **overwhelmingly** 강력하게 □ **painful** 고통스러운
□ **inevitably** 필연적으로

다음 글을 읽고, 물음에 답하시오.

During the last hundred years, technological, economic and political developments have created an increasingly powerful safety net saving humankind from the biological poverty line. Mass famines still strike some areas from time to time, but they are not common, and almost always caused by human politics rather than by natural disasters. In most parts of the planet, even if a person has lost his job and all of his possessions, he is unlikely to die from hunger. Private insurance plans, government agencies and international NGOs will offer him enough daily calories to survive. As a whole, the global trade network turns droughts and floods into business opportunities, and makes it possible to overcome food shortages quickly and cheaply. Even when wars, earthquakes or tsunamis devastate entire countries, international efforts usually succeed in preventing famine. Though hundreds of millions still go hungry almost every day, in most countries very few people actually starve to death.

*NGO(Non-Governmental Organization) 비정부기구 **devastate 황폐화시키다

1 윗글의 요지로 가장 적절한 것은? ▶ 242014-0137

① 기술의 발전은 지역별 빈부 격차를 심화시켰다.
② 기아 퇴치를 위해서 지역별 안전망 구축이 필요하다.
③ 사회적 안전망 덕에 굶어 죽는 사람의 숫자가 줄어들고 있다.
④ 기아 문제는 해결되었지만 다른 사회적 문제들이 대두되고 있다.
⑤ 정치 행위에 의한 기아 문제가 자연재해로 인한 기아 문제보다 심각해지고 있다.

2 윗글의 밑줄 친 natural disasters의 예로 언급된 것을 본문에서 찾아 쓰시오. ▶ 242014-0138

Words & Phrases

□ **economic** 경제의	□ **political** 정치의	□ **biological** 생물학적인
□ **poverty** 빈곤	□ **mass** 대규모의	□ **famine** 기근, 굶주림
□ **strike** 강타하다, 치다	□ **politics** 정치	□ **disaster** 재해, 재난
□ **possession** 재산, 소유물	□ **hunger** 배고픔	□ **private** 사적인
□ **insurance** 보험	□ **drought** 가뭄	□ **flood** 홍수
□ **shortage** 부족, 결핍	□ **starve** 굶주리다	

다음 글을 읽고, 물음에 답하시오.

When children play cooperative games, they almost always feel a sense of acceptance, joy, contribution, and success. We need more games and sports programs in which all children feel accepted and experience at least a moderate degree of success. When children think they have done well, contributed, or won, there is no need for them to feel threatened or anxious and every reason to feel happy with themselves and the experience. The fear and stress associated with failure are reduced when errors are not viewed as a life-and-death matter. In cooperative activities, there are no losers. The friendly, low-key competition reduces the importance of outcome, freeing children to enjoy each other and the experience of playing itself. Participants are given a new freedom to learn from their mistakes rather than fear them or hide them.

1 윗글의 주제로 가장 적절한 것은? ▶ 242014-0139

① benefits of cooperative games
② using competition as a motivator
③ importance of learning through play
④ problems of excessive game playing
⑤ effects of peers on child development

2 윗글의 밑줄 친 them이 가리키는 것을 본문에서 찾아 쓰시오. ▶ 242014-0140

Words & Phrases

□ **cooperative game** 협동 게임   □ **acceptance** 인정   □ **contribution** 기여, 공헌
□ **a moderate degree of** 적당한 정도의   □ **threatened** 위협당하는
□ **anxious** 불안한   □ **fear** 두려움   □ **associated with** ~와 연관된
□ **reduce** 줄이다   □ **error** 실수
□ **life-and-death matter** 생사가 걸린 문제   □ **loser** 패배자
□ **low-key** 절제된   □ **competition** 경쟁   □ **outcome** 결과
□ **participant** 참가자   □ **hide** 숨기다

Exercise ④

다음 글을 읽고, 물음에 답하시오.

It is often thought that only special people are creative: that creativity is a rare talent. This idea is reinforced by histories of creative icons like Martha Graham, Pablo Picasso, Albert Einstein and Thomas Edison. Companies often divide the workforce into two groups: the 'creatives' and the 'suits'. You can normally tell who the creatives are because they don't wear suits. They wear jeans and they come in late because they have been struggling with an idea. I don't mean to suggest that the creatives are not creative. They can be highly creative, but so can anybody if the conditions are right, including the suits. Everyone has huge creative capacities. The challenge is to develop them. A culture of creativity has to involve everybody, not just a select few.

1 윗글의 요지로 가장 적절한 것은?　　　　　　　　　　　▶ 242014-0141

① 창의성은 꾸준히 연습할 때 개발된다.
② 창의성은 누구나 가지고 있는 능력이다.
③ 창의적 사고는 사소한 생각에서 시작된다.
④ 창의적 사고는 문제 해결 과정에서 길러진다.
⑤ 창의적인 생각은 사람들과 함께 작업할 때 생긴다.

2 윗글의 밑줄 친 so can anybody가 뜻하는 바를 우리말로 구체적으로 쓰시오.　　▶ 242014-0142

Words & Phrases

□ **rare** 드문	□ **reinforce** 강화하다	□ **icon** 숭배의 대상, 우상
□ **workforce** (기업·조직 등의) 직원 전체	□ **creative** 창의적인 사람	□ **suit** 양복을 입은 사람(평범한 직장인)
□ **normally** 보통	□ **struggle** 씨름하다, 애쓰다	□ **mean to** *do* ~하고자 하다, ~할 작정이다
□ **highly** 매우	□ **condition** 조건, 상황	□ **capacity** 능력
□ **challenge** 어려운 점, 도전	□ **involve** 포함하다	□ **select** 선택된, 선발된; 선택하다

글의 주제나 중심 내용을 포괄적이면서 함축적으로 표현한 것을 찾는 유형이다. 제목은 글의 도입부에서 글의 소재를 찾고, 소재와 관련하여 주제나 중심 내용이 무엇인지를 추론한다. 일부 내용만을 나타내거나 지나치게 광범위한 내용을 포괄하는 제목을 배제하고, 제목이 글의 중심 내용 또는 전체적인 내용을 포함하는지 확인한다.

Get Started

다음 글을 읽고, 물음에 답하시오.

One way to maximize the success of your verbal messages is to use "I statements" when communicating your perceptions. When you share your ideas and thoughts with "I statements," you make it clear that you accept responsibility for your own feelings. Communicating in this manner is often much more effective than blaming, judging, or accusing your partner. "I statements" consist of three ingredients: a description of how you feel, an indication of the conditions under which you feel that way, and an explanation of why the conditions cause you to feel that way. Compared to "You statements" that might be used instead ("You make me so mad!", "You don't care at all about me!"), "I statements" provide a method of informing others that there's a problem without making people feel defensive.

1 윗글의 제목으로 가장 적절한 것은?   ▶ 242014-0143

① The Power of "You Statements" in Communication
② Pointing Fingers: Assigning Blame with "I Statements"
③ Sinking Ships: Destroying Relationships with "I Statements"
④ Using "I Statements" to Smoothly Communicate with Others
⑤ "You Statements": Healing Expressions for Those Who Are Hurt

2 다음 주어진 질문에 영어로 답하시오. (단, 각각 한 단어로 쓰시오.)   ▶ 242014-0144

What are the three key elements that should be included in "I statements" mentioned in the passage?

Words & Phrases

□ **maximize** 극대화하다, 최대한 활용하다   □ **verbal** 언어의, 말로 된   □ **statement** 진술, 서술
□ **perception** 인식, 지각   □ **responsibility** 책임   □ **blame** 비난하다
□ **accuse** 책망하다, 비난하다   □ **ingredient** 요소   □ **description** 묘사
□ **indication** 암시, 지시   □ **explanation** 설명   □ **defensive** 방어적인

Problem Solving Process

Step 1 글의 도입부에서 글의 소재를 파악한다.

~ to use "I statements" when communicating your perceptions.

첫 문장에서 이 글의 소재가 '나 진술'임을 확인할 수 있다.

Step 2 글의 소재와 관련하여 주제나 중심 내용이 무엇인지를 추론한다.

When you share your ideas and thoughts with "I statements," you make it clear that you accept responsibility for your own feelings. Communicating in this manner is often much more effective than blaming, judging, or accusing your partner.

글의 흐름을 통해 '나 진술'은 자신의 감정에 대한 책임을 받아들이는 것이며, 상대를 비난하거나 재단하는 것보다 훨씬 더 효과적이라는 것을 알 수 있다.

Step 3 제목이 글의 중심 내용 또는 전체적인 내용을 포함하는지 확인한다.

① The Power of "You Statements" in Communication
② Pointing Fingers: Assigning Blame with "I Statements"
③ Sinking Ships: Destroying Relationships with "I Statements"
④ Using "I Statements" to Smoothly Communicate with Others
⑤ "You Statements": Healing Expressions for Those Who Are Hurt

'나 진술'은 상대방이 방어적 느낌을 갖지 않게 하면서 문제가 있음을 알리는 방법이라고 말하는 부분에서 글의 전체적인 내용을 ④ "나 진술'을 사용하여 다른 사람과 원활하게 소통하기'가 담을 수 있으므로 제목으로 가장 적절하다.

Culture Note

비폭력 대화(Nonviolent Communication, NVC)
갈등 해결과 대인 관계에서 사용되는 효과적인 의사소통 기법이자 철학으로 미국의 심리학자 Marshall Rosenberg가 제안하였다. 이 기법은 상호 이해, 연결, 협력을 증진하고 감정적인 상호 작용을 건강하게 만드는 데 중점을 둔다. 비폭력 대화의 주요 원칙으로는 관찰(Observation), 감정(Feeling), 요구(Need), 요청(Request)이 있다. '나 진술'은 자신의 감정과 요구를 명확하게 표현하여 갈등을 해결하고 대화를 효과적으로 이끌어가기에 비폭력 대화의 핵심 원칙 중 하나라고 볼 수 있다.

다음 글을 읽고, 물음에 답하시오.

What a name, "ice cream!!" The two words just do not seem to express each other well. Then maybe a little history will help us here. The origin of ice cream can be traced back to at least the 4th century. Early references include the Roman emperor Nero who ordered 'ice' brought from the mountains and combined with 'fruit' toppings. King Tang of Shang, China also had a method of creating 'ice' and 'cream' concoctions. So, Ole King Tang must have given us the name. This dish, appropriately named "ice cream," was likely brought from China back to Europe, where over time, different recipes were made and finally made its way to the US. The first ice cream parlor was opened in New York City in 1776. Wow, Independence Day and ice cream all in the same year. What a country!!

*concoction 조합물

1 윗글의 제목으로 가장 적절한 것은?   ▶ 242014-0145

① A Brief History of Icc Cream
② Ice Cream: A Symbol of Independence
③ Independence Day Delight: What a Treat!
④ New York City: The Birthplace of Ice Cream
⑤ Ice Cream's Influence on American Desserts

2 다음 영영사전 뜻풀이에 해당하는 단어를 본문에서 찾아 쓰시오.   ▶ 242014-0146

• a book, article, etc. from which information has been obtained
• the act of looking at something for information

□ **origin** 기원, 발단
□ **reference** 참고 문헌, 참조
□ **ole** old의 문어
□ **trace back to** ~까지 거슬러 올라가다
□ **emperor** 황제
□ **parlor** 가게, 응접실
□ **century** 세기, 100년
□ **combine** 결합하다

Exercise 2

다음 글을 읽고, 물음에 답하시오.

Although there is research showing that people with later chronotypes (i.e., night owls) are more prone to depression, this is because they're having to bend their natural chronotype to societal norms, which are designed for m_____ people. The problem isn't with their natural chronotype, but rather with the fact that they don't get enough sleep because they have to get up earlier than desired to catch that 8:00 A.M. class, or because they are switching between 6:00 A.M. weekday wakeups and 9:00 A.M. weekend wakeups, jet lagging themselves from New York to Los Angeles and back every week. If they were simply allowed to sleep during their natural chronotype window, let's say 2:00 A.M. to 10:00 A.M., they would be perfectly happy, healthy, and productive.

*chronotype 크로노타입(각자에게 잘 맞는 활동 시간대)

1 윗글의 제목으로 가장 적절한 것은?   ▶ 242014-0147

① There Is No Single Correct Way to Sleep
② Healthy Lifestyle: Rise with the Early Birds
③ Health Impact of Social Norms on Night Owls
④ Sleepy Struggles: Tossing and Turning in Bed
⑤ How Much Sleep Should a Person Get Per Night?

2 윗글의 빈칸에 들어갈 한 단어를 주어진 철자로 시작하도록 쓰시오.   ▶ 242014-0148

Words & Phrases

□ **prone to** ~에 걸리기 쉬운, ~하기 쉬운   □ **depression** 우울증, 불경기   □ **bend** 굴복시키다, 구부리다
□ **natural** 타고난   □ **desired** 원하는
□ **switch between A and B** A와 B를 번갈아 하다   □ **jet lag** 시차증을 겪게 하다
□ **window** 시간(대)   □ **productive** 생산적인

다음 글을 읽고, 물음에 답하시오.

Because life is creative and organic, you do not need to plan your whole life's journey in one go. Sometimes it's helpful to have long-term goals, and some people do. It can be just as helpful to focus on the immediate next steps. Beginning the journey, and being willing to explore various pathways, can be as productive as setting out with a final destination in mind. Sometimes you can only plan the next step. But that can be enough to move forward. The important step is the first one. You need to begin: to set sail. The philosopher Teilhard de Chardin also used the metaphor of the _____ as a way of thinking about life's journey. He offered this encouragement: "Instead of standing on the shore and convincing ourselves that the ocean cannot carry us, let us venture onto its waters—just to see."

1 윗글의 제목으로 가장 적절한 것은?

▶ 242014-0149

① All's Well That Ends Well
② Follow Your Effort, Not Your Passion
③ Why Is Preparation Better Than Planning?
④ Writing Your Life: A Journey of Discovery
⑤ Beginning Is the Most Important Part in Life

2 윗글의 빈칸에 들어갈 단어를 본문에서 찾아 쓰시오.

▶ 242014-0150

Words & Phrases

□ **in one go** 한꺼번에
□ **immediate** 바로, 즉각적인
□ **explore** 탐험하다
□ **pathway** (작은) 길, 통로
□ **set out** 출발하다
□ **destination** 목적지
□ **set sail** 출항하다
□ **metaphor** 비유
□ **encouragement** 격려
□ **convince oneself** ~라고 스스로 굳게 믿다
□ **venture onto** (위험을 무릅쓰고) ~ 위로 뛰어들다

Exercise ④

다음 글을 읽고, 물음에 답하시오.

By the time of the Renaissance, a lot of music was being written for sizable groups of instruments, which led to the question of leadership. Up until around the beginning of the nineteenth century, an ensemble was typically led by one of the musicians playing in it, usually the first violinist or the keyboard player (a harpsichord or other keyboard instrument was almost always part of any group before 1800 or so). Gradually, the concept of a conductor took hold—someone whose chief function was to establish the tempo and keep everyone together. From the nineteenth century on, an additional function was common—interpretation, a personal approach to interpreting the notes on a page and getting an orchestra to realize it.

*sizable 상당한 규모의 **ensemble 합주단

1 윗글의 제목으로 가장 적절한 것은?　▶ 242014-0151

① Difficulties in Interpreting Music
② Advantages of Forming an Orchestra
③ The Birth and Functions of a Conductor
④ Conflicts Between Conductors and Musicians
⑤ A Musical Instrument as a Means to Express Yourself

2 19세기가 시작되는 시기까지 보통 누가 합주단을 이끌었는지를 우리말로 쓰시오.　▶ 242014-0152

Words & Phrases

- □ **the Renaissance** 문예 부흥(기) (14~16세기에 유럽에서 일어난 그리스·로마의 고전 문예 부흥)
- □ **instrument** 악기
- □ **lead to** ~로 이어지다
- □ **typically** 일반적으로
- □ **or so** 약
- □ **gradually** 점차적으로, 차츰
- □ **conductor** 지휘자
- □ **take hold** 확립되다, 강력해지다
- □ **function** 기능, 역할
- □ **establish** 설정하다, 수립하다
- □ **tempo** 빠르기, 박자
- □ **additional** 추가적인
- □ **interpretation** 해석
- □ **approach** 접근(법)
- □ **note** 음표, 음

- **실용문 파악**: 광고문이나 안내문과 같은 다양한 소재의 실용문을 읽고 정보를 파악하는 유형이다. 먼저 실용문의 소재를 파악한 뒤, 선택지에 언급된 내용과 관련된 부분을 지문에서 찾아 제시된 정보를 꼼꼼히 읽으며 일치·불일치 여부를 파악한다.
- **도표 파악**: 도표 제목과 첫 문장을 통해 소재와 중심 내용을 파악한 뒤, 선택지와 표를 하나씩 대조하면서 일치 여부를 확인한다.

Get Started

다음 글을 읽고, 물음에 답하시오.

LUNAS RECREATION CENTER ACOUSTIC GUITAR CLASSES

- **Class Time**: Saturdays 10 a.m. (100 minutes)
- **Fee**: $60 per month
- **Age**: 12 years old and older
- **Additional Information**:
  - Song book and guitar will be provided. (Bring own if you'd like.)
  - Classes are for beginner and intermediate players.
  - Instruction will focus on proper hand techniques, chord building and music theory in relation to acoustic guitar.
  - Classes will be held in the music room within the Lunas Recreation Center.
  - No refunds or make-up classes are available for missed classes.

For registration and more information, visit www.lunasrec.com or call 305-5733-8400.

*acoustic guitar 통기타 **chord building 화음

▶ 242014-0153

1 LUNAS RECREATION CENTER ACOUSTIC GUITAR CLASSES에 관한 위 안내문의 내용과 일치하지 <u>않</u>는 것은?

① 매주 토요일마다 100분간 수업이 진행된다.　② 12세 이상만 참여할 수 있다.
③ 수강생에게 기타는 제공되지 않는다.　④ 음악실에서 수업이 이루어진다.
⑤ 결석한 수업에 대한 환불이나 보강은 없다.

▶ 242014-0154

2 LUNAS RECREATION CENTER ACOUSTIC GUITAR CLASSES에서 수업 중 집중적으로 배울 내용을 안내문에서 찾아 쓰시오.

Words & Phrases

- □ **intermediate** 중급의
- □ **proper** 올바른
- □ **theory** 이론
- □ **in relation to** ~에 관한
- □ **refund** 환불
- □ **make-up class** 보강, 보충 수업
- □ **registration** 등록, 접수

Problem Solving Process

Step 1 제목이나 도입부에서 실용문의 종류와 소재를 파악한다.

> **LUNAS RECREATION CENTER ACOUSTIC GUITAR CLASSES**

● 통기타 교실 수강생을 모집하는 안내문임을 알 수 있다.

Step 2 선택지를 보면서 확인할 사항을 파악한다.

> ① 매주 토요일마다 100분간 수업이 진행된다.
> ② 12세 이상만 참여할 수 있다.
> ③ 수강생에게 기타는 제공되지 않는다.
> ④ 음악실에서 수업이 이루어진다.
> ⑤ 결석한 수업에 대한 환불이나 보강은 없다.

● ① 수업 요일과 시간
  ② 나이
  ③ 기타 제공 여부
  ④ 수업 장소
  ⑤ 환불이나 보강 규정

Step 3 지문에 제시된 정보와 선택지를 비교하면서 일치·불일치 여부를 파악한다.

> ① Class Time: Saturdays 10 a.m. (100 minutes)
> ② Age: 12 years old and older
> ③ Song book and guitar will be provided.
> ④ Classes will be held in the music room within the Lunas Recreation Center.
> ⑤ No refunds or make-up classes are available for missed classes.

● ① 매주 토요일마다 100분간 수업 → 일치
  ② 12세 이상만 참여 → 일치
  ③ 수강생에게 노래책과 기타를 제공함
  　→ 불일치
  ④ 음악실에서 수업이 이루어짐 → 일치
  ⑤ 결석한 수업에 대한 환불이나 보강은 없음
  　→ 일치

● **Culture Note** 기타 종류

Acoustic Guitar
전기가 필요 없이 통 울림으로만 소리를 내는 일반적인 통기타를 말하며, 팝, 재즈 등의 장르에서 사용된다.

Classic Guitar
클래식 곡을 연주하기 위해 만들어진 기타로 통기타와 구조는 비슷하나 쇠줄로 된 통기타와는 달리 클래식기타는 부드러운 나일론 줄로 되어 있다.

Electric Guitar
앰프에 연결해서 소리를 증폭시켜 연주하는 기타로 밴드 음악에서 사용된다.

다음 글을 읽고, 물음에 답하시오.

HISTAGE Play Competition for Young Playwrights

HISTAGE, the publisher of fascinating and entertaining plays for young audiences, is pleased to announce its fifteenth annual HISTAGE Play Competition. Enter the competition by submitting your play script!

Submission Period: September 1–November 1

Guidelines for Play Script Submissions
• Scripts must be unpublished one-acts between 10 and 40 minutes in length.
• Scripts must have two or more characters (large casts are encouraged).
• Scripts must be original works by individuals who are 19 years old or younger.
• There is a limit of one entry per person.

Prizes
• The first-place winner will receive $250 and the winning play will be published by HISTAGE.
• The second- and third-place winners will receive $150 and $100, respectively.

For more information, visit www.HISTAGE.com!

---

1 HISTAGE Play Competition for Young Playwrights에 관한 위 안내문의 내용과 일치하는 것은? ▶ 242014-0155

① 매년 열리는 대회로 올해가 14번째 대회이다.
② 작품 제출 마감일은 9월 1일이다.
③ 출품작은 출간된 적이 없는 단막극이어야 한다.
④ 출품 작품의 등장인물 수에는 제한이 없다.
⑤ 1위 수상자는 150달러를 받게 되며 수상작이 출간된다.

2 대회를 주최하는 HISTAGE가 어떤 곳인지 본문에서 찾아 우리말로 쓰시오. ▶ 242014-0156

Exercise ❷

다음 도표를 보고, 물음에 답하시오.

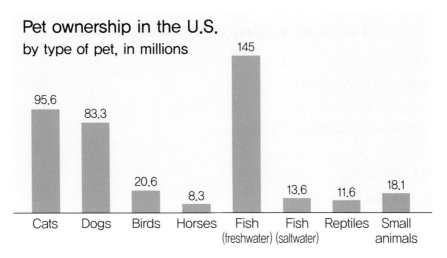

Pet ownership in the U.S.
by type of pet, in millions

| Cats | Dogs | Birds | Horses | Fish (freshwater) | Fish (saltwater) | Reptiles | Small animals |
| 95.6 | 83.3 | 20.6 | 8.3 | 145 | 13.6 | 11.6 | 18.1 |

1 위 도표의 내용과 일치하지 <u>않는</u> 것은?   ▸ 242014-0157

  The graph above shows pet ownership in the U.S. by type of pet. ① The most popular pets in the U.S. are freshwater fish. ② Americans own 145 million freshwater fish, while the number of saltwater fish is less than one-tenth of freshwater fish. ③ The second most popular pets are cats, followed right behind by dogs. ④ The gap between the number of pet cats and dogs is only 12.3 million, while <u>that</u> between the number of dogs and birds, the fourth most popular pets, is more than 60 million. ⑤ The three groups consisting of horses, reptiles, and small animals each stay below 15 million.

2 윗글의 밑줄 친 that이 대신하는 것을 본문에서 찾아 쓰시오.   ▸ 242014-0158

Words & Phrases

- □ **ownership** 소유 현황, 소유권
- □ **freshwater** 민물의, 민물에 사는
- □ **own** 소유하다
- □ **saltwater** 바닷물의, 바닷물 속에 있는
- □ **one-tenth** 10분의 1
- □ **gap** 차이, 격차
- □ **consist of** ~으로 이루어지다
- □ **reptile** 파충류 동물

다음 글을 읽고, 물음에 답하시오.

Lee-Scott Academy Basketball Camp

- ■ **When**: June 20th–22nd
  - 9 a.m. – Noon: Grades 1–6
  - 1 p.m. – 4 p.m.: Grades 7–9
- ■ **Where**: Lee-Scott Basketball Academy
- ■ **Cost**:
  - Before May 20th: $75
  - On May 20th and After: $90
- ■ Participants will learn the following fundamental basketball skills:
  - Ball Handling • Passing and Receiving • Shooting
  - Rebounding • Defense • Team Concept/Attitude
- Make checks payable to Scott Phillips.
- Camp stores will be available daily. All snack items are $1.00.
- Each camper will receive a Camp T-shirt and a certificate.

1 Lee-Scott Academy Basketball Camp에 관한 위 안내문의 내용과 일치하지 <u>않는</u> 것은? ▸ 242014-0159

① 6월 20일부터 6월 22일까지 진행된다.
② 7학년부터 9학년 학생은 오후 1시부터 오후 4시까지 참가한다.
③ 5월 20일 이후의 참가비는 75달러이다.
④ 캠프 내 가게는 매일 이용할 수 있다.
⑤ 캠프 참가자는 티셔츠와 수료증을 받는다.

2 다음 영영사전 뜻풀이에 해당하는 단어를 본문에서 찾아 쓰시오. ▸ 242014-0160

the ability to prevent the opposition from scoring points in a competition

Exercise ④

다음 도표를 보고, 물음에 답하시오.

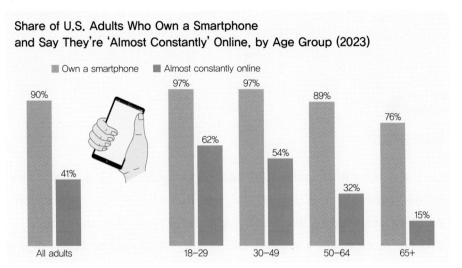

Share of U.S. Adults Who Own a Smartphone
and Say They're 'Almost Constantly' Online, by Age Group (2023)

Own a smartphone   Almost constantly online

All adults: 90%, 41%
18-29: 97%, 62%
30-49: 97%, 54%
50-64: 89%, 32%
65+: 76%, 15%

1 위 도표의 내용과 일치하지 <u>않는</u> 것은?   ▶ 242014-0161

The graph above shows the share of U.S. adults who owned a smartphone and said they were 'almost constantly' online by age group in 2023. ① Nine out of ten surveyed adults said they owned a smartphone, and over four in ten responded that they were almost constantly online. ② Among the four age groups, the 18−29 and 30−49 age groups had the highest smartphone ownership rate, at 97%. ③ More than half of the respondents from <u>these two age groups</u> reported near-constant internet use, with the 18−29 age group showing a higher rate than the 30−49 group. ④ Almost 90% of the respondents aged 50−64 owned a smartphone, but less than 30% of this age group said they were online nearly all the time. ⑤ The percentage of the respondents who said they were almost constantly online was the lowest in the 65-and-over age group, with a rate of 15%.

2 윗글의 밑줄 친 these two age groups가 가리키는 것을 본문에서 찾아 쓰시오.   ▶ 242014-0162

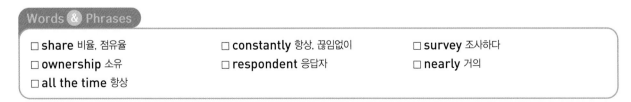

Words & Phrases

□ **share** 비율, 점유율   □ **constantly** 항상, 끊임없이   □ **survey** 조사하다
□ **ownership** 소유   □ **respondent** 응답자   □ **nearly** 거의
□ **all the time** 항상

인물, 사물, 동식물 등 다양한 소재를 다룬 글을 읽고, 글의 내용과 선택지의 일치 또는 불일치를 묻는 유형이다. 우선 지시문과 글의 도입부에서 무엇에 관한 글인지 확인해 보고, 선택지의 핵심 정보를 영어로 바꿔 보면서 글의 내용을 추측해 본다. 그리고 글의 내용과 선택지의 정보를 꼼꼼히 비교하여 일치 여부를 판단한다.

Get Started

다음 글을 읽고, 물음에 답하시오.

Mae Jemison was born in Decatur, Alabama, on October 17, 1956. Her family moved to Chicago, Illinois, when she was 3 years old, and that's where she grew up. Mae was the youngest of three children in her family. Her father was a maintenance worker and carpenter, and her mother was a teacher. Mae's interest in science began at a young age. When she was young, she dreamed of being a scientist and an astronaut. She was fortunate to have a family that supported and encouraged her dreams. Mae was accepted by NASA (National Aeronautics and Space Administration) for astronaut training in 1987. In 1992, she became the first African American woman in space when she served as the science mission specialist on the space shuttle Endeavour. On the way to that historic accomplishment, she had already served as a doctor, an engineer, and a volunteer in the Peace Corps. Mae has lived a truly extraordinary life.

* Peace Corps (미국의) 평화 봉사단

1 Mae Jemison에 관한 윗글의 내용과 일치하지 <u>않는</u> 것은?　　　　▶ 242014-0163

① 어머니가 교사였다.
② 어린 나이에 과학에 흥미를 갖기 시작했다.
③ 가족들이 그녀의 꿈을 반대했다.
④ 최초의 아프리카계 미국인 여성 우주인이 되었다.
⑤ 의사로 활동했다.

2 Mae Jemison이 우주 비행사 훈련을 위해 NASA에 들어간 연도를 본문에서 찾아 쓰시오.　　　　▶ 242014-0164

Words & Phrases

□ **maintenance** 정비 　　　□ **carpenter** 목수 　　　□ **astronaut** 우주 비행사
□ **mission** 임무 　　　□ **specialist** 전문가 　　　□ **accomplishment** 업적
□ **extraordinary** 특별한, 대단한

Problem Solving Process

Step 1 지시문과 글의 도입부에서 무엇에 관한 글인지 확인해 본다.

> Mae Jemison was born in Decatur, Alabama, on October 17, 1956.

● 글의 도입부에서 Mae Jemison의 출생 장소와 연도가 언급되었으므로 Mae Jemison이라는 인물과 관련된 내용임을 알 수 있다.

Step 2 선택지의 핵심 정보를 영어로 바꿔 보면서 글의 내용을 추측해 본다.

> ① 어머니는 교사였다. → mother, teacher
> ② 어린 나이에 과학에 흥미를 갖기 시작했다. → interest in science, at a young age
> ③ 가족은 그녀의 꿈을 반대했다. → family opposed her dream
> ④ 최초의 아프리카계 미국인 여성 우주인이 되었다.
>   → the first African American woman in space
> ⑤ 의사로 활동했다. → had served as a doctor

● 선택지의 핵심 정보를 영어로 바꿔 봤을 때, Mae Jemison은 어린 나이에 과학에 흥미를 가졌고 최초의 아프리카계 미국인 여성 우주인이 되었음을 추측할 수 있다.

Step 3 글의 내용과 선택지의 정보를 꼼꼼히 비교하여 일치 여부를 판단한다.

> ① ~ her mother was a teacher. (어머니는 교사였음)
> ② Mae's interest in science began at a young age. (어린 나이에 과학에 흥미를 가졌음)
> ③ She was fortunate to have a family that supported and encouraged her dreams. (그녀의 꿈을 지지해 주는 가족이 있었음)
> ④ In 1992, she became the first African American woman in space ~.
>   (1992년에 최초의 아프리카계 미국인 여성 우주인이 되었음)
> ⑤ On the way to that historic accomplishment, she had already served as a doctor, ~ (그 역사적인 업적을 달성하는 과정에서 이미 의사로 활동했음)

● ① 일치
② 일치
③ 불일치
④ 일치
⑤ 일치

Culture Note

NASA(National Aeronautics and Space Administration)
미국 항공 우주국(NASA)은 민간 우주 프로그램, 항공 연구 및 우주 연구를 담당하는 미국 연방 정부의 독립 기관이다. 1958년에 설립된 이 기관은 국가항공자문위원회(NACA)의 뒤를 이어 미국의 우주 개발 노력에 뚜렷한 민간 지향을 부여하고 우주 과학의 평화적 응용을 강조했다. 이후 프로젝트 머큐리, 프로젝트 제미니, 아폴로 달 착륙 임무(1968년~1972년), 스카이랩 우주 정거장, 우주 왕복선을 비롯한 대부분의 미국 우주 탐사를 주도해 왔고, 현재는 국제우주정거장을 지원하고 있다.

Part II_Reading & Writing

다음 글을 읽고, 물음에 답하시오.

The rose apple is known in different areas of Jamaica as plum rose. The fruit grows on a tree that has many branches. During the rose apple season, there are several bunches of the fruit on all of the branches. There may be as many as ten fruits in a bunch. When the fruit is young, it is pale green in color, and when it is ripe, it is yellow. The fruit is generally oval in shape, but some may be round. It is a little larger than a table tennis ball. There is a small leaf-like part at the head of the fruit. That part is not attached to the branch and is not edible. The fruit also has a pit that is not edible. Except for the parts previously described, the entire flesh of the fruit is edible. The rose apple is sweet and has a pleasant aroma.

*pit (복숭아 · 자두 등의) 씨

1 rose apple에 관한 윗글의 내용과 일치하지 <u>않는</u> 것은?　▸ 242014-0165

① 가지가 많은 나무에서 자란다.
② 한 송이에 열 개나 되는 열매가 달릴 수도 있다.
③ 열매가 익으면 노란색이 된다.
④ 열매는 탁구공보다 약간 더 작다.
⑤ 맛이 달콤하고 기분 좋은 향기가 있다.

2 rose apple 열매가 익지 않았을 때 열매의 색깔은 무엇인지 본문에서 찾아 완전한 문장으로 쓰시오.　▸ 242014-0166

Words & Phrases

□ **branch** 가지　　　　　□ **bunch** 송이, 다발　　　　□ **pale** 연한, 창백한
□ **ripe** 익은　　　　　　□ **oval** 타원형의　　　　　　□ **attach** 붙이다
□ **edible** 먹을 수 있는, 식용에 적합한　□ **previously** 앞서　　　□ **flesh** 과육
□ **aroma** 향기

Exercise ②

다음 글을 읽고, 물음에 답하시오.

Members of the squirrel family, prairie dogs are enormous diggers, and each family group occupies a deep, extensive burrow system. These can have from one to five entrances. In a typical burrow, the entrance descends at a 45-degree angle for about ten feet (3 meters), then branches into several horizontal nesting tunnels, each of <u>which</u> ends in a grass-lined chamber. These individual burrows are combined with others to form massive settlements that spread for hundreds of acres. Because they located their settlements in areas of well-drained soil with sufficient moisture for vegetative growth, prairie dogs became a pest to 19th-century U.S. settlers, especially ranchers. These animals were poisoned and shot to control their populations, and these practices decreased prairie dogs in many regions where they were once common.

* burrow 굴

1 prairie dogs에 관한 윗글의 내용과 일치하지 <u>않는</u> 것은?

▶ 242014-0167

① 다람쥣과에 속한다.
② 굴에는 하나에서 다섯 개까지의 입구가 있다.
③ 굴의 입구는 45도 각도로 약 10피트 정도 내려간다.
④ 배수가 잘 되는 토양에 거주지를 마련했다.
⑤ 인간의 노력에도 불구하고 개체 수는 줄지 않았다.

2 밑줄 친 which가 가리키는 것을 본문에서 찾아 쓰시오.

▶ 242014-0168

다음 글을 읽고, 물음에 답하시오.

Edith Wilson came closer to being an acting President than any other first lady. Woodrow Wilson's first wife died of a kidney ailment in 1914. His cousin, who worked as a White House hostess, introduced him to her widowed friend, Edith Bolling Galt, and they became friends. She was a good conversationalist and a great person with whom to discuss ideas. They got married in December 1915. Woodrow Wilson led America into World War I and launched an effort to create the League of Nations to prevent future wars. He suffered a stroke with a year and a half left to go in his second term. Following the doctor's orders, Edith shielded her husband from all but the most essential tasks. Working with Colonel House, a trusted aide, she made most of the day-to-day decisions affecting the government. She simply did not inform the press of the seriousness of his condition. President and Mrs. Wilson retired in 1921 from public life.

*stroke 뇌졸중

1 Edith Wilson에 관한 윗글의 내용과 일치하지 <u>않는</u> 것은?　▶ 242014-0169

① Woodrow Wilson의 사촌의 소개로 그와 만났다.
② 화술에 능하고 생각을 상의하기에 좋은 사람이었다.
③ 1915년에 Woodrow Wilson과 결혼했다.
④ 의사의 지시에 따라 남편을 업무로부터 보호했다.
⑤ 남편의 병세를 언론에 상세하게 알렸다.

2 다음 주어진 질문에 영어로 답하시오.　▶ 242014-0170

What did Woodrow Wilson do to prevent future wars?

Exercise 4

다음 글을 읽고, 물음에 답하시오.

Surrounded by mountain ranges, Tucson is Arizona's second-largest city. There are world-class golf resorts, excellent restaurants, and art museums and galleries. Founded by the Spanish in 1775, Tucson was built on the site of a much older Native American village. The city's name comes from the Pima Indian word *chukeson*, which means "spring at the base of black mountain." From 1867 to 1877, Tucson was the territorial capital of Arizona, but eventually the capital was moved to Phoenix. Consequently, Tucson did not develop as quickly as Phoenix. Today, about 150 Tucson companies are involved in the design and manufacture of optics and optoelectronics systems, earning Tucson the nickname Optics Valley. The 2010 United States Census put the population at 520,116, while the 2013 estimated population of Tucson was 996,544.

*optoelectronics 광전자 공학   **census 인구 조사

1 Tucson에 관한 윗글의 내용과 일치하지 <u>않는</u> 것은?   ▶ 242014-0171

① Arizona 주에서 두 번째로 큰 도시이다.
② 1775년에 스페인인들에 의해 세워졌다.
③ Phoenix만큼 빠르게 발전했다.
④ Optics Valley라는 별명을 가지고 있다.
⑤ 2013년 추정 인구는 백만 명을 넘지 못했다.

2 Tucson이라는 도시 이름의 기원과 그 의미를 우리말로 쓰시오.   ▶ 242014-0172

Words & Phrases

□ **surround** 둘러싸다
□ **base** 아래, 기저
□ **eventually** 결국
□ **manufacture** 제작, 제조
□ **put A at B** A를 B로 추정하다

□ **mountain range** 산맥
□ **territorial** 영토의
□ **consequently** 결과적으로
□ **optics** 광학
□ **population** 인구

□ **found** 세우다, 창설하다
□ **capital** 수도
□ **be involved in** ~에 관여하다
□ **nickname** 별명
□ **estimated** 추정된

Part II_Reading & Writing

정확한 어법 판단 능력을 측정하는 유형으로, 밑줄 친 부분 중 어법상 틀린 부분을 찾는 유형과 네모 안에서 어법상 적절한 표현을 고르는 유형으로 출제된다. 지엽적인 어법 사항보다는 제시된 부분이 문맥 안에서 하는 역할을 생각하면서 어법의 정확성을 판단한다.

Get Started

다음 글을 읽고, 물음에 답하시오.

We have developed unbreakable bonds with our computers and phones for much of our waking hours. When you hear a ringing sound on your phone signaling an incoming text you cannot ignore ① it. The ubiquity of smartphones and internet accessibility has changed standards of both work and personal life with expectations for us ② to be available 24/7. It is not uncommon for people to report ③ what they wake up in the middle of the night and check their phones for emails and text messages. I have heard this a lot during my research. Any individual ④ who tries to disconnect pays a price for not keeping up with information and messages. Between our competitive world of work and our ⑤ interconnected social web of relationships, no one can afford to be out of the loop.

*ubiquity 만연, 널리 퍼짐 **loop 고리

1 윗글의 밑줄 친 부분 중, 어법상 틀린 것은?　　　▶ 242014-0173

2 윗글의 주제를 다음과 같이 나타낼 때, 빈칸에 들어갈 적절한 말을 한 단어로 쓰시오.　　　▶ 242014-0174

the impact of _____ on technology for work management and social interaction

Problem Solving Process

Step 1 글의 도입부를 토대로 단락의 요지를 확인한다.

We have developed unbreakable bonds with our computers and phones for much of our waking hours.

우리가 컴퓨터나 휴대 전화와 같이 전자 기기와 밀접한 관련을 맺고 있다는 내용의 글임을 확인한다.

Step 2 선택지가 있는 문장의 완결성을 살피며, 어법상 틀린 부분이 있는지 확인한다.

When you hear a ringing sound on your phone signaling an incoming text you cannot ignore ① it.

단수인 a ringing sound on your phone signaling an incoming text를 대신하여 사용된 대명사 it은 어법상 적절하다.

The ubiquity of smartphones and internet accessibility has changed standards of both work and personal life with expectations for us ② to be available 24/7.

문맥상 for us를 의미상의 주어로 하여 expectations를 수식하는 to부정사구를 이루어야 하므로, to be는 어법상 적절하다.

It is not uncommon for people to report ③ what they wake up in the middle of the night and check their phones for emails and text messages.

to report의 목적어 역할을 하는 명사절이 필요하다. what이 이끄는 절 안에는 주어나 목적어가 없는 불완전한 문장이 이어지는데, 현재는 완전한 절이 ③ 뒤에 이어지고 있다.
→[정답 확인]

Any individual ④ who tries to disconnect pays a price for not keeping up with information and messages.

Any individual을 수식하는 관계절을 이끄는 주격 관계대명사가 필요하므로, who는 어법상 적절하다.

Between our competitive world of work and our ⑤ interconnected social web of relationships, no one can afford to be out of the loop.

social web of relationships를 수식하는 분사가 필요한데, 이 명사구는 interconnect의 대상이 되므로, 과거분사 interconnected는 어법상 적절하다.

Step 3 정답을 다시 확인한다.

to부정사의 목적어 역할을 하는 명사절을 이끄는 접속사가 필요하므로, what을 that으로 고쳐야 한다.

다음 글을 읽고, 물음에 답하시오.

A bear needs to eat a huge amount ① to survive. Bears eat plants, bugs, berries and salmon. I once saw a black bear ② sitting on its rump, back legs spread out on either side of a berry bush, eating lots of wild blueberries. Bears ③ spending more time eating plants than fish, but they need salmon in order to fatten up before their long winter hibernation. They especially like the eggs from female salmon that ④ are close to hatching. Grizzly bears will lick up salmon eggs from the gravel, flipping them with their tongues into their mouths. These eggs are ⑤ so rich in nutrients that it is worth the time it takes for these big animals to eat the tiny eggs one by one.

*rump 엉덩이 ** hibernation 동면, 겨울잠

1 윗글의 밑줄 친 부분 중, 어법상 틀린 것은?   ▶ 242014-0175

2 다음 주어진 질문에 대한 답을 본문에서 찾아 10단어로 쓰시오.   ▶ 242014-0176

What do bears especially like to eat before their winter hibernation?

Words **&** Phrases

□ **huge** 엄청난, 거대한	□ **spread out** ~을 뻗다	□ **bush** 덤불
□ **fatten** 살찌우다	□ **hatch** 부화하다	□ **lick up** (죄다) 핥아 먹다
□ **gravel** 자갈	□ **flip** 뒤집다	□ **nutrient** 영양분

다음 글을 읽고, 물음에 답하시오.

> People of all ages will pay incredibly high prices for clothing without regard to shelf life. Teens and adults are willing (A) | paying / to pay | hundreds of dollars for a new coat or pair of shoes, for instance, even though they know they will last for only a year. Such purchases indicate quite clearly that it is the sense of fashion that the item declares (B) | that / what | is far more valuable than its practical worth as an item of clothing. Smart marketers are able to convince people to buy their high-priced product because their brand name implies high quality, even when it is obvious that the items purchased will be retired long before they (C) | put / are put | to any practical test of their quality.
>
> *shelf life 유통 기한

1 윗글의 (A), (B), (C)의 각 네모 안에서 어법에 맞는 표현으로 가장 적절한 것은? ▶ 242014-0177

	(A)		(B)		(C)
①	paying	......	that	......	put
②	paying	......	what	......	are put
③	to pay	......	that	......	are put
④	to pay	......	what	......	put
⑤	to pay	......	what	......	are put

2 윗글의 밑줄 친 부분에 대한 이유를 우리말로 쓰시오. ▶ 242014-0178

- □ **incredibly** 믿을 수 없을 정도로
- □ **without regard to** ~을 고려하지 않고
- □ **purchase** 구매; 구매하다
- □ **indicate** 보여 주다, 나타내다
- □ **declare** 나타내다, 선언하다
- □ **valuable** 가치 있는
- □ **practical** 실제적인, 실용적인
- □ **worth** 가치
- □ **convince** *A* to *do* A를 설득하여 ~하게 하다
- □ **obvious** 분명한
- □ **retire** 생산을 중단하다, 은퇴하다
- □ **put ~ to the test** ~을 검사[시험]하다

밑줄 친 어휘가 글 전체의 흐름과 앞뒤 맥락에 어울리는지 확인하는 유형이다. 먼저 도입부를 통해 글의 소재와 중심 내용을 파악한 다음 각각의 어휘가 전체 흐름에 적절한지를 확인하고 흐름상 어색한 어휘를 골라낸다. 그런 다음 그 어휘 대신 적절한 어휘를 대입해 본 후 글의 흐름이 자연스러운지 확인한다.

Get Started

다음 글을 읽고, 물음에 답하시오.

Technology can both help and interfere with work-life balance. The explosion of data capabilities related to the availability of high-speed Internet connections and the ① increased use of e-mail and cell phones has bombarded employees with demands and information in both their work and life. However, technology can also provide them with ② flexibility to balance work and life. It can remove the need for face-time with peers or customers. Currently, being in the office as a demonstration that an employee is working hard is the ③ accepted standard. For example, the manager of a trucking company took a cruise to Acapulco, but his clients never knew he left the office. He used software to operate his computer by ④ remote connection. The flexibility that technology provides can also be ⑤ misused by workers who are avoiding their responsibilities. One technology worker was fired because he operated his computer from a restaurant so he could take three-hour lunches.

*bombard 퍼붓다, 쏟아 붓다 **cruise 선박 여행

1 윗글의 밑줄 친 부분 중, 문맥상 낱말의 쓰임이 적절하지 <u>않은</u> 것은? ▶ 242014-0179

2 윗글의 주제를 다음과 같이 나타낼 때, 빈칸에 들어갈 알맞은 말을 본문에서 찾아 쓰시오. ▶ 242014-0180

the impact of _____ on work-life _____

Words & Phrases

- ☐ **interfere with** ~을 방해[간섭]하다
- ☐ **related to** ~와 관련된
- ☐ **provide** 제공하다
- ☐ **peer** 동료
- ☐ **operate** 작동시키다, 조작하다
- ☐ **explosion** 폭발
- ☐ **availability** 이용 가능성
- ☐ **flexibility** 유연성
- ☐ **currently** 지금, 현재
- ☐ **misuse** 악용[오용]하다
- ☐ **capability** 용량, 역량
- ☐ **demand** 요구(되는 일), 부담
- ☐ **face-time** 직접 만나 대화하는 시간
- ☐ **demonstration** 증거, 증명
- ☐ **fire** 해고하다

Problem Solving Process

Step 1 도입부를 통해 글 전체의 내용을 추론한다.

> Technology can both help and interfere with the work-life balance.

● 첫 문장에서 글 전체의 핵심 소재가 기술이 일과 삶의 균형에 미치는 양면성 있는 영향임을 알 수 있다.

Step 2 밑줄 친 어휘가 전체 내용과 앞뒤 맥락에 어울리는지를 판단하여 적절하지 않은 선택지를 고른다.

> It can remove the need for face-time with peers or customers. Currently, being in the office as a demonstration that an employee is working hard is the ③ accepted standard.

● 밑줄 친 어휘가 있는 문장의 바로 앞에서 그것(기술)이 동료나 고객을 직접 만나 대화하는 시간의 필요성을 없앨 수 있다고 언급되었으므로, 직원이 일하고 있다는 증거로 사무실에 있는 것이 현재 용인된 기준이라는 것은 맥락에 어울리지 않음을 알 수 있다.

Step 3 어색하게 활용된 단어를 확인한 후에는 적절한 어휘를 넣어 정답이 맞는지 다시 한번 확인해 본다.

> It can remove the need for face-time with peers or customers. Currently, being in the office as a demonstration that an employee is working hard is the ③ accepted (→ outdated) standard.

● 동료나 고객을 직접 만나 대화하는 시간의 필요성이 없어졌으므로, 직원이 열심히 일하고 있다는 것을 보여 주기 위해 사무실에 있는 것은 '구식인' 기준이라고 하는 것이 문맥상 적절하다.

Culture Note

Digital Nomad(디지털 노마드)
디지털 노마드는 지리적으로 고정된 사무실이나 거주지에 결속되지 않고, 주로 디지털 기술을 활용하여 원격으로 일하는 개인을 말한다. 이들은 인터넷을 통해 일하며, 언제 어디서나 일할 수 있는 유연성을 추구한다. 디지털 노마드는 특별한 업종이나 직종에 제한되지 않으며, 프리랜서, 프로그래머, 디자이너, 블로거, 작가 등 다양한 직업에 종사할 수 있다. 디지털 노마드의 생활 방식은 기존의 고정된 근무 환경에 얽매이지 않고, 다양한 문화와 환경에서 새로운 경험을 쌓으며 일을 하는 것을 중시하며, 개인적인 삶과 일의 균형을 추구하는 특징을 갖추고 있다.

다음 글을 읽고, 물음에 답하시오.

Anchoring Bias is our cognitive tendency to rely (A) heavy / heavily on the first piece of information we receive when making decisions. It is an interesting characteristic of the human mind. We tend to place more importance on the ① <u>initial</u> information we receive and then adjust our subsequent thoughts and judgment based on this anchor. It's like trying to estimate the value of a used car based on its original price tag, ② <u>respecting</u> factors such as its current condition. This bias can lead to (B) make / making poor decisions and judgments. It can twist our perception, potentially ③ <u>blinding</u> us to more accurate or helpful information that comes later. To prevent this bias, we should consciously seek ④ <u>diverse</u> information before making a decision. Don't let the first piece of information (C) to control / control your perspective. And remember, your mental anchor can and should be ⑤ <u>lifted</u> when needed.

*anchoring bias 기준점 편향

1 윗글의 밑줄 친 부분 중, 문맥상 낱말의 쓰임이 적절하지 <u>않은</u> 것은? ▶ 242014-0181

2 (A), (B), (C)의 각 네모 안에서 어법상 적절한 것을 골라 쓰시오. ▶ 242014-0182

Exercise 2

다음 글을 읽고, 물음에 답하시오.

Greed is a vice, a bad way of being, especially when it makes people ignore the suffering of others. More than a personal vice, (a) it is not in ① harmony with civic virtue. In times of trouble, a good society pulls together. Rather than press for maximum advantage, people look out for one another. A society in which people ② exploit their neighbors for financial gain in times of crisis is not a good society. Excessive greed is therefore a vice that a good society should ③ discourage if (b) it can. Price gouging laws cannot completely eliminate greed, but they can at least restrain its most shameless expression, and signal society's ④ approval of it. By punishing greedy behavior rather than rewarding (c) it, society ⑤ supports the civic virtue of shared sacrifice for the common good.

*greed 탐욕   **price gouging 바가지요금

1 윗글의 밑줄 친 ①~⑤ 중, 문맥상 낱말의 쓰임이 적절하지 <u>않은</u> 것은? ▶ 242014-0183

2 윗글의 밑줄 친 (a), (b), (c)가 가리키는 것을 각각 본문에서 찾아 쓰시오. ▶ 242014-0184

Words & Phrases

- vice 악덕
- be in harmony with ~와 조화를 이루다
- pull together 협력하다, 함께 일하다
- advantage 이득, 장점
- exploit (자신의 이득을 위해 타인을) 이용하다
- financial 재정적인
- excessive 지나친
- restrain 억제하다, 억누르다
- sacrifice 희생
- suffering 고통
- press for ~을 계속 요구하다
- look out for (…에게 나쁜 일이 생기지 않도록) ~을 보살피다
- gain 이익
- discourage 막다, 말리다
- shameless 파렴치한, 창피한
- the common good 공동의 이익, 공익
- civic virtue 시민 사회의 미덕
- maximum 최대의
- neighbor 이웃
- crisis 위기
- eliminate 없애다
- reward 보상하다

추론 영역에 해당하는 유형으로서 비교적 난도가 높은 유형이다. 도입부에서 제시된 표현을 통해서 앞으로 전개될 내용을 미리 추측해 보고, 글을 읽으면서 전개되는 구체적인 상황을 파악해야 한다. 글의 마지막 부분까지 읽으면서 전체 내용의 흐름을 명확하게 파악한 후 빈칸에 들어갈 말을 유추한다. 빈칸은 보통 주제문이나 주요 세부 내용 및 글의 논리적 흐름과 관련하여 제시된다.

Get Started

다음 글을 읽고, 물음에 답하시오.

Being green helps green beetles to camouflage themselves in leaves and bushes and escape the view of their predators — the birds that feed on them. This advantage is not present in red beetles. In fact, the opposite is present. Their glaring red color gives them away to predators easily, and hence, it is quite obvious that they will gradually die out, leaving only green beetles, whose population will increase, passing down the trait of being green to the subsequent generations. This is the process of natural selection, which is a sort of 'filter of survival' that filters out those traits that are _____, like the red color of the beetle, while enabling the population with traits that act as assets to grow, flourish and pass down those traits to the subsequent generations.

*camouflage 감추다

1 윗글의 빈칸에 들어갈 말로 가장 적절한 것은? ▶ 242014-0185

① a result of heredity
② acquired through copying
③ a disadvantage to survival
④ determined by a single gene
⑤ a good fit to their environment

2 다음 주어진 질문에 영어로 답하시오. ▶ 242014-0186

What advantage do green beetles have over red beetles in terms of hiding from predators?

Words & Phrases

□ **escape** 벗어나다, 탈출하다
□ **glaring** 눈에 띄는, 두드러진
□ **asset** 유리한 점, 자산
□ **predator** 포식자, 육식동물
□ **population** 개체 수
□ **flourish** 번성하다, 번영하다
□ **opposite** 정반대인 것
□ **trait** 형질, 특성

Problem Solving Process

Step 1 도입부에서 제시된 문장을 통해서 앞으로 전개될 내용을 미리 추측해 본다.

> Being green helps the green beetles ~. This advantage is not present in red beetles.

첫 문장에서 글의 소재가 곤충의 색에 따른 유불리에 관한 것임을 알 수 있다.

Step 2 글을 읽으면서 전개되는 구체적인 상황을 파악해야 한다.

> Their glaring red color gives them away to predators easily, and hence, it is quite obvious that they will gradually die out, leaving only green beetles, whose population will increase, passing down the trait of being green to the subsequent generations.

글의 흐름을 통해 붉은색 딱정벌레는 포식자에게 쉽게 눈에 띄기 때문에 점차 멸종될 것이고, 녹색 딱정벌레가 살아남게 되어 다음 세대에게는 녹색 형질이 전해질 것임을 알 수 있다.

Step 3 글의 마지막 부분까지 읽으면서 전체 내용의 흐름을 명확하게 파악한 후 빈칸에 들어갈 말을 유추한다.

> 중심 내용: ~ the process of natural selection, which is a sort of 'filter of survival'

자연선택이 생존에 불리한 형질은 걸러 내고 생존에 도움이 되는 형질을 가진 개체군은 증가하고 번성하게 하는 생존 필터임을 확인한다.

Culture Note

자연선택(Natural Selection)

자연계에서 그 생활 조건에 적응하는 생물은 생존하고, 그러지 못한 생물은 저절로 사라지는 것을 말한다. 초원에서 표범의 색깔은 초록색 잔디와 더 잘 어울리는 색상이지만, 사막에서 표범은 노란색 모래와 더 어울리는 색상을 가지게 된다. 이는 표범이 자연환경에 더 잘 은신할 수 있도록 도와주며, 따라서 더 쉽게 먹잇감을 사냥할 수 있게 된다. 사막 지역에서의 선인장도 마찬가지로 물을 보관하고 증발을 방지하기 위해 주로 더욱 굵은 가시를 발달시키는 경향이 있다. 이러한 가시는 동물들이 선인장의 수분을 빼앗아 먹는 것을 방지하고, 그 결과로 선인장은 더 효율적으로 생존할 수 있게 된다. 이처럼 생물체는 생존과 번식을 위해 그들이 속한 특정 환경에 맞게 신체적, 행동적 특성을 발달시킨다. 이러한 적응은 자연선택의 결과로, 환경에 잘 적응한 개체들이 더 많은 자손을 남기게 되면서 진화가 이루어진다.

10. 빈칸의 내용 추론 • **119**

다음 글을 읽고, 물음에 답하시오.

　　Understanding buildings means what it says: going out and about and looking at buildings for oneself, not just from the outside, but inside as well. This is the only way we can begin to understand them, and the importance of ＿＿＿＿＿＿＿＿＿ cannot be overestimated. No photograph, film or video can reproduce the sense of form, space, light and shade, solidity and weight that is gained from a personal visit. These qualities are lost in photographs. That's because an external view of a building can rarely indicate how thick the walls are, or give a sense of the space around the building or inside it. (M＿＿＿＿＿), since most photographs are of single buildings, their surroundings are absent.

1 윗글의 빈칸에 들어갈 말로 가장 적절한 것은?　　　　　▸ 242014-0187

① personal space
② indirect reading
③ building planning
④ photograph shooting
⑤ first-hand experience

2 문맥상 윗글의 괄호 안에 주어진 철자로 시작하는 적절한 연결어를 쓰시오.　　　　　▸ 242014-0188

Words & Phrases

□ **as well** 또한
□ **reproduce** 재현하다, 재생하다
□ **quality** 특성, 특징
□ **indicate** 보여 주다, 나타내다

□ **A cannot be overestimated** A는 아무리 강조해도 지나치지 않는다
□ **shade** 음영, 그림자
□ **external** 외부의
□ **surroundings** 환경

□ **solidity** 견고함, 탄탄함
□ **rarely** 좀처럼 ~ 않는
□ **absent** 없는, 부재하는

Exercise 2

다음 글을 읽고, 물음에 답하시오.

_____ is an obvious disadvantage of Internet shopping. When you go to buy a product in person, you get the pleasure of being able to take that product home and experience it immediately. This is an extremely important aspect of the psychology of shopping and is one that the Internet fails in miserably. People often buy things just to please themselves, and with Internet shopping the gratification must be delayed until the delivery truck arrives. This is probably one of the main reasons why Internet shopping will never totally replace the traditional store.

1 윗글의 빈칸에 들어갈 말로 가장 적절한 것은?   ▶ 242014-0189

① Having to wait for delivery
② Being unable to trust the seller
③ Paying expensive delivery charges
④ Having your personal information exposed
⑤ Lacking the opportunity to negotiate the price

2 윗글의 밑줄 친 it이 가리키는 것을 본문에서 찾아 쓰시오.   ▶ 242014-0190

Words & Phrases

□ obvious 분명한	□ disadvantage 단점	□ in person 직접
□ pleasure 기쁨	□ experience 경험[체험]하다	□ immediately 즉시
□ extremely 아주, 몹시	□ aspect 측면	□ psychology 심리(학)
□ fail in miserably 크게 실패하다	□ gratification 만족감	□ delay 지연시키다
□ delivery truck 배달 트럭	□ probably 아마	□ replace 대체하다
□ traditional 전통적인	□ expensive 비싼	□ delivery charge 배달료
□ personal information 개인 정보	□ expose 노출시키다	□ negotiate 협상하다

다음 글을 읽고, 물음에 답하시오.

Although we don't know exactly why, rough-and-tumble play, especially for boys, appears to play an important part in _____. Our kids spent much of their free time ⓐ(wrestle) on the floor when they were young. In fact, after watching young monkeys wrestle on a zoo trip, Brian shouted, "Hey, Dad, those monkeys play just like us!" Play wrestling has been ⓑ(study) in the animal kingdom for decades. Scientists have found that when juvenile animals are prevented from wrestling with peers, they grow into overly stressed adult animals that have a hard time relating to others and handling social encounters. Perhaps early play fighting helps wire the brain networks ⓒ(need) for handling emotions and building trust. Whatever its function is, this physical play appears to be critical for socialization.

*tumble 뒹굶 **juvenile 어린, 젊은 ***wire 연결하다

1 윗글의 빈칸에 들어갈 말로 가장 적절한 것은?   ▸ 242014-0191

① forming invaluable self-esteem
② improving physical performance
③ preventing conflicts and violence
④ developing children's social brains
⑤ stimulating creativity and imagination

2 ⓐ~ⓒ의 괄호 안에 주어진 단어를 문맥상 어법에 맞는 형태로 각각 고쳐 쓰시오.   ▸ 242014-0192

다음 글을 읽고, 물음에 답하시오.

In the kitten world, staring isn't considered friendly. Which explains why, in a room full of cat lovers, the kitten always homes in on the one person who doesn't like cats. Everyone else stares at the kitten, trying to get his attention or to grab him — aggressive signals and signs of dominance. So the kitten's drawn to the one person who's avoiding him, because in Felinese, the poor guy who doesn't like cats has the best cat manners and is making the friendliest kitty gestures. Under normal circumstances, cats don't make eye contact with each other or even humans. Your kitten doesn't like it when you stare directly at her, either. You may look at your kitten because you love her and admire her beauty, but she won't understand your reason. Eventually, she may become accustomed to you looking at her, but because of her psychological hardwiring, she'll _____.

*Felinese 고양이 언어

1 윗글의 빈칸에 들어갈 말로 가장 적절한 것은? ▸ 242014-0193

① be on your lap all day
② soon go on another hunt
③ get used to the eye contact
④ never be comfortable with it
⑤ start to show aggressive signs

2 고양이가 싫어하는 행동으로 언급된 것을 본문에서 찾아 우리말로 쓰시오. ▸ 242014-0194

다음 글을 읽고, 물음에 답하시오.

The psychologists Ayelet Fishbach and Kaitlin Woolley suspected that people could tackle tough goals more effectively if _____ . In one study, they encouraged participants to eat more healthy foods. In another, they encouraged more exercise. The novelty was that some study participants (chosen at random) were prompted to select the kinds of healthy foods or exercises they expected to *enjoy* most while others were simply encouraged to pick the ones they'd *benefit* from most. Ayelet and Kaitlin discovered that encouraging people to find the fun in healthy activities led to substantially better results, leading people to persist longer in their workouts and eat more healthy food. Rather than believing we'll be able to "just do it", we can make more progress if we recognize that we struggle to do what's distasteful in the moment and look for ways to make those activities sweeter.

1 윗글의 빈칸에 들어갈 말로 가장 적절한 것은?　　　　　▶ 242014-0195

① they maintained a regular lifestyle
② support from others came in various forms
③ they stopped overestimating their willpower
④ they broke down the goals into smaller steps
⑤ the circumstances didn't change unexpectedly

2 힘든 목표를 달성하기 위한 효과적인 방법으로 본문에 제시된 내용을 찾아 우리말로 쓰시오.　　　　▶ 242014-0196

Words & Phrases

□ **psychologist** 심리학자
□ **suspect** 생각하다, 추측하다
□ **tackle** 다루다, 해결하다
□ **encourage** 권장하다, 장려하다
□ **novelty** 새로운 것
□ **prompt** 유도하다, 자극하다
□ **substantially** 상당히, 많이
□ **persist** 지속하다, 계속하다
□ **recognize** 인정하다, 인식하다
□ **struggle** 애쓰다, 분투하다
□ **distasteful** 싫은, 맛없는

다음 글을 읽고, 물음에 답하시오.

People can agonize over the purchase of greeting cards. They will spend an enormous amount of time searching for just the right words to convey their thoughts. It is usually a decoration to the emotional statement that is being made with a gift. Together the two are intended to convey silent passions or feelings to the person who receives the gift. The greeting card section in a store can be compared to an emotional buffet. People move along, looking at the selection of items, in an attempt to find what suits their emotional needs the best. It is truly one of the most unusual places in all of retailing, where _____ .

*agonize 고심하다   **retailing 소매업

1 윗글의 빈칸에 들어갈 말로 가장 적절한 것은?   ▶ 242014-0197

① people can earn money
② all items are free of charge
③ there is no choice but to wait
④ feelings are quite literally for sale
⑤ people can sell anything they have

2 다음 영영사전 뜻풀이에 해당하는 단어를 본문에서 찾아 쓰시오.   ▶ 242014-0198

something nice that you put on or in something else to make it look more attractive

Words **&** Phrases

□ **purchase** 구매, 구입
□ **search for** ~을 찾다
□ **statement** 진술
□ **be compared to** ~에 비교[비유]되다
□ **in an attempt to** *do* ~하기 위해서

□ **greeting card** 연하장
□ **convey** 전(달)하다
□ **gift** 선물
□ **buffet** 뷔페
□ **suit** 맞다

□ **enormous** 엄청난
□ **decoration** 장식
□ **be intended to** *do* ~하기 위한 것이다
□ **selection** 전시, 선별

11 무관한 문장 찾기

글의 논지와 논리적 연관성이 없는 문장을 찾아내는 유형이다. 우선 글의 앞부분에 드러난 글의 소재 및 주제를 파악한다. 글의 논리적 흐름과 각 문장 사이의 연관성을 파악하고, 소재가 같더라도 글의 주제와 관련이 없거나 필자의 관점과 중심 생각에서 벗어난 문장을 찾는다.

Get Started

다음 글을 읽고, 물음에 답하시오.

Students who believe their minds are "empty" and that someone else is responsible for filling them up with new learning find (A) | that / it | easy to let themselves off the hook when things aren't going well. ① They will often blame their lack of success on the teacher, saying things like "He was a really bad lecturer" or "She taught chemistry in a way I could not understand." ② We're not saying that all teachers do everything right and that when students don't do well it's always their own fault. ③ What we are saying is that it is important to do your part. ④ Do the things you will really enjoy and learn to turn down the things that will get in the way of achieving your long-term goal. ⑤ Learning is a shared experience, an experience to (B) | which / what | both you and your teacher bring important ideas.

*let ~ off the hook ~을 곤경에서 벗어나게 하다

1 윗글의 ①~⑤ 중, 전체 흐름과 관계 <u>없는</u> 문장은?

▶ 242014-0199

2 (A), (B)의 네모 안에서 어법에 맞는 표현을 골라 쓰시오.

▶ 242014-0200

Words & Phrases

☐ **empty** 비어 있는
☐ **lecturer** 강사
☐ **turn down** 거절하다
☐ **long-term** 장기적인
☐ **fill up** ~을 채우다
☐ **chemistry** 화학
☐ **get in the way** 방해하다
☐ **experience** 경험
☐ **blame** 탓하다, 책임지우다
☐ **fault** 잘못, 실수
☐ **achieve** 달성하다

Problem Solving Process

Step 1 글의 첫 문장에서 중심 소재를 파악한다.

Students who believe their minds are "empty" and that someone else is responsible for filling them up with new learning find it easy to let themselves off the hook when things aren't going well.

● 자신의 '비어 있는' 머리를 다른 누군가가 새로운 학습으로 채워 주는 것이라는 생각을 가진 학생

Step 2 글을 읽어 가면서, 글의 주제와 요지를 파악한다.

They will often blame their lack of success on the teacher ~.
What we are saying is that it is important to do your part.
Learning is a shared experience ~.

● 학습에 성공하지 못한 것을 교사의 탓으로 돌리하지만 학생도 학생의 역할을 하는 것이 중요함
학습은 교사와 학생이 함께하는 경험임

Step 3 각 문장 간의 논리적 흐름을 파악하고, 글의 요지와 관련이 없는 문장을 찾는다.

Do the things you will really enjoy and learn to turn down the things that will get in the way of achieving your long-term goal.

● 자신이 좋아하는 것을 하고, 장기적 목표를 방해하는 것은 거절하라는 내용은 글의 요지와 관련이 없음

Part II_Reading & Writing

Culture Note

학습자 중심 교육(Learner-centered Education)
학습자 중심 교육에서는 학습자가 자신만의 방식으로 세상을 이해하며, 자신의 인지 발달이나 신체 및 정서 발달에 맞는 사고 과정과 논리를 가지고 있다고 본다. 즉, 학생을 스스로 학습에 대한 의지를 갖고 자발적으로 수업에 참여하는 능동적인 존재로 본다.

교사 중심 교육(Teacher-centered Education)
교사 중심 교육에서는 학생을 교사가 하는 말을 듣고, 교사가 제시하는 자료를 보고, 잘 짜인 학습 활동에 참여하는 방식의 수업을 듣는 수동적인 존재로 본다. 따라서 교사 중심 교육만으로는 학생 개개인의 다양성과 창의성을 발현시키기 어렵다.

다음 글을 읽고, 물음에 답하시오.

Once upon a time, it was believed that older folks lost muscle as a natural part of aging. Not necessarily so! ① Studies from the Tufts University Human Nutrition Research Center on Aging found that older people can maintain muscle with the same amount of strength training as younger folks. ② Other studies show that with the same amount of strength training, people over sixty-five can build just as much muscle as younger folks. ③ It is usually difficult for older people to develop muscles and maintain good dietary habits. ④ Muscles are meant to move, supporting the "use it or lose it" principle. ⑤ The more muscle you retain, or even gain, the <u>healthy</u> your prime time will be.

1 윗글의 ①~⑤ 중, 전체 흐름과 관계 <u>없는</u> 문장은?   ▸ 242014-0201

2 윗글의 밑줄 친 <u>healthy</u>를 어법에 맞게 고쳐 쓰시오.   ▸ 242014-0202

□ **folks** (일반적인) 사람들   □ **muscle** 근육   □ **maintain** 유지하다
□ **amount** 양   □ **strength training** 근력 훈련   □ **dietary habit** 식습관
□ **principle** 원리   □ **retain** 유지하다   □ **gain** 얻다
□ **prime time** 황금 시절

Exercise ❷

다음 글을 읽고, 물음에 답하시오.

  The presence of others is a crucial factor in team sports and activities. We have to not only perform well as individuals, but cooperate as a team. ① And although the presence of others and the element of competition may improve our performance, there is also a downside to working in a group. ② Individuals in a team tend to perform worse as the size of the group increases—especially if it's difficult to see how much effort each person is putting in. ③ We need to concentrate more on tasks that challenge us, and we are more likely to perform badly if we are distracted by people watching. ④ For example, in a tug-of-war, the more people there are on a team, the less effort each person will make to achieve an overall result. ⑤ Bibb Latane described this effect of relying on others to put effort in as "social loafing."

*loafing 태만, 빈둥댐

1 윗글의 ①~⑤ 중, 전체 흐름과 관계 없는 문장은?　　　　▶ 242014-0203

2 다음 영영사전 뜻풀이에 해당하는 단어를 본문에서 찾아 쓰시오.　　　　▶ 242014-0204

> a situation in which someone is trying to win something or be more successful than someone else

Words & Phrases

- **presence** 존재, 있음
- **individual** 개인
- **downside** 부정적인[불리한] 면
- **overall** 전반적인
- **crucial** 매우 중요한, 결정적인
- **cooperate** 협력하다
- **distracted** (정신이) 산만해진
- **factor** 요소
- **competition** 경쟁
- **tug-of-war** 줄다리기

문단 내의 연결 관계를 논리적으로 파악하여 글의 순서를 추론하는 유형이다. 우선 주어진 글을 통해 글의 소재와 핵심 어구를 파악하고 내용 전개 방향을 예측한 뒤, 주어진 글로부터 전개되는 내용을 바탕으로 연결 어구와 지시어, 반복되는 어구 등을 활용해 논리적 흐름을 파악한다. 그리고 마지막 부분을 연결하여, 글의 전체적인 흐름이 자연스럽고 완결성이 있는지 확인한다.

Get Started

다음 글을 읽고, 물음에 답하시오.

Some time ago, a man scolded his 3-year-old daughter for wasting a roll of gold wrapping paper. Money was tight and he got upset when the child tried to decorate a box to put under the Christmas tree.

(A) The father was heartbroken. He put his arms around his little girl, and he begged for her forgiveness.

(B) He yelled at her; "Don't you know, when you give someone a present, there is supposed to be something inside?" The little girl looked up at him with tears in her eyes and cried; "Oh Daddy, it's not empty at all. I blew kisses into the box. They're all for you, Daddy."

(C) Nevertheless, the little girl brought the gift to her father the next morning and said, "This is for you, Daddy." The man became embarrassed by his overreaction earlier, but his anger continued when he saw that the box was empty.

1 주어진 글 다음에 이어질 글의 순서로 가장 적절한 것은? ▶ 242014-0205

① (A) – (C) – (B)　　② (B) – (A) – (C)　　③ (B) – (C) – (A)
④ (C) – (A) – (B)　　⑤ (C) – (B) – (A)

2 딸이 아빠에게 준 상자 안의 선물은 무엇인지 본문에서 찾아 한 단어로 쓰시오. ▶ 242014-0206

Words & Phrases

□ **scold** 야단치다　　　　　　□ **wrapping** 포장　　　　　□ **tight** (여유가 없이) 빠듯한
□ **decorate** 꾸미다, 장식하다　　□ **heartbroken** 마음이 아픈, 비통한　□ **beg** 빌다, 구하다
□ **forgiveness** 용서　　　　　　□ **overreaction** 과잉 반응

Problem Solving Process

Step 1 주어진 글을 통해 글의 소재와 핵심 어구를 파악하고 내용 전개 방향을 예측한다.

~, a man scolded his 3-year-old daughter for wasting a roll of gold wrapping paper. Money was tight and he got upset when the child tried to decorate a box to put under the Christmas tree.

글의 소재가 아빠와 딸에 관한 이야기이고 돈이 빠듯한 상황에서 딸이 포장지를 낭비하여 아빠가 화를 내는 상황임을 알 수 있다.

Step 2 주어진 글로부터 전개되는 내용을 바탕으로 연결 어구와 지시어, 반복되는 어구 등을 활용해 논리적 흐름을 파악한다.

(C) Nevertheless, the little girl brought the gift to her father the next morning and said, "This is for you, Daddy." ~, but his anger continued when he saw that the box was empty.

(B) He yelled at her: "Don't you know, when you give someone a present, there is supposed to be something inside?" The little girl looked up at him with tears in her eyes and cried: "Oh Daddy, it's not empty at all. I blew kisses into the box. They're all for you, Daddy."

(C)의 Nevertheless는 양보를 나타내는 부사로 주어진 문장에서 아빠가 화를 냈음에도 불구하고 딸이 선물을 가져왔는데 상자가 비어 있어서 아빠가 다시 화를 내는 것으로 서술된다. (B)에서 아빠는 딸에게 선물에는 뭔가가 들어 있어야 한다고 딸을 꾸짖지만 아이는 상자가 빈 것이 아니라 키스를 불어넣었다고 말하는 것으로 서술된다.

Step 3 마지막 부분을 연결하여, 글의 전체적인 흐름이 자연스럽고 완결성이 있는지 확인한다.

(A) The father was heartbroken. He put his arms around his little girl, and he begged for her forgiveness.

(A)에서 아빠는 딸의 마음을 알아주지 못한 것에 마음 아파했고 딸을 안고 용서를 비는 것으로 마무리되어 서술되고 있다.

Culture Note

Christmas Tree(크리스마스트리)

크리스마스트리는 16세기에 독일 루터교들이 처음 사용했으며, 1539년 개신교 개혁자인 Martin Bucer의 지도 아래 Strasbourg 대성당에 크리스마스트리가 배치되었다는 기록이 있다. 1897년의 The School Journal에 따르면 크리스마스트리를 장식할 때 많은 사람들이 베들레헴의 별을 상징하는 별을 트리 상단에 배치했다고 기록되어 있다. 또한 크리스마스를 축하하는 기독교의 맥락에서, 상록수인 크리스마스트리는 영원한 생명을 제공하는 그리스도를 상징하며, 트리의 촛불이나 조명은 베들레헴에서 태어난 세상의 빛인 예수를 상징한다.

다음 글을 읽고, 물음에 답하시오.

We find order in the chaotic mess of writing a creative story by picking out the essential elements and building on them in sequence.

(A) Then we figure out what stands in the way of our main character achieving the goal. After that, we can define our characters. When we have the *nub* and the main character, there will be certain challenges that the hero simply must face.

(B) We start by finding the *nub* of the story, which is the arena in which the story takes place. We choose a temporary main character and a goal that expresses what we're thinking about.

(C) We make a list of those challenges, and that will be the outline of the whole story. It looks simple and orderly. It is neither.

*nub (이야기 등의) 핵심, 골자

1 주어진 글 다음에 이어질 글의 순서로 가장 적절한 것은? ▶ 242014-0207

① (A) – (C) – (B)　　② (B) – (A) – (C)
③ (B) – (C) – (A)　　④ (C) – (A) – (B)
⑤ (C) – (B) – (A)

2 윗글의 밑줄 친 It is neither.의 문맥상 의미가 무엇인지 우리말로 쓰시오. ▶ 242014-0208

Exercise ②

다음 글을 읽고, 물음에 답하시오.

If a region of the heart is deprived of blood for an extended time, the result may be a heart attack. This is usually caused by a blockage of one of the coronary arteries.

(A) More serious heart attacks can lead to significant damage or death to the heart. Dead cardiac muscle tissue does not regenerate, decreasing the heart's ability to pump.

(B) Reduced pumping activity of the heart can result in heart failure, in which the heart can't pump enough blood to meet the body's needs. Each year in the U.S., more than 1 million people suffer a heart attack, many of which are fatal.

(C) Some heart attacks are relatively minor; in fact, the discomfort of a small heart attack may not even alarm someone enough to seek medical attention. A heart attack with no symptoms is called a silent heart attack.

*coronary arteries 관상 동맥 **cardiac muscle 심근 ***heart failure 심부전

1 주어진 글 다음에 이어질 글의 순서로 가장 적절한 것은? ▶ 242014-0209

① (A) − (C) − (B)
② (B) − (A) − (C)
③ (B) − (C) − (A)
④ (C) − (A) − (B)
⑤ (C) − (B) − (A)

2 매년 미국에서 심장 마비를 겪는 사람은 몇 명 정도인지 본문에서 찾아 쓰시오. ▶ 242014-0210

Words & Phrases

□ **region** 부위
□ **blockage** 막힘, 봉쇄
□ **regenerate** 재생하다
□ **discomfort** 불편
□ **deprive ~ of ...** ~에게서 …을 빼앗다
□ **significant** 중대한
□ **fatal** 치명적인
□ **alarm** 경각심을 불러일으키다
□ **extended** 길어진
□ **tissue** 조직
□ **minor** 경미한, 작은
□ **symptom** 증상

다음 글을 읽고, 물음에 답하시오.

   Word spread across the countryside about the wise man who lived in a small house atop the mountain.

(A) He stopped and turned to the servant, "But I want to see the wise man!" "You already have," said the old man. Everyone we may meet in life, even if they appear plain and insignificant... see each of them as a wise man. If we do this, then all problems would be solved.

(B) The servant smiled and led him inside. As they walked through the house, the man from the village looked eagerly around the house, anticipating his encounter with the man. Before he knew it, he had been led to the back door and escorted outside.

(C) A man from the village decided to make the long and difficult journey to visit him. When he arrived at the house, he saw an old servant inside who greeted him at the door. "I would like to see the wise man," he said to the servant.

1 주어진 글 다음에 이어질 글의 순서로 가장 적절한 것은? ▶ 242014-0211

① (A) – (C) – (B)   ② (B) – (A) – (C)
③ (B) – (C) – (A)   ④ (C) – (A) – (B)
⑤ (C) – (B) – (A)

2 윗글의 밑줄 친 him이 가리키는 대상을 본문에서 찾아 쓰시오. ▶ 242014-0212

□ **spread** 퍼지다   □ **countryside** 시골 지방   □ **servant** 하인
□ **plain** 평범한   □ **insignificant** 하찮은   □ **eagerly** 열심히
□ **anticipate** 고대하다   □ **encounter** 마주침, 우연한 만남   □ **before you know it** 곧
□ **escort** 안내하다, 바래다주다 □ **greet** 인사하다

다음 글을 읽고, 물음에 답하시오.

What do you do when you are afraid? Do you yell for help? Do you hide? Do you run away? Some animals do these things too when they are afraid.

(A) Other animals pretend to be something they're not. An inchworm holds itself stiff to look like a stick. Some animals even have partnerships with other animals.

(B) But many animals defend themselves in more unusual ways. Some animals change color to make it hard for a predator, or enemy, to see them in their environment. An octopus can do this in seconds.

(C) For example, buffalo depend on birds to warn them of danger. And some crabs use an animal called an anemone like a sword.

*inchworm 자벌레 **anemone 말미잘

1 주어진 글 다음에 이어질 글의 순서로 가장 적절한 것은?　　　　　　　　　▶ 242014-0213

① (A) − (C) − (B)　　　　　　　　　② (B) − (A) − (C)
③ (B) − (C) − (A)　　　　　　　　　④ (C) − (A) − (B)
⑤ (C) − (B) − (A)

2 윗글의 밑줄 친 do this가 가리키는 것을 본문에서 찾아 쓰시오.　　　　　　　▶ 242014-0214

Words & Phrases

□ yell 외치다
□ stick 막대
□ predator 포식자
□ buffalo 물소
□ warn A of B A에게 B에 대하여 경고하다
□ sword 칼, 검

□ pretend ~인 척하다
□ partnership 동반자 관계
□ environment 환경
□ depend on A to do ~하는 것을 A에게 의존하다

□ stiff 뻣뻣한
□ defend 방어하다, 보호하다
□ octopus 문어
□ crab 게

글의 중심 내용을 토대로 각 문장 간의 논리적 연결성을 파악하는 유형이다. 우선 주어진 문장의 핵심을 파악한 뒤, 글을 계속 읽어 가면서 흐름이 끊기거나 내용이 바뀌는 지점, 혹은 논리적인 비약이 있는 부분을 찾아낸다. however, for example 등의 연결어나 this, that, such 등의 지시대명사가 가리키는 바를 정확히 파악하는 것 역시 중요하다.

Get Started

다음 글을 읽고, 물음에 답하시오.

When our kids were babies and young children, everything about (a) them was our business. Without us they could not have survived. (①) But as they grew we released them in appropriate stages. (②) They learned to work out friendships, communicate with teachers, manage their time, and so on. (③) The wise parent knows mistakes are part of the growing process. (④) Our toddlers learned to walk by falling before they found their stride, and our teens and young adult children will make many mistakes before (b) they find their stride in making consistently good decisions. (⑤) And as we let our toddlers fall and get back up, we must also let our grown kids fall and get back up in order to learn to do life and relationships well.

1 윗글의 흐름으로 보아, 다음 주어진 문장이 들어가기에 가장 적절한 곳은? ▶ 242014-0215

This development didn't happen without struggles and missteps.

2 윗글의 밑줄 친 (a) them과 (b) they가 가리키는 것을 본문에서 찾아 쓰시오. ▶ 242014-0216

Words & Phrases

□ **survive** 살아남다 □ **release** 놓아주다, 풀어 주다 □ **appropriate** 적절한
□ **toddler** 유아 □ **find one's stride** ~에 점차 익숙해지다 □ **consistently** 일관되게
□ **decision** 결정

Problem Solving Process

Step 1 주어진 문장의 핵심을 파악하고, 다른 문장들과의 논리적 연결성을 이해할 수 있는 단서를 찾는다.

> This development didn't happen without struggles and missteps.

주어진 문장은 발전을 위해서는 어려움과 실수가 있을 수밖에 없었다는 내용으로, This development가 지칭하는 내용이 무엇인지를 찾는 것이 단서가 될 수 있다.

Step 2 글의 도입 부분을 통해 요지를 파악하고, 어떤 방향으로 내용이 전개될지 예측한다.

> When our kids were babies and young children, everything about them was our business. Without us they could not have survived.

글의 도입 부분을 통해 자녀가 어릴 때는 그들의 생존을 위해 우리가 꼭 필요했다는 내용을 다루고 있다. 이를 통해 주어진 단락이 어린 자녀에 대한 부모의 중요성을 다루고 있음을 확인할 수 있다.

Step 3 연결어나 지시대명사가 가리키는 바를 파악하며, 내용상 단절이 발생하는 부분이 있는지 확인한다.

> 전개 1: But as they grew we released them in appropriate stages. They learned to work out friendships, communicate with teachers, manage their time, and so on.
>
> 전개 2: The wise parent knows mistakes are part of the growing process.

주어진 문장의 This development가 전개 1에서 언급된 내용임을 확인한다.
실수가 성장 과정의 일부이며, 유아와 청소년, 청년 자녀 모두 실수를 통해서 성장한다는 내용의 전개 2를 통해서, 전개 1과 전개 2 사이에 단절이 존재하며, 발전과 관련된 내용이 그 사이에 들어가야 한다는 것을 알 수 있다.

Culture Note

Fail fast.(빨리 실패하라.)
기업 경영과 조직 심리학에서 유래한 개념으로, 실패할 가능성이 큰 방식에 더 이상 시간과 자원을 낭비하지 않고, 오히려 신속하게 다음 기회로 넘어가 손실을 최소화하라는 의미를 담고 있다. 이는 실패를 두려워하지 않고 이를 통해 더 나은 성공의 길을 찾으라는 교훈 또한 함께 내포하고 있다.

다음 글을 읽고, 물음에 답하시오.

> To better understand the power of focus and awareness, consider an issue that touches nearly all of us: email addiction. (①) Emails have a way of grabbing our attention and redirecting it to lower-priority tasks because completing small, quickly accomplished tasks produces dopamine, a pleasurable hormone, in our brains. (②) Instead, apply mindfulness when opening your inbox. (③) *Focus* on what is important and maintain *awareness* of what is merely noise. (④) To get a better start to your day, avoid checking your email first thing in the morning. (⑤) Doing so will help you sidestep a rush of distractions and short-term problems during a time of day that holds the potential for exceptional focus and creativity.

1 윗글의 흐름으로 보아, 다음 주어진 문장이 들어가기에 가장 적절한 곳은? ▶ 242014-0217

> This release makes us addicted to email and weakens our concentration.

2 윗글의 밑줄 친 Doing so가 가리키는 것이 무엇인지 우리말로 쓰시오. ▶ 242014-0218

- □ **awareness** 의식
- □ **addiction** 중독
- □ **redirect** 다시 보내다
- □ **priority** 우선순위
- □ **accomplish** 달성하다
- □ **pleasurable** 즐거움을 주는
- □ **sidestep** 회피하다
- □ **distraction** 방해 요소
- □ **short-term** 단기간의
- □ **exceptional** 뛰어난, 탁월한

다음 글을 읽고, 물음에 답하시오.

What are the benefits to the consumer of an official food labeling policy for products you buy in a grocery store? A Nutrition and Ingredients Label serves two purposes. (①) It provides a quick and easy way to learn about the food you buy. (②) It also allows you to be sure you are eating foods rich in the nutrients you want in your diet. (③) On food labels, today's food manufacturers are required by the Food and Drug Administration (FDA) to list information on total calories, total fat, and dietary fiber in their product. (④) They usually appear in the same order on most food labels. (⑤) This order reflects their importance in current recommendations for a healthy diet.

1 윗글의 흐름으로 보아, 다음 주어진 문장이 들어가기에 가장 적절한 곳은?

▶ 242014-0219

These required elements on labels were selected because they address today's health concerns.

▶ 242014-0220

2 윗글의 밑줄 친 A Nutrition and Ingredients Label에 열거되는 내용 세 가지를 본문에서 찾아 쓰시오.

Words & Phrases

- □ **benefit** 혜택
- □ **official** 공식적인
- □ **food labeling policy** 식품 라벨 부착 정책
- □ **product** 제품
- □ **nutrition** 영양
- □ **ingredient** 성분
- □ **serve** 기여하다, 도움이 되다
- □ **rich** 풍부한
- □ **nutrient** 영양소
- □ **diet** 식사
- □ **manufacturer** 제조사, 생산 회사
- □ **Food and Drug Administration** (미국의) 식품의약국
- □ **fat** 지방
- □ **dietary fiber** 식이섬유
- □ **reflect** 반영하다
- □ **current** 현재의
- □ **recommendation** 권장, 권고
- □ **element** 요소, 성분
- □ **address** 다루다, 연설하다
- □ **concern** 관심사

다음 글을 읽고, 물음에 답하시오.

Although young children have a much larger vocabulary than toddlers do, they still experience the frustration of not being able to get adults to understand their meaning. (①) There are some words that children want to say but cannot. (②) Some sounds are difficult for them to produce, and children around the world will avoid words that they find difficult to say. (③) For instance, a 4-year-old said, "Try to be more *rememberful,* Mom," when <u>disappoint</u> by his mother's forgetfulness. (④) Children also use words creatively to convey meaning. (⑤) Our 3-year-old niece, Erica, used the word *soaking* as a substitute for *very*—she described herself as "soaking tired" or "soaking cold."

1 윗글의 흐름으로 보아, 다음 주어진 문장이 들어가기에 가장 적절한 곳은? ▶ 242014-0221

Often children create words to better express themselves.

2 윗글의 밑줄 친 disappoint를 문맥에 맞는 형태로 바꾸어 쓰시오. ▶ 242014-0222

다음 글을 읽고, 물음에 답하시오.

The human and chimpanzee family trees split around six or seven million years ago. Early hominids, and even our closer Australopithecus ancestors like Lucy, had fairly small brains. (①) We first started using stone tools around 2.6 million years ago. (②) The human brain is an energy-hungry organ. (③) Simply sitting and having a chat with a friend will consume twenty to twenty-five per cent of your 'resting metabolic energy'. (④) Our brains alone require about six hundred calories a day to run on. (⑤) And while we have far too many readily available sources of high-calorie foods today, <u>our big brains came at a high cost in the Old Stone Age</u>.

*hominid 인류, 인류와 비슷한 동물

1 윗글의 흐름으로 보아, 다음 주어진 문장이 들어가기에 가장 적절한 곳은?

▶ 242014-0223

But it wasn't until after we began hunting, gathering, and cooking that our brains grew so unusually large.

▶ 242014-0224

2 윗글의 밑줄 친 our big brains came at a high cost in the Old Stone Age의 근거 세 가지를 본문에서 찾아 우리말로 쓰시오.

Words & Phrases

□ **split** 분화하다, 나누다   □ **ancestor** 조상   □ **organ** 기관
□ **consume** 소비하다   □ **require** 필요하다   □ **run on** 멈추지 않고 작동하다, 계속되다
□ **cost** 비용

14 요약문 완성

제시된 지문의 요약문에 있는 빈칸 두 곳을 완성하는 유형이다. 지문을 읽기 전에 먼저 요약문을 확인하여 전체 내용을 추론한 다음 지문을 읽어 가며 핵심 내용을 파악하고 글의 주제와 관련한 핵심 단어를 빈칸에 대입하여 문제를 해결한다.

Get Started

다음 글을 읽고, 물음에 답하시오.

If you've ever tossed and turned in a hotel room, you may have experience with 'night-watch brain'. Cerebral imaging has revealed that, similarly to dolphins, pigeons and other animals, humans rest one half of the brain less than the other when we're in an unfamiliar setting. This adaptation would have been advantageous for our ancestors, who were at risk of predators in the wild, but it's far less useful for today's traveler. You can minimize it by staying at the same hotel for as long as you remain in a city and by booking similar rooms from the same chain wherever you go.

*cerebral imaging 뇌 영상

1 윗글의 내용을 한 문장으로 요약하고자 한다. 빈칸 (A), (B)에 들어갈 말로 가장 적절한 것은? ▶ 242014-0225

→ Travelers experience "night-watch brain" in ____(A)____ settings, which can be ____(B)____ by consistent hotel choices.

(A)	(B)		(A)	(B)
① dangerous	⋯⋯ facilitated		② relaxing	⋯⋯ utilized
③ emergent	⋯⋯ prevented		④ strange	⋯⋯ reduced
⑤ unique	⋯⋯ intensified			

2 밑줄 친 This adaptation이 의미하는 것을 본문에서 찾아 우리말로 쓰시오. ▶ 242014-0226

Words & Phrases

- □ **toss and turn** (잠이 들지 못하고) 뒤척이다
- □ **reveal** 밝히다
- □ **adaptation** 적응
- □ **predator** 포식자
- □ **pigeon** 비둘기
- □ **advantageous** 이로운, 이익이 되는
- □ **consistent** 일관성 있는
- □ **night-watch** 야경꾼의, 야간 경비의
- □ **rest** 쉬게 하다
- □ **at risk of** ~의 위험에 처한

Problem Solving Process

Step 1 요약문을 읽고 내용을 추론한다.

Travelers experience "night-watch brain" in ____(A)____ settings, which can be ____(B)____ by consistent hotel choices.

요약문의 내용을 통해 지문이 여행자들이 경험하는 '야경꾼 뇌'의 현상이 일어나는 환경과 이 현상이 일관성 있는 호텔 선택에 의해 어떤 결과를 가지게 되는지에 대한 내용임을 알 수 있다.

Step 2 지문을 읽고 글의 핵심 내용을 파악한다.

If you've ever tossed and turned in a hotel room, you may have experience with 'night-watch brain'. ~ when we're in an unfamiliar setting. ~ You can minimize it by staying at the same hotel ~.

글의 앞부분에 '야경꾼 뇌' 현상이 바로 호텔 방에서 뒤척이는 것과 관련이 있다고 언급하고 있고, 이 현상은 낯선 상황에서 발생하며 같은 호텔에 머무르면 이것을 최소화할 수 있다고 말하고 있다.

Step 3 핵심 내용을 근거로 빈칸 (A)와 (B)에 들어갈 어휘를 대입해 본다.

Travelers experience "night-watch brain" in strange settings, which can be reduced by consistent hotel choices.

낯선 상황에서 여행자들이 머무를 때 '야경꾼 뇌'를 경험하며, 이것은 일관성 있는 호텔 선택에 의해서 감소될 수 있다고 했으므로, (A)와 (B)에는 각각 strange와 reduced가 가장 적절함을 알 수 있다.

Part II _ Reading & Writing

Culture Note

좌뇌 & 우뇌 이론

좌뇌 & 우뇌 이론은 뇌의 좌반구와 우반구가 서로 다른 기능을 담당한다는 이론이며 1960년대 Roger Sperry 박사가 노벨상을 받은 연구에서 비롯되었다. 이 이론에 따르면 좌뇌는 논리적 사고, 분석적 처리, 언어 능력, 수리 능력 등을 담당하고 좌뇌가 발달한 사람들은 보통 논리적이고 체계적인 성향을 보인다. 우뇌는 창의적 사고, 직관적 처리, 예술적 능력, 공간 지각 능력 등을 담당하고 우뇌가 발달한 사람들은 보통 창의적이고 감성적인 성향을 보인다.

이 이론은 많은 사람에게 인기를 끌었지만, 현대 신경과학에서는 좌뇌와 우뇌가 매우 밀접하게 협력하며 대부분의 복잡한 작업을 함께 처리한다는 점이 강조된다. 따라서 좌뇌와 우뇌의 기능이 그렇게 극명하게 분리되어 있지 않다는 것이 현재의 이해이다.

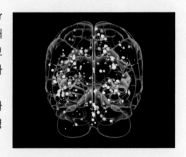

다음 글을 읽고, 물음에 답하시오.

> Anxiety refers to a psychological state in _____ⓐ_____ the person's sense of uneasy suspense and worry is triggered by ambiguous circumstances. That is, anxiety refers to general feelings of uneasiness and distress about an unspecified, distracted, uncertain, and often formless threat or danger. Because of the ambiguous nature of the anxiety-provoking stimulus, the person is uncertain _____ⓑ_____ to act; because the nature and place of the threat are not clear, it is more difficult to cope with it. The person's behavioral response to the ambiguous danger may be excessive compared to the actual threat.

1 윗글의 내용을 한 문장으로 요약하고자 한다. 빈칸 (A), (B)에 들어갈 말로 가장 적절한 것은?   ▶ 242014-0227

> → Anxiety is caused by _____(A)_____ threats, to which people may react _____(B)_____ .

(A)	(B)		(A)	(B)
① definite	······ negatively		② serious	······ immediately
③ potential	······ emotionally		④ vague	······ improperly
⑤ ongoing	······ distinctively			

2 윗글의 빈칸 ⓐ와 ⓑ에 어법상 알맞은 말을 쓰시오.   ▶ 242014-0228

Words & Phrases

□ **anxiety** 불안   □ **refer to** ~을 가리키다[지칭하다]   □ **psychological** 심리적인
□ **state** 상태   □ **uneasy** 불안한   □ **suspense** 걱정
□ **trigger** 촉발하다   □ **ambiguous** 애매모호한   □ **uneasiness** 불안
□ **distress** 고민   □ **unspecified** 명시되지 않은   □ **distracted** (마음이) 산만한
□ **threat** 위협   □ **provoke** 일으키다   □ **stimulus** 자극
□ **behavioral** 행동의   □ **excessive** 과도한

Exercise ❷

다음 글을 읽고, 물음에 답하시오.

Psychologist Michael Robinson randomly assigned a few hundred undergraduates to two different groups. The first group was given the following instructions: "You are seven years old, and school is canceled. You have the entire day to yourself. What would you do? Where would you go? Who would you see?" The second group was given the exact same instructions, except the first sentence was deleted. As a result, these students didn't imagine themselves as seven-year-olds. After writing for ten minutes, the subjects in both groups were then given various tests of creativity. Interestingly, the first group scored far higher on the creative tasks, coming up with twice as many ideas as the other group.

1 윗글의 내용을 한 문장으로 요약하고자 한다. 빈칸 (A), (B)에 들어갈 말로 가장 적절한 것은?　▸ 242014-0229

→ After the students in the experiment were asked to imagine themselves to be _____(A)_____ , their creativity _____(B)_____ .

	(A)		(B)
①	young kids	……	improved
②	young kids	……	decreased
③	good planners	……	decreased
④	top students	……	decreased
⑤	top students	……	improved

2 윗글에서 첫 번째 집단은 받았지만 두 번째 집단은 받지 <u>못한</u> 설명을 우리말로 쓰시오.　▸ 242014-0230

Words & Phrases

- □ **psychologist** 심리학자
- □ **undergraduate** 대학생
- □ **cancel** 취소하다
- □ **subject** 피실험자
- □ **task** 과제
- □ **randomly** 무작위로
- □ **following** 다음에 나오는
- □ **entire** 전체의
- □ **creativity** 창의성
- □ **come up with** ~을 생각해 내다
- □ **assign** 배정하다
- □ **instruction** 설명, 지시 사항
- □ **exact** 정확한
- □ **score** 점수를 내다

1 다음 글에서 필자가 주장하는 바로 가장 적절한 것은?   ▶ 242014-0231

We often hear the cry, "Back to basics!" We agree. However, we disagree with many on their definition of "the basics." We do not believe that the basics are reading, writing, and arithmetic. We believe the basics are courage, confidence, and life skills, because with these, children have fertile ground on which to plant the seeds of academics and to live successfully in the world. Reading, writing, and arithmetic are not enough to prepare young people for responsible citizenship. All the academic knowledge in the world will not help those who lack the self-discipline, judgment, social interest, ability to make good choices, and sense of responsibility that enable them to act effectively in life. Unfortunately, our educational system today often does not provide young people with these skills.

① 자신감과 성취감을 기르기 위해서는 학문적 지식을 쌓아야 한다.
② 학교 교육은 기초 학습 성취를 향상하는 데 초점을 맞추어야 한다.
③ 책임 있는 시민 의식을 기르기 위해 학교와 가정이 연계되어야 한다.
④ 읽기, 쓰기, 계산과 같은 지식 교육이 시민교육의 기본이 되어야 한다.
⑤ 용기, 자신감, 그리고 삶의 기술들을 길러 주는 것이 기본이 되어야 한다.

2 bearded vulture에 관한 다음 글의 내용과 일치하지 <u>않는</u> 것은?   ▶ 242014-0232

Bearded vultures have reddish yellow or white feathers on the head and breast with a grey black tail and wings. They defend huge territories in which the pair feeds and breeds. The territory size is about $200-400 \text{ km}^2$. Bearded vultures form a breeding pair between November and December, and the females lay eggs between December and February. They usually lay two eggs, but the second egg, which is smaller, is usually killed by its older sibling in the first weeks after hatching. The bearded vulture is the only animal that feeds almost exclusively on bone. The bird throws the larger bones from a height on to rocky slopes in order to break them, and immediately descends after them in a characteristic spiral.

① 꼬리와 날개의 색깔이 같다.
② 지키는 영역은 약 $200 \sim 400 \text{ km}^2$이다.
③ 암컷은 12월과 2월 사이에 알을 낳는다.
④ 두 번째 알은 첫 번째 알보다 크다.
⑤ 거의 뼈만을 먹는 유일한 동물이다.

[3~4] 다음 글을 읽고, 물음에 답하시오.

In her book *Ask the Children*, Ellen Galinsky, cofounder of the Families and Work Institute, describes a survey in which she asked children what they would remember most about their childhood. Most of the kids responded by talking about simple, everyday traditions like family dinners, holiday get-togethers, and bedtime stories. Those positive childhood memories can help make your child a happier and more generous adult. While psychologists used to consider nostalgia a sign of depression, recent research has shown that reflecting fondly on one's past actually provides a lot of positive benefits including counteracting loneliness, boosting generosity towards strangers, and avoiding anxiety. To get the full benefits of nostalgia, though, you need to have a well-stocked "nostalgia repository." The best way to fill that repository is by creating and maintaining meaningful family traditions!

*repository 창고

3 윗글의 제목으로 가장 적절한 것은?
▶ 242014-0233

① Nostalgia: A Sign of Loneliness and Depression
② Do Not Reflect Too Much on Your Childhood Memories
③ Family Traditions Are the Key to Making a Memorable Holiday
④ Enrich Your Child's Memories with Family Traditions for a Happier Life
⑤ Why Are Family Traditions Important to Maintain Family Relationships?

4 nostalgia의 부정적인 측면으로 언급된 것을 본문에서 찾아 쓰시오.
▶ 242014-0234

5 다음 글의 빈칸에 들어갈 말로 가장 적절한 것은? ▶ 242014-0235

Though we're often called upon in life to share what we know and express our opinions to help others, occasionally we are better served allowing ourselves to be the student. Being a student outside of school can be far more fascinating and entertaining than being one in an actual classroom. The more information we gather about anything that matters to us, the greater we make our quality of life. Over the years, I've studied about people who have lived to be happy and vibrant into their eighties, nineties, and even past one hundred. When asked what they did to stay young, they rarely mentioned exercise, they seldom stuck to a strict diet, and they didn't all avoid stress. But they all shared one trait: They were willing to _____. They all valued their life enough to keep it new and interesting.

① live with nature ② learn new things ③ share with others
④ change people's minds ⑤ accept responsibility

6 다음 글의 내용을 한 문장으로 요약하고자 한다. 빈칸 (A), (B)에 들어갈 말로 가장 적절한 것은? ▶ 242014-0236

In the initial years, my son hated studying. This was alarming, but then my wife and I took it as a challenge. To make his studies interesting, we used pictures, drawings and adopted a play-and-learn method. The result was amazing. After a couple of months, instead of avoiding his studies, he took out more time for them; he even started reading stories and doing assignments himself. We tried to understand the reason for this shift in his behaviour, and learnt that he preferred to engage in activities that he found interesting. He did not know how to help himself, but when we helped him to make schoolwork fun, his resistance vanished. As grown-ups, we too find similar situations in our lives. For instance, we may find it difficult to start a new activity or assignment. That initial resistance can be addressed by adding ways to make it seem fun.

→ We can remove ___(A)___ in doing a task by making it ___(B)___ to do.

	(A)		(B)		(A)		(B)
①	unwillingness	·····	rewarding	②	unwillingness	·····	entertaining
③	haste	·····	boring	④	haste	·····	entertaining
⑤	motivation	·····	rewarding				

[7~8] 다음 글을 읽고, 물음에 답하시오.

I recognize the benefits of music ① <u>intellectually</u>, but _____ on a personal level. I suffer from a kind of musical apathy. As a teenager, I never collected albums or ② <u>created</u> mix tapes. I attended concerts rarely, only when ③ <u>persuaded</u> by friends. To this day, entire genres of music remain foreign to me. I am not opposed to music. If played, I enjoy it, though not as ④ <u>many</u> as I enjoy a nice movie or a good book. This lack of musical appreciation has always struck me as odd, ⑤ <u>considering</u> my love of sound and the spoken word.

*apathy 냉담, 무관심

7 윗글의 밑줄 친 부분 중, 어법상 틀린 것은?   ▶ 242014-0237

8 다음 단어들을 알맞게 배열하여 윗글의 빈칸을 완성하시오.   ▶ 242014-0238

hard / find / I / with / it / connect / it / to

[9~12] 다음 글을 읽고, 물음에 답하시오.

(A)

Once upon a time there was a watermelon farmer. At the county fairs, his watermelons consistently won 2nd and 3rd place awards, while the 1st place award had somehow eluded him. One day the farmer's nephew, who happened to be a botanist, gave him a secret. "Pour milk into the soil every day, and your watermelons will grow to be enormous. But you must keep (a) this a secret, otherwise everyone will be pouring milk on their watermelons."

*elude 비켜 가다

(B)

At the fair, the people of the community flocked around the watermelon exhibit and gazed in awe at the enormous watermelon that the farmer had entered in the contest. Now, the watermelons were to be judged on shape, taste and, of course, size. Obviously, the farmer's watermelon drew high marks on shape and size. Everyone was prepared to congratulate him, and he was prepared to accept his first place award as the judges cut into his watermelon.

(C)

The farmer decided to try it. So every morning, before his family awoke, the farmer would sneak into the field and pour milk into the soil. By the end of the growing season, the farmer was amazed at the size of the watermelons, especially one in particular. Surely, this one would win him first prize at the fair.

(D)

It was then that the farmer, along with the judges and the people of the community, saw that the watermelon was over two-thirds rind. You see, the calcium in the milk that the farmer put in the soil had caused the rind of the watermelon to grow to enormous proportions, (b) leaving very little room for the fruit of the watermelon to develop. The watermelon got the benefits of the milk, but had no other source of nourishment.

*rind (과일 등의) 껍질

9 주어진 글 (A)에 이어질 내용을 순서에 맞게 배열한 것으로 가장 적절한 것은?

▶ 242014-0239

① (B) − (D) − (C)
② (C) − (B) − (D)
③ (C) − (D) − (B)
④ (D) − (B) − (C)
⑤ (D) − (C) − (B)

10 윗글에 관한 내용으로 적절하지 <u>않은</u> 것은?

▶ 242014-0240

① 농부가 기른 수박은 품평회에서 늘 2등이나 3등을 했다.
② 농부는 조카로부터 1등을 할 수 있는 수박 재배에 관한 비결을 들었다.
③ 심사위원들이 수박을 자를 때 농부는 1등을 하지 못할 것이라고 예상하고 있었다.
④ 농부는 아침마다 수박밭에 우유를 부었다.
⑤ 농부가 기른 수박은 3분의 2가 넘게 껍질이었다.

11 밑줄 친 (a) this가 가리키는 내용을 우리말로 쓰시오.

▶ 242014-0241

▶ 242014-0242

12 밑줄 친 (b) leaving very little room for the fruit of the watermelon to develop을 우리말로 해석하시오.

1 다음 글의 주제로 가장 적절한 것은? ▶ 242014-0243

Gifted preschool children very often have one or more imaginary playmates. These imaginary playmates sometimes have imaginary pets and live in imaginary places. One three-year-old gifted child claimed that she lived with a rabbit family before she lived with her present family. Another child begged to have his imaginary friend cat with the family at the dinner table, and he insisted that his mother set another place. For these children, the imaginary world can be very real! Adults may be concerned that a child's imaginary playmate indicates emotional problems. But as long as the child gives and receives affection, imaginary playmates simply reflect the child's high intelligence, active imagination, and creativity. Parents should remember that adults, too, have fantasies; we enter imaginary worlds of science fiction or mysteries through books and movies.

① importance of distinguishing reality from fantasy
② how to encourage children to develop imaginative skills
③ effects of high intelligence on interpersonal relationships
④ why we need not worry about a child's imaginary playmates
⑤ differences between the way a child and an adult plays games

2 밑줄 친 let the response be automatic이 다음 글에서 의미하는 바로 가장 적절한 것은? ▶ 242014-0244

There are several ways to deal with pessimistic responses to adversity. Many people have a great deal of success by using the distraction method. Parents are quite effective in using distraction when children are involved in things they shouldn't be. The interest shifts to a new task. In real life, you simply have to say, *stop!* This will cause a pause in thinking and give you a chance to take control again. Any signal will assist in this exercise. Some ring a bell, some pinch their arm, and some carry cards that encourage reconsideration of the impulse to be pessimistic. The bottom line is that you have control of how you respond to situations. If you let the response be automatic, you have given away your freedom over your life and success.

* adversity 역경

① stop and consider your options carefully

② employ various ways to address challenges

③ allow pessimism to take control of your actions

④ accept a successful life as the only worthwhile goal

⑤ rely completely on the guidebook about how to live

[3~4] 다음 글을 읽고, 물음에 답하시오.

Take a look at your life and see if there are any times when you say yes even though you want to say no. Have you fallen into unspoken agreements at home or at work that you wish to change? Choose <u>one</u>, and for one week, say no to it. For one week, when someone asks you for a favor, don't respond immediately. Tell the person you need to think about it, then take the time to decide if you really want to do it or not. If not, say no, even if this seems impolite. Why? Because you are rehearsing survival behavior. A woman I know who has cancer always says no to whatever her doctor recommends. He then stops to explain things to her and truly communicate what he feels is best for her. She ends up doing most of the things he tells her, but she also gains the information she needs to feel empowered in her treatment.

3 윗글의 제목으로 가장 적절한 것은? ▶ 242014-0245

① Let's Be Polite

② Practice Saying No

③ When to Take Advice

④ Overcome Negative Thoughts

⑤ Ask Specifically, Answer Specifically

4 윗글의 밑줄 친 one이 가리키는 것을 우리말로 쓰시오. ▶ 242014-0246

5 다음 빈칸에 들어갈 말로 가장 적절한 것은? ▸ 242014-0247

The Melbourne bike share program started at the beginning of winter, and even in Australia, this led to a lower level of use at the crucial first few months of the program. Cycling levels drop in winter. A winter launch can result in a significant and long-term fall in usage levels. Research from Australia has shown that one of the most important influences on people's interest in bike share is _____. For the Melbourne bike share program, people became used to seeing the bikes sit unused and this created the reinforcing negative feedback loop that worsened the problem of starting in winter. The lesson from this experience is that bike share programs should begin during the season most favorable to riding. The more people see others ride the bikes, as close as possible after launch, the more likely the system will be viewed positively by others.

*loop 순환

① whether they see other people using it
② whether there are bike lanes for safe riding
③ whether they can maintain and repair a bike
④ how accessible bike-sharing stations are in their area
⑤ how environmentally friendly the bike-share program is

6 글의 흐름으로 보아, 주어진 문장이 들어가기에 가장 적절한 곳은? ▸ 242014-0248

A good speech makes use of active verbs and vivid nouns.

Learning to write a good speech will help you write better letters, memos, and other forms of communication. Although speech writing is different from other kinds of writing in the sense that ear appeal is essential, a well-organized speech has many characteristics that ought to be present in other kinds of writing. (①) A speech must be organized logically so it is easily understandable on the first pass. (②) A letter, memo, or report should be organized the same way. (③) A reader shouldn't have to reread. (④) A listener can't go back and relisten. (⑤) A lot of writing would benefit from more of those types of words.

*characteristic 특징

[7~8] 다음 글을 읽고, 물음에 답하시오.

We're called to give our best. The story is told that one day a beggar by the roadside asked for some (A) advice / money from Alexander the Great as he passed by. The man was poor and miserable and had no claim upon the ruler, no right even to lift a hopeful hand. Yet the king threw him several gold coins. A nobleman who aided the king was surprised at his (B) punishment / generosity and commented, "Sir, copper coins would adequately meet a beggar's needs. Why give him gold?" Alexander lifted his head and responded, "Copper coins would suit the beggar's needs, but gold coins suit my (C) giving / receiving ."

*aid 보좌하다

7 윗글의 (A), (B), (C)의 각 네모 안에서 문맥에 맞는 낱말로 가장 적절한 것은?   ▶ 242014-0249

	(A)		(B)		(C)
①	advice	······	punishment	······	giving
②	advice	······	generosity	······	receiving
③	money	······	punishment	······	receiving
④	money	······	generosity	······	receiving
⑤	money	······	generosity	······	giving

8 윗글의 밑줄 친 the king threw him several gold coins의 이유를 간략하게 우리말로 쓰시오.   ▶ 242014-0250

Review Test 2

[9~12] 다음 글을 읽고, 물음에 답하시오.

(A)

Martin was riding with his Uncle Neil to visit his Aunt Edith in Montagu for the Easter holiday. But when they were nearly there, they came around a bend in the road and saw that the bridge in front of them had almost been washed away. Big logs and debris had dammed up against the bridge until it finally collapsed. "What now?" Martin asked anxiously. "We'll probably have to turn around, but I'm afraid we won't have enough gas to get back to Pine Town," (a) <u>his</u> uncle said, worried.

*debris 쓰레기, 잔해

(B)

Two hours later, Martin saw a truck on the other side of the river. A friendly farmer had brought his uncle back. He was carrying a can of gas. Now Martin knew that (b) <u>he</u> could get to Aunt Edith's house before evening, where a hot supper would be waiting for him and his uncle!

(C)

Uncle Neil immediately started walking. (c) <u>He</u> struggled through the river, his clothes getting soaked through, until he reached the other side. Then he turned around and waved to Martin. After a while, he disappeared into the bushes. Martin could think of lots of things that could go wrong, but (d) <u>he</u> decided not to think about them, shaking his head. "One thing I can be sure of is that Uncle Neil will never let me down."

(D)

After thinking for a moment, Uncle Neil said, "I will cross the river and get some help on the other side. I know there's a farmhouse just over that hill." "I'm going with you!" Martin said. "That's not going to happen!" his uncle said. "The river is too strong for (e) <u>you</u>. But don't worry. Wait here until I get back and then we can continue with our journey, taking a different route."

9 주어진 글 (A)에 이어질 내용을 순서에 맞게 배열한 것으로 가장 적절한 것은? ▸ 242014-0251

① (B) – (D) – (C)
② (C) – (B) – (D)
③ (C) – (D) – (B)
④ (D) – (B) – (C)
⑤ (D) – (C) – (B)

10 밑줄 친 (a)~(e) 중에서 가리키는 대상이 나머지 넷과 <u>다른</u> 것은? ▸ 242014-0252

① (a)   ② (b)   ③ (c)
④ (d)   ⑤ (e)

11 윗글에 관한 내용으로 적절하지 <u>않은</u> 것은? ▸ 242014-0253

① Martin과 Neil 앞에 있던 다리는 거의 쓸려 내려가기 직전이었다.
② 어느 친절한 농부가 Martin의 삼촌을 트럭으로 데려다주었다.
③ Neil은 강을 건너고 나서 Martin에게 손을 흔들었다.
④ Martin은 Neil이 자신을 실망시키지 않을 것이라고 확신했다.
⑤ Martin은 함께 강을 건너자는 Neil의 제안에 주저했다.

12 다음 주어진 질문에 영어로 답하시오. ▸ 242014-0254

> How would Martin and Uncle Neil finally get to Aunt Edith's house in Montagu?

One day,
all your hard work
will pay off.

———

언젠가는
당신의 모든 노력이 결실을 맺을 것이다.

Part III

Listening

- **목적 파악**: 담화를 듣고 화자가 하는 말의 목적을 파악하는 유형이다. 주로 앞부분에 말하고자 하는 바가 언급되므로 앞부분을 주의 깊게 듣는다.
- **의견 파악**: 대화를 듣고 남자 또는 여자의 의견을 묻는 유형이다. 누구의 의견을 묻는지 발문을 통해 확인하는 것이 중요하다. 의견은 표현이 바뀌면서 반복되는 경향이 있다.
- **주제 파악**: 대화나 담화를 듣고 화자가 무엇에 대해 말하고 있는지를 묻는 유형이다. 대화의 주제는 초반부터 반복되는 내용을 파악하는 것이 중요하다.

Get Started

1 다음을 듣고, 남자가 하는 말의 목적으로 가장 적절한 것을 고르시오. ▶ 242014-0255

① 공연의 시간과 장소를 공지하려고
② 공연 티켓 구매 방법을 안내하려고
③ 공연의 전반적인 진행 사항을 안내하려고
④ 공연 기간 동안 질서를 유지하도록 당부하려고
⑤ 공연장 주변에 있는 쓰레기를 쓰레기통에 버리도록 요청하려고

2 대화를 듣고, 여자의 의견으로 가장 적절한 것을 고르시오. ▶ 242014-0256

① 여행은 교육적일 필요가 있다.
② 여행은 즉흥적으로 다니는 것이 좋다.
③ 관광 명소를 중심으로 계획을 짜야 한다.
④ 여행 국가의 다양한 음식 문화 체험이 중요하다.
⑤ 여행 숙박 장소를 사전에 예약하는 것이 필요하다.

Words & Phrases

1 □ inform ~에게 알리다	□ affect 영향을 주다	□ cleanliness 깨끗함
□ cooperation 협조, 협력	□ ensure ~을 보장하다	
2 □ observatory 천문대	□ tourist attraction 관광 명소	□ astronaut 우주 비행사
□ inspire 영감을 주다		

Dictation

1

M: Ladies and gentlemen. We hope you enjoyed our concert. However, we're afraid that despite the excitement, we must inform you that there's lots of trash around _____ _____ _____. Unfortunately, it's likely that this may affect preparations for tomorrow's concert. We kindly ask for your assistance in maintaining cleanliness by _____ _____ _____ into the trash can. Your cooperation will ensure a clean environment for all future events. Thank you for your attention.

2

M: Honey, what do you want to do during our trip?

W: Why don't we _____ _____ _____ for the observatory? It would be educational.

M: But we're going abroad. There are so many fun tourist attractions.

W: I agree, but I think going on _____ _____ _____ can be meaningful. Especially, since Olivia dreams of becoming an astronaut.

M: Ah, I see. Visiting the observatory would inspire her. Perhaps, she'll want to learn more about the universe after the trip.

W: I think so, too. Can you look into making reservations?

M: Sure, no problem at all. I'll book us tickets for the observatory.

Part III_Listening

Communicative Functions

☞ **제안, 권유, 요청에 답하기**

A: **Why don't we** take a break for a moment? 우리 잠깐 쉬는 게 어때?

B: **Sure, no problem at all.** 그럼요, 문제없어요.

We're afraid that we have to cancel the meeting. 유감스럽게도 우리는 모임을 취소해야만 해요.

☞ **가능성의 정도 표현하기**

Perhaps she will prepare for the exam by reviewing the material.

아마도 그녀는 자료를 검토하여 시험에 대비할 거야.

It's likely that she forgot about the meeting.

그녀는 그 회의에 대해 잊어버렸을 가능성이 있어.

Practice

1 대화의 빈칸에 들어갈 말로 가장 적절한 것은? ▶ 242014-0257

> Jack: Sarah, are you available this Saturday?
> Sarah: Yes. What's up?
> Jack: Some of my friends and I are planning to bike along the river. Can you join us?
> Sarah: _____
> Jack: I knew you'd want to come.
> Sarah: What time are you going to start biking?
> Jack: We're leaving at 10 a.m. at the main gate of our school.

① Sure. Thank you for inviting me.
② Yes. You need to take your own bike.
③ I'm sure that you'll like the biking club.
④ Don't worry. The roads are very easy to bike.
⑤ That's right. Biking is one of my favorite hobbies.

2 주어진 말에 이어서 자연스러운 대화가 되도록 (a)~(c)를 적절한 순서로 배열하시오. ▶ 242014-0258

M: Jane, can you help me solve this math question?

(a) How about taking it to Dave? He's good at math.
(b) Do you know who could help me?
(c) Let me see. Hmm..., I'm afraid I can't solve it.

3 빈칸에 알맞은 말을 〈보기〉에서 골라 대화를 완성하시오. ▶ 242014-0259

┤ 보기 ├
| Thank you, but | It's likely that | should get |

(1) A: I wonder what time she'll arrive here.
　　B: She left home at three. _____ she'll be here soon.
(2) A: How is your dog? Did you take him to a vet?
　　B: Yes. He said that my dog _____ better soon.
(3) A: How about going to the movies tonight? I've got two tickets.
　　B: _____ I can't. I have to finish my book report by tomorrow.

Exercises

1 다음을 듣고, 남자가 하는 말의 목적으로 가장 적절한 것을 고르시오. ▶ 242014-0260

 ① 도서관 시설을 개선해 줄 것을 요청하려고
② 도서관 홍보 영상 촬영이 있음을 알리려고
③ 도서관에 입고된 신규 도서 목록을 소개하려고
④ 도서관의 무료 영화 상영 프로그램을 홍보하려고
⑤ 도서관이 지역 문화 중심지가 되어야 함을 강조하려고

2 대화를 듣고, 여자의 의견으로 가장 적절한 것을 고르시오. ▶ 242014-0261

① 손만 잘 씻어도 많은 질병을 예방할 수 있다.
② 손의 상태를 통해 건강 상태를 알아볼 수 있다.
③ 정기적인 건강 검진을 통해 질병을 예방해야 한다.
④ 운동 후에 씻을 수 있는 샤워 시설이 학교에 필요하다.
⑤ 면역력을 기르기 위해서는 정기적으로 운동을 해야 한다.

3 대화를 듣고, 두 사람이 하는 말의 주제로 가장 적절한 것을 고르시오. ▶ 242014-0262

 ① 겨울철 난방비를 절약하는 방법
② 실외 운동을 정기적으로 할 필요성
③ 건강을 위한 실내 공기 환기의 필요성
④ 운동 시 호흡을 효과적으로 하는 요령
⑤ 어린이들의 면역력을 키우는 것의 중요성

Words & Phrases

1 □ resident 주민 □ public 공공의 □ cultural 문화의
□ event 행사 □ free 무료의

2 □ vaccine 백신 □ germ 병균 □ result from ~에서 비롯되다
□ prevent 예방하다 □ stay healthy 건강을 유지하다

3 □ indoor 실내의 □ worse and worse 점점 더 나쁜 □ eventually 결국
□ lead to ~으로 이어지다 □ issue 문제 □ constantly 계속
□ breathe in (공기를) 들이쉬다 □ invisible 눈에 보이지 않는 □ tiny 아주 작은
□ dust 먼지 □ particle (아주 작은) 입자 □ toxic 독성이 있는
□ chemical 화학 물질 □ for a while 잠깐 동안

- **관계 추론**: 두 사람의 관계는 대화하는 장소 또는 상황, 대화자의 직업, 대화자가 부탁하거나 하는 일 등의 단서를 통해 추론할 수 있다.
- **이유 추론**: 이유를 추론하는 문제는 대화의 소재가 무엇인지 파악하고 대화자가 처해 있는 상황에 유념하여 대화의 맥락을 따라가야 한다.

Get Started

1 대화를 듣고, 두 사람의 관계를 가장 잘 나타낸 것을 고르시오. ▶ 242014-0263

① 소설가 – 편집자
② 음악 제작자 – 가수
③ 카페 점원 – 지역 주민
④ 헤어스타일리스트 – 고객
⑤ 헬스 트레이너 – 회원

2 대화를 듣고, 여자가 요가 수업에 참여할 수 <u>없는</u> 이유를 고르시오. ▶ 242014-0264

① 감기에 걸려서
② 차가 고장이 나서
③ 출장을 가야 해서
④ 요가 매트를 잃어버려서
⑤ 가족 행사에 참석해야 해서

Words & Phrases

1 ☐ **specific** 특별한, 구체적인	☐ **length** 길이	☐ **tie up** ~을 묶다
☐ **anxious** 불안한		
2 ☐ **cough** 기침하다	☐ **completely** 아주, 완전히	☐ **occasion** 일, 행사

Dictation

1

M: Please come and sit here, Elena.

W: Tim, this time I'd like to try something new. I _____ _____ _____.

M: Sounds good! Do you have a specific style in mind?

W: I'm thinking about going shorter, but I'm a little unsure.

M: I think it'll look great. We'll find the perfect length for you.

W: Will I still be able to tie it up?

M: Absolutely, we'll _____ _____ it's long enough for that.

W: Okay, let's do it.

M: You're going to look fantastic. Shall we begin?

W: Yeah. I'm just feeling a bit anxious.

M: No worries. You're in good hands.

2

W: Mark, are you ready for the Sunday morning yoga class?

M: Yeah, Lisa. I can't wait. _____ _____ _____? You're coming, right?

W: I'm afraid I can't make it this time.

M: Oh no. Did you lose your yoga mat again?

W: No, it's not that.

M: Hmm, are you _____ _____ _____? I heard you coughing a little while ago.

W: No, I feel completely fine.

M: Then, what's the matter? Is there something wrong with your car?

W: No, nothing like that. I have a family event to attend. My cousin is getting married on Sunday.

M: Oh, I see. That's a really special occasion. Enjoy the wedding!

W: Thanks, Mark.

Communicative Functions

☞ **상기시키기**

Make sure to check the weather. 날씨를 꼭 확인해.

Please remember to lock the door when you leave. 외출할 때는 반드시 문을 잠그세요.

☞ **낙담 위로하기**

Don't lose hope. Life has its ups and downs. 희망을 잃지 마세요. 삶에는 부침이 있어요.

Keep your chin up! It's going to get better soon. 기운 내! 곧 나아질 거야.

Practice

1 괄호 안의 표현을 적절하게 배열하여 대화를 완성하시오.

▶ 242014-0265

> Joanne: Hey, Alex! How are you? I heard you started working for a new company. How is it going?
>
> Alex: Hey, Joanne. It's going great! I love my new position. It's just what I wanted!
>
> Joanne: Great! It sounds like you really enjoy the work. But to really enjoy your job, (to have / don't forget / with your new coworkers / a good relationship)!

2 주어진 말에 이어서 자연스러운 대화가 되도록 (a)~(d)를 적절한 순서로 배열하시오.

▶ 242014-0266

M: Sarah, I heard you got into an accident on the freeway yesterday. Are you okay?

(a) I think so, but it'll take some time to get it back.

(b) How bad is the damage? Can it be fixed?

(c) Yeah... I'm okay, but my car isn't!

(d) I'm really sorry to hear that. But come on, you're lucky you didn't get hurt.

3 대화의 빈칸에 들어갈 말로 가장 적절한 것은?

▶ 242014-0267

> Jake: Hey Brian, what time will you pick me up tomorrow to carpool to school together?
>
> Brian: I'll be there at 7 sharp.
>
> Jake: Are you sure? Because the last three times you were late, we almost missed our first class. I would almost prefer to take the bus than wait for you again if you're going to be late.
>
> Brian: I promise. I'll be on time tomorrow. Trust me.
>
> Jake: _____ Don't forget to be on time!

① Look before you leap.

② Better late than never.

③ Don't cry over spilt milk.

④ Actions speak louder than words.

⑤ Don't count your chickens before they're hatched.

Exercises

1 대화를 듣고, 두 사람의 관계를 가장 잘 나타낸 것을 고르시오.   ▶ 242014-0268

① 디자이너 – 기자
② 의상 담당자 – 배우
③ 무대 연출가 – 모델
④ 옷 가게 점원 – 고용주
⑤ 영화 제작자 – 영화감독

2 대화를 듣고, 남자가 학교에 늦게 오는 이유를 고르시오.   ▶ 242014-0269

① 교통사고가 나서
② 감기 몸살이 심해서
③ 어머니가 편찮으셔서
④ 의사를 만나기로 해서
⑤ 여동생을 돌봐야 해서

3 대화를 듣고, 여자가 내일 남자와 점심 식사를 할 수 <u>없는</u> 이유를 고르시오.   ▶ 242014-0270

① 전시회 표를 사러 가야 해서
② 전시회 개최를 준비해야 해서
③ 친구와 전시회에 가기로 해서
④ 도서관에 책을 반납하러 가야 해서
⑤ 동아리 회원들과 점심 약속이 있어서

Words & Phrases

1 □ **play a role** 역할을 하다
□ **makeup** 분장, 화장
□ **sleeve** 소매

□ **agent** 첩보원
□ **put on** ~을 입다
□ **alter** (옷을) 고쳐 짓다, 바꾸다

□ **suit** 정장
□ **director** 감독
□ **go well with** ~와 잘 어울리다

2 □ **dizzy** 어지러운, 현기증이 나는
□ **relief** 안도, 안심

□ **take** *A* **to** *B* A를 B로 데려가다

□ **recover** 회복하다

3 □ **return** 반납하다
□ **exhibition** 전시회

□ **appointment** 약속
□ **treat** 대접하다

□ **book** 예매하다, 예약하다

대화를 듣고, 여자나 남자가 (상대방을 위해) 할 일이나 상대방에게 부탁한 일을 파악하는 유형으로, 일상생활에서 흔히 접할 수 있는 상황이 소재로 제시된다. 대화의 세부 내용을 파악해야 문제를 해결할 수 있는데, 주로 대화의 전반부에는 대화가 일어나고 있는 상황이 제시되며 중·후반부에 답을 찾을 수 있는 결정적인 정보가 언급되는 경향이 있으므로, 중·후반부의 대화에 집중해야 한다.

Get Started

1 대화를 듣고, 남자가 여자를 위해 할 일로 가장 적절한 것을 고르시오. ▶ 242014-0271

① 손님 마중하기
② 욕실 청소하기
③ 요리하기
④ 설거지하기
⑤ 숙제 도와주기

2 대화를 듣고, 여자가 남자에게 부탁한 일로 가장 적절한 것을 고르시오. ▶ 242014-0272

① 박물관 함께 가기
② 보고서 작성하기
③ 자전거 빌려주기
④ 역사 지도 만들기
⑤ 자전거 안장 조절하기

Words & Phrases

1 □ **I'm drowning here** 일에 파묻혀 있다
□ **overflow** (그릇 등에 가득 담겨) 넘치다　□ **grilled** 구운
2 □ **museum** 미술관, 박물관　　□ **modern** 현대의
□ **historical site** 사적지　　□ **flat tire** 바람 빠진 타이어

□ **sink** (부엌의) 싱크대, 개수대
□ **assignment** 과제
□ **downtown** 시내에
□ **adjust** 조절하다

Dictation

1

W: Dave, I need your help! I feel like I'm drowning here.
M: Hey, sis. What's the matter?
W: My boyfriend is coming over soon, and I have so much to do.
M: Take a deep breath. Let's focus. What's the first thing you need to do?
W: The sink is overflowing with dirty dishes. I haven't had a chance to wash them.
M: Okay, what else do you have on your list? Did you _____ _____ _____?
W: Yes, I did, but I still need to cook dinner—soup and grilled meat—and set the table.
M: Got it. How about this? Why don't you take care of cooking _____ _____ _____ _____ _____?
W: That would be a huge help! Thank you!
M: I'm glad to help, especially after you helped me with my assignment last week.

2

[Cell phone rings.]
M: Hi, Casey.
W: Hi, Mark. Do you have any plans for this afternoon?
M: Yes, I'm _____ _____ _____ _____ with some friends.
W: That's cool. Which museum are you going to?
M: The modern art museum downtown. By the way, we have to _____ _____ _____ _____ next week, don't we?
W: Yeah, that's why I called you. I'm working on a map of local historical sites that can be explored by bike.
M: Sounds like a fun project.
W: It was, until my bike got a flat tire this morning. _____ _____ _____ _____?
M: Sure, no problem. I'll adjust the seat height to suit you.
W: Thanks so much, Mark. I'll return it as soon as I'm done.

Communicative Functions

☞ 제안 및 권유하기
Let's brainstorm some ideas for this afternoon. 오늘 오후를 위해 몇 가지 아이디어를 나눠 보자.
Why don't you choose a place you've been wanting to go to? 가 보고 싶었던 장소를 선택해 보는 건 어떨까요?

☞ 요청하기
Can you remind me to bring my umbrella? 우산 가져가라고 상기시켜 줄래?
Would you mind sharing your notes with me? 노트를 저와 공유해 주시겠습니까?

Practice

1 대화의 빈칸에 들어갈 말로 가장 적절한 것은? ▶ 242014-0273

> M: Do you have any plans for the summer holidays?
> W: No, I don't. Why do you ask?
> M: _____
> W: Sounds like a good idea. I've heard it has many beautiful things to see and enjoy.
> M: That's right. I'm sure we'll have a great time experiencing nature.

① How about taking a trip to Jeju Island?
② Why don't we leave Jeju Island right now?
③ You'd better cancel your trip to Jeju Island.
④ I don't like the idea of going to Jeju Island.
⑤ I think you should travel to Jeju Island by yourself.

2 주어진 말에 이어서 자연스러운 대화가 되도록 (a)~(d)를 적절한 순서로 배열하시오. ▶ 242014-0274

M: Where are you going, Christine?

(a) I started taking lessons last month. If you're interested, why don't you join me?
(b) I'm going to the gym. I'm taking badminton lessons there.
(c) I'd love to, but I've never played badminton before.
(d) I didn't know you were learning how to play badminton.

W: Don't worry. I'm a beginner, too.

3 빈칸에 알맞은 말을 〈보기〉에서 골라 대화를 완성하시오. ▶ 242014-0275

보기		
You'd better	Can you tell me	Would you mind

(1) A: _____ the title of the new album?
　　B: It's called *Let Me In*.
(2) A: _____ turning down the volume on the radio? It's so loud.
　　B: I'm sorry. I didn't know that. I'll lower the volume right now.
(3) A: You look really sick. _____ go see a doctor.
　　B: Yes. I have a terrible headache. Could I leave work a little early today, please?

Exercises

1 대화를 듣고, 남자가 여자를 위해 할 일로 가장 적절한 것을 고르시오. ▶ 242014-0276

① 원고 대신 제출해 주기
② 원고의 문법 검토해 주기
③ 교내 말하기 대회 일정 공지하기
④ 말하기 주제 정하는 것을 도와주기
⑤ 교내 말하기 대회 신청 양식 보내 주기

2 대화를 듣고, 여자가 남자에게 부탁한 일로 가장 적절한 것을 고르시오. ▶ 242014-0277

① 생일 파티 촬영해 주기
② 할머니 생신 알려 주기
③ 할머니 사진 보내 주기
④ 할머니 댁에 데려다주기
⑤ 온라인 사진첩 만들어 주기

3 대화를 듣고, 남자가 여자에게 부탁한 일로 가장 적절한 것을 고르시오. ▶ 242014-0278

① 공부 방법 알려 주기
② 아침 일찍 깨워 주기
③ 샌드위치 만들어 주기
④ 시험공부 함께 해 주기
⑤ 차로 학교에 데려다주기

Words & Phrases

1 □ script 원고　　　　　　□ practice 연습하다
□ have a hard time -ing ~하는 데 어려움을 겪다　　　　　　□ confident 자신 있는
□ grammar 문법　　　　　□ correct 정확한　　　　　□ check 검토하다, 확인하다
□ appreciate 고마워하다

2 □ birthday gift 생일 선물　　　　□ email account 이메일 계정

3 □ wake up ~을 깨우다　　　　□ do one's best 최선을 다하다　　　□ be proud of ~을 자랑스러워하다
□ hurry up 서두르다　　　　□ give ~ a ride ~을 태워 주다　　　□ take a shower 샤워를 하다

Part III _ Listening

- **그림 내용 일치**: 대화의 내용과 그림의 세부 사항이 일치하지 않는 부분을 파악하는 유형이다. 그림 안의 사람이나 사물의 특징을 미리 파악한 다음, 선택지의 순서대로 대화가 진행되므로 세부 묘사에 집중하여 하나씩 일치 여부를 확인하면서 듣는다.
- **도표 내용 일치**: 가격 비교표, 메뉴판, 시간표 등 실생활에서 자주 볼 수 있는 표를 보면서 대화자가 선택한 것을 파악하는 유형이다. 표의 정보가 수치를 나타내는 경우가 많으므로 평소 숫자를 영어로 읽는 연습을 하여 들으면서 바로 표에 있는 정보와의 일치 여부를 확인할 수 있어야 한다.

Get Started

1 대화를 듣고, 그림에서 대화의 내용과 일치하지 <u>않는</u> 것을 고르시오. ▶ 242014-0279

2 다음 표를 보면서 대화를 듣고, 여자가 구입할 자전거를 고르시오. ▶ 242014-0280

Bicycles

	Model	Price	Size	Front Basket	Color
①	A	$ 140	large	×	Blue
②	B	$ 160	small	○	Red
③	C	$ 180	medium	○	Blue
④	D	$ 200	large	○	Blue
⑤	E	$ 220	medium	×	Red

Words & Phrases

1 □ **community** 지역 사회 □ **awesome** 멋진 □ **slide** 미끄럼틀
   □ **adorable** 사랑스러운 □ **swing** 그네 □ **rooftop** 지붕, 옥상

2 □ **leaflet** 전단 광고 □ **budget** 예산 □ **aim** 목표하다
   □ **specific** 구체적인 □ **feature** 특징 □ **definitely** 물론, 명백히

Dictation

1

W: Hey, Mark! I heard you helped out with a community art project.

M: Yeah! Here's a _____ _____ _____ _____ _____ ! We transformed a dirty old wall into a beautiful painting.

W: Let me take a look. Oh, how awesome! I really like the giant sun with the smiling face.

M: Cool, right? Do you see the kids playing near the rainbow slide?

W: They are adorable. And is that a robot holding a balloon?

M: Yeah. _____ _____ _____ _____ for the project. And check out the swing under the big tree.

W: What a nice touch! Oh, there's even a cat on the rooftop!

M: I painted that! I call it 'Lucy.'

W: Cool! This painting really adds color to our community.

M: That was the goal. Hopefully, it brings a smile to everyone who passes by.

2

M: Hey, Sarah! What are you doing with all those leaflets?

W: Oh, hey! I'm looking to buy a new bike.

M: Nice! Have you set a budget?

W: Yeah, I'm aiming to keep it under $200.

M: Sounds good. And _____ _____ _____ _____ _____ ?

W: I think a medium size would be good for me: not too big or too small.

M: Seems right. Are there any specific features you want?

W: Yeah, definitely a basket. It will be nice when I have to carry things around.

M: _____ _____ . How about color?

W: I want something bright like red or blue. Actually, this one here seems like the right choice.

M: You mean this blue one with a basket? Yeah, that's perfect!

Communicative Functions

☞ 정체 확인하기와 상술하기

Is this the student who is from China? 이 사람이 중국에서 온 학생이니?

Mr. Williams is the supervisor of the project. Williams 씨가 그 프로젝트의 관리자이다.

☞ 동의하기

A: I'm really excited about the concert. 나는 그 콘서트가 정말 기대가 돼.

B: **Same here.** 나도 그래. / **I think so, too.** 나도 그렇게 생각해.

04 그림 / 도표 내용 일치

Practice

1 다음 그림을 보고 괄호 안에 주어진 표현을 이용하여 대화를 완성하시오.

▶ 242014-0281

Ann's Uncle

- Name: Patrick
- Occupation: Curator

Ben: Ann, _____? (this, father)
Ann: No, it isn't. That's _____.
Ben: Can you tell me about your uncle?
Ann: Sure. _____ Patrick. (name)
_____ Edinburgh, Scotland. (live)
_____ at the National Museum of Scotland. (be)

2 대화의 빈칸에 들어갈 말로 <u>어색한</u> 것은?

▶ 242014-0282

W: What are you doing on the Internet, James?
M: I'm looking at Lascaux cave paintings. Do you know about them?
W: Yes. It's amazing that people in the Stone Age created such great paintings.
M: Yes, it is. I think learning about ancient works of art is very interesting.
W: _____ It's one of the areas I'm interested in.

① Me, too.　　② Same here.　　③ You said it.
④ You deserve it.　　⑤ You can say that again.

3 (A)에 대한 적절한 응답을 (B)에서 찾아 연결하시오.

▶ 242014-0283

(A)	(B)
(1) Is this your pencil case? It was in the kitchen. •	• ⓐ Same here. Let's search online for ideas.
(2) I have no idea what to write about for the history essay. •	• ⓑ No, it's not mine. It must be Jason's.
(3) The weather is so nice today. I'm going out for a walk. •	• ⓒ That's a good idea. You can get fresh air and exercise.

Exercises

1 대화를 듣고, 그림에서 대화의 내용과 일치하지 <u>않는</u> 것을 고르시오.

▶ 242014-0284

2 다음 표를 보면서 대화를 듣고, 남자가 고른 상품을 고르시오.

▶ 242014-0285

Gifts for School Girls

	Items	Price	Shipping	Special Offers
①	School Bag	$75	5 days	1 eco-bag, free shipping
②	Coloring Book	$20	3 days	1 eco-bag
③	Lunch Box	$30	3 days	1 eco-bag, free shipping
④	Princess Doll	$45	5 days	1 handkerchief, 1 eco-bag
⑤	Watch & Jewelry Set	$55	3 days	1 eco-bag, free shipping

Part III _ Listening

Words & Phrases

1 □ shelf 선반　　　　　□ upright 똑바로, 수직으로　　　　□ lie down 눕다
　 □ dangle 매달리다
2 □ jewelry (집합적으로) 보석류　　□ shipping 배송

- **숫자 정보 파악**: 숫자 정보를 파악하는 문항은 비교적 어려운 유형으로 매년 수능에 1문항씩 출제되어 왔다. 주로 사는 물건의 값을 파악하는 문제가 많은데, 두세 가지 물건값을 더했다가 할인을 받는 가격을 빼는 절차를 통해 최종 지불 금액을 파악하는 형식이 주를 이룬다.
- **세부 내용 파악**: 세부 내용을 파악하는 문항은 주로 행사를 설명하는 내용들이 담화의 형식을 통해 출제되거나, 어떤 항목의 세부 사항에 대해 말하는 대화의 형식을 통해 출제된다. 전자의 경우 선택지를 먼저 읽고 나서 들으면, 내용을 어느 정도 예상할 수 있다. 후자의 경우 항목과 관련해서 언급된 세부 사항을 지워 가며 대화의 내용을 듣는 것이 문제 해결의 열쇠이다.

Get Started

1 대화를 듣고, 여자가 지불할 금액을 고르시오.　　　　　　　　　　　▶ 242014-0286

① $25　　　　② $30　　　　③ $45　　　　④ $50　　　　⑤ $60

2 Stanville Flea Market에 관한 다음 내용을 듣고, 일치하지 <u>않는</u> 것을 고르시오.　　　▶ 242014-0287

① 물건을 팔 수도 있고 교환할 수도 있다.
② 4월 15일부터 4월 17일까지 열린다.
③ Stanville 주민이면 누구라도 참여할 수 있다.
④ 토요일에 열리는 특별한 이벤트가 있다.
⑤ 부피가 큰 가구는 가져올 수 없다.

Words & Phrases

1 ☐ **climbing** 등반, 등산　　☐ **process** 처리하다　　☐ **rate** 가격
2 ☐ **exchange** 교환하다　　☐ **second-hand** 중고의　　☐ **resident** 주민, 거주자
　　☐ **swap** 교환하다　　☐ **accept** 받아들이다

Dictation

1

M: Good afternoon! Welcome to Adventure Park.

W: Hi there! I'd like to buy some tickets. _____ _____ _____ _____ _____ the prices?

M: Tickets for the adventure courses are $30 each, and access to the climbing wall is $15 per person. How many tickets would you like?

W: I'll take two tickets for the adventure courses.

M: Sounds good. Do you have a membership with us?

W: Yes, I do. I'm a gold member.

M: As a gold member, you get a discount. The tickets are $25 each for you and a guest.

W: _____ _____!

M: Let me process that for you. So, you're getting two adventure course tickets at the discounted gold member rate.

W: Thanks. Here's my credit card.

2

W: _____ _____ _____ _____ _____ , please? Are you ready for the upcoming Stanville Flea Market? It's a chance to buy, sell, or exchange second-hand goods! It's happening from April 15th to April 17th at Stanville Park on Main Street. All Stanville residents are invited, whether you're looking to sell some items or simply looking around. _____ _____ _____ _____ the wide variety of items available. And don't miss out on the special "Swap and Share" event on Sunday! Bring any items you no longer need and exchange them for something else for free. But please note that large furniture items will not be accepted. Join us at the Stanville Flea Market!

Communicative Functions

☞ **허가 여부 묻기**

May I borrow your pen for a moment? 잠깐 당신의 펜을 빌려도 될까요?

Is it okay if I sit here? 여기 앉아도 괜찮을까요?

Do you mind if I open the window? 창문을 열어도 괜찮을까요?

Could you let me know what time the meeting starts? 회의가 시작하는 시간을 알려 주실 수 있을까요?

☞ **만족 표현하기**

A: How about going to see a movie tonight? 오늘 밤 영화 보러 가는 게 어때?

B: **Sounds great**! I was just considering the same thing. 좋아! 나도 같은 걸 고려 중이었어.

I'll be satisfied with just a simple homemade meal tonight. 오늘 밤에는 소박한 집밥에 만족할 거 같아.

Practice

1 다음 중 두 사람의 대화가 자연스럽지 <u>않은</u> 것은?　　　▶ 242014-0288

① A: Do you mind if I close the windows?
　 B: Not at all. Go ahead.
② A: I heard you didn't win the prize. Are you feeling okay?
　 B: I'm okay because I did my best.
③ A: I wonder if I could ask you a favor.
　 B: Let me explain to you what you're curious about.
④ A: Mom, I finally found the book that I had lost.
　 B: Good. Be careful that you don't lose it again.
⑤ A: Honey, John passed the exam.
　 B: Excellent! I knew he could do it.

2 주어진 말에 이어서 자연스러운 대화가 되도록 (a)~(c)를 적절한 순서로 배열하시오.　　　▶ 242014-0289

W: Do you mind if I use your cell phone for a second?

(a) Thank you so much. I left mine at home today.
(b) Not at all. Here it is.
(c) Such a thing happens to everyone. I did it too yesterday.

3 대화의 빈칸에 들어갈 말로 가장 적절한 것은?　　　▶ 242014-0290

> A: _____ I borrow your notebook?
> B: Of course. Here it is.

① Is it okay if
② Will you do it if
③ Do you think that
④ Are you afraid that
⑤ Do you understand that

Exercises

1 대화를 듣고, 여자가 지불할 금액을 고르시오. ▶ 242014-0291

① $9   ② $10   ③ $11   ④ $13   ⑤ $15

2 Arctic Cinema Week에 관한 다음 내용을 듣고, 일치하지 <u>않는</u> 것을 고르시오. ▶ 242014-0292

① 올해가 10번째 행사이다.
② 월요일부터 토요일까지 진행된다.
③ 20편의 영화가 5개의 극장에서 상영된다.
④ 북극 관광에 대한 영화도 상영된다.
⑤ 매일 밤 영화감독과 관객과의 만남 시간이 있다.

3 대화를 듣고, 여자가 자전거와 함께 구입한 물품에 관해 두 사람이 언급하지 <u>않은</u> 것을 고르시오. ▶ 242014-0293

① 헬멧   ② 거울   ③ 전등
④ 자물쇠   ⑤ 휴대용 펌프

Words & Phrases

1
□ vegetable 채소
□ harvest 수확물, 수확
□ equal to ~와 같은
□ deal with ~와 거래하다
□ so far 지금까지
□ purchase 구매, 구매품
□ cucumber 오이
□ membership point 회원 점수

2
□ Arctic 북극의
□ downtown 중심가에서
□ native 토착의
□ session (특정한 활동을 위한) 시간
□ last 지속되다
□ a variety of 다양한
□ tourism 관광
□ issue 문제
□ climate 기후
□ the Arctic 북극

3
□ by the way 그건 그렇고
□ rear 후방의
□ attach 달다, 부착하다
□ portable 휴대용의
□ check out (흥미로운 것을) 살펴보다[보다]

06 짧은 대화의 응답

짧은 대화를 듣고, 마지막 말에 대한 적절한 응답을 고르는 유형이다. 대화의 마지막 말을 집중해서 듣고, 어떤 응답이 필요한지 생각해야 한다.

Get Started

1 대화를 듣고, 남자의 마지막 말에 대한 여자의 응답으로 가장 적절한 것을 고르시오. ▶ 242014-0294

① Not really. I'm surprised you prefer working alone.

② Sorry. I thought we could make a good team together.

③ Yeah, I can't wait to work together with you and the others.

④ Unfortunately, we'll have to change the plan for the project soon.

⑤ All right. Let's look for another project we can work on together then.

2 대화를 듣고, 여자의 마지막 말에 대한 남자의 응답으로 가장 적절한 것을 고르시오. ▶ 242014-0295

① Trust me. You know I'm really good at surfing too.

② When I heard what you said, it really made me miss my grandparents.

③ As soon as my grandparents get to Florida, I'll go to the beach with them.

④ Yes, I've visited the beach a few times before, and it's always so much fun.

⑤ Great! I hope you and your grandparents have a fantastic time at the beach.

Words & Phrases

1 □ **prepare** 준비하다 □ **cool** 멋진 □ **stuff** 일, 것

2 □ **plan** 계획하다 □ **vacation** 방학

Dictation

1

> M: Hey, Sarah! Have you heard about the new project _____ _____ _____ ?
> W: Yeah, I heard! I'm excited to get started.
> M: Totally! I believe we can do some really cool stuff if _____ all _____ _____ .

2

> W: Hi, John! _____ _____ _____ any exciting trips for your vacation?
> M: Hi, Mrs. Smith! Yes, I'm going to visit my grandparents in Florida. They promised to take me to the beach!
> W: That sounds wonderful! _____ _____ _____ to the beach before?

Part III_Listening

Communicative Functions

☞ **의도 묻기**

Are you going to visit your grandparents this weekend? 이번 주말에 조부모님을 방문할 거니?
Like I told you, we're going to the beach this weekend. **Are you planning to** come with us?
말씀드렸듯이, 우리는 이번 주말에 해변에 갈 생각이에요. 저희와 함께 가실 계획인가요?

☞ **희망, 기대 표현하기**

I can't wait for the release of the new movie. 난 새 영화의 개봉이 정말 기대돼.
I've been preparing for this project for weeks, and **I am looking forward to** our collaboration.
저는 몇 주 동안, 이 프로젝트를 준비해 왔고, 이번 협업을 기대하고 있습니다.

1 빈칸에 알맞은 말을 〈보기〉에서 골라 대화를 완성하시오. (필요한 경우 형태를 바꿀 것) ▶ 242014-0296

| 보기 |

look forward   think of   going to

(1) A: Honey, what are you _____ cooking for dinner?
　　B: Nothing special. I'm going to cook roast chicken and grilled potatoes.
(2) A: Charlie, you must be excited to go to ski camp this winter.
　　B: Of course. I'm _____ to the camp.
(3) A: Are you _____ attend the special lecture tomorrow?
　　B: Sure. The speaker is very popular.

2 대화의 빈칸에 들어갈 말로 가장 적절한 것은? ▶ 242014-0297

Lily:　We have to start the club meeting now, but Tommy isn't here yet.
Jack: Really? He's never late or absent. _____
Lily:　I already did, but he didn't answer. I wonder what happened to him.
Jack: There must be a reason he's late. Let's wait and see.

① Are you going to call him?
② Do you know what happened?
③ Do you want to see him again?
④ Are you thinking of visiting him?
⑤ Did you hear that he would not come?

3 주어진 말에 이어서 자연스러운 대화가 되도록 (a)~(e)를 적절한 순서로 배열하시오. ▶ 242014-0298

W: A new year has begun. Do you have any resolutions for this year?

(a) Actually, I'd like to study medicine at college. So I'll have to improve my grades.
(b) Thanks. I really hope so, too.
(c) That sounds great. I wonder why you decided to do that.
(d) Yes. I've decided to quit playing computer games to concentrate on studying.
(e) I see. I hope you'll be able to achieve your resolution and get into medical school.

Exercises

1 대화를 듣고, 남자의 마지막 말에 이어질 여자의 응답으로 가장 적절한 것을 고르시오. ▶ 242014-0299

① I'll be ready to go out in a minute.
② I can go buy the cake with you now.
③ You can have the cake in 30 minutes.
④ It won't take long to order the cake online.
⑤ You can find it easily since it's on the table.

2 대화를 듣고, 여자의 마지막 말에 이어질 남자의 응답으로 가장 적절한 것을 고르시오. ▶ 242014-0300

① Don't worry. You can do it in private.
② Me too. Let's improve our speaking skills.
③ I didn't know that you failed in the audition.
④ You can overcome that. Just keep practicing.
⑤ Okay, I'll go see the school musical by myself.

3 대화를 듣고, 남자의 마지막 말에 이어질 여자의 응답으로 가장 적절한 것을 고르시오. ▶ 242014-0301

① Good idea. Let's have a party next Wednesday.
② No way. She won't get better before you leave.
③ Okay. She'll be happy to throw a party for you.
④ Yeah. A farewell party is always fun and moving.
⑤ Right. We'll have a surprise party on her birthday.

Part III _ Listening

Words & Phrases

1 □ yummy 맛있는 □ bake 굽다 □ order 주문하다

2 □ audition 오디션; 오디션을 받다 □ scared 겁먹은
□ in public 다른 사람들이 있는 데서, 대중 앞에서
□ in private 다른 사람이 없는 데서, 개인적으로 □ overcome 극복하다
□ by oneself 혼자

3 □ go on a business trip 출장을 가다 □ upset 속상한 □ throw a party 파티를 열다
□ farewell 작별, 고별 □ moving 감동적인

- 긴 대화를 듣고 마지막 말에 대한 적절한 응답을 찾는 유형으로 대화 전체의 흐름을 놓치지 말고 들어야 마지막 말의 의미를 파악하고 적절한 응답을 찾을 수 있다.
- 마지막 말이 의문사가 있는 의문문일 경우 해당 의문사에 맞는 정보가 이어져야 하고 (예를 들어, Why ~의 경우에는 이유를 나타내는 말이 응답으로 와야 함), 의문사가 없는 의문문일 경우 Yes / No에 해당하는 말로 응답을 시작하게 된다.
- 마지막 말이 의문문이 아닐 경우에는 대화 전체의 흐름에서 그다음에 이어질 내용으로 적절한 말이 무엇인지 생각해야 한다.

Get Started

1 대화를 듣고, 여자의 마지막 말에 대한 남자의 응답으로 가장 적절한 것을 고르시오. ▶ 242014-0302

Man: _____

① Please don't forget to submit your final report.
② Actually, it is too late to catch up with this schedule.
③ It would be meaningful to accomplish challenging tasks.
④ I don't mind postponing the deadline if you're too busy.
⑤ I'll give you timely updates from now on to prevent this.

2 대화를 듣고, 남자의 마지막 말에 대한 여자의 응답으로 가장 적절한 것을 고르시오. ▶ 242014-0303

Woman: _____

① It's a plan, then. I can book tickets for us tonight.
② Don't worry. We'll figure out some other things to do.
③ I'm not sure. We need more physical activities to stay fit.
④ Sorry to hear that. You should have considered an alternative.
⑤ I don't know. It's hard to predict what the weather will be like.

Words & Phrases

1 □ **complete** 완성하다　　□ **slip one's mind** 잊어버리다　　□ **escape** 벗어나다
　　□ **tough** 곤란한　　　　　□ **appreciate** 감사하다　　　　□ **definitely** 꼭, 분명히
　　□ **progress** 진행 상황

2 □ **weather forecast** 일기 예보　　□ **disappointing** 실망스러운
　　□ **look forward to** ~을 바라다, ~을 기대하다

Dictation

1

W: Alex, have you completed the report we talked about?

M: No, I haven't. I'm so sorry. It completely slipped my mind.

W: But we talked about how important it is for tomorrow afternoon's meeting.

M: I know. Things have been so busy that it _____ _____ _____.

W: This puts me in a tough situation. I really needed that report ready by today.

M: I'm truly sorry. I'll work on it tonight and give it to you first thing in the morning.

W: I appreciate that, but I wanted to analyze the data before the meeting.

M: I'll definitely _____ _____ _____ by tomorrow morning.

W: All right, but let's make sure this doesn't happen again. Moving forward, please keep in touch with me about your progress on tasks.

2

W: Hello, Greg. Do you have any plans for the weekend?

M: Well, I _____ _____ _____ _____ the beach. How about you?

W: That sounds fun. May I join you?

M: Of course, but I don't think I'm actually going to go.

W: Why's that?

M: I checked the weather forecast, and it's expected to rain all weekend.

W: Is that so? That's disappointing.

M: I know. I was really looking forward to _____ _____ _____.

W: Well, perhaps we can find an indoor activity to do. How about catching a movie?

M: That's a great idea. It's nice and dry, and still fun.

Communicative Functions

☞ **의도 표현하기**

I'll schedule a meeting with the sales team right away. 곧바로 영업팀과의 회의 일정을 잡겠습니다.

I'm considering moving to a new city next year. 나는 내년에 새로운 도시로 이사하는 것을 고려하고 있어.

☞ **화냄 표현하기**

I'm really frustrated with this situation. 나는 이 상황이 정말 불만스러워요.

This is absolutely unacceptable. 이것은 도저히 용납할 수 없어요.

1 대화의 빈칸에 들어갈 말로 가장 적절한 것은? ▸ 242014-0304

> Kate: I experienced a lot of terrible drivers in California. I was cut off so many times.
>
> Jason: Me, too! One time I was so surprised that I almost got into a car accident. What do you do when people cut you off?
>
> Kate: I try to _____. I don't honk my horn or give them an angry look.

① go wild   ② remain calm

③ admit my fault   ④ show my emotion

⑤ respond instantly to it

2 괄호 안의 표현을 적절하게 배열하여 대화를 완성하시오. ▸ 242014-0305

> John: Bob, is your company still planning to move out of Las Vegas?
>
> Bob: Right now, the demand of customers isn't very high, so (we / to / aren't / move / going / out of Las Vegas). We're doing well locally, so we're staying here playing it safe.
>
> John: Yeah, it can be risky to try to expand too quickly. Glad to hear you're doing well, though.
>
> Bob: Thanks.

3 대화를 읽고, Sue의 고민이 무엇인지 우리말로 쓰시오. ▸ 242014-0306

> Sue: Hi, Barry. I have a problem I'd like to discuss with you.
>
> Barry: What is it?
>
> Sue: Well, I'm a little embarrassed because it seems like a silly issue.
>
> Barry: Don't be embarrassed. I never take your problems lightly. I know you talk to me only about serious issues.
>
> Sue: Thanks, Barry. Actually, I can't stand my boss anymore.

Exercises

1 대화를 듣고, 여자의 마지막 말에 대한 남자의 응답으로 가장 적절한 것을 고르시오. ▸ 242014-0307

🎧 Man: _____

① No, you don't have to help me with the task.
② Definitely. I won't fail to send it by that time.
③ No. I don't know where I put my smartphone.
④ Of course. You can join our group if you wish.
⑤ I'm afraid the professor won't give us an extension.

2 대화를 듣고, 남자의 마지막 말에 대한 여자의 응답으로 가장 적절한 것을 고르시오. ▸ 242014-0308

🎧 Woman: _____

① Let's do it right after lunch.   ② It's hard to take out the trash.
③ Remember to say hello to Alex.   ④ I feel better after taking medicine.
⑤ I didn't know Alex went home today.

3 대화를 듣고, 남자의 마지막 말에 대한 여자의 응답으로 가장 적절한 것을 고르시오. ▸ 242014-0309

🎧 Woman: _____

① It was hard to work part-time.
② Why don't you learn how to swim first?
③ Let's go to the beach together right now.
④ Okay. I'll call her and put you on the phone.
⑤ I still don't know what to do during the vacation.

Words & Phrases

1 ☐ **answer** (전화를) 받다   ☐ **group paper** 조별 보고서
☐ **due** (정해진 시점까지) 하기로 되어 있는, 예정된   ☐ **collect** 모으다, 수합하다
☐ **submit** 제출하다   ☐ **finishing touch** 마무리 손질   ☐ **give an extension** 기한을 연장해 주다

2 ☐ **P.E. class** 체육 수업   ☐ **stomachache** 배탈, 복통   ☐ **nurse's office** 보건실
☐ **turn** 차례   ☐ **empty** 비우다   ☐ **trash can** 쓰레기통
☐ **science lab** 과학 실험실   ☐ **say hello to** ~에게 안부를 전하다   ☐ **take medicine** 약을 복용하다

3 ☐ **vacation** 방학   ☐ **snorkeling** 스노클링   ☐ **expense** 경비, 비용
☐ **work part-time** 시간제로 일하다   ☐ **put ~ on the phone** ~에게 전화를 바꿔 주다

- **상황 파악**: 특정 상황에 처한 인물에 관한 담화를 듣고, 그 상황에서 다른 사람이 할 수 있는 말을 고르는 유형이다. 담화의 마지막 부분에서 말하려고 하는 사람의 의도를 나타내는 표현을 잘 파악하는 것이 중요하다.
- **복합 이해**: 하나의 긴 담화를 두 번 듣고, 담화의 주제와 세부 내용을 파악하는 유형이다. 첫 번째 듣기에서는 담화의 주제를 파악하기 위해 전반적인 내용에 집중하도록 하고, 두 번째 듣기에서는 담화에서 언급된 것을 파악하기 위해 세부적인 내용에 집중한다.

Get Started

1 다음 상황 설명을 듣고, David가 Ms. Stone에게 할 말로 가장 적절한 것을 고르시오. ▸ 242014-0310

David: _____

① I'm wondering if my seat belt has a problem.
② I want to use my cell phone to call my mother.
③ Would you tell me when we'll arrive at our school?
④ I'd like to tell you how much I enjoyed the field trip.
⑤ Can I go back to the restroom to get my cell phone?

[2~3] 다음을 듣고, 물음에 답하시오.

2 남자가 하는 말의 주제로 가장 적절한 것은? ▸ 242014-0311

① advice for ordering plants online
② the need to use plants as medicine
③ stories about plants that symbolize each nation
④ important factors to consider for growing plants
⑤ effects of environmental changes on plant growth

3 언급된 사항이 <u>아닌</u> 것은? ▸ 242014-0312

① sunlight   ② water   ③ nutrients   ④ temperature   ⑤ soil

Words & Phrases

1 □ **field trip** 현장 학습 □ **belongings** 소지품	□ **board** (버스 등에) 타다	□ **fasten** 매다
2 □ **quality** 질	□ **regularly** 정기적으로	□ **fertilizer** 비료
3 □ **essential** 필수적인	□ **drain** 배수되다	

Dictation

1

W: David's class goes on an enjoyable field trip to the museum. When they board the bus to go back home from the museum, David fastens his seat belt. Ms. Stone, his teacher, asks the students if they have _____ _____ _____. David checks his belongings and realizes he doesn't have his cell phone. He remembers setting it down on the museum bathroom counter when he was washing his hands, and he forgot to take it. He raises his hand to get Ms. Stone's attention and to explain that he needs to go back and _____ _____ _____ _____. In this situation, what would David most likely say to Ms. Stone?

2
~
3

M: Hello, everyone. I'm sure most of you like to garden, or at least have some plants at home. Plants are great for improving air quality and reducing stress. But before you start growing, you need to consider some basic things to make sure _____ _____ _____. Let's cover four important things. First, plants need sunlight to grow, so it's vital to place your plants where they can get plenty of natural light. Also, water is very important for plant growth, so water them regularly, but be careful not to overwater them. Next, plants need nutrients to grow, so use the right fertilizer to provide them with essential vitamins. Finally, proper soil _____ _____ _____ the health of your plants. Choose well-draining soil to support healthy roots. By keeping these four important things in mind, you can help your plants grow strong and healthy.

Communicative Functions

☞ **바람, 소원, 요망 표현하기**

I want to talk to your manager about this matter. 저는 이 문제에 대해 당신의 매니저와 이야기하고 싶습니다.

I'd like to make a reservation for eight people. 여덟 명의 예약을 하고 싶습니다.

Can I have a glass of water? I'm really thirsty. 물 한 잔 마실 수 있을까요? 정말로 목이 마르네요.

☞ **궁금증 표현하기**

What would she most likely say to her friends? 그녀는 자신의 친구들에게 무엇이라고 말할까?

I'm wondering if you'd like to go to a party. 당신이 파티에 가고 싶은지 알고 싶어요.

Practice

1 대화의 빈칸에 들어갈 말로 가장 적절한 것은?   ▶ 242014-0313

> Paul: How was the music concert yesterday?
> Amy: Well, I heard it was really great.
> Paul: You heard? You didn't go there?
> Amy: No. I couldn't go.
> Paul: What happened? _____
> Amy: Yeah. I really wanted to see it, but I had a terrible stomachache yesterday.
> Paul: That's too bad. I hope you're feeling better.
> Amy: I am. Thanks.

① You told me the tickets were sold out.   ② You were looking forward to the concert.
③ I'm sorry I couldn't go there with you.   ④ I heard the concert was suddenly canceled.
⑤ I wish I could have known about your illness.

2 주어진 말에 이어서 자연스러운 대화가 되도록 (a)~(d)를 적절한 순서로 배열하시오.   ▶ 242014-0314

W: What are you going to give Sam for his birthday?

(a) Well, I'm wondering if he will like it. How about a baseball glove, instead?
(b) Right. Let's go to a sporting goods store and get one together.
(c) That sounds like a better idea. He loves baseball.
(d) I'm going to buy him a book.

M: Okay. Let's go there after school today.

3 빈칸에 알맞은 말을 〈보기〉에서 골라 대화를 완성하시오.   ▶ 242014-0315

┤ 보기 ├
I'm curious about   I've been looking forward to   I wish I could

(1) A: You seem to be in such a good mood today.
　　 B: I am, because I'm going to India next week. _____ it.
(2) A: _____ what you're cooking for dinner tonight.
　　 B: I'm thinking of making steak and seafood salad.
(3) A: _____ stay longer, but I have to go now.
　　 B: That's okay. It was fun hanging out with you. We'll meet up again soon.

Exercises

1 다음 상황 설명을 듣고, Susan이 Tom에게 할 말로 가장 적절한 것을 고르시오.   ▶ 242014-0316

Susan: _____

① I'd recommend keeping a daily diary.
② I think you should take a writing class.
③ The best way to write well is to read a lot.
④ Let's participate in the school essay contest.
⑤ I can't understand why you failed to win a prize.

[2~3] 다음을 듣고, 물음에 답하시오.

2 여자가 하는 말의 목적으로 가장 적절한 것은?   ▶ 242014-0317

① 편식의 위험을 경고하려고
② 기분을 좋게 하는 음식을 소개하려고
③ 음식을 적게 먹는 것의 중요성을 강조하려고
④ 건강에 좋은 음식을 고르는 방법을 알려 주려고
⑤ 기분이 음식 섭취량에 끼치는 영향을 설명하려고

3 언급된 음식이 <u>아닌</u> 것은?   ▶ 242014-0318

① low-fat milk   ② cherry tomatoes
③ dark chocolate   ④ fresh fruit juice
⑤ walnuts

Words & Phrases

1 □ **win first place** 1등을 하다   □ **figure out** ~을 알아내다[이해하다]   □ **improve** 향상시키다, 개선하다
   □ **come up with** ~을 생각해 내다   □ **keep a diary** 일기를 쓰다   □ **organize** 정리하다
   □ **vocabulary** 어휘(력)

2 □ **normal** 보통의, 정상적인   □ **in a good[bad] mood** 기분이 좋은[좋지 않은]
3 □ **add** 더하다   □ **enhance one's mood** 기분을 좋게 하다
   □ **low-fat** 저지방의   □ **cherry tomato** 방울토마토   □ **snack** 간식
   □ **convenient** 편리한   □ **reduce** 줄이다   □ **anxiety** 불안(감)
   □ **contain** 함유하다   □ **property** 특성   □ **grab** 먹다, 움켜쥐다
   □ **a handful of** 한 움큼의   □ **nut** 견과   □ **walnut** 호두
   □ **relieve** 완화하다

EBS

수학의 왕도

수학 공부의 핵심은
암기도, 양치기도 아닌
개|념|이|해

수학의 왕도

한눈에 쏙 들어오는 시각화 요소로
누구나 개념을 쉽게 이해하는
EBS 수학 기본서

공통수학1   공통수학2

고등 수학은
EBS 수학의 왕도로
한 번에 완성!

▷고2~고3 교재는 2025년 4월 발행 예정

✓ **2022 개정 교육과정 적용, 새 수능 대비** 기본서

✓ **개념 이해가 쉬운 시각화 장치로 친절한 개념서**

✓ **기초 문제부터 실력 문제까지 모두 포함**된 종합서

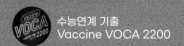
수능연계 기출
Vaccine VOCA 2200

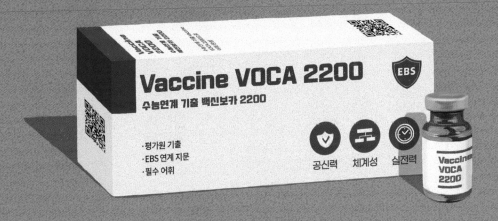

○ **수능 영단어장의 끝판왕!**
10개년 수능 빈출 어휘 + 7개년 연계교재 핵심 어휘

○ **수능 적중 어휘 자동암기 3종 세트 제공**
휴대용 포켓 단어장 / 표제어 & 예문 MP3 파일 / 수능형 어휘 문항 실전 테스트

휴대용 **포켓 단어장** 제공

고등학교
입문서
NO. 1

고등
예비
과정

공통영어

정답과 해설

정답과 해설

Part I Grammar

01 문장의 구성

Practice ①   본문 9쪽

1. (1) ⓓ (2) ⓒ (3) ⓐ (4) ⓑ
2. (1) read (2) shows (3) game (4) picture
3. (1) 공원에 있는 소년들은 나의 반 친구들이다.
   (2) 내 친구는 그 프로젝트에 참여하기를 원한다.
   (3) 이웃 중 한 명은 파티의 소음에 대해 불평한다.

1.

| 해석 |
(1) 줄무늬가 있는 셔츠를 입은 화가가 의자에 앉아 있다.
(2) 화가는 어린 소녀의 초상화를 그린다.
(3) 어린 소녀는 머리에 리본을 달고 있다.
(4) 어린 소녀 근처에 두 마리의 나비가 머리 주변에서 날아다닌다.

| 해설 |
(1) 일반동사 sits를 경계로 앞은 주어부이며 이후는 서술부이다.
(2) 일반동사 draws를 경계로 앞은 주어부이며 이후는 서술부이다.
(3) 일반동사 wears를 경계로 앞은 주어부이며 이후는 서술부이다.
(4) 일반동사 fly를 경계로 앞은 주어부이며 이후는 서술부이다.

| Words & Phrases |
▪ portrait 초상화   ▪ striped 줄무늬가 있는

2.

| 해석 |
(1) 나는 웹사이트에서 그날의 뉴스를 읽는다.
(2) 이 지도는 그 도시의 관광 명소를 보여 준다.
(3) 그 경기의 대부분은 긴장과 흥분으로 가득 차 있다.
(4) 벽에 있는 그림이 내 방에 따뜻함의 느낌을 준다.

| 해설 |
(1) 동사구 read the news of the day의 핵은 read이다.
(2) 동사구 shows the city's tourist attractions의 핵은 shows이다.
(3) 명사구 Most of the game의 핵은 game이다.
(4) 명사구 The picture on the wall의 핵은 picture이다.

| Words & Phrases |
▪ tourist attraction 관광 명소   ▪ tension 긴장
▪ warmth 따뜻함

3.

| 해설 |
(1) 명사구 The boys in the park의 핵은 boys이다.
(2) 동사구 wants to participate in the project의 핵은 wants이다.
(3) 명사구 One of the neighbors의 핵은 One이다.

| Words & Phrases |
▪ participate in ~에 참여하다   ▪ complain 불평하다

Practice ②   본문 11쪽

1. (1) ⓒ (2) ⓓ (3) ⓑ (4) ⓐ
2. (1) She enjoys doing yoga for relaxation.
   (2) I can't understand why she likes the horror movie.
   (3) Don't forget that it is your mother's birthday tomorrow.
   (4) My father asked if I wanted to stay in the hospital longer.
3. (1) He told an interesting story to his brother.
   (2) I showed some pictures of London to my friends.
   (3) My grandmother made a delicious homemade meal for me.

1.

| 해석 |
(1) 좋은 소식은 내가 테니스 시합에서 우승했다는 것이다.
(2) 아이들은 새로운 장난감에 기뻐하는 것처럼 보였다.
(3) 그의 계획은 자전거로 여행하는 것이다.
(4) 내 여동생은 오페라 가수가 되었다.

| 해설 |
(1) is의 주격 보어는 접속사 that이 이끄는 절이다.
(2) seemed의 주격 보어는 형용사구인 delighted with the new toys이다.
(3) is의 주격 보어는 to부정사구인 to travel by bicycle이다.
(4) became의 주격 보어는 명사구인 an opera singer이다.

| Words & Phrases |
▪ competition 시합, 경기   ▪ delighted 기뻐하는

2.

| 해석 |
(1) 그녀는 긴장 완화를 위해 요가를 하는 것을 즐긴다.

(2) 나는 그녀가 왜 공포 영화를 좋아하는지 이해할 수 없다.
(3) 내일이 너의 어머니의 생신이라는 것을 잊지 마.
(4) 아버지는 내가 병원에 더 오래 머물고 싶어 하는지 물었다.

| 해설 |
(1) 동명사 doing이 이끄는 어구가 enjoys의 목적어이다.
(2) 의문사 why가 이끄는 절이 understand의 목적어이다.
(3) 접속사 that이 이끄는 절이 forget의 목적어이다.
(4) 접속사 if가 이끄는 절이 asked의 목적어이다.

| Words & Phrases |
- do yoga 요가를 하다
- relaxation 긴장 완화
- horror movie 공포 영화

3.

| 해석 |
(1) 그는 남동생에게 흥미로운 이야기를 들려주었다.
(2) 나는 친구들에게 London 사진 몇 장을 보여 주었다.
(3) 할머니는 나에게 맛있는 가정식을 만들어 주셨다.

| 해설 |
(1) 「tell+간접목적어+직접목적어」는 「tell+직접목적어+to+간접목적어」로 바꾸어 쓸 수 있다.
(2) 「show+간접목적어+직접목적어」는 「show+직접목적어+to+간접목적어」로 바꾸어 쓸 수 있다.
(3) 「make+간접목적어+직접목적어」는 「make+직접목적어+for+간접목적어」로 바꾸어 쓸 수 있다.

| Words & Phrases |
- delicious 맛있는
- homemade meal 가정식

Practice 3 | 본문 13쪽

1. (1) ⓓ (2) ⓒ (3) ⓑ (4) ⓐ
2. (1) the guardian of the forest (2) interesting
   (3) eager to study harder
3. (1) in the middle of it
   (2) difficult
   (3) capable of clearing the big stone
   (4) carefully

1.

| 해석 |
(1) 발레 무용수가 무대 한가운데에서 공연한다.
(2) 사업가가 기차로 출장을 간다.
(3) 태양이 구름 뒤로 사라졌다.
(4) 수영 선수가 수영장으로 뛰어든다.

| 해설 |
(1) 부사구인 in the middle of the stage는 performs를 수식

한다.
(2) 부사구인 by train은 goes on a business trip을 수식한다.
(3) 부사구인 behind the clouds는 disappeared를 수식한다.
(4) 부사구인 into the swimming pool은 dives를 수식한다.

| Words & Phrases |
- perform 공연하다
- go on a trip 여행을 가다
- disappear 사라지다
- dive 뛰어들다

2.

| 해석 |
(1) 공주는 그를 숲의 관리인으로 지명했다.
(2) 나는 그 공상 과학 소설이 흥미롭다고 생각한다.
(3) 그녀의 목표는 그가 간절히 더 열심히 공부하고 싶게 만든다.

| 해설 |
(1) 명사구인 the guardian of the forest가 목적격 보어 역할을 하고 있다.
(2) 형용사인 interesting이 목적격 보어 역할을 하고 있다.
(3) 형용사구인 eager to study harder가 목적격 보어 역할을 하고 있다.

| Words & Phrases |
- name (직책 등에) 지명[임명]하다
- guardian 관리인
- science fiction 공상 과학 소설
- eager to *do* 간절히 ~하고 싶은

3.

| 해석 |
옛날에 아주 부유한 왕이 있었다. 사람들은 그를 호기심의 왕으로 불렀다. 그 왕은 어느 길을 발견하고는 그것의 한가운데에 거대한 돌을 놓았다. 그런 다음에 그는 그 길 근처에 숨었다. 한 농부가 그 길을 지나갔다. 돌 근처에 다다랐을 때 농부는 그 큰 돌을 옮기려고 했다. 그는 그 일이 어렵다는 것을 알았다. 그러나 그는 자신이 그 큰 돌을 치울 수 있을 것이라고 생각했고 마침내 성공했다. 길을 떠날 준비가 되었을 때, 농부는 낯선 지갑 하나가 길에 놓여 있는 것을 발견했다. 그는 그 지갑을 조심스럽게 열었다. 그 지갑은 왕의 보상인 금화로 가득 차 있었다.

| 해설 |
(1) 부사구 in the middle of it은 placed a huge stone을 수식하고 동사 placed의 뒤에는 장소를 나타내는 부사구가 있어야 어법상 올바른 형태가 된다.
(2) 형용사인 difficult가 목적격 보어 역할을 하고 있다.
(3) 형용사구인 capable of clearing the big stone이 목적격 보어 역할을 하고 있다.
(4) 부사인 carefully가 동사 opened를 수식하고 있다.

 정답과 해설

| Words & Phrases |
- curiosity 호기심
- hide(-hid-hidden) 숨다
- reward 보상
- huge 거대한
- lie 놓여 있다

02 단어와 구

Practice ①
본문 15쪽

1. (1) ⓒ (2) ⓓ (3) ⓑ (4) ⓐ
2. (1) are (2) tastes (3) are (4) something interesting
3. (1) 해변에서 찍은 사진은 아름다운 순간을 포착했다.
   (2) Margaret과 관련된 신비로운 소문들에 대해 들어 본 적이 있나요?
   (3) 이것은 옛날에 무명의 사람이 쓴 편지이다.

1.
| 해석 |
(1) 빵집은 갓 구운 빵으로 가득하다.
(2) Emily는 빵을 만드는 책임을 맡고 있는 제빵사이다.
(3) 두 명의 직원들은 고객을 응대하는 데 열심이다.
(4) 고객들은 갓 구운 빵에 기뻐하는 것 같다.
| 해설 |
(1) 형용사구인 full of freshly baked bread가 주격 보어로 사용되었다.
(2) 형용사구인 responsible for making bread가 the baker를 수식한다.
(3) 형용사구인 eager to serve the customers가 주격 보어로 사용되었다.
(4) 형용사구인 delighted at the freshly baked bread가 주격 보어로 사용되었다.
| Words & Phrases |
- bake 굽다
- employee 직원
- eager to ~에 열심인

2.
| 해석 |
(1) 나무를 둘러싸고 있는 아이들이 노래를 부르고 있다.
(2) 내 할머니가 구운 쿠키가 맛있다.
(3) 크리스마스를 준비하는 부모들이 선물을 사느라 바쁘다.
(4) 그녀는 항상 자신의 가방에 흥미로운 무언가를 휴대한다.
| 해설 |
(1) 명사구인 The children surrounding the tree의 핵은 children이므로 복수동사인 are가 알맞다.
(2) 명사구인 The cookie baked by my grandmother의 핵은 cookie이므로 단수동사인 tastes가 알맞다.
(3) 명사구인 Parents getting ready for Christmas Day의 핵은 Parents이므로 복수동사인 are가 알맞다.
(4) -thing, -body로 끝나는 명사를 수식하는 형용사는 수식하는 명사 뒤에 놓여야 하므로 something interesting이 알맞다.
| Words & Phrases |
- surround 둘러싸다
- carry 휴대하다
- be busy -ing ~하느라 바쁘다

3.
| 해설 |
(1) taken at the beach가 The picture를 뒤에서 수식하고 있다.
(2) mysterious가 앞에서, related to Margaret가 뒤에서 rumors를 각각 수식하고 있다.
(3) written by an unknown person in the old days가 a letter를 뒤에서 수식하고 있다.
| Words & Phrases |
- capture 포착하다
- mysterious 신비로운
- moment 순간
- related to ~와 관련된

Practice ②
본문 17쪽

1. (1) ⓓ (2) ⓒ (3) ⓐ (4) ⓑ
2. (1) carefully → careful (2) amazing → amazingly
   (3) Regrettable → Regrettably (4) silent → silently
3. (1) In spite of having a disability, he was able to achieve his goal.
   (2) Use public transportation instead of private cars.
   (3) According to recent studies, regular exercise can improve mental health.

1.
| 해석 |
(1) 과학자는 실험이 성공할지에 대해 의문을 품고 있다.
(2) 무엇 때문에 갑자기 교통 체증이 생겼는지 들으셨나요?
(3) 한 시간 이상의 폭우로 인해 야구 경기가 지연되었다.
(4) 그들은 시골에서 산책을 하며 자연을 즐겼다.
| 해설 |
(1) whether가 이끄는 절이 전치사 about의 목적어 역할을 하고 있다.
(2) 의문사 what이 이끄는 절이 전치사 of의 목적어 역할을 하고 있다.
(3) 명사구가 구전치사 because of의 목적어 역할을 하고 있다.

(4) taking이 이끄는 동명사구가 전치사 by의 목적어 역할을 하고 있다.

| Words & Phrases |
- countryside 시골
- traffic jam 교통 체증
- experiment 실험
- delay 지연하다

2.

| 해석 |

(1) 채소를 자를 때 날카로운 칼을 매우 조심하세요.

(2) 다양한 언어를 구사하는 그녀의 능력은 놀랍도록 인상적이다.

(3) 유감스럽게도, 그는 개인 사정으로 인해 일자리 제안을 거절해야만 했다.

(4) 뱀은 풀숲을 조용히 움직여서 다음 먹이를 사냥했다.

| 해설 |

(1) Be의 보어가 필요하므로 부사 carefully는 형용사 careful이 되어야 알맞다.

(2) impressive를 수식하는 부사가 필요하므로 형용사 amazing은 부사 amazingly가 되어야 알맞다.

(3) 절 전체를 수식하는 부사가 필요하므로 형용사 Regrettable은 부사 Regrettably가 되어야 알맞다.

(4) moved를 수식하는 부사가 필요하므로 형용사 silent는 부사 silently가 되어야 알맞다.

| Words & Phrases |
- multiple 다양한
- impressive 인상적인
- decline 거절하다

3.

| 해설 |

(1) in spite of는 구전치사로 '~에도 불구하고'라는 의미이다.

(2) instead of는 구전치사로 '~ 대신에'라는 의미이다.

(3) according to는 구전치사로 '~에 따르면'이라는 의미이다.

| Words & Phrases |
- disability 장애
- achieve 달성하다
- public transportation 대중교통
- regular 규칙적인

Practice ③
본문 19쪽

1. (1) ⓒ (2) ⓐ (3) ⓓ (4) ⓑ
2. (1) herself (2) myself (3) those
3. (1) himself (2) neither (3) Either (4) those

1.

| 해석 |

(1) 웃음이 최고의 약이라고 한다.

(2) 그녀는 두 그림 중 어느 것도 이해할 수 없다고 생각한다.

(3) 무대에서 공연하고 있는 사람들은 내 친구들이다.

(4) 녹색 또는 빨간색 셔츠를 이용할 수 있고 너는 둘 중 하나를 선택할 수 있다.

| 해설 |

(1) They는 '일반적인 사람들'이라는 의미로 사용되었다.

(2) neither는 대명사로서 '(둘 중의) 어느 쪽도 아닌 것'의 의미로 사용되었다.

(3) Those는 관계절의 선행사로서 '사람들'이라는 의미로 사용되었다.

(4) either는 대명사로서 '(둘 중) 어느 하나'라는 의미로 사용되었다.

| Words & Phrases |
- laughter 웃음
- medicine 약
- perform 공연하다

2.

| 해석 |

(1) 그녀는 그 어려운 수학 문제를 스스로 풀었다.

(2) 나는 마라톤을 끝마친 후에 스스로를 자랑스러워했다.

(3) 아프리카코끼리가 인도코끼리보다 더 크다.

| 해설 |

(1) 주어 She를 강조하는 역할을 해야 하므로 재귀대명사인 herself가 알맞다.

(2) 주어 I와 전치사 of의 목적어는 동일한 대상을 가리키므로 myself가 알맞다.

(3) 복수인 Elephants를 대신하는 대명사가 와야 하므로 those가 알맞다.

| Words & Phrases |
- complete 끝마치다

3.

| 해석 |

오래전에 도움이 필요한 한 소년이 있었다. 그는 스스로를 똑똑하다고 여겼지만 자주 화를 냈고 자신의 친구들인 John과 Ted에게 상처 주는 말을 했다. 그의 친구들 중 어느 누구도 원치 않았지만, 그들은 마침내 그를 도와주기로 결심했다. 그래서 그들은 '침착함을 유지하거나 못을 가져다가 그 오래된 울타리에 박는 것'의 두 가지 해결책을 제안했다. 그들의 제안 중 어느 쪽이든 그 소년이 자신의 분노를 조절하는 데 도움이 되도록 의도되었다. 비록 울타리는 매우 단단했고 망치는 무거웠지만, 소년은 너무 화가 치밀어서 첫날에 37개의 못을 박았다. 그러나 매일, 못의 수는 서서히 줄었다. 얼마 후, 소년은 화를 참는 것이 울타리에 못을 박는 것보다 더 쉽다는 것을 이해하기 시작했다. 현명한 멘토의 제안처럼 그들의 제안은 효과가 있었다.

| 해설 |
(1) 주어 He와 전치사 of의 목적어가 동일한 대상이므로 재귀대명사 himself가 와야 알맞다.
(2) '(둘 중의) 어느 쪽도 아닌 것'의 의미가 되어야 하므로 neither가 와야 알맞다.
(3) '(둘 중) 어느 하나'라는 의미가 되어야 하므로 Either가 와야 알맞다.
(4) 복수인 suggestions를 대신하는 대명사가 필요하므로 those가 와야 알맞다.

| Words & Phrases |
- drive (못 등을) 박다
- tough 단단한
- gradually 서서히
- intend 의도하다
- furious 화가 치민
- hold one's temper 화를 참다

03 조동사와 시제

Practice ①
본문 21쪽

1. (1) ⓑ (2) ⓓ (3) ⓐ (4) ⓒ
2. (1) to be (2) go (3) does (4) better not
3. (1) had better (2) used to (3) ought (4) Shall

1.
| 해석 |
(1) 그들은 자신들이 있는 곳에서 공연을 잘 볼 수 있다.
(2) 무대 위에 있는 기타 연주자들은 정말 재능이 있는 것이 틀림없다.
(3) 여자는 콘서트를 정말 즐기는 것 같다.
(4) 남자는 내일 자신의 친구들에게 이 록 콘서트를 추천할 것이다.

| 해설 |
(1) 남자와 여자가 자신들의 위치에서 무대의 공연을 잘 볼 수 있으므로 가능을 나타내는 조동사 can이 있는 ⓑ가 적절하다.
(2) 무대 위의 기타 연주자들의 상황에 대해 추측하고 있으므로 조동사 must가 있는 ⓓ가 적절하다.
(3) 콘서트를 즐기고 있는 여자에 대해 강조하여 말하고 있으므로 3인칭 단수 주어에 일치하는 조동사 does가 있는 ⓐ가 적절하다.
(4) 미래의 일에 대해 설명하고 있으므로 조동사 will이 있는 ⓒ가 적절하다.

| Words & Phrases |
- performance 공연
- talented 재능이 있는
- recommend 추천하다

2.
| 해석 |
(1) 이 과제를 완료하는 데 몇 시간이면 충분할 것이다.
(2) 우리는 매년 여름 해변에 가곤 했다.
(3) 그녀는 우리가 노력하면 우리의 목표를 달성할 수 있다고 정말 믿는다.
(4) 너는 자신의 건강을 소홀히 하지 않아야 할 것이다.

| 해설 |
(1) '~일 것이다'라는 의미인 조동사 ought to 다음에 동사의 원형이 이어져야 하므로 to be가 맞는 표현이다.
(2) used to가 과거의 습관을 나타내는 조동사로 쓰여 뒤에 동사의 원형이 이어져야 하므로 go가 맞는 표현이다.
(3) 주어가 3인칭 단수형인 She이므로 동사를 강조하는 조동사 does가 맞는 표현이다.
(4) had better의 부정형 had better not이 되도록 better not이 맞는 표현이다.

| Words & Phrases |
- a couple of 몇몇의, 두서너 개의
- task 과제
- achieve 달성하다
- neglect 소홀히 하다, 게을리하다

3.
| 해설 |
(1) '~하는 것이 좋을 것이다'라는 의미인 had better가 적절하다.
(2) '~하곤 했다'라는 의미인 used to가 적절하다.
(3) '~해서는 안 된다'라는 의미로 뒤에 not이 있고 to ignore가 이어지므로 ought가 적절하다.
(4) 상대방의 의향을 묻는 표현이므로 Shall이 적절하다.

| Words & Phrases |
- pack 챙기다, 싸다
- ignore 무시하다
- go for a walk 산책하다
- prefer (더) 좋아하다, 선호하다
- warning 경고

Practice ②
본문 23쪽

1. (1) ⓓ (2) ⓐ (3) ⓑ (4) ⓒ
2. (1) might have taken another path
   (2) couldn't have caught the bus
   (3) need not have booked
   (4) go hiking than swimming

3. (1) 그에게 시간이 더 있었다면, 그는 그 프로젝트를 끝마칠 수 있었을 텐데.
  (2) 너는 약속을 확인하기 위해서 그들에게 전화했었어야 했는데.
  (3) 그녀가 깜짝 파티에 대해 알았을 리가 없다. 우리는 그것을 비밀로 했다.
  (4) 약을 먹었으므로, 너는 아침이면 아마 더 나아질 것이다.

1.

| 해석 |

(1) 이런 바람이라면, 아마 연이 높이 날 것이다.
(2) 이렇게 피곤해하는 걸 보니 너는 밤새도록 축하 파티를 했음이 틀림없다.
(3) 그는 그 문제에 대해 차라리 언급하고 싶어 하지 않는다.
(4) 우리는 망원경을 통해 별을 보곤 했다.

| 해설 |

(1) 가능성에 대한 기대나 추측의 의미를 나타내는 should가 있는 ⓓ가 적절하다.
(2) '~했음이 틀림없다'라는 의미로 과거의 일에 대한 확신을 나타내는 「must have+p.p」가 있는 ⓐ가 적절하다.
(3) '차라리 ~하고 싶다'라는 의미인 would rather가 있는 ⓑ가 적절하다.
(4) '~하곤 했다'라는 과거의 습관을 나타내는 조동사 would가 있는 ⓒ가 적절하다.

| Words & Phrases |

■ celebrate 축하 파티를 하다, 기념하다
■ comment 언급하다
■ telescope 망원경

2.

| 해설 |

(1) 맥락상 '~했을지도 모른다'라는 의미의 「might have+p.p.」가 적절한데, might have 다음에 동사 take의 과거분사인 taken이 오고, 그다음에 목적어 역할을 하는 명사구 another path가 오는 것이 적절하다.
(2) 맥락상 '~할 수 없었을 것이다'라는 의미의 「couldn't have+p.p.」가 적절한데, couldn't have 다음에 동사 catch의 과거분사인 caught가 오고, 그다음에 목적어 역할을 하는 the bus가 오는 것이 적절하다.
(3) 이미 한 불필요한 일에 대한 후회를 나타내는 「need not have+p.p.」가 필요하므로, need not have booked가 적절하다.
(4) 'B 하느니 차라리 A 하고 싶다'라는 의미의 「would rather A than B」로 나타낸다. would rather 뒤에 동사의 원형인 go가 오고, 수영하기보다 차라리 하이킹을 가고 싶다고 했으므로 hiking than swimming이 이어지는 것이 적절하다.

| Words & Phrases |

■ path 길 ■ forest 숲
■ book 예약하다

3.

| 해설 |

(1) '~할 수도 있었을 텐데'라는 의미의 「could have+p.p.」가 사용되어 이루어지지 않은 과거의 가능성에 대해서 설명하고 있다.
(2) '~했어야 했는데'라는 의미의 「ought to have+p.p.」가 사용되어 과거의 일에 대한 유감이나 후회를 나타내고 있다.
(3) '~했을 리가 없다'라는 의미의 「cannot have+p.p.」가 사용되어 과거의 일에 대한 부정적 추론을 나타내고 있다.
(4) '아마 ~할 것이다'라는 의미의 should가 사용되어 가능성에 대한 기대나 추측을 나타내고 있다.

| Words & Phrases |

■ confirm 확인하다 ■ appointment 약속
■ now that ~이므로, ~이기 때문에

Practice ③

본문 25쪽

1. (1) ⓓ (2) ⓒ (3) ⓑ (4) ⓐ
2. (1) wore (2) bought (3) is preparing (4) met
3. (1) has been → was (2) can → could (3) was → has been

1.

| 해석 |

(1) 내가 도착하기 전에 그녀는 파티를 떠났다.
(2) 그는 지금 요가 수업을 받고 있다.
(3) 비가 내리기 시작했을 때, 우리는 공원을 걷고 있었다.
(4) 그 가게는 토요일에는 오후 9시에 문을 닫는다.

| 해설 |

(1) 과거의 특정 시점보다 더 이전에 일어난 일을 나타내므로 과거완료형이 있는 ⓓ가 적절하다.
(2) 현재 하고 있는 행동을 나타내므로 현재진행형이 있는 ⓒ가 적절하다.
(3) 과거에 진행 중이었던 동작을 나타내므로 과거진행형이 있는 ⓑ가 적절하다.
(4) 현재의 습관적인 동작을 나타내므로 현재시제가 있는 ⓐ가 적절하다.

| Words & Phrases |

■ arrive 도착하다 ■ right now 지금, 현재

2.

| 해석 |

(1) 그는 밖에 나갈 때 항상 모자를 썼다.

(2) 그는 어제 친구의 생일 선물을 샀다.

(3) 그녀는 지금 자신의 발표를 준비하고 있다.

(4) 우리가 마지막으로 만난 이후로 그는 많이 변했다.

| 해설 |

(1) 과거의 습관을 나타내므로 wear의 과거형 wore를 쓰는 것이 적절하다.

(2) 과거에 일어난 사건을 나타내므로 buy의 과거형 bought를 쓰는 것이 적절하다.

(3) 현재 진행 중인 일을 나타내므로 prepare를 사용한 현재진행형 is preparing을 쓰는 것이 적절하다.

(4) 과거의 어떤 시점에 일어난 일을 나타내므로 meet의 과거형 met을 쓰는 것이 적절하다.

| Words & Phrases |

■ prepare 준비하다   ■ last 마지막으로, 가장 최근에

3.

| 해석 |

서기 1세기 네로 황제를 위해 유럽 전역을 돌아다니며 땅을 정복한 로마 군인 중에는 Dioscorides라는 이름의 그리스인 의사도 있었다. 물론 Dioscorides는 군대에서 제공받은 약과 날카로운 톱으로 전투에서 부상을 입은 병사들을 치료하며 막사 병원에서 자신의 임무를 다했지만, 그의 마음이 실제로 그곳에 있지는 않았다. 그가 가장 좋아했던 것은 전투의 함성에서 벗어나 산비탈로 탈출하여 약용 식물을 채집하면서 보낼 수 있는 날들이었다. 그는 자신의 발견에 관해 *Materia Medica*라는 제목의 교재를 저술했고, 그것은 이후 줄곧 식물학자, 의사, 역사가들에게 유용한 정보의 원천이 되어 왔다.

| 해설 |

(1) 과거의 상태를 나타내므로 단순 과거시제가 적합하다. 주어가 a Greek doctor로 단수이므로 has been을 was로 고쳐 써야 한다.

(2) 과거의 가능성이나 능력을 나타내므로 단순 과거시제가 적합하다. 따라서 can을 could로 고쳐 써야 한다.

(3) ever since를 고려할 때, 과거부터 현재까지 계속되는 상태를 나타내므로 현재완료형이 적합하다. 주어가 it으로 단수이므로 was를 has been으로 고쳐 써야 한다.

| Words & Phrases |

■ duty 임무   ■ camp (군인들의) 막사

■ tend 돌보다, 보살피다

■ sharp-toothed 날카로운 이가 있는

■ saw 톱   ■ provide 제공하다

■ hillside 산비탈   ■ medicinal 약용의, 약효가 있는

■ useful 유용한   ■ botanist 식물학자

04 부정사

Practice ①

본문 27쪽

1. (1) ⓓ (2) ⓒ (3) ⓑ (4) ⓐ

2. (1) to win (2) to deal (3) to protect (4) to identify

3. (1) To succeed in life (2) the only ones to
   (3) to do is pick (4) is to eliminate

1.

| 해석 |

(1) 안경을 쓴 소년은 준비해야 할 발표가 있다.

(2) 소녀는 자신의 아이디어를 모둠과 공유하기를 원한다.

(3) 그들의 보고서에 포함할 기사를 찾는 것은 학생들에게 우선 사항이다.

(4) 좋은 발표를 위해서 학생들이 충분히 연습하는 것이 중요하다.

| 해설 |

(1) a presentation을 수식하는 to부정사구가 필요하므로 문맥상 자연스럽게 이어지는 ⓓ가 적절하다.

(2) wants의 목적어 역할을 하는 to부정사구가 필요하므로 문맥상 자연스럽게 이어지는 ⓒ가 적절하다.

(3) articles를 수식하는 to부정사구가 필요하므로 문맥상 자연스럽게 이어지는 ⓑ가 적절하다.

(4) to부정사가 주어일 경우 it을 문장 앞에 써서 「It ~ to부정사구」의 구문으로 나타낼 수 있으므로 ⓐ가 적절하다.

| Words & Phrases |

■ practice 연습하다   ■ include 포함하다

■ share 공유하다   ■ prepare 준비하다

■ article 기사   ■ priority 우선 사항

2.

| 해석 |

(1) 계약을 따낼 가능성이 너무 희박하다.

(2) Lewis는 고객을 상대하는 것이 그다지 어렵지 않다는 것을 알게 되었다.

(3) 멸종 위기에 처한 동물을 보호하기 위한 전 세계적인 협력의 필요성이 크게 증가하고 있다.

(4) 연구자들은 그들이 직면한 문제의 원인을 찾고자 노력했다.

| 해설 |

(1) The chance를 수식할 to부정사구가 필요하므로 to win이 맞는 표현이다.

(2) 형식상의 목적어 it에 대한 내용상의 목적어가 필요하므로 to deal이 맞는 표현이다.

(3) worldwide cooperation을 수식할 to부정사구가 필요하므로 to protect가 맞는 표현이다.

(4) struggled의 목적어 역할을 하는 to부정사가 필요하므로 to identify가 맞는 표현이다.

| Words & Phrases |
- chance 가능성, 기회
- slim 희박한
- worldwide 전 세계적인
- significantly 크게, 상당히
- identify 찾다, 발견하다
- contract 계약
- customer 고객
- endangered 멸종 위기의
- struggle 노력하다
- face 직면하다

3.
| 해설 |

(1) 우리말의 의미에 맞게 전치사구의 수식을 받으며 문장의 주어 역할을 하는 to부정사구가 필요하므로, To succeed in life가 자연스러운 순서이다.

(2) 동사 are의 보어 역할을 하는 명사구가 필요하므로 the only ones가 이어지고, 이를 수식하는 to부정사구를 이끌 to가 그다음 이어지는 것이 자연스러운 순서이다.

(3) 주어가 what, all, the only thing 등이 이끄는 명사절이고, 주어절의 do의 내용을 밝히는 보어 자리에는 to부정사 혹은 동사의 원형이 쓰인다. 우리말의 의미에 맞게 need 다음에 to do를 쓰고, 동사 is 다음에 보어 역할을 하는 pick이 이어지는 것이 자연스럽다.

(4) 동사 is 다음에 주격 보어로 사용되는 to eliminate가 이어지는 것이 자연스러운 순서이다.

| Words & Phrases |
- patience 인내
- have access to ~에 접근하다
- organization 단체, 조직
- objective 목표
- worldwide 전 세계적으로; 전 세계적인
- hard work 노력
- primary 주된, 주요한
- poverty 빈곤, 가난

Practice ②
본문 29쪽

1. (1) ⓓ (2) ⓐ (3) ⓑ (4) ⓒ
2. (1) to learn (2) to access (3) to follow (4) to spend
3. (1) are more willing to forgive others
   (2) they are more likely to behave generously

1.
| 해석 |

(1) 그는 자신의 지식을 넓히기 위해 많이 읽는다.

(2) 그녀는 상점에 도착했지만 결국 자신의 지갑을 가져오는 것

을 잊어버렸다는 사실을 깨달았을 따름이었다.

(3) 그는 군중 속에서 오랜 친구를 발견해서 깜짝 놀랐다.

(4) 그녀는 팀의 주장으로 지명되어 자랑스러웠다.

| 해설 |

(1) '자신의 지식을 넓히기 위해'라는 목적을 나타내는 표현인 ⓓ가 적절하다.

(2) '(…했으나) 결국 ~할 뿐[따름]이다'라는 의미인 only to do가 있는 ⓐ가 적절하다.

(3) astonished 다음에 놀라움의 원인이 군중 속에서 오랜 친구를 발견한 것임을 나타내는 to부정사가 이어지는 ⓑ가 적절하다.

(4) proud 다음에 자랑스러움의 원인이 팀의 주장이 된 것임을 나타내는 to부정사가 이어지는 ⓒ가 적절하다.

| Words & Phrases |
- realize 깨닫다
- crowd 군중
- name 지명하다, 명명하다
- broaden (폭을) 넓히다, 확장하다
- wallet 지갑
- astonished 깜짝 놀란
- captain 주장
- knowledge 지식

2.
| 해석 |

(1) 그녀는 스페인어를 배우기 위해 내년 여름에 해외로 가는 것을 계획하고 있다.

(2) 보안 시스템에 접근하기 위해서 비밀번호가 필요하다.

(3) 지시를 주의 깊게 따르다니 그들은 현명하다.

(4) 그녀는 수년간 돈을 저축했지만, 결국 예상치 못한 지출로 그것을 쓰게 되었을 뿐이었다.

| 해설 |

(1) '~하기 위해'라는 목적을 나타내는 to부정사구가 필요하므로 to learn이 맞는 표현이다.

(2) 목적을 나타내는 to부정사구가 필요하므로 to access가 맞는 표현이다.

(3) 형용사 wise 뒤에서 판단의 근거를 나타내는 to부정사구가 필요하므로 to follow가 맞는 표현이다.

(4) only to do로 '결국 ~했을 뿐이다, ~할 따름이다'라는 의미를 나타내므로 to spend가 맞는 표현이다.

| Words & Phrases |
- abroad 해외로
- security 보안, 안전
- unexpected 예상치 못한
- access 접근하다
- instruction 지시, 설명
- expense 지출, 비용

3.
| 해석 |

감사는 더 많은 긍정적인 감정으로 이어진다. 감사하다고 느끼는 사람들은 매일 행복, 기쁨, 즐거움을 더 많이 경험한다. 심지

어 그들은 더 깨어 있고 활기차다고 느낀다. 감사는 사회생활 또한 개선한다. 감사하는 사람들은 다른 사람들을 더욱 기꺼이 용서하려고 한다. 그들은 더 외향적으로 행동하고 덜 외롭고, 덜 고립되었다고 느낀다. 또한, 그들은 너그럽게 행동할 가능성이 더 높다.

| 해설 |

(1) 문장의 동사 역할을 하는 are 다음에 '더욱 기꺼이 ~을 하려고 한다'라는 뜻을 나타내는 more willing to가 오고, 그다음에 '다른 사람을 용서한다'라는 의미의 forgive others가 이어지는 것이 자연스럽다.

(2) 문장의 주어 역할을 하는 they 다음에 '~할 가능성이 더 높다'라는 뜻의 are more likely to가 오고, 그다음에 '행동하다'라는 뜻의 behave가 온 다음 이를 수식하는 부사 generously가 이어지는 것이 자연스럽다.

| Words & Phrases |

- gratitude 감사
- positive 긍정적인
- emotion 감정
- grateful 감사하는
- experience 경험하다
- pleasure 즐거움
- awake 깨어 있는
- outgoing 외향적인
- isolated 고립된
- generously 너그럽게

Practice ③

본문 31쪽

1. (1) ⓑ (2) ⓐ (3) ⓓ (4) ⓒ
2. (1) is to be launched (2) are to leave
　　(3) too hot for her to drink (4) are to overcome
3. (1) entertain (2) to ensure (3) to make

1.

| 해석 |

(1) 얼음은 우리가 안전하게 스케이트를 탈 수 있을 만큼 두껍다.
(2) 우리가 대화하기에는 음악이 너무 시끄럽다.
(3) 그녀는 앞선 주자를 따라잡을 수 있을 만큼 빠르게 달렸다.
(4) 학생들은 발표가 진행되는 동안 자리에 앉아 있어야 한다.

| 해설 |

(1) 얼음 위에서 스케이트를 타는 그림으로, '~할 만큼 충분히 …하다'라는 표현인 「enough to do」가 이어지는 ⓑ가 적절하다.
(2) 음악이 너무 시끄러워 대화하지 못하는 상황으로, '~하기에는 너무 …하다'라는 표현인 「too ... to do」가 이어지는 ⓐ가 적절하다.
(3) 여자가 앞선 주자를 따라잡은 모습으로, '~할 만큼 충분히 …하다'라는 표현인 「enough to do」가 이어지는 ⓓ가 적절하다.
(4) '~해야 한다'라는 의무를 나타내는 「be동사+to부정사」 표

현인 ⓒ가 적절하다.

| Words & Phrases |

- thick 두꺼운
- conversation 대화
- remain ~의 상태로 있다
- presentation 발표
- catch up with ~을 따라잡다

2.

| 해설 |

(1) 「be동사+to부정사」로 '~하기로 되어 있다'라는 계획이나 예정을 나타내므로 is to be launched가 자연스러운 순서이다.
(2) 「be동사+to부정사」로 '~해야 한다'라는 명령이나 지시를 나타내므로 are to leave가 자연스러운 순서이다.
(3) 「too ~ for A to do」로 'A가 …하기에는 너무 ~하다'라는 의미를 나타내므로 too hot for her to drink가 자연스러운 순서이다.
(4) 「be동사+to부정사」로 '~하려고[하고자] 하다'라는 의도를 나타내므로 are to overcome이 자연스러운 순서이다.

| Words & Phrases |

- entrance 입구
- immediately 바로, 즉시
- overcome 극복하다
- crisis 위기
- cooperation 협력
- essential 필수적인

3.

| 해석 |

좋은 웹사이트는 확고하게 계획되고 잘 작성되어야 한다. 시각적인 요소는 즐거움을 주지만, 업종과 관계없이, 대부분의 인터넷 사이트 방문자는 그래픽보다 단어에 훨씬 더 큰 가치를 부여한다고 연구는 뒷받침한다. 인터넷 사이트의 기술적 요소의 목표는 방문객이 자신이 원하는 것을 쉽게 찾고 인터넷 사이트를 직관적으로 돌아다닐 수 있게 보장하는 것이다. 적절하게 보이면, 디자인과 기술은 단어가 제대로 작동하게 하는 역할을 한다. 바로 여기에 메시지가 있다.

| 해설 |

(1) while이 이끄는 부사절의 동사가 필요하므로, entertain으로 고쳐야 한다.
(2) 주어 역할을 하는 명사구인 The goal of the technology component of the site에 대한 보어가 필요하므로, to ensure로 고쳐야 한다.
(3) 문장의 구성 성분이 모두 있으며, 의미상 목적을 나타내는 to부정사가 필요하므로 to make로 고쳐야 한다.

| Words & Phrases |

- solidly 확고하게
- visuals (보통 복수로) 시각 자료
- regardless of ~에 관계없이
- industry 업종, 산업
- component 요소
- ensure 보장하다
- navigate 돌아다니다, 탐색하다
- serve 역할을 하다, 기여하다

05 동명사

Practice ①

본문 33쪽

1. (1) ⓐ (2) ⓓ (3) ⓑ (4) ⓒ
2. (1) crossing (2) learning (3) achieving (4) finishing
3. (1) ⓐ 책을 읽는 것은 내가 가장 좋아하는 취미이다.
   ⓑ 나는 현재 대단히 흥미로운 소설을 읽고 있는 중이다.
   (2) ⓐ 그의 건강에 대한 비결은 매일 규칙적으로 달리는 것이다.
   ⓑ 그 공원에서 달리고 있는 남자는 내 관심을 사로잡았다.

1.

┃해석┃

(1) 쉬는 시간 동안 소녀들이 가장 좋아하는 활동은 즐겁게 이야기를 나누는 것이다.
(2) 어떤 학생들은 그들의 숙제를 하는 것에 집중한다.
(3) 한 학생은 칠판을 지움으로써 다음 수업을 준비한다.
(4) 몇몇 소년들은 그들의 전화기로 비디오 게임을 하는 것을 즐긴다.

┃해설┃

(1) 소녀들이 교실에서 즐겁게 이야기를 나누고 있는 그림이므로 동명사구 chatting happily를 주격 보어로 쓰는 것이 알맞다.
(2) '~에 집중하다'를 뜻하는 concentrate on 다음에 동명사구 doing their homework가 이어지는 것이 알맞다.
(3) 칠판을 지우고 있는 그림이므로 cleaning the board가 알맞다.
(4) 소년들이 비디오 게임을 즐기고 있는 그림이고 enjoy의 목적어로 동명사구 playing video games를 쓰는 것이 알맞다.

┃Words & Phrases┃

- chat 이야기를 나누다, 수다 떨다
- concentrate on -ing ~하는 데 집중하다
- prepare for ~을 준비하다

2.

┃해석┃

(1) 그녀는 미소를 지으며 마라톤의 마지막 지점을 가로지르는 것을 마쳤다.
(2) 나는 스스로를 향상하기 위해 외국어를 배우는 것에 관심이 있다.
(3) 우리의 주된 목표는 우리 프로젝트에서 성공을 이루는 것이었다.
(4) 나는 내 시간을 까다로운 십자말 풀이를 끝마치는 데 쏟았다.

┃해설┃

(1) finish는 목적어로 동명사를 취하므로 crossing이 맞는 표

현이다.
(2) 전치사 in의 목적어로 동명사를 써야 하므로 learning이 맞는 표현이다.
(3) be동사 다음에 주격 보어, 즉 명사구를 써야 하므로 동명사인 achieving이 맞는 표현이다.
(4) 전치사 to의 목적어로 동명사를 써야 하므로 finishing이 맞는 표현이다.

┃Words & Phrases┃

- be interested in ~에 관심이 있다
- better 향상하다
- achieve (목적을) 이루다
- devote A to -ing ~하는 데 A를 쏟다

3.

┃해설┃

(1) ⓐ Reading은 문장의 주어로 쓰인 동명사이므로 '읽는 것'으로 해석한다.
ⓑ 현재시제 be동사 뒤에 이어져 진행의 의미를 나타내는 현재분사이므로 '~을 읽고 있는 중이다'로 해석한다.
(2) ⓐ be동사 다음의 주격 보어인 동명사이므로 '달리는 것'으로 해석한다.
ⓑ 명사를 수식하는 현재분사구이므로 '달리고 있는'으로 해석한다.

┃Words & Phrases┃

- currently 현재
- fascinating 대단히 흥미로운
- regularly 규칙적으로
- attention 관심

Practice ②

본문 35쪽

1. (1) forgetting (2) hiking (3) crying (4) eating
2. (1) denying (2) watering (3) to inform (4) watching
3. (1) stepping (2) wiping (3) crying

1.

┃해석┃

(1) 나는 우산을 가져오는 걸 잊은 것을 후회한다.
(2) 그는 자연의 아름다움을 즐기기 위해 도보 여행을 갔다.
(3) 나는 슬픈 영화를 볼 때 울지 않을 수 없다.
(4) 그녀는 집에서 만든 맛있는 쿠키를 먹는 걸 멈출 수 없었다.

┃해설┃

(1) regret이 '이미 한 일을 후회하다'라고 할 때는 동명사를 목적어로 취하므로 forget의 동명사 forgetting이 알맞다.
(2) 「go+-ing」는 '~하러 가다'를 뜻하므로 '도보 여행을 갔다'가 되려면 동명사 hiking이 알맞다.
(3) 「cannot help+동명사」는 '~하지 않을 수 없다'를 뜻하므로 cry의 동명사 crying이 알맞다.

(4) 동사 stop이 '~하는 것을 멈추다'를 뜻할 때 동명사를 목적어로 취하므로 eat의 동명사 eating이 알맞다.

| Words & Phrases |
■ regret 후회하다　　　　　■ homemade 집에서 만든

2.

| 해석 |
(1) 기후 변화의 영향을 부인해도 소용없다.
(2) 식물을 건강하게 유지하기 위해 그것에 규칙적으로 물을 줄 필요가 있다.
(3) 그 행사가 취소되었음을 당신에게 알려 주게 된 것을 유감스럽게 생각합니다.
(4) 나는 오늘 밤 혼자 공포 영화를 보고 싶은 기분이 든다.

| 해설 |
(1) It is no use -ing는 '~해도 소용없다'를 뜻하므로 동명사 형태인 denying이 알맞다.
(2) need가 '~될 필요가 있다' 즉 수동의 의미를 나타낼 때는 동명사를 목적어로 취하는데 식물은 '물을 주다'라는 동사 water와 수동의 관계이므로 watering이 알맞다.
(3) regret이 '~하게 되어 유감이다'를 뜻할 때는 to부정사를 목적어로 취하므로 to inform이 알맞다.
(4) feel like -ing는 '~하고 싶은 기분이 들다'를 뜻하는 관용 표현으로 동명사 형태인 watching이 알맞다.

| Words & Phrases |
■ deny 부인하다　　　　　　■ impact 영향
■ climate change 기후 변화　　■ water 물을 주다
■ inform 알려 주다　　　　　■ cancel 취소하다
■ horror movie 공포 영화

3.

| 해석 |
지난주에, 나는 친구들과 야구를 하러 운동장으로 갔다. 땅에 발을 딛자마자, 야구 방망이가 내 얼굴을 쳤다. 같은 반 친구가 휘두르는 중에 뜻하지 않게 방망이를 놓쳤다. 그 충격은 내 코를 엉망으로 만들었다. 나는 피를 아주 많이 흘리고 있었다. 코에서 나오는 피를 닦아 내도 소용이 없었다. 사람들이 흐르는 피를 멈추게 하려고 서둘러 왔다. 내가 상황이 얼마나 안 좋은지 알아차리는 데 잠깐의 시간이 걸렸다. 나는 울지 않을 수 없었고 가족과 연락을 취하기 위해 전화기를 찾기 시작했다.

| 해설 |
(1) 「on+-ing」는 '~하자마자'를 뜻하므로 '땅에 발을 딛자마자', 즉 stepped를 동명사 stepping으로 고쳐야 한다.
(2) 「It is no use+-ing」는 '~ 하는 것은 소용없다'를 뜻하므로 wipe를 wiping으로 고쳐야 한다.
(3) 「couldn't help+-ing」는 '~할 수밖에 없었다'를 뜻하므로

to cry를 crying으로 고쳐야 한다.

| Words & Phrases |
■ accidentally 뜻하지 않게　　■ let go of ~을 놓치다
■ swing 휘두르다　　　　　　■ mess up ~을 엉망으로 만들다
■ bleed 피를 흘리다　　　　　■ wipe 닦아 내다
■ blood 피　　　　　　　　　■ rush 서두르다
■ realize 깨닫다　　　　　　■ search for ~을 찾다
■ contact 연락을 취하다

06 분사

Practice ①
본문 37쪽

1. (1) filled　(2) dancing　(3) wearing　(4) written
2. (1) smiling　(2) disappointed　(3) written　(4) playing
3. (1) repairing / broken
　　(2) satisfied / exciting
　　(3) taken / shocking

1.

| 해석 |
(1) 경기장은 흥분으로 가득 차 있었다.
(2) 사람들은 춤추고 있는 치어리더들을 보았다.
(3) 붉은 셔츠를 입고 있는 한 그룹의 사람들이 팀을 위해 응원하고 있었다.
(4) 한 팬이 '승리를 위하여'라고 쓰인 보드를 들고 있었다.

| 해설 |
(1) 경기장이 흥분으로 '채워진' 수동의 의미이므로 과거분사 filled를 써야 한다.
(2) 치어리더들이 '춤 추고 있는' 능동의 동작을 나타내므로 현재분사 dancing을 써야 한다.
(3) 붉은 셔츠를 '입고 있는' 사람들, 즉 사람들의 능동의 동작을 나타내고 뒤에 분사의 목적어가 있으므로 현재분사 wearing을 써야 한다.
(4) '승리를 위하여'라는 글귀는 '쓰인', 즉 수동의 의미이므로 과거분사 written을 써야 한다.

| Words & Phrases |
■ stadium 경기장　　　　　　■ excitement 흥분, 신남
■ cheer for ~을 위해 응원하다

2.

| 해석 |
(1) 미소를 짓고 있는 소녀가 파티장의 입구에서 그녀의 친구들

에게 인사했다.

(2) 그는 주말 날씨 소식에 실망했다.

(3) 신비스러운 작가에 의해 쓰인 이야기가 영화로 만들어졌다.

(4) 공원에서 놀고 있는 아이들은 기뻐하며 웃었다.

| 해설 |

(1) 소녀가 스스로 미소를 짓고 있는 능동의 동작이므로 현재분사 smiling이 알맞다.

(2) 그가 소식을 듣고 실망한 감정이 생겨난 수동의 의미이므로 과거분사 disappointed가 알맞다.

(3) 그 이야기가 작가에 의해 쓰인 수동의 동작이므로 과거분사 written이 알맞다.

(4) 아이들이 스스로 놀고 있는 능동의 동작이므로 현재분사 playing이 알맞다.

| Words & Phrases |

- greet 인사하다
- entrance 입구
- disappoint 실망시키다
- mysterious 신비스러운
- laugh 웃다
- joy 기쁨

3.

| 해설 |

(1) 정비사가 스스로 자동차를 '수리하고' 있고, 자동차는 어떤 원인에 의해 '고장이 난' 상황이므로 능동의 현재분사 repairing과 수동의 과거분사 broken이 쓰여야 한다.

(2) 감독이 '만족한' 감정은 어떤 자극에 의해 받은 수동의 상황이며 '신나는' 장면은 관객을 신나게 하는 능동의 상황이므로 각각 과거분사 satisfied와 현재분사 exciting이 쓰여야 한다.

(3) 사진은 누군가에게 '찍힌' 수동의 상황이고 그 사진이 사람들을 '놀라게 하는' 능동의 상황이므로 과거분사 taken과 현재분사 shocking이 쓰여야 한다.

| Words & Phrases |

- mechanic 정비사, 수리공
- repair 고치다
- director 감독
- satisfy 만족시키다
- scene 장면
- battleground 전쟁터, 싸움터

Practice ②
본문 39쪽

1. (1) ⓒ (2) ⓐ (3) ⓑ (4) ⓓ

2. (1) Waving (2) creating (3) listening

3. (1) Turning the key
   (2) promising to meet later
   (3) playing with toys

1.

| 해석 |

(1) Sarah는 좋아하는 음악 재생 목록을 들으면서 자신의 그림

을 완성했다.

(2) 바람이 내 우산을 넘어뜨려서, 나를 흠뻑 젖게 했다.

(3) 잔디에 앉아 있는 동안, 나는 머리카락을 지나는 부드러운 산들바람을 느꼈다.

(4) 심각한 두통이 있어서, 그는 회사에 병가를 냈다.

| 해설 |

(1) 그림을 완성하면서 동시에 음악을 듣고 있음을 나타내므로 동시 상황을 나타내는 분사구문 listening ~을 쓰는 것이 알맞다.

(2) 바람이 우산을 넘어뜨린 결과 흠뻑 젖었음을 나타내므로 주절의 상황의 결과 상황을 설명하는 분사구문 letting ~을 쓰는 것이 알맞다.

(3) 잔디에 앉아 있는 부수적인 상황을 설명하는 분사구문에 접속사 While이 생략되지 않고 쓰였다.

(4) 그가 병가를 낸 이유를 설명하므로, 이유를 나타내는 분사구문 Having ~을 쓰는 것이 알맞다.

| Words & Phrases |

- playlist 재생목록
- complete 완성하다
- knock over ~을 (타격하여) 넘어뜨리다
- soak 흠뻑 젖게 하다
- gentle 부드러운
- breeze 산들바람
- call in sick (전화로) 병가를 내다

2.

| 해석 |

(1) 그는 손을 흔들어 작별 인사를 하며 기차에 올라탔다.

(2) 그들은 저녁 식사 자리에서 농담을 나눴고 활기찬 분위기를 만들었다.

(3) 음악을 듣고 있는 동안에, 나는 갑자기 문을 두드리는 소리를 들었다.

| 해설 |

(1) 손을 흔들며 기차에 오르는 상황을 묘사하므로, '손을 흔드는' 상황을 Waving으로 시작하는 분사구문으로 나타낼 수 있다.

(2) 저녁 식사 자리에서 농담을 나눈 결과 분위기가 활기차졌으므로, 결과적인 상황인 뒤에 일어난 일을 현재분사 creating으로 시작하는 분사구문으로 나타낼 수 있다.

(3) 시간의 부사절의 경우 대체로 접속사를 생략하지 않고 「while+분사」로 표현하므로 현재분사 listening으로 이어지는 분사구문으로 나타낼 수 있다.

| Words & Phrases |

- board (탈것에) 타다
- lively 활기찬
- atmosphere 분위기
- knock 문 두드리는 소리

3.

| 해설 |

(1) 열쇠를 돌려서 문을 여는 연속되는 동작을 나타내므로 동사

turn을 현재분사로 바꿔 분사구문으로 쓸 수 있다.

(2) 주절이 나타내는 동작의 부수적인 상황을 나타내므로 '약속하다'를 뜻하는 동사 promise를 현재분사 형태로 써주고 promise의 목적어인 to부정사 to meet과 부사 later를 차례대로 써서 분사구문을 완성할 수 있다.

(3) 장난감을 가지고 놀고 있는 동시 상황을 분사구문으로 나타내야 하므로 동사 play의 현재분사형인 playing을 먼저 쓰고 부사구인 with toys를 써서 완성할 수 있다.

Practice ③
본문 41쪽

1. (1) ⓐ (2) ⓓ (3) ⓑ (4) ⓒ
2. (1) permitting (2) Exhausted (3) Judging (4) ringing
3. (1) speaking
   (2) Having searched
   (3) The day progressing

1.

| 해석 |

(1) 개에게 물렸기 때문에, Lisa는 다가오는 낯선 개들에 조심하게 되었다.

(2) 배낭이 한쪽 어깨에 매달린 채로, Alex는 버스를 잡아 타러 서둘러 갔다.

(3) 피자가 더 이상 남아 있지 않아서, 우리는 대신에 저녁 식사로 우리가 가장 좋아하는 파스타를 주문하기로 했다.

(4) 엄마를 깨우고 싶지 않아서, 나는 까치발로 방을 걸어 나가서 어떤 소리도 내지 않으려고 애썼다.

| 해설 |

(1) 주절의 내용인 Lisa가 낯선 개들을 조심하게 된 것보다 개에게 물린 것이 더 먼저 일어난 일임을 나타내는 완료형 분사구문 Having been bitten by a dog를 쓰는 것이 알맞다.

(2) 버스를 잡아 타러 서둘러 가는 상황에 대한 부수적인 상황 묘사이므로 「with + 목적어 + 현재분사」 형태를 쓸 수 있다.

(3) 이유를 나타내는 부사절 Because there was no more pizza left를 분사구문으로 바꾸면서 주절의 주어와 다른 주어인 There를 생략하지 않고 쓴 독립 분사구문이다.

(4) 부정문인 부사절을 분사구문으로 고칠 경우 분사 앞에 부정어를 써야 하므로, 현재분사 wanting 앞에 Not이 먼저 쓰였다.

| Words & Phrases |

- bite 물다
- backpack 배낭
- cautious 조심스러운
- unfamiliar 낯선
- wake 깨우다
- hang 매달리다
- approach 다가오다
- tiptoe 까치발로 걷다

2.

| 해석 |

(1) 날씨가 허락한다면, 우리는 내일 소풍을 갈 것이다.

(2) 힘든 일로 기진맥진해져서, Tim은 잠시 소파에서 쉬었다.

(3) 그의 억양으로 판단하건대, Peter는 다른 곳에서 온 것처럼 보였다.

(4) Lisa는 전화기가 울리는 채로 방으로 서둘러 들어갔다.

| 해설 |

(1) 날씨가 허락한다면, 즉 If weather permits의 조건의 부사절에서 접속사를 생략하고 종속절의 주어인 weather가 생략되지 않은 독립 분사구문의 형태이므로 permit를 현재분사인 permitting으로 써야 한다.

(2) 주절의 주어인 Tim이 힘든 일로 기진맥진해진 상태, 즉 수동의 상황이므로 exhaust의 과거분사인 exhausted로 써야 한다.

(3) 관용적 분사구문 중 하나인 Judging from ~이 쓰여야 하므로 judge의 현재분사를 써야 한다.

(4) Lisa가 방으로 서둘러 들어가는 동작의 부수적인 상황을 「with + 목적어 + 현재분사」 형태로 나타내므로 ring의 현재분사 ringing을 써야 한다.

| Words & Phrases |

- permit 허락하다
- exhaust 기진맥진하게 만들다
- rush 서두르다
- couch 소파
- judge 판단하다

3.

| 해석 |

솔직히 말해서, 그날은 약간 스트레스를 받은 상태로 시작했다. 내 책상을 정리한 다음, 나는 몇몇 중요한 서류를 찾을 수 없었다. 모든 곳을 뒤졌고, 나는 마침내 그것들을 책더미 아래서 찾았다. 말끔해진 책상을 바라보며, 나는 안도했다. 하루가 지나면서, 나는 마감 시간을 직면했고, 그걸 맞추기 위해 노력했다. 결국, 그날은 내가 기대했던 것보다 더 나은 결과로 나타났고, 상황이 비록 순탄치 않게 시작했어도 약간의 노력으로 상황을 호전시킬 수 있다는 것을 보여 주었다.

| 해설 |

(1) 관용적 분사구문인 frankly speaking(솔직히 말하자면)이 쓰여야 하므로 speaking이 알맞다.

(2) 모든 곳을 뒤진 것이 주절의 주어인 I의 능동적인 동작이며 서류들을 찾은 것보다 먼저 일어난 행동이므로 완료형 분사구문 Having searched가 알맞다.

(3) As the day progressed의 종속절을 분사구문으로 바꾸면서 주절의 주어와 다른 주어 the day가 생략되지 않고 쓰인 독립 분사구문으로 The day progressing이 알맞다.

| Words & Phrases |

- organize 정리하다
- pile 더미
- relieved 안도하는
- face 직면하다
- in the end 결국
- effort 노력
- search 뒤지다
- tidy 말끔한
- progress (시간이) 지나다
- deadline 마감 시간
- rough 순탄치 않은

07 태와 법

Practice ①

본문 43쪽

1. (1) being unloaded (2) was operated
   (3) was heard (4) being monitored
2. (1) got[gotten] rid of (2) displayed
   (3) to clean (4) interrupted
3. (1) is eagerly looked forward to by my family
   (2) was called a valuable resource by the librarian
   (3) is said to be the key to knowledge /
   is said that curiosity is the key to knowledge

1.

| 해석 |

건설 현장은 자재들이 작업자들에 의해 내려지면서 분주했다. 무거운 기계가 숙련된 운영자들에 의해 작동되었다. 망치와 톱 소리가 공기를 채우는 것이 들렸다. 프로젝트의 진행은 프로젝트 관리자에 의해 관리되고 있었다.

| 해설 |

(1) 자재들이 작업자들에 의해 내려지고 있는 상황, 즉 진행형 수동태로 나타낼 수 있으므로 「being+과거분사」 형태인 being unloaded로 표현한다.
(2) 기계가 작동되고 있으므로 수동태로 쓸 수 있고, 과거시제 임을 be동사로 나타내야 하므로 was operated로 표현한다.
(3) 망치와 톱의 소리가 들리는 수동의 의미이므로 과거시제 be동사를 써서 was heard로 표현한다.
(4) 프로젝트의 과정이 관리되고 있는 상황, 즉 진행형 수동태 로 쓸 수 있으므로 being monitored로 표현한다.

| Words & Phrases |

- construction 건설
- unload (차에서 짐 등을) 내리다
- operate 작동시키다
- progress 진행
- manager 관리자
- material 자재, 재료
- machinery 기계
- operator 운영자
- monitor 관리하다

2.

| 해석 |

(1) 오래된 가구가 마침내 집주인들에 의해 제거되었다.
(2) 새로운 전시품이 그 도시의 유명한 미술관에서 전시되고 있 는 중이다.
(3) 나는 친구와 나갈 수 있기 전에 내 방을 치워야 했다.
(4) 나는 내가 일에 집중하고 있는 동안에 방해받는 것을 싫어 한다.

| 해설 |

(1) 가구가 제거된 것이므로 수동태 문장으로 쓰여야 한다. 즉 be동사인 was 다음에 현재분사 getting이 아닌 get의 과거분 사 got[gotten]이 쓰여야 한다.
(2) 전시품이 현재 전시되고 있는 중이므로 진행형 수동태를 써 서 「be being+p.p.」의 형태가 되어야 하므로 displaying을 displayed로 고쳐야 한다.
(3) 5형식으로 쓰인 사역동사 make의 수동태 문장에서 원형부 정사로 쓰인 목적격 보어는 to부정사로 바꿔 써야 하므로 clean을 to clean으로 고쳐야 한다.
(4) 방해를 받는 상황, 즉 수동의 상황이므로 과거분사를 써서 interrupted가 되어야 한다.

| Words & Phrases |

- furniture 가구
- exhibit 전시품
- art gallery 미술관
- interrupt 방해하다
- get rid of ~을 제거하다
- display 전시하다
- dislike 싫어하다
- focus on ~에 집중하다

3.

| 해석 |

(1) 나의 가족은 다가오는 휴가를 간절히 기대한다. → 다가오 는 휴가는 나의 가족에 의해 간절히 기대되고 있다.
(2) 그 사서는 희귀한 책들의 수집본을 값진 자산이라고 불렀 다. → 희귀한 책들의 수집본은 그 사서에 의해 값진 자산이라 고 불렸다.
(3) 사람들은 호기심이 지식의 열쇠라고 말한다.
→ 호기심은 지식의 열쇠라고들 말한다.

| 해설 |

(1) 구동사인 look forward to의 수동태 문장은 구동사를 하 나의 타동사로 생각하여 동사인 look을 과거분사형 looked로 바꿔서 하나의 구동사처럼 쓸 수 있다. 주어의 핵인 vacation 이 3인칭 단수이며 주어진 문장의 시제가 현재이므로 be동사의 현재형 is 다음에 부사구 eagerly를 쓰고 looked forward to 를 쓴 다음 행위자인 by my family를 써야 한다.
(2) 목적격 보어가 쓰인 5형식 문장의 수동태는 목적격 보어를 동사구 다음에 쓸 수 있다. 즉, 수동태 문장의 주어인 The

collection of rare books는 3인칭 단수이며 주어진 문장의 시제가 과거이므로 be 동사 was를 쓰고 동사의 과거분사 called를 쓴 다음 목적격 보어를 위치시키고 능동태 문장의 주어인 행위자를 by the librarian으로 맨 마지막에 쓴다.
(3) 목적어가 명사절 that절인 경우, 수동태로 바꾸어 쓰면 두 가지 수동태 문장이 가능한데, 먼저 that절의 주어인 curiosity를 주어로 쓴 수동태 문장이 가능하며, that절을 내용상의 주어로 하고 형식상의 주어인 it을 주어로 쓴 수동태 문장도 가능하다. 첫 번째 curiosity를 주어로 쓴 수동태 문장의 경우 to부정사구를 이용하여 be said to ~ 형태로 쓰는 것을 주의해야 한다.

| Words & Phrases |
- eagerly 간절히
- upcoming 다가오는
- collection 수집본
- resource 자산, 자원
- look forward to ~을 기대하다
- librarian (도서관의) 사서
- rare 희귀한
- curiosity 호기심

Practice ②
본문 45쪽

1. (1) had (2) (should) take
   (3) had told (4) (should) complete
2. (1) log (2) will grow (3) organize (4) had learned
3. (1) send an email / will help you
   (2) children watch / will lose
   (3) (should) start saving money
   (4) had taken my dog

1.
| 해석 |
(1) 나는 우리가 이 방을 가득 채울 더 많은 청중을 가지기를 원한다.
(2) 의사는 내가 더 나은 건강을 위해 날마다 걸어야 한다고 제안했다.
(3) 누군가가 일정의 변경에 대해 내게 말해 줬더라면 좋을 텐데.
(4) 그는 우리가 이번 주말까지 프로젝트를 완수해야 한다고 주장했다.

| 해설 |
(1) wish 가정법 과거형은 주절과 같은 때의 소망을 말하므로 현재 비어 있는 공연장을 보고 말하는 소망을 나타내어 have를 had로 쓸 수 있다.
(2) '제안하다'를 의미하는 동사 suggest의 목적어절에서 가정법 시제를 써서, 가정법 현재인 (should) take를 쓸 수 있다.
(3) 일정의 변경을 누군가 말해 주었다면 좋았을 것이라고 소망하는 상황이므로 wish 가정법 과거완료형으로 주절보다 앞선 상황에 반대되는 소망을 나타내어, had told를 쓸 수 있다.

(4) insist가 주장이나 요구의 의미를 나타낼 때 목적어절에서 가정법 시제를 써서, 가정법 현재인 (should) complete를 쓸 수 있다.

| Words & Phrases |
- audience 청중
- insist 주장하다
- suggest 제안하다
- complete 완수하다

2.
| 해석 |
(1) 웹사이트에 로그인하면, 여러분은 새로운 특징들과 최신 소식들을 발견할 수 있을 것이다.
(2) 그들이 에너지 기술에 투자한다면, 그들의 회사는 시장에서 성장할 것이다.
(3) 그는 우리가 우리의 관계를 강화시키기 위해 팀빌딩 행사를 조직해야 한다고 제안했다.
(4) 나는 더 어렸을 때 악기 연주하는 것을 배웠어야 했다고 소망한다.

| 해설 |
(1) 가정법 현재는 일어날 수도 있고 그렇지 않을 수도 있는 미래의 일을 가정하며 이때 if 조건절 안의 동사는 현재시제를 써야 하므로 log가 알맞다.
(2) 미래의 있을 수도 있는 일을 가정하는 가정법 현재의 주절은 「조동사 will+동사원형」 형태로 써야 하므로 will grow가 알맞다.
(3) propose가 제안의 의미를 나타낼 때 목적어절인 명사절에서 가정법 현재형이 쓰이므로 동사의 원형 organize가 알맞다.
(4) 주절보다 앞선 상황에 대한 소망을 나타내는 wish 가정법은 목적어절에서 과거완료형을 써야 하므로 had learned가 알맞다.

| Words & Phrases |
- log on to ~에 로그인하다
- update 최신 소식
- propose 제안하다
- strengthen 강화하다
- feature 특징
- invest 투자하다
- organize 조직하다
- musical instrument 악기

3.
| 해설 |
(1) 있을 수 있는 일을 가정하는 가정법 현재형은 if절 안에서 동사의 현재형을 쓰고 주절에는 「조동사 will+동사원형」을 쓸 수 있으므로 의미에 맞게 send an email과 will help you를 쓸 수 있다.
(2) 있을 수 있는 일을 가정하는 가정법 현재형은 if절 안에서 동사의 현재형을 쓰고 주절에는 「조동사 will+동사원형」을 쓸 수 있으므로 의미에 맞게 children watch와 will lose를 쓸 수 있다.

(3) advise가 충고나 권유의 의미를 나타낼 때 목적어절인 명사절에 가정법을 써서 동사원형을 쓸 수 있으므로, 의미에 맞게 (should) start saving money를 쓸 수 있다.
(4) 주절의 시제보다 앞선 상황을 가정하는 wish 가정법 과거완료형을 써야 하므로 의미에 맞게 had taken my dog를 쓸 수 있다.

| Words & Phrases |
■ solve 해결하다   ■ concentration 집중력
■ expense 쓸 돈   ■ vet 수의사

Practice ③
본문 47쪽

1. (1) had bought (2) had known
   (3) have handed (4) had missed
2. (1) they knew the answer, they would raise their hands in class
   (2) she had followed the recipe correctly, the cake wouldn't have been burned
   (3) I had learned Spanish, I could communicate with the locals during my trip
3. (2) took → had taken

1.
| 해석 |
(1) 만약 그들이 표를 미리 구매했더라면, 그들은 지금 줄을 서 있지 않을 것이다.
(2) 만약 그녀가 교통 상황을 알았더라면, 그녀는 회의에 가기 위해 차를 운전하지 않았을 것이다.
(3) 만약 너의 공지가 없었더라면, 나는 어제 마감 시간까지 보고서를 제출하지 않았을 것이다.
(4) 만약 그들이 비행기를 놓쳤다면, 그들의 전체 휴가 계획은 망쳐졌을 것이다.
| 해설 |
(1) 혼합 가정법 문장으로 조건절은 과거의 상황에 대한 가정이므로 가정법 과거완료 구문을 써서 if절에 과거완료 형태인 had bought를 써야 한다.
(2) 과거 상황에 대한 가정이므로 가정법 과거완료 구문으로 if절 안에 과거완료 형태인 had known을 써야 한다.
(3) 과거에 공지가 없었다면 제출하지 못했을 상황에 대한 가정이므로 주절에서 wouldn't 다음에 「have+p.p.」 형태인 have handed를 써야 한다.
(4) 비행기를 놓쳤다면 일어났을 일에 대한 가정이므로 if절에 과거완료 형태인 had missed를 써야 한다.

| Words & Phrases |
■ in advance 미리   ■ notice 공지
■ hand in ~을 제출하다   ■ ruin 망치다

2.
| 해석 |
(1) 그들이 답을 알지 못하기 때문에, 그들은 수업 시간에 손을 들지 않을 것이다.
→ 만약 그들이 답을 안다면, 그들은 수업 시간에 손을 들 것이다.
(2) 그녀가 요리법을 정확하게 따르지 않았기 때문에, 그 케이크가 탔다.
→ 만약 그녀가 요리법을 정확하게 따랐더라면, 그 케이크는 타지 않았을 것이다.
(3) 내가 스페인어를 배우지 않았기 때문에, 나는 여행 동안 지역 주민들과 의사소통할 수 없다.
→ 만약 내가 스페인어를 배웠더라면, 나는 여행 동안 지역 주민들과 의사소통할 수 있을 것이다.
| 해설 |
(1) 현재 상황에 반대되는 상황에 대한 가정이므로 가정법 과거를 써서, if절 안에서 동사의 과거형, 주절에서 「조동사의 과거형+동사원형」을 쓸 수 있다.
(2) 과거 상황에 반대되는 상황에 대한 가정이므로 가정법 과거완료를 써서 if절 안에서 동사의 과거완료형, 주절에서 「조동사의 과거형+have+p.p.」를 쓸 수 있다.
(3) 조건절에서는 과거와 반대되는 상황을 가정하고 주절에서는 현재와 반대되는 상황을 나타내고 있으므로, if절에는 과거완료형, 주절에는 「조동사의 과거형+동사원형」의 혼합가정법을 써야 한다.

| Words & Phrases |
■ raise 들다   ■ recipe 요리법
■ burn 태우다   ■ communicate 의사소통하다
■ local 지역 주민

3.
| 해석 |
Bali로 갔던 최근 내 여행을 되돌아보면, 나는 불충분한 계획이 내 실수였다는 것을 깨닫는다. 만약 미리 세심히 계획했더라면, 나는 지금 슬퍼하고 후회하지 않을 것이다. 되돌아보면, 나는 나의 준비 부족에서 나왔던 문제들을 볼 수 있다. 계획하는 시간을 가졌더라면, 그것은 내가 멋진 장소들을 놓치는 것을 겪지 않게 했을지도 모른다. 그것은 마치 당신이 어떤 것들을 바꿀 수 있기를 원하는 이야기와 같다. 긍정적인 면에 초점을 맞추자면, 나는 이 경험에서 배울 수 있다. 내가 Bali를 다시 방문한다면, 나는 많은 정보를 여행 전에 모을 것이다.

정답과 해설 ● **17**

| 해설 |

(1) 여행을 되돌아보면서 미리 계획하지 못했던 것을 후회하므로 과거 사실에 대한 가정을 표현하는 가정법 과거완료형이 알맞게 쓰였다.

(2) 계획하는 데 시간을 더 들이지 않은 과거 사실을 후회하고 있으므로 가정법 과거완료 조건절에 took을 had taken으로 고쳐야 한다.

(3) 마치 지금 바꾸고 싶은 이야기와 같다고 얘기하므로 주절의 시제와 같은 상황의 wish 가정법 과거형이 알맞게 쓰였다.

(4) 현재 배울 수 있다고 말하고 있으므로 현재시제가 알맞게 쓰였다.

(5) 미래에 다시 방문하는 것을 가정하므로 조건절에서 were to를 쓸 수 있다.

| Words & Phrases |

- reflect 돌아보다
- insufficient 불충분한
- beforehand 미리
- regretful 후회하는
- spare 겪지 않아도 되게 하다
- miss out on ~을 놓치다
- positive 긍정적인 면[것]; 긍정적인
- gather 모으다

08 명사절과 부사절

Practice ①
본문 49쪽

1. (1) ⓑ (2) ⓓ (3) ⓐ (4) ⓒ

2. (1) sure about that → sure that
  (2) If → Whether
  (3) That → What
  (4) Do you think when → When do you think

3. (1) that apples come in different colors
  (2) that she would study abroad
  (3) who will be our new teacher

1.

| 해석 |

(1) 엄마는 나에게 시장에서 무엇을 사야 하는지 말씀해 주셨다.
(2) 나는 나무들이 서로 대화할 수 있는지에 매우 관심이 있다.
(3) 부모님은 내가 혼자 힘으로 어떻게 요리할지 알고 싶어 하셨다.
(4) 우리 지역 사회에서 재활용을 개선하는 방법에 관한 토론이 있었다.

| 해설 |

(1) '무엇을 ~해야 하는지'라는 의미의 「what+to부정사」를 쓰는 것이 알맞다.
(2) 전치사 in의 목적어 역할을 하는 whether절을 쓰는 것이 알맞다.
(3) '어떻게 ~하는지, ~하는 법'이라는 의미의 「how+주어+동사」를 쓰는 것이 알맞다.
(4) 전치사 about의 목적어로 「how+to부정사」를 쓰는 것이 알맞다.

| Words & Phrases |

- improve 개선하다
- recycling 재활용
- discussion 토론
- community 지역 사회

2.

| 해설 |

(1) sure, certain 등의 형용사 뒤에서는 that절이 바로 와서 형용사의 의미를 보충하므로 전치사 about을 쓰지 않아야 한다.
(2) if가 이끄는 명사절은 문장의 주어 역할을 할 수 없으므로 If를 Whether로 고쳐 써야 한다.
(3) 주어로 쓰인 명사절에서 for의 목적어가 없는 상태이므로 That을 선행사를 포함한 관계사 What으로 고쳐 써야 한다.
(4) do you think의 목적어로 의문사절이 오는 경우 「의문사+do you think+주어+동사」의 어순이 되어야 한다.

| Words & Phrases |

- lock 잠그다
- make a difference 영향을 미치다, 변화를 가져오다
- career 경력

3.

| 해석 |

(1) 그것은 흥미롭다. 사과의 색깔이 다양하다.
→ 사과의 색깔이 다양하다는 것이 흥미롭다.
(2) 그녀는 결정했다. 그녀는 유학을 할 것이다.
→ 그녀는 유학을 하기로 결정했다.
(3) 우리는 그것에 대해 궁금하다. 우리의 새로운 선생님은 누가 될까?
→ 우리는 새로운 선생님이 누가 될지 궁금하다.

| 해설 |

(1) 형식상의 주어 It의 내용상의 주어에 해당하는 명사절이 필요하므로 접속사 that이 이끄는 명사절을 연결한다.
(2) decide의 목적어 역할을 하는 명사절이 필요하므로 접속사 that이 이끄는 명사절을 연결한다.
(3) 전치사 about의 목적어 역할을 하는 명사절이 필요하므로 의문사 who가 이끄는 명사절을 연결하며, 이때 「의문사+주어+동사」의 어순으로 쓴다.

| Words & Phrases |
■curious 궁금한, 호기심이 많은

Practice ②
본문 51쪽

1. (1) ⓓ (2) ⓐ (3) ⓑ (4) ⓒ

2. (1) as (2) until (3) While (4) Although

3. (1) as if (2) as soon as (3) as

1.
| 해석 |
(1) 여름이었지만, 날씨는 의외로 시원했다.

(2) 우리가 강가에서 낚시하는 동안에 내 개는 근처에서 자고 있었다.

(3) 내가 큰 물고기를 잡아서 어머니가 기뻐하셨다.

(4) 우리가 이곳에 도착한 이후로 계속 내 동생은 강에서 수영하고 있다.

| 해설 |
(1) though는 '~이지만, ~일지라도'의 뜻으로 '양보'의 부사절을 이끈다.

(2) while은 '~하는 동안에'라는 뜻으로 '시간'의 부사절을 이끈다.

(3) because는 '~이므로, ~이기 때문에'의 뜻으로 '이유'의 부사절을 이끈다.

(4) since는 '~ 이래로'라는 의미의 '시간'의 부사절을 이끈다.

| Words & Phrases |
■surprisingly 의외로   ■nearby 근처에서; 가까운
■pleased 기뻐하는, 만족한

2.
| 해석 |
(1) 그녀는 밖이 추워서 재킷을 입었다.

(2) 나는 모두가 도착할 때까지 영화를 보지 않을 것이다.

(3) TV 프로그램을 보면서, 나는 그 이야기에 정말 관심을 갖게 되었다.

(4) 비가 내리는데도 불구하고, 그들은 그래도 공원에서 피크닉을 갖기로 했다.

| 해설 |
(1) 재킷을 입는 이유를 밝히는 것이 문맥상 알맞으므로 '이유'의 부사절을 이끄는 as를 써야 한다.

(2) '~할 때까지'라는 의미의 '시간'의 부사절을 이끄는 until을 쓰는 것이 문맥상 알맞다.

(3) '~하면서, ~하는 동안에'라는 의미의 '시간'의 부사절을 이끄는 While을 쓰는 것이 문맥상 알맞다.

(4) 주절에 있는 still과 호응하면서 '비가 와도 그래도'라는 내용이므로, '~에도 불구하고'라는 의미의 '양보'의 부사절을 이끄는 Although가 알맞다.

| Words & Phrases |
■jacket 재킷   ■couch 소파, 침상

3.
| 해설 |
(1) '마치 늦게까지 공부한 것처럼'에 해당하는 '양태'의 부사절을 이끄는 as if가 필요하다.

(2) '비가 그치자마자'에 해당하는 '시간'의 부사절을 이끄는 as soon as가 필요하다.

(3) 문두에 형용사 Brave가 쓰였으므로 '양보'의 부사절을 이루는 as가 필요하다.

| Words & Phrases |
■stay up late 늦게까지 자지 않고 있다

Practice ③
본문 53쪽

1. (1) ⓒ (2) ⓑ (3) ⓐ (4) ⓓ

2. (1) so that (2) so (that) (3) So

3. (1) such a foolish question that everyone laughed at him
   (2) so as to 또는 in order to

1.
| 해석 |
(1) 그는 출근 시간에 맞춰 일어날 수 있도록 알람을 설정했다.

(2) 그녀는 비에 젖지 않도록 우산을 가져왔다.

(3) 커피가 매우 뜨거워서 나는 혀를 데었다.

(4) 음악이 매우 시끄러워서 그녀는 귀를 막아야 했다.

| 해설 |
(1) '~할 수 있도록'은 「so that+주어+can ~」으로 표현한다.

(2) '~하지 않도록'은 「so that+주어+will not ~」으로 표현한다.

(3) '매우 ~해서 …하다'는 「so ~ that …」으로 표현한다.

(4) '매우 ~해서 …하다'는 「so ~ that …」으로 표현한다.

| Words & Phrases |
■burn 화상을 입다

2.
| 해석 |
(1) 나는 케이크가 완벽하게 나올 수 있도록 조리법을 정확하게 따랐다.

(2) Wi-Fi가 다운되었기 때문에 나는 온라인으로 내 숙제를 끝낼 수 없었다.

(3) 공원에 사람이 매우 많았기 때문에 우리는 빈 벤치를 찾을 수 없었다.

| 해설 |

(1) 케이크가 완벽하게 나오도록 조리법을 따르는 것이므로, in case를 목적을 나타내는 부사절을 이끄는 so that으로 고쳐 써야 한다. in case는 '~할 경우에 대비해, ~할까 봐'라는 의미를 나타내는 표현이다.

(2) Wi-Fi가 다운되어서 숙제를 온라인으로 하지 못하는 결과에 이르게 된 것이므로 목적의 in order that을 결과의 so (that)으로 고쳐 써야 한다.

(3) 「many[much]+명사」의 앞에는 such가 아니라 so가 와야 하므로, Such를 So로 고쳐 써야 한다.

| Words & Phrases |

■recipe 조리법　　　　　■empty 빈

3.

| 해석 |

Tommy는 늘 호기심으로 가득 차 있었다. 어느 날 학교에서 그는 선생님께 "하늘이 왜 파랗게 보이나요?"라고 물었다. 그것은 매우 어리석은 질문인 것 같아서 모두가 그를 비웃었다. Tommy는 모두가 웃는 이유를 물어보려고 했지만, 마음에 상처를 입어 그럴 수 없었다. 그날 이후로 Tommy는 자신의 호기심을 숨기고 조용히 살며 항상 혼자 지냈다. 그러나 그는 하늘의 신비를 더 잘 이해할 수 있도록 더 열심히 공부했다. 몇 년 후, 그는 과학자가 되어 하늘의 색을 설명하는 논문을 썼다. 이제 그는 자신의 꿈을 이루었고 모두에게 존경을 받고 있다.

| 해설 |

(1) 「such+(a[an]+)형용사+명사+that」의 표현으로 쓸 수 있다. 또는 so를 사용해 so foolish a question that everyone laughed at him으로 쓸 수도 있다.

(2) so that[in order that]절의 주어가 주절의 주어와 같으면 so as to[in order to] ~로 표현할 수도 있다.

| Words & Phrases |

■curiosity 호기심　　　■paper 논문
■achieve 이루다, 달성하다

09 관계절

Practice ①

본문 55쪽

1. (1) ⓑ (2) ⓒ (3) ⓐ (4) ⓓ

2. (1) who[that] (2) whose (3) which (4) which[that]

3. (1) Do you know the man whose car is parked over there?

(2) Dr. Jones is the professor who(m)[that] I sometimes talked to you about.

= Dr. Jones is the professor about whom I sometimes talked to you.

= Dr. Jones is the professor I sometimes talked to you about.

(3) The paintings which[that] are marked with a small red dot have already been sold.

1.

| 해석 |

(1) 내가 산 신발은 장애인들이 만든 것이다.
(2) Lake 선생님은 내가 가장 즐거워하는 수업을 하시는 분이다.
(3) 그녀는 우리 영어 수업에서 항상 참여하는 소녀이다.
(4) 박쥐는 날 수 있는 포유동물이다.

| 해설 |

(1) 목적격 관계대명사 which가 쓰인 ⓑ가 선행사 The shoes를 수식하는 것이 적절하다.
(2) 소유격 관계대명사 whose가 쓰인 ⓒ가 선행사 the teacher를 수식하는 것이 적절하다.
(3) 주격 관계대명사 who가 쓰인 ⓐ가 선행사 the girl을 수식하는 것이 적절하다.
(4) 주격 관계대명사 which가 쓰인 ⓓ가 선행사 the mammal을 수식하는 것이 적절하다.

| Words & Phrases |

■disability 장애　　　　■participate 참여하다
■mammal 포유동물

2.

| 해석 |

(1) 나는 것을 두려워하는 사람들은 비행기로 여행하는 것을 피한다.
(2) 그들은 정상이 아직 눈이 덮여 있는 산을 올랐다.
(3) 내가 앉은 벤치가 젖어 있어서 마를 때까지 서 있어야 했다.
(4) 지난여름에 발생한 극심한 가뭄으로 옥수수 수확을 망쳤다.

| 해설 |

(1) 선행사 People이 관계절에서 주어 역할을 하므로 선행사가 사람일 때의 주격 관계대명사 who 또는 that을 써야 한다.
(2) 선행사 the mountain이 관계절 다음에 이어지는 명사 top과 소유 관계가 있으므로 소유격 관계대명사 whose를 써야 한다.

(3) 선행사 the bench가 관계절 앞에 있는 on의 목적어 역할을 하므로 선행사가 사물일 때의 목적격 관계대명사 which를 써야 한다.
(4) 선행사 The severe drought가 관계절에서 주어 역할을 하므로 선행사가 사물일 때의 주격 관계대명사 which 또는 that으로 써야 한다.

| Words & Phrases |
▪ drought 가뭄　　　　　　　▪ ruin 망치다
▪ crop 수확, 곡물

3.
| 해석 |
(1) 그 남자를 아세요? 그의 차가 저쪽에 주차되어 있다.
→ 그의 차가 저쪽에 주차된 남자를 아세요?
(2) Jones 박사는 교수님이다. 내가 가끔 그에 대해 당신과 이야기했다.
→ Jones 박사는 내가 가끔 당신과 이야기했던 교수님이다.
(3) 그 그림들은 이미 판매되었다. 그 그림들에는 작은 빨간색 점이 표시되어 있다.
→ 작은 빨간색 점이 표시되어 있는 그 그림들은 이미 판매되었다.
| 해설 |
(1) His가 the man을 가리키므로, car를 수식하는 소유격 역할을 하는 관계대명사 whose로 연결한다.
(2) him은 the professor를 가리키므로, 전치사 about의 목적어 역할을 하는 관계대명사 who(m)[that]으로 연결한다. 전치사 about은 관계대명사 whom 앞에 올 수도 있고, 관계절의 맨 뒤에 올 수도 있다. 전치사가 후치된 상태에서는 목적격 관계대명사를 생략할 수 있다.
(3) the paintings를 주어로 하는 관계절을 이끄는 주격 관계대명사 which로 연결한다.
| Words & Phrases |
▪ mark 표시하다

Practice ❷
본문 57쪽

1. (1) ⓑ (2) ⓐ (3) ⓓ (4) ⓒ
2. (1) the reason (2) the place (3) the time (4) the way
3. (1) What he is saying (2) that I have
　　(3) what happens

1.
| 해석 |
(1) 2월은 우리 가족이 특별한 행사를 축하하는 때이다.
(2) 이 레스토랑은 아름다운 샹들리에가 걸려 있는 곳이다.

(3) 올해 내가 부모님을 위해 준비한 것은 특별한 케이크였다.
(4) 부모님은 내가 본 것 중 가장 밝은 미소를 보여 주셨다.
| 해설 |
(1) February라는 시간에 대한 내용이므로 the time이 생략된 when이 알맞다.
(2) restaurant이라는 장소에 대한 내용이므로 the place가 생략된 where가 알맞다.
(3) 문장의 주어 역할을 하면서 관계절 안의 동사 prepared의 목적어를 포함해야 하므로 선행사를 포함하는 관계대명사 what이 알맞다.
(4) 선행사 the brightest smiles가 관계절 안에 있는 seen의 목적어 역할을 하므로 선행사가 사물일 때의 목적격 관계대명사 that이 알맞다.
| Words & Phrases |
▪ chandelier 샹들리에

2.
| 해석 |
(1) 나는 그것이 사라진 이유를 알지 못한다.
(2) 그곳은 Anna가 일하는 곳이다.
(3) 그때가 내가 가장 행복하다고 느끼는 시간이다.
(4) 나는 그녀가 어려운 상황을 처리하는 방식이 존경스럽다.
| 해설 |
(1) why가 이끄는 관계절의 수식을 받는 선행사로 the reason이 적절하다.
(2) where가 이끄는 관계절의 수식을 받는 선행사로 the place가 적절하다.
(3) when이 이끄는 관계절의 수식을 받는 선행사로 the time이 적절하다.
(4) 관계절의 관계사는 생략되어 있으며 '그녀가 어려운 상황을 처리한다'는 내용의 수식을 받는 선행사로 the way가 적절하다.

3.
| 해설 |
(1) 문장의 주어 역할을 하면서 saying의 목적어를 포함해야 하므로 선행사를 포함하는 관계대명사 what을 써서 나타낼 수 있다.
(2) 선행사 the only problem이 관계절 안에 있는 have의 목적어 역할을 하므로 선행사가 사물일 때의 목적격 관계대명사 that을 써서 나타낼 수 있다.
(3) 문장의 보어 역할을 하면서 happens의 주어를 포함해야 하므로 선행사를 포함하는 관계대명사 what을 써서 나타낼 수 있다.
| Words & Phrases |
▪ exercise 운동하다

Practice ③

본문 59쪽

1. (1) ⓐ (2) ⓓ (3) ⓑ (4) ⓒ
2. (1) No matter who (2) No matter when (3) Wherever
3. (1) Jasmine, which grows best in warm climates, is a type of plant known for its fragrant flowers. 또는 Jasmine, which is a type of plant known for its fragrant flowers, grows best in warm climates.
   (2) F, F

1.

| 해석 |
(1) 당신은 책장에서 마음에 드는 것은 무엇이든 선택할 수 있다.
(2) 그들은 여행하는 곳은 어디든 기념품을 구입한다.
(3) 열쇠를 찾은 사람은 누구든 그것을 프런트 데스크에 돌려주어야 한다.
(4) 그 수집가는 그 예술가가 만드는 것은 무엇이든 소유하고 싶어 한다.

| 해설 |
(1) You가 선택하는 대상이 이어져야 하므로 복합관계대명사 whatever가 이끄는 절이 문장에서 목적어 역할을 하는 ⓐ를 연결하는 것이 자연스럽다.
(2) 선물을 구매하는 내용과 이어져야 하므로 복합관계부사 wherever가 이끄는 ⓓ를 연결하는 것이 자연스럽다.
(3) 복합관계대명사 Whoever가 이끄는 절이 열쇠를 찾는 것에 관한 내용이므로, 프런트로 열쇠를 돌려주어야 한다는 ⓑ를 연결하는 것이 자연스럽다.
(4) 수집가가 소유하고자 하는 대상이 이어져야 하므로 복합관계대명사 whatever가 이끄는 ⓒ를 연결하는 것이 자연스럽다.

| Words & Phrases |
▪shelf 책꽂이, 선반　▪souvenir 기념품
▪collector 수집가　▪possess 소유하다

2.

| 해석 |
(1) 누가 시합에서 이기더라도 우리는 그들을 축하해야 한다.
(2) 당신이 언제 도착하더라도 나는 여기서 당신을 기다리고 있을 것이다.
(3) 당신이 어디에 가든지 내가 항상 곁에 있을 것이다.

| 해설 |
(1) 양보의 부사절을 이끄는 Whoever는 No matter who로 바꿀 수 있다.
(2) 양보의 부사절을 이끄는 Whenever는 No matter when으로 바꿀 수 있다.
(3) '어디서 ~할지라도'의 의미를 가진 No matter where는

Wherever로 바꿀 수 있다.
| Words & Phrases |
▪competition 시합

3.

| 해석 |
재스민은 향기로운 꽃으로 유명한 식물의 일종이다. 그것은 따뜻한 기후에서 가장 잘 자란다. 그 식물은 열대 지역에서 발견되는 경우가 많다. 그것은 잘 자라려면 풍부한 햇빛과 배수가 잘되는 토양이 필요하다. 그 꽃은 향기가 좋아서 향수, 차, 장식 용품으로 사용된다. 재스민은 일 년 내내 자라고 꽃을 피울 수 있는 겨울이 온화한 지역의 정원과 조경용으로 인기가 높다.

| 해설 |
(1) 문장의 주어인 Jasmine을 가리키는 It을 관계대명사 which로 바꾼 다음 which가 이끄는 관계절을 Jasmine 뒤에 두고 그 앞뒤에 콤마를 찍어 삽입절 형태로 계속적 용법의 관계절을 만들 수 있다.
(2) • 재스민은 잘 자라려면 풍부한 햇빛이 필요하다고 했으므로 극도로 어두운 환경에서도 잘 자란다는 진술은 글의 내용과 일치하지 않는다.
• 재스민의 꽃은 차로 마실 수 있다고 했으므로 어떤 상태에서도 먹을 수 없다는 진술은 글의 내용과 일치하지 않는다.

| Words & Phrases |
▪fragrant 향기로운　▪tropical 열대의
▪region 지역, 지방　▪well-drained 배수가 잘되는
▪thrive 잘 자라다, 번영하다　▪decoration 장식(용품)
▪scent 향기　▪landscaping 조경

본문 60~65쪽

10　Review Test 1

1. ⑤　　2. (A) whether (B) to enjoy (C) makes
3. competitive edge　4. ⑤　　5. (A) studied
(B) whom (C) considered　　6. reservation
7. ⑤　　8. (A) Imagine (B) that (C) offering
9. to remind　　10. ③
11. (A) exhibit (B) that (C) contribute
12. depression, low self-esteem, unhappiness
13. ②　　14. (A) made (B) to hear (C) Do
15. 화랑에 있는 당대의 현대적인 화가들의 작품에 대해 비판만 듣다가 그 작품에 경탄하는 부부의 말을 듣고 기뻐서
16. ⑤　　17. (A) walking (B) to carry (C) greater
18. Benefits

1.

| 소재 | 운동선수 Ella Pangilinan

| 직독직해 |

>> Learning the importance of putting the team first /
팀을 우선하는 것의 중요성을 아는 것은 /

has taught her / the responsibility of commitment and
그녀에게 가르쳐 주었다 / 헌신과 인내의 책임감을 /

perseverance / to excel / not just during practice / but
뛰어나게 잘할 수 있도록 / 연습할 때뿐만 아니라 /

also during official games.
공식 경기 중에도

| 해석 |

어리기는 하지만, Ella Pangilinan은 이미 운동선수의 삶을 받
아들였다. "운동선수가 되는 것은 제가 우선시하는 것들과 뒤따
라야 하는 그런 활동들 사이의 균형을 맞추는 법과 아울러 제
자신을 단련하는 법을 배우도록 저를 고무시켰습니다." 팀을 우
선하는 것의 중요성을 아는 것은 그녀에게 연습할 때뿐만 아니
라 공식 경기 중에도 뛰어나게 잘할 수 있도록 헌신과 인내의
책임감을 가르쳐 주었다. Brent 대학 여자 대표 팀의 공격수로
경기를 해 오면서, Ella는 "열의가 있다면, 다른 어떤 것도 자
신이 열정을 가지고 있는 대상을 추구하는 것을 막을 수 없다."
고 믿는다. 간단히 말해서, 그녀는 "열의가 없으면, 기회도 없
다."라고 말한다.

| 해설 |

⑤ that: 이 부분은 pursuing의 목적어 역할을 하는 명사절을
이끌면서 그 절 안에서 about의 목적어 역할도 해야 하므로,
what으로 바꾸어야 한다.

① as: 「보어+as+주어+동사」로 이루어진 도치된 양보절을
이끄는 접속사로서 맞는 표현이다.

② to discipline: 의문사절이 축약된 「의문사+to부정사」의 일
부로서 맞는 표현이다.

③ has: 문장의 주어 역할을 하는 동명사구(Learning ~)에 호
응하는 단수 형태로서 맞는 표현이다.

④ Having played: 과거부터 현재까지 계속되는 동작을 나타
내는 완료형 분사구문을 이루고 있으므로 맞는 표현이다.

| 구문 |

■ [Being an athlete] encouraged me to learn [**how to**
discipline myself **as well as** create a balance between
my priorities and those activities {that should follow
after}].

첫 번째 [ ]는 동명사구로 문장의 주어 역할을 한다. 두 번째
[ ]는 「how to A as well as B」의 형태로 'B와 아울러 A하는
방법'의 의미이다. { }는 those activities를 수식하는 관계절
이다.

■ [Having played as the Brent Varsity Girls Team
Striker], Ella believes that "if you have the heart,
nothing else should **stop** you **from pursuing** what
you're passionate about."

[ ]는 분사구문으로 의미상의 주어는 Ella이다. 「stop A from
-ing」는 'A가 ~하는 것을 막다'라는 뜻이다.

| Words & Phrases |

■ embrace 받아들이다   ■ discipline 단련하다, 훈련하다
■ create a balance 균형을 맞추다
■ priority 우선 사항   ■ follow after 뒤따르다, 후속하다
■ put ~ first ~을 우선하다, 앞세우다
■ responsibility 책임감   ■ commitment 헌신, 전념
■ perseverance 인내, 끈기   ■ excel 뛰어나다, 능가하다
■ varsity 대학, 대학의 대표팀   ■ heart 열의
■ pursue 추구하다
■ be passionate about ~에 열정을 가지고 있다

[2~3]

| 소재 | 식사 예절의 중요성

| 직독직해 |

>> Polite dining at the table, / whether the meal is formal
식탁에서의 예의 바른 식사는 /   식사가 공식적이든 비공식적이든

or informal, / has developed / as one of the behaviors /
간에 /   발전되어 왔다 /   행동들 중 하나로 /

that set human beings apart from other animals.
인간을 다른 동물들과 구별하는

| 해석 |

식사가 공식적이든 비공식적이든 간에, 식탁에서의 예의 바른
식사는 인간을 다른 동물들과 구별하는 행동들 중 하나로 발전
되어 왔다. 짐승과 사람의 차이점이 식사 예절과 사교적 행동에
서보다 더 분명한 곳은 다른 어디에도 없다. 식사 예절이 중요
한 것은, 그것이 좋은 친구, 좋은 음식, 그리고 좋은 대화와 같
이, 삶에서 더 세련된 것들을 즐길 수 있게 해 주기 때문이다.
이러한 세련된 태도에 대해 아는 것은 식사를 더 유쾌하게 할
뿐만 아니라 사업상의 경쟁 우위를 갖게 해 줄 수도 있다. 자신
의 예절에 자신이 있을 때, 여러분은 회사의 더 느긋하고 세련
된 대표가 된다.

| 해설 |

2. (A) 문맥상 'A이든 B이든 간에'라는 의미가 와야 적절하므
로 부사절을 이끄는 접속사 whether가 맞는 표현이다.

(B) enable은 「enable+A+to부정사」 형태로 쓰이므로, to
enjoy가 맞는 표현이다.

(C) 동명사구 Knowing ~이 주어 역할을 하므로 이에 호응하
는 단수형 동사로 makes가 맞는 표현이다.

3. 한 회사가 경쟁사보다 우위를 점하고 있다는 사실을 의미하

는 표현은 경쟁 우위이므로 이에 해당하는 영어 표현은 competitive edge이다.

| 구문 |

■ Polite dining at the table, whether the meal is formal or informal, has developed as one of the behaviors [that set human beings apart from other animals].
[ ]는 the behaviors를 수식하는 관계절이다.

| Words & Phrases |

■ set A apart from B A를 B와 구별하다
■ evident 분명한　　　　　■ fine 세련된, 정교한, 훌륭한
■ company 친구, 동료, 회사　■ refinement 세련된 태도
■ competitive edge 경쟁 우위
■ be confident of ~에 대하여 자신감을 가지다
■ polished 세련된　　　　　■ representative 대표

4.

| 소재 | 만화책인 '슈퍼맨'의 제작에 얽힌 일화들

| 직독직해 |

》 *Superman* never married Lois Lane / — but Shuster /
슈퍼맨은 Lois Lane과 결코 결혼하지 못했다 / 하지만 Shuster는 /
who modeled Clark Kent after himself, / eventually married
자신을 본떠서 Clark Kent를 만들었던 /　　　　결국 결혼했다 /
Joanne Carter, / the woman he had hired to model for
　　　　　Joanne Carter와 /　　그가 Lois Lane의 모델로 삼기 위해 고용했던
Lois Lane.
여성인

| 해석 |

만화책 '슈퍼맨'(1938)은 이야기 작가 겸 공동 창작자인 Jerry Siegel이 젊었을 때 소녀들의 마음을 끌지 못했다는 점의 직접적인 결과이다. "고등학교 학생이었을 때, 저는 제가 존재한다는 것을 알지 못하거나 혹은 제가 존재한다는 데 신경을 쓰지 않았던 몇 명의 매력적인 소녀들을 좋아했습니다. 이런 생각이 저에게 떠올랐지요. 내가 정말로 놀랄 만하다면 어떻게 될까? 건물을 뛰어넘거나 혹은 차를 이리저리 던지는 것 같은 특별한 재능을 가지고 있다면 어떻게 될까? 그러면 그 애들이 나를 주목할 테지."라고 그는 언젠가 설명했다. Siegel과 또 다른 창작자인 Joe Shuster는 영화배우 'Clark' Gable과 'Kent' Taylor를 본떠 그들이 창안한 등장인물의 이름을 지었다. Lois Lane이라는 이름에 대한 아이디어는 Lois Amster라는 이름의 여성에게서 얻은 것인데, Shuster는 학교에 다닐 때 그녀를 좋아했었다. 슈퍼맨은 Lois Lane과 결코 결혼하지 못했지만—그러나 자신을 본떠서 Clark Kent를 만들었던 Shuster는, Lois Lane의 모델로 삼기 위해 고용했던 여성인 Joanne Carter와 결국 결혼했다.

| 해설 |

⑤ marrying: but 뒤의 문장의 주어는 Shuster이며 이에 상응하는 술어동사가 필요하므로 marrying을 married로 바꾸어야 한다.
① to get: writer and co-creator Jerry Siegel's inability를 수식하는 to부정사로 맞는 표현이다.
② or: 「either A or B」 구문의 일부로 앞의 either와 호응을 이루므로 맞는 표현이다.
③ special: something을 뒤에서 수식하는 형용사로 맞는 표현이다. -thing, -body로 끝나는 명사를 수식하는 형용사는 그 명사의 뒤에 위치한다.
④ whom: 선행사 Lois Amster를 부가적으로 설명하는 관계절을 이끄는 목적격 관계대명사로서 맞는 표현이다.

| 구문 |

■ What if I **was** really amazing?
What if ~?는 '~하면 어떻게 될까?'라는 의미인데, if절에는 가정법 과거형이 오므로 was가 아니라 were가 올바른 표현이지만, 요즘은 was를 쓰는 경우도 많다.
■ What if I had something special going for me, [like jumping over buildings or throwing cars around]?
[ ]는 something special을 수식한다.
■ Superman never married Lois Lane—but Shuster, [who modeled Clark Kent after himself], eventually married Joanne Carter, the woman [he had hired to model for Lois Lane].
첫 번째 [ ]는 Shuster를 부가적으로 설명하는 관계절이며, 두 번째 [ ]는 the woman을 수식하는 관계절이다.

| Words & Phrases |

■ comic book 만화책　　　　■ direct 직접적인
■ writer 이야기 작가(만화나 게임 등의 스토리를 만드는 사람)
■ co-creator (캐릭터 등의) 공동 창작자
■ inability to *do* ~할 수 없음　■ get ~의 마음을 끌다
■ attractive 매력적인　　　　■ exist 존재하다
■ occur to ~에게 떠오르다
■ have something going for ~에게 재능[능력, 기술 등]이 있다
■ throw 던지다　　　　　　■ notice 주목하다, 알아차리다
■ name A after B B의 이름을 따서 A의 이름을 짓다
■ character 등장인물
■ A is inspired by B A에 대한 아이디어가 B에게서 얻어지다
■ model A after B B를 본떠 A를 만들다
■ eventually 결국　　　　　■ hire 고용하다
■ model for ~의 모델이 되다

[5~6]

| 소재 | 발레리나 Maria Tallchief

| 직독직해 |
» Maria is generally considered / the most accomplished
Maria는 일반적으로 여겨진다 /   미국에서 태어난 가장 뛰어난
American-born ballerina / and was the prima ballerina
발레리나로 /   그리고 그 발레단의 수석 발레리나였다 /
of the company / in the 1950s.
                  1950년대에는
| 해석 |
Maria Tallchief는 Oklahoma에 있는 Osage 인디언 보호 구역에서 태어났고, 어린아이였을 때 Los Angeles와 Beverly Hills에서 피아노와 춤을 공부했다. 그녀는 유명한 George Balanchine이 이끄는 발레단에 입단했으며, 1946년에 그와 결혼했다. 그다음 해에 그녀는 나중에 뉴욕 시립 발레단이 되는 무용단에 가입했다. Maria는 미국에서 태어난 가장 뛰어난 발레리나로 일반적으로 여겨지고 있는데, 1950년대에는 그 발레단의 수석 발레리나였다. 그녀는 1965년에 뉴욕 시립 발레단에서 은퇴한 뒤 여러 발레단과 함께 일했다.

| 해설 |
5. (A) 등위 접속사인 and가 앞에 있고 동사구인 was born과 함께 주어인 Maria Tallchief에 이어지는 동사가 필요하므로 studied가 맞는 표현이다.
(B) 두 개의 절을 연결하면서 앞선 명사구 the famous George Balanchine을 가리키는 말이 필요하므로, 접속사와 대명사 역할을 하는 관계대명사 whom이 맞는 표현이다.
(C) 주어인 Maria가 the most accomplished American-born ballerina라는 의미가 되어야 하므로 「A is considered (to be) B」(A가 B라고 여겨지다)라는 표현인 considered가 맞는 표현이다.
6. 나는 7시로 레스토랑을 예약했다.
그는 망설임 없이 내 조언을 받아들였다.
그 가족은 아메리카 원주민 보호 구역에 살고 있다.
예약, 망설임, 보호 구역에 해당하는 단어는 reservation이다.

| 구문 |
■The next year she joined the dance group [**that** later became the New York City Ballet].
[ ]는 the dance group을 수식하는 관계절이고, that은 became의 주어 역할을 하는 관계대명사이다.

| Words & Phrases |
■reservation (인디언) 보호 구역 ■ballet company 발레단
■accomplished 뛰어난   ■prima ballerina 수석 발레리나
■retirement 은퇴

7.
| 소재 | 나쁜 습관을 고치는 방법
| 직독직해 |

» If you just read something you don't enjoy, / you'll get
재미없는 것을 그냥 읽는다면 /   아주 빨리
bored very quickly / and return to watching TV again.
지루해질 것이다 /   그리고 TV 시청으로 다시 돌아가게 (될 것이다)
| 해석 |
여러분에게 하루에 여섯 시간 동안 TV를 보는 습관(이것이 실제로 미국의 평균(시간)이다)이 있다고 하자. 여러분은 매일, 삶에서 쓸모 있는 일을 아무것도 하지 않은 여섯 시간을 잃어버렸다는 것을 깨닫게 된다. 여러분은 변화해야 한다는 것을 안다. 그저 TV만 끄고 그 밖에 다른 일은 아무것도 하지 않기로 한다면, 공허감을 만들어 내게 될 것이다. 시간이 천천히 흐르는 것 같은 느낌이 들 것이다. 여러분의 시간을 다른 어떤 것으로 사용하지 않기 때문에 그 여섯 시간이 열두 시간처럼 느껴질 것이다. 긍정적인 해결 방법을 이용하여, 그 시간을 독서, 운동, 또는 친구와의 대화와 같은 긍정적인 활동으로 사용할 수 있다. 비결은 그것이 여러분의 기분을 좋게 만드는 것이어야 한다는 것이다. 책을 읽기로 한다면, 흥미를 불러일으키는 것을 읽으라. 재미없는 것을 그냥 읽는다면, 아주 빨리 지루해져서 TV 시청으로 다시 돌아가게 될 것이다.

| 해설 |
⑤ boring: 주어인 you가 지루해질 것이라는 의미가 되어야 하므로 boring을 수동의 의미를 지닌 과거분사 bored로 고쳐야 한다.
① in which: 관계절에서 in the six hours of your life를 대신하는 기능을 하므로 in which는 맞는 표현이다.
② slowly: 동사 passes를 수식하는 부사로 맞는 표현이다.
③ Using: 주절의 주어인 you를 의미상의 주어로 하는 분사구문으로 맞는 표현이다.
④ feel: 사역동사 makes의 목적격 보어 자리에 쓰인 동사의 원형으로서 맞는 표현이다.

| 구문 |
■The key is [that it must be something {**that** makes you feel good}].
[ ]는 보어 역할을 하는 명사절이다. { }는 something을 수식하는 관계절이고 that은 makes의 주어 역할을 하는 관계대명사이다.

| Words & Phrases |
■average 평균   ■realize 깨닫다
■turn off ~을 끄다   ■approach 해결 방법, 접근(법)

[8~9]
| 소재 | 상대를 오래 기다리게 하는 것이 관계에 미치는 영향
| 직독직해 |
» The longer we keep people waiting, / the worse they
우리가 사람들을 더 오래 기다리게 하면 할수록 /   그들은 기분이 더

are likely to feel.
나쁠 가능성이 있다

| 해석 |

우리가 사람들을 더 오래 기다리게 하면 할수록 그들은 기분이 더 나쁠 가능성이 있다. 오후 1시에 있는 사장과의 만남에 호출되었는데, '존경심을 보이는' 12시 50분에 도착하는 어느 중간 관리자를 상상해 보라. 그녀는 1시 10분까지는 편안하게 있다가, 그때 비서에게 자신이 그곳에 있다는 것을 사장에게 상기시켜 달라고 요청한다. 만약 비서가 확인하고서 사장이 곧 그녀를 만날 것이라고 전한다면, 그 관리자는 아마도 1시 25분쯤까지는 편안한 상태로 있을 것이다. 그러나 1시 45분쯤 되면, 그녀는 아주 화가 나서 사장이 자신을 만나는 데 정말로 신경 쓰지 않는다고 추정할 가능성이 있다. 그런 다음 만약 사장이 그 관리자를 들어오게 하고, 설명을 하지 않고 바로 당면한 용건으로 진행한다면, 그 관리자는 다소 화난 모습으로 보일지도 모른다. 이것은 그 만남과 관계에 부정적인 영향을 줄지도 모른다.

| 해설 |

8. (A) 문장에 술어동사가 필요하므로 Imagine이 맞는 표현이다. summoned ~는 a middle manager를 수식하는 분사구이다.

(B) assume의 목적어 역할을 하는 절을 이끄는 접속사가 필요하므로 that이 맞는 표현이다.

(C) 전치사 without의 뒤에 이어지므로 동명사형인 offering이 맞는 표현이다.

9. ask의 목적격 보어로 to부정사가 와야 하므로 to remind가 적절하다.

| 구문 |

■ **The longer** we keep people waiting, **the worse** they are likely to feel.

「the+비교급 ~, the+비교급 …」 구문으로 '~하면 할수록 그만큼 더 …하다'의 의미이다.

■ If the president then **lets** the manager in and **proceeds** directly to the business at hand without offering an explanation, ...

lets와 proceeds가 and에 의해 병렬을 이루고 있다.

| Words & Phrases |

■ be likely to *do* ~할 가능성이 있다, ~할 것 같다
■ summon 호출하다, 소환하다 ■ president 사장, 대통령
■ comfortable 편안한 ■ secretary 비서
■ check 확인하다 ■ convey 전달하다
■ assume 추정하다 ■ let ~ in ~을 들어오게 하다
■ proceed 진행하다 ■ directly 바로, 직접
■ at hand 당면한, 가까이에 있는 ■ somewhat 다소
■ irritable 화가 난 ■ negatively 부정적으로

■ affect 영향을 주다

10.

| 소재 | 자유의 여신상의 머리 윗부분에 들여진 조각가의 정성

| 직독직해 |

》 You never know / when / a helicopter, or some other
여러분은 모른다 / 언제 / 헬리콥터 혹은 어떠한 다른 수단이

instrument / not at the moment invented, / may come
그 당시에는 발명되지 않은 / 와서 여러분이

along and find you out.
한 일을 알아낼지도

| 해석 |

Oscar Hammerstein은 자신의 책인 'Lyrics'에서 헬리콥터에서 찍은 자유의 여신상의 머리 윗부분의 사진을 보았던 때에 대해 말한다. 그는 여신의 머리 장식 위에 이루어진 세부 장식과 공들인 작업에 놀랐다. Hammerstein은, 그 조각가가 언젠가 자신이 만든 창작품의 머리 위를 볼 수 있는 장치가 존재하리라는 것을 꿈에서조차도 상상할 수 없었을 것이라고 생각했다. 그러나 그 조각가는 조각상의 그 부분에, 얼굴, 팔, 그리고 다리에 했던 것만큼 많은 관심을 쏟았다. 그는 다음과 같이 기록했다. "예술 작품 혹은 다른 어떤 종류의 작품을 만들고 있을 때도, 그 일을 완벽하게 끝내라. 헬리콥터 혹은 그 당시에는 발명되지 않은 어떠한 다른 수단이 언제 와서 여러분이 한 일을 알아낼지도 모른다."

| 해설 |

③ what: 이어지는 부분이 문장의 필수 요소를 다 갖춘 완전한 절이므로 what이 할 수 있는 역할이 없다. 따라서 이것을 imagined의 목적어 역할을 하는 절을 이끄는 접속사 that으로 바꾸어야 한다.

① taken: a picture of the top of the head of the Statue of Liberty를 수식하는 과거분사로 맞는 표현이다. (*cf.* take a picture: 사진을 찍다)

② was done: 선행사인 work와 수동의 관계에 있으므로 맞는 표현이다.

④ did: 문맥상 gave care를 대신하는 대동사로 맞는 표현이다.

⑤ finish: 명령문을 이끄는 동사의 원형으로서 맞는 표현이다.

| 구문 |

■ Hammerstein reflected that the sculptor could not have imagined, even in his wildest dreams, [that one day there would be a device {that could look on top of the head of his creation}].

[ ]는 imagined의 목적어 역할을 하는 명사절이며, 그 안의 { }는 a device를 수식하는 관계절이다.

■Yet he gave **as much** care to that part of the statue **as** he did to the face, arms, and legs.
「as much *A* as *B*」의 구문이 사용되어, 'B만큼 많은 A'라는 의미를 표현하고 있다. 이 문장에서는 B에 해당하는 부분이 절로 표현되어 있음에 주의한다.

| Words & Phrases |
■the Statue of Liberty 자유의 여신상
■amaze 놀라게 하다　　　■detail 세부 장식
■painstaking 공들인, 정성을 들인
■reflect ~라고 생각하다, 숙고하다
■sculptor 조각가
■in one's wildest dream (부정문에서) 꿈에서라도 (~하지 않다)
■device 장치　　　　　　■creation 창작품, 창조물
■statue 조각상　　　　　■instrument 수단, 도구, 방편
■invent 발명하다

[11~12]
| 소재 | 페이스북 우울증
| 직독직해 |
≫ They found / that the more time students spent on
그들은 발견했다 /　학생들이 페이스북에서 더 많은 시간을 보낼수록 /
Facebook, / the less happy they were / in the moment /
　　　　　　그들은 그만큼 덜 행복하다 /　　그 순간에 /
and the less satisfied they were / with their life in general.
그리고 덜 만족한다 /　　　　　　자신들의 전반적인 삶에

| 해석 |
미국소아과학회(AAP)는 페이스북 우울증이 "십 대 미만이나 십 대 아이들이 페이스북과 같은 소셜 미디어 사이트에서 아주 많은 시간을 보낼 때 생기고, 이어서 전형적인 우울증 증상을 보인다."고 설명한다. 미국의 십 대들은 주당 얼마씩 페이스북에 흥미를 잃어가고 있기 때문에, 이것은 '소셜 미디어 우울증'으로 재규정되어야 한다. 2011년에 AAP는 소셜 미디어 사이트에서 많은 시간을 보내는 십 대 아이들이 우울증에 걸릴 위험이 높다는 우려를 표명했다. 어떤 상황에서는, 소셜 미디어가 낮은 자존감과 '불행감'을 일으킬 수도 있다. Michigan 대학교의 연구원들은 페이스북에서 80명의 대학생들을 추적했다. 학생들이 페이스북에서 더 많은 시간을 보낼수록, 그들은 그 순간에 그만큼 덜 행복하고 자신들의 전반적인 삶에 덜 만족한다는 것을 발견했다.

| 해설 |
11. (A) when으로 시작하는 절 안에서 spend와 병렬되어 있으므로 exhibit이 맞는 표현이다.
(B) 문장의 구조에 비추어 concern과 동격을 이루는 명사절을 이끌어야 하므로 접속사 that이 맞는 표현이다.

(C) social media가 낮은 자존감과 '불행감'을 일으키는 주체이므로 능동형인 contribute가 맞는 표현이다.
12. 젊은이들의 지나친 소셜 미디어 의존은 우울증, 낮은 자존감 그리고 불행감을 일으킬 수 있다.
| 구문 |
■The American Academy of Pediatrics (AAP) explains [that Facebook depression "develops when preteens and teens {spend a great deal of time on social media sites, such as Facebook}, and {subsequently exhibit classic symptoms of depression}]."
[　]는 접속사 that이 이끄는 명사절로 explains의 목적어 역할을 한다. 두 개의 {　}는 and로 연결되어 when절의 주어 preteens and teens에 이어진다.
■They found [that **the more time** students spent on Facebook, **the less happy** they were in the moment and **the less satisfied** they were with their life in general].
[　]는 found의 목적어 역할을 하는 명사절이다. 그 안에 「the+비교급 ~, the+비교급 ...」 구문이 쓰였다.

| Words & Phrases |
■develop (병이나 문제가) 생기다, 발생하다
■subsequently 이어서, 계속해서
■exhibit 보여 주다　　　　■classic 전형적인
■symptom 증상　　　　　■redefine 재규정하다
■concern 우려, 걱정
■at increased risk for ~에 대한 위험이 높은
■circumstances 상황, 여건
■contribute to ~을 일으키다, ~의 원인이 되다
■undergraduate 대학생　　■*A* in general 전반적인 A

13.
| 소재 | 장미꽃과 가시를 활용한 관계에 대한 비유
| 직독직해 |
≫ Overall, / it is crucial / to be prepared / to overcome
전체적으로 보면 / 중요하다 /　준비가 되어 있는 것이 / 장애물을
obstacles / in order to nurture and develop the love / that
극복할 /　　사랑을 키우고 발전시키기 위해서는 /
already exists between two people.
두 사람 사이에 이미 존재하는
| 해석 |
장미는 사랑, 우정, 애착을 포함하여 다양한 긍정적인 감정을 상징한다. 반면 가시는 연인 관계에서 발생할 수 있는 어려움과 문제를 상징한다. 하지만 가시가 없는 장미 덤불을 본 적이 있나? 그것이 아무리 흥미롭더라도 가시는 장미를 보호하고 성장을 돕기 위해 꼭 필요하지만, 우리는 어느 누구도 가시의 중요성에 관해 이야기하는 것을 들어 보지 못했다. 장미와 가시 이야기는

관계에는 기복이 있을 수 있으며, 사랑이란 항상 쉽게 달성할 수 있는 것이 아니라는 것을 암시한다. 또한 그것은 두 사람 사이에 존재하는 아름다움과 사랑을 향유하고 성장시키기 위해서는 관계에서 오는 문제와 어려움을 헤쳐 나가는 것이 중요하다는 것을 암시한다. 전체적으로 보면 두 사람 사이에 이미 존재하는 사랑을 키우고 발전시키기 위해서는 장애물을 극복할 준비가 되어 있는 것이 중요하다.

| 해설 |

② its: 가시가 장미에게 꼭 필요하지만 어느 누구도 가시의 중요성에 대해 말하지 않는다는 의미이므로 복수명사인 thorns를 가리키는 대명사인 their로 고쳐야 한다.

① that: the challenges and problems를 수식하는 관계절을 이끄는 관계사 that은 어법상 적절하다.

③ to achieve: a simple thing을 뒤에서 수식하는 to부정사로 어법상 적절하다.

④ critical: is의 주격 보어가 되는 형용사 critical은 어법상 적절하다.

⑤ exists: 주격 관계대명사 that이 이끄는 절의 수식을 받는 단수 선행사 the love에 수를 일치시킨 관계절의 단수형 동사 exists는 어법상 적절하다.

| 구문 |

■ [**No matter how** ugly they are], thorns are necessary [to protect the rose] and [aid in its growth], yet we have never heard of [anyone discussing their importance].

첫 번째 [ ]는 '아무리 ~할지라도'라는 의미의 양보의 접속사 no matter how가 이끄는 부사절이다. 두 번째와 세 번째 [ ]는 and에 의해 연결되어 necessary를 수식하는 to부정사구이며 세 번째 [ ]에서 to가 생략되어 있다. 네 번째 [ ]는 of에 의해 유도되는 동명사구이며 anyone은 discussing their importance의 의미상의 주어이다.

■ It also implies [that {**in order to** enjoy and grow the beauty and love ⟨that exist between two people⟩}, **it** is critical {to traverse the problems and difficulties ⟨that come in a relationship⟩}].

[ ]는 implies의 목적어 역할을 하는 명사절이다. 그 안의 { }는 '~하기 위하여'라는 의미의 in order to do로 유도되고 있고, 그 안의 ⟨ ⟩는 the beauty and love를 수식하는 관계절이다. 형식상의 주어 it 다음의 두 번째 { }는 내용상의 주어이고, 그 안의 ⟨ ⟩는 the problems and difficulties를 수식하는 관계절이다.

| Words & Phrases |

■ represent 상징하다　　■ attachment 애착, 애정
■ stand in for ~을 상징하다　■ imply 암시하다
■ overall 전체적으로 보면　　■ crucial 중요한, 중대한

■ obstacle 장애물　　■ nurture 키우다, 양육하다

[14~15]

| 소재 | 화랑에서 생긴 일

| 직독직해 |

≫ One late afternoon, / after she had heard nothing but
어느 날 늦은 오후 /　　그녀가 하루 종일 비판만 들은 후에 /
criticism all day, / a couple of tourists dropped into her
　　　　어느 여행자 부부가 그녀의 화랑에 들렀다 /
gallery / and made very admiring remarks / about the
　　　그리고 아주 감탄하는 말을 했다 /　　그 미술
works of art, / although unfortunately they had no money /
작품들에 대해 /　비록 유감스럽게도 그들에게 돈은 없었지만 /
with which to buy them.
그 미술 작품들을 살 수 있는

| 해석 |

제2차 세계대전 이전에 Lucy Carrington Wertheimer는 당대의 현대적인 화가들의 작품을 중점적으로 취급하는 화랑을 운영했다. 그들 중 많은 이들은 나중에 화가로서 아주 유명해졌고 매우 존경받았지만 많은 경우 그녀는 이 화가들의 작품에 대한 비판만 들었다. 어느 날 늦은 오후, 그녀가 하루 종일 비판만 들은 후에, 어느 여행자 부부가 그녀의 화랑에 들러, 비록 유감스럽게도 그 미술 작품들을 살 돈은 없었지만, 그 작품들에 대해 아주 감탄하는 말을 했다. Wertheimer 씨는 그들의 긍정적인 평, 특히 그들이 경탄한 Kolle의 그림에 관한 평을 듣고 매우 기뻐서, 그 그림을 그들에게 주었다. "그것을 가지세요. 그것을 가져가세요. 계속해서 그것을 정말로 즐기세요."

| 해설 |

14. (A) 등위 접속사인 and가 앞에 있고 동사 dropped와 함께 주어인 a couple of tourists에 이어지는 동사가 필요하므로 made가 맞는 표현이다.

(B) 형용사 happy 다음에 감정의 원인을 설명할 때 to부정사가 이어지므로 to hear가 맞는 표현이다.

(C) 명령문이고 뒤에 있는 go를 강조하는 역할을 하는 조동사 Do가 맞는 표현이다.

15. Ms. Wertheimer는 화랑에 있는 당대의 현대적인 화가들의 작품에 대해 비판만 듣다가 여행자 부부의 긍정적인 평, 특히 그들이 경탄한 Kolle의 그림에 관한 평을 듣고 매우 기뻐서, 그 그림을 그들에게 주었다.

| 구문 |

■ Ms. Wertheimer was **so** happy to hear their positive comments—especially about a picture by Kolle that they admired—**that** she gave it to them:

「so ~ that ...」은 '매우 ~해서 그 결과 …하다'라는 의미를 나타낸다.

| Words & Phrases |
- art gallery 화랑
- criticism 비판
- admiring 감탄하는
- comment 평, 논평
- concentrate on ~에 집중하다
- drop into ~에 들르다
- remark 말, 소견

16.

| 소재 | 물고기의 관찰 학습

| 직독직해 |

>> Simple observation of others overturned / a preference
다른 물고기를 단순 관찰한 결과만으로도 뒤집었다 / 이전에 개별
previously gained by individual learning (go to the left) /
학습을 통해 얻은 선호도를(왼쪽으로 이동) /
in favor of the opposite preference (go to the right).
반대 선호도(오른쪽으로 이동)를 위하여

| 해석 |

다른 사람을 관찰함으로써 어떤 것이 나쁜지 배울 수 있는 것처럼, 어떤 것이 좋은지, 그리고 그것들을 찾으려면 어디로 가야 하는지도 배울 수 있다. 연못에서 볼 수 있는 작은 포식성 어류인 아홉 줄 큰가시고기(청가시고기)를 이용한 우아할 정도로 간단한 실험에서 이런 일이 일어나는 것을 볼 수 있다. 하지만 여기서 이들은 실험실의 큰 유리 수조에 있다. 한 마리의 큰가시고기를 분리하여 수조의 왼쪽에서는 먹이를 찾을 수 있지만, 오른쪽에서는 먹이를 찾을 수 없다는 것을 학습시켰다. 얼마 후, 이 물고기는 선택권이 주어지면 항상 왼쪽으로 헤엄치곤 했다. 7일의 유예 후에, 이 큰가시고기는 수조 오른쪽에서 다른 물고기들이 먹이를 먹는 것을 관찰했다. 이 물고기는 즉시 이전에 학습된 선호도를 버리고 이제 오른쪽으로 헤엄쳤다. 다른 물고기를 단순 관찰한 결과만으로도 이전에 개별 학습을 통해 얻은 선호도(왼쪽으로 이동)를 반대 선호도(오른쪽으로 이동)를 위하여 뒤집은 것이었다.

| 해설 |

⑤ overturning: 문장의 주어 Simple observation of others 다음에 이어지는 술어동사가 필요한 위치이므로 overturning 은 overturned로 고쳐야 한다.
① to go: 전치사 about의 목적어 역할을 하는 의문사와 연결된 to부정사구인 to go는 어법상 적절하다.
② found: 수식을 받는 small predatory fish는 분사구를 이끄는 found의 대상이 되므로 과거분사 found는 어법상 적절하다.
③ that: learned의 목적어 역할을 하는 명사절을 이끄는 접속사 that은 어법상 적절하다.
④ when: the fish를 의미상의 주어로 하면서 그 부가적인 내용을 설명하는 분사구문을 유도하는 시간의 접속사 when은 어법상 적절하다.

| 구문 |

■ We see this [happening in an elegantly simple experiment with {nine-spined sticklebacks}, {small predatory fish ⟨found in rivers and ponds⟩}].
[ ]는 see의 목적어인 this의 보어 역할을 하며 진행의 의미를 갖는 분사구이고, 그 안의 두 개의 { }는 동격 관계이며, ⟨ ⟩는 small predatory fish를 수식하는 분사구이다.
■ An individual stickleback [was isolated] and [learned {that food could be found on the left side of a tank, but not on the right side}].
두 개의 [ ]는 and로 연결되어 문장의 술부를 이루며, { }는 learned의 목적어 역할을 하는 명사절이다.

| Words & Phrases |
- nasty 나쁜, 불쾌한
- predatory 포식성의
- delay 유예, 지연
- preference 선호도
- observation 관찰에 의한 결과[의견], 관찰
- overturn 뒤집다
- in favor of ~을 위하여, ~에 이롭도록
- elegantly 우아하게
- isolate 분리하다, 고립시키다
- promptly 즉시

[17~18]

| 소재 | 걷기의 건강 효과

| 직독직해 |

>> If you can carry on a normal conversation or sing /
정상적인 대화를 진행할 수 있다면 또는 노래를 할 수 있다면 /
while walking, / you're probably not walking fast enough.
걸으면서 / 아마 충분히 빨리 걷고 있지 않을 것이다

| 해석 |

여러분의 목표가 건강해지고 열량을 소모하는 것이라면, '빨리' 걷기가 '더 오래' 걷기보다 더 효율적이다. 걸으면서 정상적인 대화를 진행하거나 노래를 할 수 있다면 아마 충분히 빨리 걷고 있지 않을 것이다. 중요한 약속에 가려고 걸어가고 있는데, 늦고 싶지 않다고 상상해 보자. 대화를 진행하기 어렵게 할 만큼 호흡이 가빠질 것이다. 긴장을 풀기 위해 걷고 있다면, 여러분이 즐기는 한가한 속도로 걸으라. 걷기는 용량 관련 효과를 가지고 있는 것 같다. 더 빨리 더 오래 걸을수록, 여러분이 얻는 심장의 이득은 그만큼 더 크다. 일부 연구에 따르면, 하루에 30분간 움직이는 것만으로도 심장병의 위험을 절반으로 줄일 수 있다. 마라톤을 할 필요는 없다. 땀이 나지 않는 활동조차도 엄청난 건강상의 이득을 만들어 낼 수 있다.

| 해설 |

17. (A) while you are walking에서 「주어＋be동사」가 생략된 표현이므로 walking이 맞는 표현이다.

(B) it은 형식상의 목적어이고 내용상의 목적어를 이끄는 to부정사가 필요하므로 to carry가 맞는 표현이다.
(C) 「the+비교급 ~, the+비교급 …」 구문의 일부로서, '~할수록 그만큼 더 …하다'라는 의미를 나타내므로 greater가 맞는 표현이다.

18. 빨리 걷기가 우리를 건강하게 만들고 열량을 소모시키며, 하루에 30분 걷는 것만으로도 심장병의 위험을 절반으로 줄일 수 있다는 내용의 글이다. 따라서 글의 제목으로는 '운동과 건강을 위한 걷기의 이점'이 적절하므로 빈칸에는 Benefits가 알맞다.

┃구문┃
■ Some studies show [that {simply moving 30 minutes a day} can cut the risk of heart disease in half].
[ ]는 show의 목적어 역할을 하는 명사절이다. { }는 that절 안에서 주어 역할을 한다.

┃Words & Phrases┃
- fit 건강한
- normal 정상적인
- heavy (호흡이) 가쁜
- leisurely 한가한
- risk 위험
- tremendous 엄청난
- efficient 효율적인
- appointment 약속
- relaxation 긴장을 풂, 이완
- pace 속도
- yield 만들다

본문 66~71쪽

11 Review Test 2

1. ⑤ 2. (A) is (B) ask (C) to maintain
3. disputing (또는 challenging) negative beliefs
4. ① 5. (A) knowing (B) simple (C) reflecting
6. (D)escribe 7. ② 8. (A) that (B) said (C) was stated 9. (p)rove, (p)roof, (p)aper
10. ③ 11. (A) Imagine (B) to get (C) themselves
12. (i)ndirectly 13. ③ 14. (A) rude (B) what (C) featuring 15. (a) cultural (b) discouraging
16. ④ 17. (A) working (B) though (C) thought
18. (A) illustrates (B) seldom

1.
┃소재┃ 사회적 행동으로의 웃음
┃직독직해┃
≫ In this way, / laughter is similar / to other involuntary
이런 점에서 / 웃음은 유사하다 / 다른 무의식적인 행동과 /

behaviors / like breathing, blinking, hiccuping, and vomiting.
호흡, 눈 깜빡임, 딸꾹질, 그리고 구토와 같은

┃해석┃
웃음은 무의식적인 행동이다. 그것은 우리가 적극적으로 하기로 결정한 것이 아니라, 우리의 뇌는 그저 자연스럽게 그것을 하는 것이다. 이런 점에서 웃음은 호흡, 눈 깜빡임, 딸꾹질, 그리고 구토와 같은 다른 무의식적인 행동과 유사하다. 하지만 이것들은 단순히 생리적이지만, 웃음은 무의식적인 '사회적' 행동이다. 우리는 친구와 유대감을 형성하기 위해, 적을 조롱하고, 사회적 기준을 탐색하고, 사회 집단의 경계를 표시하기 위해 웃음을 이용한다. 웃음은 대인 관계적 중요성이 가미되어 있는 사회적 신호에 대한 반응이다. 그러나 우리들 정신의 의식적이고 고의적이며 의도적인 부분인 '우리'는 언제 그것을 할지를 결정하지 않는다.

┃해설┃
⑤ don't get to decide 뒤에 decide의 목적어 역할을 할 수 있는 절이 필요하므로 doing을 when절의 술어동사가 될 수 있도록 do로 고쳐야 한다.
① 문맥상 동사 do를 수식해야 하므로 부사 naturally를 쓰는 것은 적절하다.
② 이어지는 동명사구를 목적어로 취하는 전치사가 필요하므로 전치사 like를 쓰는 것은 적절하다.
③ 문맥상 목적의 의미를 나타내므로 to부정사구 to bond를 쓰는 것은 적절하다.
④ 수식의 대상인 a response to social cues가 lace가 나타내는 동작의 대상이므로 수동의 의미를 나타내는 과거분사 laced를 쓰는 것은 적절하다.

┃구문┃
■ But [whereas these are merely physiological], laughter is [an involuntary *social* behavior].
첫 번째 [ ]는 접속사 whereas가 이끄는 부사절이며, 두 번째 [ ]는 is의 주격 보어 역할을 하는 명사구이다.

┃Words & Phrases┃
- involuntary 무의식적인, 자기도 모르게 하는
- actively 적극적으로, 능동적으로
- blinking 눈 깜빡임
- vomiting 구토
- bond 유대감을 형성하다, 결합하다
- mock 조롱하다
- boundary 경계
- cue 신호
- lace (책·연설 등에 어떤 요소를) 가미하다
- significance 중요성
- conscious 의식적인
- willful 의도적인

[2~3]
┃소재┃ 어려움에 대한 해석을 바꾸는 방법

| 직독직해 |

≫ Once you get into the habit / of disputing negative
일단 습관을 지니게 되면 /   부정적인 믿음에 이의를
beliefs, / your daily life will run much better, / and you
제기하는 /   여러분의 일상은 훨씬 더 잘 흘러갈 것이다 /   그리고
will feel much happier.
여러분은 훨씬 더 행복하다고 느낄 것이다

| 해석 |

어려움에 대한 해석을 바꾸는 주요 도구는 이의 제기이다. 이제
부터 여러분의 자동적인 해석에 언제나 이의를 제기하는 연습
을 하라. 우울하거나 불안하거나, 화가 난 자신을 발견할 때마
다, 여러분이 자신에게 무엇을 말하고 있는지를 물어보라. 때때
로 그 믿음이 정확한 것으로 드러날 수 있다. 그러할 때는, 여러
분이 상황을 바꾸어 어려움이 재앙이 되는 것을 막을 방법에 집
중하라. 하지만 보통 여러분의 부정적인 믿음은 왜곡된 상태이
다. 그것들에 도전하라. 그것들이 여러분의 감정생활을 지배하
게 내버려두지 마라. 다이어트와 달리, 학습된 낙관주의는 일단
여러분이 시작하면 유지하기 쉽다. 일단 부정적인 믿음에 이의
를 제기하는 습관을 지니게 되면, 여러분의 일상은 훨씬 더 잘
흘러가고, 여러분은 훨씬 더 행복하다고 느낄 것이다.

| 해설 |

2. (A) 문장의 주어를 이루는 명사구의 핵은 tool이므로 술어
동사는 단수형인 is가 적절하다.
(B) 주절에 주어가 없이 동사로 시작하고 있으므로 명령문을
이끄는 동사원형인 ask가 적절하다.
(C) 맥락상 앞선 형용사의 의미를 보충하는 to부정사가 필요하
므로 to maintain이 적절하다.
3. 더 나은 삶을 위해, 어려움에 대한 자신의 부정적인 믿음을
바꿀 것을 조언하는 글이다. 전치사 of의 목적어 역할을 하며,
문맥상 적절한 내용을 담고 있어야 하므로 disputing(또는
challenging) negative beliefs가 적절하다.
→ 더 행복하게 느끼고 삶을 더 좋게 만들기 위해 부정적인 믿
음에 이의를 제기하는 것의 중요성

| 구문 |

▪**Anytime** you find yourself [down or anxious or
angry], ask [what you are saying to yourself].
'~할 때는 언제나'라는 의미의 접속사적 역할을 하는 부사
Anytime이 쓰였다. 첫 번째 [ ]는 동사 find의 목적격 보어
역할을 하는 형용사구로 세 개의 형용사가 or로 대등하게 연결되
어 있다. 두 번째 [ ]는 ask의 목적어 역할을 하는 명사절이다.

| Words & Phrases |

- ▪interpretation 해석
- ▪automatic 자동적인
- ▪concentrate 집중하다
- ▪hardship 어려움
- ▪accurate 정확한
- ▪disaster 재앙

- ▪negative 부정적인
- ▪challenge 도전하다
- ▪distortion 왜곡된 상태, 왜곡
- ▪optimism 낙관주의

4.

| 소재 | 같은 일을 공유하는 직원 관리하기

| 직독직해 |

≫ If possible, / have a meeting with both employees /
가능하다면 /   두 직원 모두와 회의를 하라 /
so that you can all talk / about who is responsible for
여러분 모두가 이야기할 수 있도록 / 누가 무엇에 책임이 있는지에 관해 /
what / and get a firm schedule down.
        그리고 확정된 일정을 적어 둘 수 있도록

| 해석 |

한 가지 일을 공유하는 두 명의 직원이 있다면 그들을 효과적으
로 관리하는 것이 혼란스러울 수 있다. 가능하다면, 누가 무엇
에 책임이 있는지에 관해 여러분 모두가 이야기하고, 확정된 일
정을 적어 둘 수 있도록 두 직원 모두와 회의를 하라. 그들이 근
무 날짜나 시간을 바꿀 때 여러분에게 통지할 필요가 있는지를
알려라. 그들이 일을 나누어 하더라도 그들 둘 다 그 일자리에서
수행할 업무를 충족시켜야 할 책임을 져야 할 것이고 만약 한 사
람이 책임지고 있는 일을 망친다면 다른 사람이 그 일을 수습할
필요가 있다는 것을 분명히 하라. 그 일을 처리하는 두 사람이
반드시 서로 잘 어울리는 사람이 되도록 하라. 그들이 서로 다르
게 그 일에 접근하면 절충안이 있어야 하며, 그들이 각자 자기
방식대로 일을 해서 일을 이중으로 하고 있지 않도록 확인해야
한다.

| 해설 |

① whom: 뒤에 있는 is의 주어 역할을 하면서 about의 목적
어 역할을 하는 의문사절을 이끌 수 있는 의문사가 필요하므로
whom을 who로 고쳐야 한다.
② clear: 목적격 보어가 필요한 자리이므로 형용사인 clear가
맞는 표현이다.
③ the other: 둘 중 다른 하나를 가리키는 대명사로 the other
는 맞는 표현이다.
④ are: 주어가 the two people이므로 are는 맞는 표현이다.
⑤ doing: 전치사 by 다음에 동명사가 이어지므로 doing이 맞
는 표현이다. 앞에 쓰인 each는 동명사 doing의 의미상의 주
어이다.

| 구문 |

▪Make **it** clear [that {even though they may divide the
work up, they are both going to be responsible for
meeting the job description for the position}, and {if
one person drops the ball, the other will need to pick it
up}].

it은 형식상의 목적어이고 [   ]가 내용상의 목적어이다. 두 개의
{   }는 that절 안에서 and를 사이에 두고 서로 병렬 구조를 이
루고 있다.

| Words & Phrases |
- employee 직원
- get down ~을 적다
- indicate 알리다
- meet 충족시키다
- handle 처리하다
- middle ground 절충안
- confusing 혼란스러운
- firm 확정된
- switch 바꾸다
- drop the ball 일을 망치다
- approach 접근하다

[5~6]
| 소재 | 감정을 표현하는 말
| 직독직해 |
>> Part of getting to know and manage oneself / is learning
자신을 알고 관리할 수 있다는 것의 일부는 /   자신의
names for your emotions / so that you can communicate
감정에 해당하는 말을 배우는 것이다 / 다른 사람들과 의사소통을 더 잘할
better with others.
수 있도록

| 해석 |
아이들은 자신의 감정을 설명하는 단어를 아는 채로 태어나지
않는다. 자신을 알고 관리할 수 있다는 것의 일부는 다른 사람
들과 의사소통을 더 잘할 수 있도록 자신의 감정에 해당하는 말
을 배우는 것이다. 이것은 간단하게 들릴 수 있지만, 어린 아이
들은 감정을 칭하는 광범위한 어휘를 갖고 있지 않아서, '슬픈',
'화난', '분노한', 그리고 '행복한'과 같은 기본적인 단어를 주로
사용하려 한다. 그들이 성장함에 따라 부모들은 '좌절한', '짜증
난', '자랑스러운', 그리고 '부끄러운'과 같은 추가적인 단어를 사
용하여 그들의 감정을 나타내는 어휘를 증가시킬 수 있다. 애정
어린 어른은 "내가 보니 너는 네 프로젝트에 좌절감을 느끼고
있구나." 또는 "우와, 너 정말 신나 보이는구나!"와 같은 말을
하여 아이의 감정을 적극적으로 또 정확하게 반영함으로써 도
움을 줄 수도 있다. 또한 아이들에게 큰 소리로 읽어 주는 책에
도 감정을 나타내는 새로운 단어들이 있다. 감정을 인식하고 이
름을 붙이는 것이 그것을 관리하는 첫걸음이다.

| 해설 |
5. (A) Children을 의미상의 주어로 하는 분사구문을 이끌 수
있는 knowing이 맞는 표현이다.
(B) 동사 sound 다음에 이어지는 보어이므로 형용사인
simple이 맞는 표현이다.
(C) 전치사 by 다음에 동명사가 이어지므로 reflecting이 맞는
표현이다.
6. 감정을 인식하고 관리하기 위해서는 자신의 감정을 설명할
수 있어야 한다는 내용의 글이다. 글의 제목으로는 '아이가

감정에 대해 설명할 수 있게 도우라'가 적절하므로, 빈칸에는
Describe가 들어가는 것이 알맞다.

| 구문 |
■ There are new words for feelings in the books [you
read aloud to your children], as well.
[   ]는 the books를 수식하는 관계절이고 목적격 관계대명사
가 생략되어 있다.

| Words & Phrases |
- describe 설명하다
- get to *do* ~할 수 있다(= can *do*), ~할 기회를 가지다 (= have
  the opportunity to *do*)
- extensive 광범위한
- add to ~을 증가시키다
- frustrated 좌절한
- accurately 정확하게
- vocabulary 어휘
- additional 추가적인
- annoyed 짜증난
- reflect 반영하다

7.
| 소재 | 인도의 면직물 산업
| 직독직해 |
>> By the next century / there was a strong demand for
그 다음 세기에 이르자 /   이 직물에 대한 큰 수요가 있었다 /
these textiles / both in the Mediterranean and in East
지중해와 동아프리카에서 모두 /
Africa, / and by the fifth century / they were being traded /
그리고 5세기 즈음에는 /   그것이 거래되고 있었다 /
in Southeast Asia.
동남아시아에서

| 해석 |
목화는 기원전 2300년에서 1760년 사이의 어느 시기에 인더
스 강 계곡에서 처음 재배되었고, 기원전 두 번째 천 년기 즈음
에는 이미 인도인들은 정교한 염색 기술을 개발하기 시작했었
다. 이러한 초기 몇 천 년 동안에 인더스 강 계곡 상인들은 메소
포타미아에서 살았다고 알려져 있는데, 그들은 거기서 면직물
을 판매하였다. 기원전 1세기에는 이집트가 인도 면직물의 중
요한 해외 시장이 되었다. 그 다음 세기에 이르자 지중해와 동아
프리카에서 모두 이 직물에 대한 큰 수요가 있었고, 5세기 즈음
에는 그것이 동남아시아에서 거래되고 있었다. 인도 직물 무역
은 그 다음 천 년 동안 계속하여 성장했다. 16세기가 시작될 무
렵 유럽의 선박이 아시아의 항구에 도달한 이후에도 그것은 그
대로 계속되었다.

| 해설 |
② which: Mesopotamia를 부가적으로 설명하는 관계절을
이끄는 관계부사가 필요하므로 which를 where나 in which로
고쳐야 한다.
① had begun: 기원전 두 번째 천 년기에 이르자 이미 염색 기

술 개발이 시작된 상태였다는 의미이므로 과거완료형은 맞는 표현이다.

③ traded: 동사 trade가 주어와 수동의 의미를 가지며 과거에 진행 중인 동작을 나타내고 있기 때문에 과거진행형 수동태(be동사＋being＋p.p.)의 일부로서 traded는 맞는 표현이다.

④ to grow: continue는 to부정사와 동명사를 모두 목적어로 가질 수 있으므로 맞는 표현이다.

⑤ it: 앞 문장의 The Indian textile trade를 대신하는 대명사로서 맞는 표현이다.

| 구문 |

■During these early millennia Indus River valley merchants **are known to have lived** in Mesopotamia, ~
to부정사가 나타내는 내용이 문장의 동사인 are known보다 먼저 일어난 일을 나타내므로 완료형(to have＋p.p.)으로 표현되었다. *cf.* **It is known that** during these early millennia Indus River valley merchants **lived** in Mesopotamia, ~

| Words & Phrases |

■domesticate 재배하다, (동물을) 사육하다
■millennium 천 년간, 천 년기 (*pl.* millennia)
■sophisticated 정교한　　■dye 염색하다
■textile 직물　　■demand 수요
■trade 거래하다, 무역하다; 거래, 무역
■port 항구
■at the turn of ～이 시작되는 시기에, ～의 전환기에
■intact 본래대로의, 손대지 않은

[8~9]

| 소재 | 자신의 논문에서 증명하지 않았던 부명제를 바로 설명하지 못했던 교수의 에피소드

| 직독직해 |

≫ He wrote down a lemma / on the blackboard / and
그는 부명제를 하나 적었다 /　　칠판에 /　　그리고
announced / that the proof was obvious.
단언했다 /　　증명은 누가 봐도 분명하다고

| 해석 |

언젠가 Shizuo Kakutani가 예일 대학교에서 수업을 하고 있었다. 그는 칠판에 부명제를 하나 적고 증명은 누가 봐도 분명하다고 단언했다. 한 학생이 소심하게 손을 들고 그것이 자신에게는 분명하지 않다고 말했다. Kakutani는 설명할 수 있었을까? 얼마간 생각한 후, Kakutani는 자신이 그 부명제를 증명할 수 없음을 깨달았다. 그는 사과했고, 다음 수업 시간에 다시 알려 주겠다고 말했다. 수업이 끝나고, Kakutani는 자신의 사무실로 곧장 갔다. 그는 상당히 오랜 시간 동안 힘을 들였고 자신이 그 부명제를 증명할 수 없음을 발견했다. 그는 점심을 건너뛰고 그 부명제를 추적하러 도서관에 갔다. 많은 노력 끝에,

그는 마침내 원본 논문을 찾았다. 그 부명제는 명확하고 간결하게 진술되어 있었다. 그 증명에 대해서 저자는 '독자용 연습 문제(증명은 독자에게 맡김)'라고 써 두었다. 이 1941년 논문의 저자는 Kakutani였던 것이다.

| 해설 |

8. (A) announced의 목적어 역할을 하는 명사절을 이끄는 접속사로서 that이 맞는 표현이다.

(B) 접속사 and 뒤에 반복을 피하기 위해 주어 he가 생략되어 있는 구조이므로, 과거형의 동사 said가 맞는 표현이다.

(C) state(진술하다)는 주어(The lemma)와 수동의 관계에 있으므로, 수동태인 was stated가 맞는 표현이다.

9. Kakutani는 수업 시간에 그 부명제를 증명하지 못했는데, 그 자신이 원래의 논문에서 그것의 증명을 독자들에게 맡겼었다.

| 구문 |

■He skipped lunch and went to the library [to track down the lemma].
[ ]는 '목적'을 나타내는 부사적 용법의 to부정사구이다.

| Words & Phrases |

■announce 단언[공표]하다　　■proof 증명
■obvious (누가 보아도) 분명한, 뻔한
■timidly 소심하게　　■apologize 사과하다
■report 알리다　　■labor 애쓰다, 노력하다
■skip 건너뛰다
■track down (～의 흔적을) 추적하다, 찾다
■state 진술하다　　■succinctly 간결하게
■Excercise for the reader '독자용 연습 문제, 즉 증명은 독자에게 맡김'이라는 의미로서, 논문 등에서 사소한 내용을 구태여 길게 설명하고 싶지 않을 때 사용하는 상투적 표현

10.

| 소재 | 한 소년이 지도력을 발휘하게 된 계기

| 직독직해 |

≫ Later, paramedics arrived and took over / — but not
나중에 구급대원들이 도착해서 인계받았다 /　　하지만 그들이
before they acknowledged / it was the sixteen-year-old
인정한 후였다 /　　열여섯 살 먹은 소년이라는 것을 /
boy / who had saved the man's life.
　　그 남자의 생명을 구한 사람은

| 해석 |

예상되지 않은 상황에 의해 지도자의 역할이 어느 사람에게 맡겨질 수 있다는 것을 인정하는 것이 적절하다. 우리 자녀들은, 거의 예상하지 못할 때 운명이 지도력을 발휘할 기회를 제공할 수도 있다는 사실에 주의해야 한다. 몇 년 전, 내 학생들 중 한 명이 Sydney의 Parramatta 기차역에 있었는데, 그때 그 역에 있던 어느 남자가 심장 마비를 일으켜서 의식을 잃고 쓰러졌다.

사람들이 뿔뿔이 흩어졌다. 그러나 그 소년은 그러지 않았다. 그는 심폐소생술을 실행하여, 남자의 심장이, 그다음엔 그의 호흡이 시작되게 했다. 나중에 구급대원들이 도착해서 인계받았지만—그 남자의 생명을 구한 사람은 열여섯 살 먹은 소년이라는 것을 인정한 후였다. 그 소년은 그날까지 지도력에 대한 어떠한 성향도 보인 적이 없었으며, 또한 지도자로서의 어떠한 책임도 맡는 것을 예상하지 못했었다.

| 해설 |

③ wasn't: 앞 문장에서 '뿔뿔이 흩어지다'라는 의미의 일반동사 scattered가 쓰였으므로, 이를 대신하는 didn't로 바꾸어야 한다.

① to lead: a chance를 수식하는 to부정사로서 맞는 표현이다.

② fell: had와 and에 의해 병렬을 이루는 과거형의 술어동사로서 맞는 표현이다.

④ had saved: 그 남자를 구한 것은 열여섯 살 먹은 소년이라는 사실을 밝히는 진술보다 앞선 내용이므로 과거완료형의 형태는 맞는 표현이다.

⑤ had he: 부정어인 neither가 절의 앞으로 나왔으므로 주어와 조동사가 도치된 형태로서 맞는 표현이다.

| 구문 |

■ Some years ago, one of my students was at Parramatta railway station in Sydney [**when** a man at the station had a heart attack and fell down **unconscious**].

이 경우 when은 '(~했는데,) 그때 (…했다)'처럼 내려서 해석하는 것이 자연스럽다. [ ] 안의 unconscious는 형용사로서 보어로 쓰였으므로 '의식을 잃은 채'라고 해석하면 자연스럽다.

■ Later, paramedics arrived and took over—**but not** before they acknowledged [**it was** the sixteen-year-old boy **who** had saved the man's life].

but not은 but they didn't arrive and take over를 줄인 형태이다. [ ]는 acknowledged의 목적어이므로 그 앞에 접속사 that이 생략되어 있다. [ ] 안에는 「it was ~ who …」 강조 구문이 사용되었다.

| Words & Phrases |

- **appropriate** 적절한, 적당한
- **acknowledge** 인정하다
- **leadership** 지도자의 역할, 지도력
- **thrust** A on B A를 B에게 맡기다
- **unforeseen** 예상되지 않은
- **circumstance** 상황, 환경
- **be alert to** ~에 주의를 기울이다
- **fate** 운명
- **heart attack** 심장 마비
- **fall down** 쓰러지다
- **unconscious** 의식이 없는
- **scatter** 뿔뿔이 흩어지다
- **administer** 실행하다, 실시하다

- **take over** 인계받다
- **tendency** 성향, 경향
- **anticipate** 예상하다, 예측하다

[11~12]

| 소재 | 후세대의 학습 과정을 쉽게 만드는 전세대의 경험 공유

| 직독직해 |

» In this way / they are sharing their experiences / with
이런 식으로 / 그들은 자신들의 경험을 공유한다 /
the young people of the tribe / who sit there listening to
부족의 어린이들과 / 그곳에 앉아 이야기를 듣고
the tales, / learning the things to avoid / and the things
있는 / 피해야 할 것을 배우고 / 그리고 성공적인
to ensure a successful hunt.
사냥을 보장해 주는 것들을 (배우면서)

| 해석 |

고대의 사냥꾼들이 야생 짐승을 쫓아서 포획하며 하루를 보내고 집으로 돌아오는 것을 상상해 보라. 그들은 밤에 불 주위에 앉아서 갓 잡은 고기를 굽는다. 그들은 자신들이 사용한 성공적인 전략을 묘사하고 그들의 구성원 중 한 명을 다치게 한 사건들을 상세히 설명하면서 자신들의 활동에 대한 이야기를 전달한다. 이런 식으로 그들은 피해야 할 것과 성공적인 사냥을 보장해 주는 것들을 배우면서 그곳에 앉아 이야기를 듣고 있는 부족의 어린이들과 자신들의 경험을 공유한다. 이러한 이야기들은 우리의 학습 과정을 간단하게 한다. 눈을 크게 뜨고 사냥꾼들의 이야기를 듣고 있는 아이들은 효과가 있는 과정과 그렇지 않은 과정을 배우기 위해 그들이 직접 덫으로 야생 동물을 잡을 필요가 없다.

| 해설 |

11. (A) Imagining을 쓰면 Imagining이 동명사 주어가 되어 뒤에 술어동사가 이어져야 하는데 그렇지 않으므로, Imagine을 사용하여 명령문의 형태가 되게 해야 한다. 따라서 Imagine이 맞는 표현이다.

(B) caused의 목적격 보어 역할을 하는 to부정사가 필요하므로 to get이 맞는 표현이다.

(C) 문장의 주어인 The wide-eyed children listening to the hunters' tales를 강조하는 재귀대명사가 필요하므로 themselves가 맞는 표현이다.

12. learn을 수식하는 부사 형태가 와야 하고, 문맥상 사냥꾼이 한 이야기를 통해 아이들이 효과적인 사냥 전략을 간접적으로 배우는 것이므로 indirectly가 적절하다.

→ 사냥꾼들이 말한 이야기는 아이들이 효과적인 사냥 전략을 간접적으로 배울 수 있게 한다.

| 구문 |

■ They communicate the tales of their activities, [**describing** the successful strategies they used and

detailing the events that caused one of their members to get injured].

[ ]는 주절의 상황과 동시에 일어나는 상황을 표현하는 분사구문인데, describing ~과 detailing ~의 분사구문 두 개가 and에 의해 병렬로 연결되어 있다. '~하고 …하면서'라고 해석하면 자연스럽다.

■ In this way they are **sharing** their experiences **with** the young people of the tribe who sit there listening to the tales, learning [the things to avoid] and [the things to ensure a successful hunt].

「share A with B」의 구조로서, 'A를 B와 공유하다'라는 뜻이다. 두 개의 [ ]는 learning의 목적어로 and에 의해 병렬을 이룬다.

| Words & Phrases |

■ ancient 고대의
■ chase 쫓다
■ capture 포획하다
■ beast 짐승
■ roast 굽다
■ communicate 전달하다, 의사소통하다
■ tale 이야기
■ describe 묘사하다
■ strategy 전략
■ detail 상세히 설명하다
■ event 사건, 행사
■ injure 부상을 입히다
■ tribe 부족
■ avoid 피하다
■ ensure 보장하다
■ process 과정
■ wide-eyed 눈을 크게 뜨고 있는
■ trap 덫으로 잡다
■ work 효과가 있다

13.

| 소재 | 고객의 호의를 통해 받은 감동

| 직독직해 |

》 I have had several clients / for many years, / and we
나는 몇몇 고객을 상대해 왔다 / 여러 해 동안 / 그리고
are friends and discuss problems / as any friend would.
우리는 친구여서 문제들을 의논한다 / 여느 친구들이 하는 것처럼

| 해석 |

나는 직접 운영하는 청소업체를 가지고 있다. 나는 여러 해 동안 몇몇 고객을 상대해 왔는데, 우리는 친구여서 여느 친구들이 하는 것처럼 문제들을 의논한다. 어느 날 나는 터무니없는 의료 청구서에 대해 고객에게 얘기하고 있었다. 나는 자영업자이기 때문에 내가 직접 건강 보험에 들고 있다. 나는 본인 부담금이 많은 것을 선택해 두었다. 나는 내 본인 부담금이 참으로 많은 것에 대해, 그리고 내가 그렇게 많은 액수를 지불해야 하는 것에 대해 속이 상했다. 그래서 나는 그것에 대해 화가 나 있었다. 내가 대행하여 일해 주고 있는 여성이 주저하지 않고 나를 돌아보면서 말했다. "1,000달러를 드릴까요?" 나는 깜짝 놀랐다.

이것은 빌려주는 돈이 아니었다. 그녀는 진심으로 제안하고 있었던 것이다. 그녀의 제안을 받아들이지는 않았지만, 그녀가 그 제안을 했다는 사실은 나에게 그 1,000달러보다 더 많은 것을 의미했다. 훨씬 더 많은 것을.

| 해설 |

③ turning: 주어는 The woman이며 이에 호응하는 술어동사가 필요하므로 turning은 turned로 바꾸어야 한다.

① discuss: are와 병렬을 이루는 술어동사이므로 맞는 표현이다.

② that: I was upset의 뒤에 이어지는 that절을 이끄는 접속사이므로 맞는 표현이다.

④ sincerely: offering을 수식하는 부사로서 맞는 표현이다.

⑤ that: the fact의 내용을 구체적으로 설명하는 동격절을 이끄는 접속사로서 맞는 표현이다.

| 구문 |

■ I have had several clients for many years, and we are friends and discuss problems [as any friend would].

[ ]는 as가 이끄는 절로 '~하는 것처럼'이라는 뜻이다. would 뒤에는 discuss problems가 생략된 것으로 이해할 수 있다.

■ I was upset [about {how high my deductible was}], and [that I owed so much].

was upset의 뒤에 「about+의문사절」과 that절이 and에 의해 이어지는 형태이다. be upset about은 '~에 대하여 속이 상하다'라는 뜻인데, 첫 번째 [ ] 안의 { }는 감탄의 의미를 내포한 의문사절로서 about의 목적어 역할을 한다. and의 뒤에 있는 that절은 was upset에 바로 이어지는데, 「be upset that ~」은 '~해서 속이 상하다'라는 뜻이다.

| Words & Phrases |

■ client 고객
■ discuss 의논하다, 토론하다
■ outrageous 터무니없는
■ medical 의료의, 의학의
■ bill 청구서
■ self-employed 자영업의
■ insurance 보험
■ opt for ~을 선택하다
■ upset 속상한
■ owe 지불할 의무가 있다
■ hesitation 주저함
■ be stunned 깜짝 놀라다
■ loan 빌려주는 돈
■ sincerely 진심으로
■ offer 제안하다
■ take A up on A's offer A의 제안을 받아들이다

[14~15]

| 소재 | 미국 원주민 사회의 음식 나누기

| 직독직해 |

》 Each woman makes a large amount of one dish / and
여성은 각자 많은 양의 한 가지 음식을 만든다 /
shares it with the other families, / who in turn share / what
그리고 그것을 다른 가족들과 나누며 그들도 이어서 나눈다 /

they have prepared.
자기들이 마련한 것을

| 해석 |

음식을 나누는 것은 오늘날 대부분의 미국 원주민 사회의 중요한 측면이다. 흔히 손님에게 음식이 제공되는데, 일부 부족에서는 손님이 음식을 거절하는 것이 무례하게 여겨진다. 음식을 나누지 않고 다른 사람 앞에서 먹는 것 또한 무례한 짓이다. 많은 경우 여러분의 음식은 무엇이든지 대가족의 구성원들에게 주어진다. 남서부의 일부 종족에서는 음식을 공동으로 준비하고 먹는다. 여성은 각자 많은 양의 한 가지 음식을 만들어 그것을 다른 가족들과 나누며, 그들도 이어서 자기들이 마련한 것을 나눈다. 많은 미국 원주민들에게 음식을 판다는 것은 생각지도 못할 일인데, 이것이 미국 원주민의 특선 음식을 특징으로 내세우는 식당이 거의 없는 한 가지 이유라는 설이 있다.

| 해설 |

14. (A) 수동태인 is considered 다음에 보어가 이어져야 하므로 형용사인 rude가 맞는 표현이다.
(B) share의 목적어 역할을 하는 명사절을 이끌면서 prepared의 목적어 역할을 할 수 있어야 하므로 선행사를 포함한 관계사인 what이 맞는 표현이다.
(C) restaurants를 수식할 수 있는 현재분사가 필요하므로 featuring이 맞는 표현이다.

15. 오늘날 대부분의 미국 원주민 사회가 음식을 나누는 것을 중요하게 여기며, 지역 사회와 환대를 중요하게 생각하는 이들의 문화적 특징이 이러한 배경이 된다는 점을 글을 통해 확인할 수 있다. 빈칸 (a)에는 뒤따르는 명사 norm을 수식할 형용사가 필요하므로 맥락상 적합한 형용사 cultural이, 빈칸 (b)에는 맥락상 discourage가 적절한데 with의 목적어 역할을 해야 하므로 discourage를 동명사구를 이끄는 discouraging으로 고쳐 써야 한다.
→ 아메리카 원주민 사회에서 음식을 나누는 것은 자신들의 요리가 상업화되는 것을 막는 것과 더불어 문화적인 규범이다.

| 구문 |

■ It is also impolite [to eat in front of others without sharing].
It은 형식상의 주어이고 [ ]가 내용상의 주어이다.

| Words & Phrases |

■ aspect 측면
■ rude 무례한
■ impolite 무례한
■ extended family 대가족, 확대 가족
■ nation 종족
■ in turn 이어서, 차례차례
■ it is suggested that ~ ~라는 설이 있다
■ tribe 부족
■ refuse 거절하다
■ communally 공동으로
■ inconceivable 생각지도 못할

■ feature 특징으로 하다　　■ specialty 특선 음식, 특산품

16.

| 소재 | 팁을 남겨 두어야 할 당위성

| 직독직해 |

》 I know / that some people may not be accustomed /
나는 알고 있다 / 일부 사람들이 익숙하지 않을지도 모른다는 점을 /
to leaving tips in hotel rooms, / because essentially / they
호텔 방에 팁을 남겨 두는 일에 /　　왜냐하면 근본적으로 /　　사람을
are leaving money for someone / they will never see or
위해 돈을 남겨 두는 셈이 되므로 /　　그들이 만나거나 어떠한
have any contact with.
접촉도 하지 않을

| 해석 |

나는 일부 사람들이, 근본적으로 만나거나 어떠한 접촉도 하지 않을 사람을 위해 돈을 남겨 두는 셈이 되므로 호텔 방에 팁을 남겨 두는 일에 익숙하지 않을지도 모른다는 점을 알고 있다. 여러분에게 결코 직접적으로 감사의 말을 할 수 없는 어떤 사람을 위해 일을 한다는 것이, '남에게 하는 대로 되받게 되는 법이다.'라는 속담의 취지이다. 모든 사람들에게 친절하게 대하며 여러분을 위해 일하는 사람들에게 감사하는 마음을 보여야 하는데, 그러면 보답으로 그것은 여러분에게 좋은 일만을 가져다 줄 수 있다. 팁을 남겨 두는 일에 대해 말하자면, 직접 팁을 받기 위해 일한 적이 없다면, 적당한 팁을 남기는 것이 얼마나 중요한 일인지를 아무도 인식할 수 없다고 생각한다. 예를 들면, 나는 장담하는데, 여러분이 식사 시중을 드는 일을 하고 있다면, 역시 식사 시중을 들어 본 적이 있는 사람보다 팁을 더 잘 주는 사람을 발견하지는 못할 것이다.

| 해설 |

④ left: 앞선 형식상의 주어 it에 대응하는 내용상의 주어가 올 자리이므로 left를 to leave로 바꾸어야 한다.
① leaving: be accustomed to는 '~에 익숙하다'는 의미이며, to는 전치사이다. 전치사 to의 뒤에 동명사형이 쓰였으므로 맞는 표현이다.
② is: 문장의 주어는 Doing이 이끄는 동명사구이고, 동명사구 전체는 단수로 취급되므로 이에 호응하는 형태로서 맞는 표현이다.
③ show: be와 병렬을 이루어 should에 이어지는 동사의 원형으로서 맞는 표현이다.
⑤ that: guarantee의 직접 목적어절을 이끄는 접속사로 맞는 표현이다.

| 구문 |

■ I know that some people may not be accustomed to leaving tips in hotel rooms, because essentially they are leaving money for someone [they will never see or have any contact with].

[ ]는 someone을 수식하는 관계절이다. 앞에 목적격 관계대명사 who(m)[that]이 생략되어 있다.

■Speaking of leaving tips, I think no one can appreciate [how important **it** is {to leave an appropriate tip}] unless you have worked for tips yourself.

[ ]는 appreciate의 목적어 역할을 하는 명사절이다. 의문사 how가 이끄는 절에서 it은 형식상의 주어이며 { }가 내용상의 주어이다.

| Words & Phrases |

■be accustomed to ~에 익숙하다

■essentially 근본적으로, 본질적으로

■have contact with ~와 접촉하다

■personally 직접, 개인적으로 ■message 취지, 의도, 교훈

■saying 속담

■What goes around, comes around. 남에게 하는 대로 되받게 되는 법이다.

■appreciation 감사 ■in return 보답으로

■speaking of ~에 관해 말하자면

■appreciate 인식하다, 감사하다, 인정하다

■appropriate 적당한

■guarantee 장담하다, 보증하다, 보장하다

■wait tables 식사 시중을 들다, 서빙하다

[17~18]

| 소재 | 피리 레이스 지도

| 직독직해 |

>> The Piri Reis map, / one of the oldest known surviving
피리 레이스 지도는 / 지금까지 알려진 가장 오래된 현존하는 지도
maps / showing the Americas, / first came to light /
중 하나인 / 아메리카 대륙을 보여 주는 / 처음 세상에 알려졌다 /
in 1929, / when historians working in the Topkapi Palace
1929년에 / 그해 이스탄불의 Topkapi 궁전에서 작업 중이던
in Istanbul / discovered it / in a pile of rubble.
역사학자들이 / 그것을 발견했다 / 돌무더기에서

| 해석 |

아메리카 대륙을 보여 주는 지금까지 알려진 현존하는 가장 오래된 지도 중 하나인 피리 레이스 지도는 1929년에 처음 세상에 알려졌는데, 그해 이스탄불의 Topkapi 궁전에서 작업 중이던 역사학자들이 돌무더기에서 그것을 발견했다. 그것은 현재 Topkapi 궁전 도서관에 있는데, 보통 대중들에게 전시되지는 않는다. 그 지도의 연대는 1513년으로 추정되고 Piri Reis라는 이름의 오스만튀르크 함대 사령관에 의해 가젤 가죽에 그려

졌다. 그것은 항정선이라고 알려져 있고, 중세 후기의 항해도에 흔하며, 항로를 계획하는 데 사용되었던 것으로 생각되는 십자선의 망을 포함하고 있다. 그 문서를 자세히 살펴본 결과 그것은 원래 세계 전체의 지도였지만, 그것이 전해지는 과정의 어느 시기에 여러 조각으로 찢겼다는 점이 드러났다.

| 해설 |

17. (A) historians를 수식하며, 능동의 의미 관계를 이루어야 하므로 현재분사 working이 맞는 표현이다.

(B) 절(it is ~)을 이끌고 있으므로, 양보의 부사절을 이끄는 접속사 though가 맞는 표현이다.

(C) known as rhumb lines, common on late medieval mariner's charts와 and로 대등하게 연결되는 한편, a web of criss-crossing lines를 수식하는 과거분사가 필요하므로 thought가 맞는 표현이다.

18. 아메리카 대륙을 보여 주는 지금까지 알려진 현존하는 가장 오래된 지도 중 하나인 피리 레이스 지도의 발견과 그 의의를 다룬 글이다. 피리 레이스 지도는 초기 아메리카 대륙의 모습을 보여 주며, 보통 대중들에게 전시되지는 않는다고 했으므로, 내용과 문장 구조를 고려할 때 빈칸 (a)에는 illustrates가, 빈칸 (b)에는 seldom이 적절하다.

→ 1929년에 발견된, 아메리카 대륙의 초기 이미지를 <u>보여 주는</u> 1513년의 피리 레이스 지도는 이스탄불의 Topkapi 궁전 도서관에 보관되어 있지만, 대중에게 <u>거의</u> 공개되지 <u>않는다</u>.

| 구문 |

■The Piri Reis map, one of the oldest known surviving maps [showing the Americas], first came to light in 1929, [when historians working in the Topkapi Palace in Istanbul discovered it in a pile of rubble].

현재분사가 이끄는 첫 번째 [ ]는 the oldest known surviving maps를 수식한다. 두 번째 [ ]는 선행사 1929에 대해 부가적인 정보를 제공하는 관계부사 when이 이끄는 계속적 용법의 관계절이다.

■The map **dates** to the year 1513 and [**was** drawn on gazelle skin by an admiral in the Ottoman Turkish fleet {named Piri Reis}].

[ ]는 과거형의 수동태로서 주어 The map에 dates와 함께 and로 병렬되어 있다. 과거분사가 이끄는 { }는 an admiral in the Ottoman Turkish fleet을 수식한다.

■It includes a web of criss-crossing lines, [{known as rhumb lines}, {common on late medieval mariner's charts}, and {thought to have been used in plotting out a course}].

[ ]는 앞선 a web of criss-crossing lines를 수식하고 있는데, 그 안에 { }로 표시된 세 개의 어구가 병렬되어 있다.

정답과 해설

| Words & Phrases |
- come to light (사람들에게) 알려지다, 밝혀지다
- discover 발견하다
- rubble (허물어진 건물의) 돌무더기
- currently 현재
- on display 전시된, 진열된
- admiral 사령관, 해군 제독
- criss-crossing line 십자선
- mariner's chart 항해도
- course 항로
- tear ~ into pieces ~을 여러 조각으로 찢다
- in its history 그것이 전해지는 과정에서
- locate 위치시키다
- date 연대가 추정되다
- fleet 함대, 선대
- medieval 중세의
- plot out ~을 계획하다

Part II Reading & Writing

01 목적 및 주장 파악

Get Started
본문 74쪽

1. ⑤   2. It needs to expand its facilities and get the latest medical equipment within the next two years.

| 소재 | 지역 병원 건립 기금 기부 요청

| 직독직해 |

≫ It needs to expand its facilities / and get the latest
그것(Midtown 지역 병원)은 시설을 확장해야 합니다 / 그리고 최신
medical equipment / within the next two years, / or it risks
의료 장비를 갖추어야(만 합니다) / 향후 2년 안에 / 그렇지
losing its license / as a primary care hospital / by the
않으면 인증이 취소될 위험이 있습니다 / 1차 진료 병원으로서 /
state health care authorities.
주 보건 당국에 의해

| 해석 |

친구들과 이웃들에게,
자체 지역 병원이 없는 우리 Midtown을 상상해 본 적이 있으신가요? 응급 상황에서 Central City까지 30분을 더 차로 가는 것에 대해 어떻게 생각하시나요? 이런 질문들로 여러분을 불필요하게 놀라게 하려는 의도는 아닙니다. 하지만 Midtown 지역 병원은 결정적인 순간에 있습니다. 향후 2년 안에 시설을 확장하고 최신 의료 장비를 갖추어야만 하는데, 그렇지 않으면 주 보건 당국에 의해 1차 진료 병원으로서 인증이 취소될 위험이 있습니다. 이것이 제가 오늘 여러분에게 연락을 드리는 이유입니다. 우리는 이 지역 사회의 일원으로서 집단적 행동을 취할 기회가 있습니다. 저는 여러분에게 Midtown 지역 병원 건립 기금에 기부하시길 요청합니다. 그렇게 함으로써, 여러분은 단순히 기부만 하는 것이 아니라 다가올 세대를 위해 우리 지역 사회의 건강과 복지에 투자하고 있는 것입니다.
진심으로 감사를 담아
Midtown 지역 대표 Jessy Lind

| 해설 |

1. Midtown 지역 병원이 향후 2년 이내에 시설을 확장하고 최신 의료 장비를 갖추지 않으면 인증이 취소될 수 있으므로 지역 병원 건립 기금에 기부해 달라고 요청하고 있다. 따라서 글의 목적으로 가장 적절한 것은 ⑤이다.

2. It needs to expand ~ by the state health care authorities. 에 인증을 유지하기 위해 병원이 해야 할 일이 언급되고 있다.

38 ● 고등예비과정 공통영어

┃구문┃

■ This is [why I'm reaching out to you today].

[ ]는 is의 주격 보어 역할을 하는 명사절이다.

■ We have an opportunity, [as members of this community], [to take collective action].

첫 번째 [ ]는 an opportunity와 to take 사이에 삽입된 자격의 의미를 나타내는 전치사구이다. 두 번째 [ ]는 an opportunity를 수식하는 to부정사구이다.

Exercise ① 본문 76쪽

1. ④   2. determine what your experiences mean

┃소재┃ 의식적 선택의 부산물로서의 경험

┃직독직해┃

» When you go through something terrible, / and you
여러분이 어떤 끔찍한 일을 겪을 때 /   그리고 그

measure the experience / against what you ideally
경험을 평가할 때 /   여러분이 이상적으로 생각했던 바와

thought / it should be, / then life is happening *to* you, /
비교하여 / 그것이 되어야 한다고 / 그러면 삶은 여러분'에게' 일어나고

and you're the byproduct / of your experiences.
있다 / 그리고 여러분은 부산물이다 / 여러분 경험의

┃해석┃

여러분이 어떤 끔찍한 일을 겪고, 그 경험을 여러분이 그것이 되어야 한다고 이상적으로 생각했던 바와 비교하여 평가할 때, 삶은 여러분'에게' 일어나고 있으며, 여러분은 여러분 경험의 부산물이다. 여러분은 일어난 일의 무력한 희생자이다. 그 격차는 건강하지 못한 비교와 여러분의 경험으로부터의 학습 부족으로 이어진다. 이득은 여러분이 모든 경험을 개인적 성장으로 바꿀 때 생긴다. 어떤 일이 일어나든, 그 경험을 이득으로 만들라. 여러분의 경험으로부터 능동적으로, 그리고 의식적으로 배우고, 결과적으로 괴로워하지 말고 더 나아지라. 여러분이 끔찍한 일을 겪고 그 경험을 이득으로 만들 때, 삶은 여러분을 '위해' 일어나고 있다. 여러분의 경험은 경험의 부산물이 아니라 여러분의 의식적 선택의 부산물이다. 여러분이 자신의 경험이 의미하는 바를 결정한다.

┃해설┃

1. 고통스러운 일을 겪었어도 그것을 의식적으로 자신에게 이득이 되는 것으로 만들면, 실제 그 경험은 자기에게 유리한 것이 될 수 있다는 내용의 글이다. 따라서 필자가 주장하는 바로 가장 적절한 것은 ④이다.

2. 빈칸을 포함한 문장은 문맥상 경험이 의미하는 바가 우리의 의식적 선택의 결과라는 의미가 되어야 한다. 따라서 You에 이어질 동사는 determine이고, what으로 시작하는 명사절이 그

뒤에 이어져야 한다. 따라서 빈칸에 들어갈 말로 가장 적절한 것은 determine what your experiences mean이다.

┃구문┃

■ The gap leads to [unhealthy comparisons] and [a lack of learning from your experiences].

두 개의 [ ]는 각각 leads to의 목적어 역할을 하는 명사구로 and에 의해 대등하게 연결되어 있다.

■ [**No matter what** occurs], frame the experience as a gain.

[ ]는 '무엇이 ~하더라도'라는 양보의 의미를 나타내는 부사절로 No matter what은 Whatever로 바꾸어 표현할 수 있다.

Exercise ② 본문 77쪽

1. ⑤   2. 서부 지점 영업 사원 중 한 명이 자신과 자신의 아내에게 불쾌한 말을 한 점

┃소재┃ 정확하지 않은 고객의 불만 사항

┃직독직해┃

» I apologize / if you had an unpleasant shopping
사과드립니다 /   귀하께서 저희 가게에서 불쾌한 쇼핑 경험을

experience in our store; / however, / the employee / you
하셨다면 /   하지만 /   그 직원은 /

have charged with inappropriate behavior / was not
귀하께서 부적절한 행동을 했다고 비난한 /   근무하고

working / on the day of your visit.
있지 않았습니다 / 귀하께서 방문하셨던 날에

┃해석┃

Armitage 씨께:

1월 28일 자의 귀하의 편지는 극히 무례할 뿐만 아니라 아주 부정확합니다. 귀하의 진술에 따르면, 저희 서부 지점의 영업 사원 중 한 명이 귀하와 귀하의 부인이 줄을 서 있는 동안 불쾌한 말을 했습니다. 귀하께서 저희 가게에서 불쾌한 쇼핑 경험을 하셨다면 사과드립니다. 하지만 귀하께서 부적절한 행동을 했다고 비난한 그 직원은 귀하께서 방문하셨던 날에 근무하고 있지 않았습니다. 게다가 저희는 귀하께서 구입하셨다고 말씀하시는 물건에 대한 판매 영수증을 가지고 있지 않습니다. 저는 이 문제에 대해 계속 조사를 하고자 합니다만, 저희들을 대표하여 저는 약간의 의구심이 있음을 인정할 수밖에 없습니다. 저희가 더 도울 수 있는 일이 있다면 저희 가게로 전화해 주시기 바랍니다.

상점 지배인

Hugh G. Printz 올림

┃해설┃

1. 고객의 불만 사항에서 지목된 직원이 고객이 방문한 날짜에

근무를 하고 있지 않다는 점 등이 고객이 제기한 불만 사항과 맞지 않음을 언급하면서 불만 사항의 부정확함을 지적하고 있다. 그러므로 글의 목적으로 가장 적절한 것은 ⑤이다.

2. one of our West Branch Sales Associates spoke offensive words to you and your wife를 통해 Mr. Armitage의 불만 사항이 '서부 지점 영업 사원 중 한 명이 자신과 자신의 아내에게 불쾌한 말을 한 점'임을 알 수 있다.

| 구문 |

■I apologize if you had an unpleasant shopping experience in our store; however, the employee [you have charged with inappropriate behavior] was not working on the day of your visit.

[ ]는 the employee를 수식하는 관계절이다. the employee는 관계절 내에서 charged의 목적어 역할을 한다.

■In addition, we have no sales receipts for the items [that {you say} you purchased].

[ ]는 the items를 수식하는 관계절이며 { }는 삽입절이다.

---

02 심경 파악

Get Started
본문 78쪽

1. ①   **2.** Sue Carol이 가장 좋아하는 곡을 연주할 것임을 알았기 때문이다.

| 소재 | 연주회 전 연습

| 직독직해 |

》 Since I knew / that I would be playing Sue Carol's
나는 알기 때문에 / 내가 Sue Carol이 가장 좋아하는 곡을
favorite piece, / I decided to make an exception and
연주하게 될 것을 / 나는 예외를 두어 그 곡을 연습하기로 결심했다 /
rehearse it / before the concert.
                        연주회 전에

| 해석 |

10월 28일에 나는 네 번째 연례 연주회를 가졌다. 나는 기쁘게도 친척인 Sue Carol Verheyden이 참석한다는 것을 알게 되었다. 그 소식은 나를 기대로 가득 채웠고 상당한 동기 부여의 원천이 되었다. 그것은 그녀에게 깊은 인상을 줄 수 있는 좋은 기회였다. Sue Carol이 가장 좋아하는 곡은 쇼팽의 'Etude Op. 10 No. 3'이다. 그 곡은 우연히 이번 연주회의 여덟 곡 중 하나였다. 나는 너무 긴장하게 되므로 보통은 연주회나 독주회 당일에는 연습을 하지 않는다. 나는 연주회가 있을 때 그것에서

벗어나 마음을 딴 데로 돌릴 수 있는 것을 찾는다. 내가 Sue Carol이 가장 좋아하는 곡을 연주하게 될 것을 알았기 때문에 나는 예외를 두어 연주회 전에 그 곡을 연습하기로 결심했다. 처음에는 괜찮게 시작했는데 중간 부분에 이르렀을 때 그 부분을 기억할 수 없었다. 그것에 관해 생각하였고 음을 알아내려고 했지만 아무것도 떠오르지 않았다. 내 심장은 쿵쾅거리기 시작했다.

| 해설 |

1. 연례 연주회를 가지기로 한 'I'는 친척 Sue Carol Verheyden이 참석한다는 소식에 기대로 가득 찼고 이는 상당한 동기 부여가 되었지만, Sue Carol을 위해 곡을 연습하는 중에 곡의 중간 부분을 기억할 수 없게 되어 초조해진다. 따라서 'I'의 심경 변화로 가장 적절한 것은 ① '흥분된 → 초조한'이다.
② 불안한 → 열정적인
③ 무관심한 → 질투하는
④ 실망한 → 자랑스러워하는
⑤ 걱정하는 → 결의가 굳은

2. Since I knew that I would be playing Sue Carol's favorite piece를 통해 'I'가 예외를 두어 연주회 전에 곡을 연습하기로 결심한 이유는 Sue Carol이 가장 좋아하는 곡을 연주할 것임을 알았기 때문임을 알 수 있다.

| 구문 |

■[When I have a concert], I look for a distraction [to keep my mind off of it].

첫 번째 [ ]는 시간을 나타내는 when이 이끄는 부사절이고 두 번째 [ ]는 a distraction을 수식하는 to부정사구이다.

■[I thought about it, {trying to figure out those notes}] and [nothing came to me].

두 개의 [ ]는 and로 대등하게 연결되어 있는 절이고, 첫 번째 [ ] 안의 { }는 I를 의미상의 주어로 하여 주절의 부수적인 상황을 설명하는 분사구문이다.

Exercise ①
본문 80쪽

1. ②   **2.** (a) Danny (b) The leader of the hiking group

| 소재 | 도보 여행

| 직독직해 |

》 The leader of the hiking group went into excellent
그 도보 여행 그룹의 리더는 뛰어난 실행 계획 행동 모드로 전환하였다 /
logistics action mode, / calling the base camp / to
                     베이스캠프에 전화를 하여 /
explain the situation.
그 상황을 설명했다

| 해석 |

Danny를 포함한 그 도보 여행 그룹은 마침내 어느 호수에 도착했다. 호숫가를 바로 돌아 아늑한 AMC 오두막이 있었다. Danny는 그곳에 들어가서 시간을 보내고 있는 다른 몇 명의 도보 여행자 옆에 앉았다. 그들은 그를 너그럽게 환영해 주었고 그는 땅콩버터 샌드위치와 치즈 조각에 자리를 잡아냈다(먹기 시작했다). 기본적인 안락함과 환대가 그를 편안하게 했다. 그 도보 여행 그룹의 리더는 뛰어난 실행 계획 행동 모드로 전환하였고 베이스캠프에 전화를 하여 그 상황을 설명했다. 그는 그들에게 자신의 도보 여행 팀은 젖은 침낭을 가지고 계속 갈 수 없어서 당일에 AMC 오두막에서 머물러야만 할 것이라고 말했다. 그리고 나서 그는 Tuckerman Ravine을 걸어 내려갈 계획을 세웠다. 그는 자신의 구성원이 산을 내려갈 수 있는 안전하고 명확한 경로를 찾아냈다. Danny는 그 계획에 감사함을 느꼈다.

| 해설 |

1. AMC 오두막에 도착한 Danny는 그곳의 기본적인 안락함과 환대에 편안함을 느꼈고 도보 여행 그룹의 리더가 당일에 오두막에서 머물러야 함을 베이스캠프에 설명한 후, 안전하게 산을 내려갈 수 있는 경로를 찾아낸 것에 감사함을 느꼈다. 따라서 Danny의 심경으로 가장 적절한 것은 ② '편안하고 감사하는'이다.
① 차분하고 지루한
③ 부끄러워하고 후회하는
④ 슬프고 미안한
⑤ 혼란스럽고 당혹스러운

2. They generously welcomed him에서 AMC 오두막에 들어간 사람은 Danny이므로 him이 지칭하는 대상은 Danny임을 알 수 있다. 또한, The leader of the hiking group ~ calling the base camp to explain the situation.을 통해 He told them ~에서 He가 지칭하는 대상은 The leader of the hiking group임을 알 수 있다.

| 구문 |

■ [Just around the side of the lake] was the cozy AMC hut.
[ ]는 장소를 나타내는 부사구로서 문두에 오면서 주어와 동사가 도치되었다.
■ Danny entered it and sat down next to a few other hikers [who were hanging out].
[ ]는 a few other hikers를 수식하는 관계절이다.

Exercise ②   본문 81쪽

1. ④   2. Lloyd Glenn 씨는 지금 즉시 United 항공사의 고객 서비스 상담원을 만나시기 바랍니다.

| 소재 | 비행기 여행 중에 접한 가족의 응급 상황

| 직독직해 |

≫ I thought nothing of it / until I reached the door to
나는 아무렇지도 않게 생각했다 / 비행기에서 내리기 위해 문에 도달
leave the plane / and I heard a gentleman asking every
할 때까지 /   그리고 한 신사가 모든 남자들에게 묻고 있는
male / if he was Mr. Glenn.
소리를 들었다 / 그가 Glenn 씨인지

| 해석 |

7월 22일에 나는 출장 때문에 Washington, D.C.로 가는 길이었다. 우리가 비행기를 바꿔 타기 위해서 Denver에 착륙할 때까지 그 여행은 아주 평범했다. 머리 위의 짐칸에서 내 물건을 챙기고 있을 때, Lloyd Glenn 씨는 지금 즉시 United 항공사의 고객 서비스 상담원을 만나라는 안내 방송이 나왔다. 비행기에서 내리기 위해 문에 도달할 때까지 그것에 대해서 아무렇지도 않게 생각했는데, 한 신사가 모든 남자들에게 그가 Glenn 씨인지 묻고 있는 소리를 들었다. 이때 나는 무언가 잘못되었다는 것을 알았고 가슴이 쿵 하고 내려앉았다. 비행기에서 내렸을 때, 엄숙한 표정의 젊은이가 내게로 와서 말했다. "Glenn 씨, 선생님 댁에 응급 상황이 생겼습니다. 그 응급 상황이 무엇인지, 혹은 누가 관련되어 있는지 저는 모릅니다만, 선생님께서 병원에 전화를 할 수 있도록 전화기까지 선생님을 모시고 가겠습니다."

| 해설 |

1. 필자는 비행기에서 내릴 때 자신을 찾는 방송이 나왔지만 대수롭지 않게 생각했다가 무언가 잘못되었다는 것을 느끼고 가슴이 내려앉는 경험을 한다. 이때 한 젊은이가 필자의 집에서 응급 상황이 발생했으며, 병원으로 전화를 해야 된다는 것을 알리는 상황이다. 이러한 상황에서 필자가 느끼는 심경으로 가장 적절한 것은 ④ '걱정되는'이다.
① 화가 난 ② 지루해하는 ③ 신이 난 ⑤ 안도해하는

2. an announcement was made for Mr. Lloyd Glenn to see the United Customer Service Representative immediately를 통해 기내 방송은 'Lloyd Glenn 씨는 지금 즉시 United 항공사의 고객 서비스 상담원을 만나라'는 내용임을 알 수 있다.

| 구문 |

■ As I collected my belongings from the overhead bin, an announcement was made [for Mr. Lloyd Glenn to see the United Customer Service Representative immediately].
[ ]는 an announcement를 수식하는 to부정사구인데, for Mr. Lloyd Glenn은 to see ~의 의미상의 주어를 나타낸다.
■ I thought nothing of it until I reached the door to

leave the plane and I **heard a gentleman asking** every male [if he was Mr. Glenn].

「hear+목적어+-ing」 구문이 사용되었다. 지각동사의 목적격 보어로는 동사의 원형, 현재분사, 과거분사 등이 사용될 수 있다. [ ]는 if가 이끄는 명사절로 asking의 직접목적어 역할을 한다.

03 밑줄 어구의 함축된 의미 파악

Get Started
본문 82쪽

1. ⑤　　2. (A) to imagine　(B) interested
(C) communicates

| 소재 | 공감적 경청

| 직독직해 |

» Psychologists have found / that we are each more
심리학자들은 발견했다 / 우리 각자가 아는 것에 더
interested in knowing / that the other person is *trying* to
관심이 있다는 것을 / 상대방이 우리와 공감하려고 '노력하고
empathize with us / — that they are willing to struggle /
있다'는 것을 / 즉, 상대방이 기꺼이 노력하고자 한다는
to understand how we feel and see how we see — / than
사실을 / 우리가 어떻게 느끼는지를 이해하고, 어떻게 보는지를 보려고 /
we are in believing / that they have actually accomplished
우리가 믿는 것보다 / 상대방이 실제로 그 목표를 달성했다고
that goal.

| 해석 |

공감적인 경청자로서, 여러분은 방향은 있지만 도착지가 없는 여행을 하는 중이다. 여러분은 결코 '도착할' 수 없을 것이다. 여러분은 "나는 진정으로 당신을 이해합니다."라고 말할 수 없을 것이다. 그러기에는 우리는 너무나 복잡하고, 다른 사람의 삶 속으로 우리 자신을 상상하는 능력은 너무나 제한적이다. 그러나 어떤 의미에서 이것은 좋은 소식이다. 심리학자들은 우리 각자가 상대방이 실제로 그 목표를 달성했다고 믿는 것보다 상대방이 우리와 공감하려고 '노력하고 있다'는 것을, 즉 상대방이 우리가 어떻게 느끼는지를 이해하고, 어떻게 보는지를 보려고 기꺼이 노력하고자 한다는 사실을 아는 것에 더 관심이 있다는 것을 발견했다. 우리가 말한 것처럼, 잘 듣는 것은 완전히 소통하는 것이다. 그리고 이해하려고 노력하는 것은 모든 메시지 중 가장 긍정적인 것을 전달한다.

| 해설 |

1. 인간이 가지는 복잡성과 타인을 이해하는 데 있어 우리의 능

력이 제한적임을 감안할 때, 공감적 경청을 실천하기 위해서는 지속적인 노력이 필요하다는 요지의 글이다. 따라서 밑줄 친 부분이 의미하는 바로 가장 적절한 것은 ⑤ '한계에도 불구하고 타인을 이해하려는 끊임없는 시도'이다.

① 말하기 능력을 향상시키기 위한 지속적인 개인적 도전
② 인간 삶의 본질을 이해하기 위한 깊은 탐구
③ 잘못된 의사소통에 대한 열띤 토론의 연속
④ 심리적 문제에 대한 궁극적인 해결책 추구

2. (A) our skills를 수식하는 to부정사구가 필요하므로 to imagine이 어법상 적절하다.

(B) have found의 목적어 역할을 하는 명사절의 주어 we의 주격 보어로서, we가 관심을 느끼는 대상이므로 과거분사 interested는 어법상 적절하다.

(C) 문장의 주어인 struggling to understand에 이어져 술어 동사 역할을 하는 communicates가 어법상 적절하다.

| 구문 |

■ [As an empathetic listener], you are on a journey [with a direction but no destination].
첫 번째 [ ]는 '~로서'라는 의미의 전치사 As가 이끄는 전치사구이며, 두 번째 [ ]는 a journey를 수식하는 전치사구이다.

■ We are all too complex for that, and [our skills {to imagine ourselves into other people's lives}] are too limited.
[ ]는 and 뒤에 이어지는 절의 주어이며, 그 안의 { }는 our skills를 수식하는 to부정사구이다.

Exercise 1
본문 84쪽

1. ③　　2. (r)egardless

| 소재 | 인생의 어려움을 극복하게 해 주는 내면의 힘

| 직독직해 |

» We can't prevent / life's obstacles, mishaps, and
우리는 막을 수 없다 / 인생의 장애물, 불운, 돌발 상황이 /
curveballs / from coming our way, / but what we can do, /
우리에게 닥치는 것을 / 하지만 우리가 할 수 있는
what we have the power to do / is to throw someone a
일은 / 우리한테 할 힘이 있는 일은 / 누군가에게 구명조끼를 던져
life vest.
주는 일이다

| 해석 |

가슴 아픈 사망 소식을 전하는 음성 메일을 들은 직후에, 나는 연결편을 타기 위해 두 번째 비행기에 탑승했다. 멍하니 앉아 낙심해 있을 때, 왼쪽을 바라보니 작은 표지판이 눈에 들어왔는데, '안에 구명조끼 있음'이었다. 내 눈은 그 작은 세 단어에 주

목했다. 나는 미소를 지었고 즉각적인 위안을 느꼈다. 구명조끼는 사람이 얼마나 힘껏 누르는지와 상관없이 물에 뜨는 능력이 있다. 우리의 구명조끼, 즉 고난을 극복하고 헤쳐 나갈 수 있는 능력은 '내면'에서 나온다! 우리가 다른 사람에게 베푸는 친절과 다른 사람이 우리에게 베푸는 친절을 통해 우리는 인생의 거친 바다에서 서로가 떠 있을 수 있도록 도와준다. 인생의 장애물, 불운, 돌발 상황이 우리에게 닥치는 것을 막을 수는 없지만, 우리가 할 수 있는 일은, 즉 우리한테 할 힘이 있는 일은, 누군가에게 구명조끼를 던져 주는 일이다.

| 해설 |

1. 인생의 고난을 마주했을 때 우리는 다른 이들에게 또는 다른 이들이 우리에게 베푸는 친절을 통해 어려움을 헤쳐 나갈 수 있다는 내용의 글이다. 따라서 밑줄 친 부분이 의미하는 바로 가장 적절한 것은 ③ '누군가가 역경을 이겨 낼 수 있도록 친절하게 돕는 일'이다.

① 변화하는 환경에 적응하는 일
② 인생의 나쁜 점보다는 좋은 점에 집중하는 일
④ 다른 사람을 외부 환경에 의존하게 만드는 일
⑤ 외부의 물리적 위협을 막는 힘을 키우는 일

2. 사람이 얼마나 힘껏 누르는지와 상관없이 구명조끼는 물에 뜨는 능력이 있다는 내용이 되어야 하므로 '~에 상관없이'라는 의미가 될 수 있도록 of 앞에 regardless가 와야 한다.

| 구문 |

■ [**Moments after** I listened to the voice mail {delivering news of a tragic loss}], I boarded the second plane for my connecting flight.
[ ]는 '~ 직후에'라는 의미의 Moments after가 이끄는 시간의 부사절이며, 그 안의 { }는 the voice mail을 수식하는 분사구이다.

■ A life vest has the ability to stay afloat **regardless of** [how much one may push down upon it].
[ ]는 '~에 상관없이'라는 의미의 전치사구 regardless of의 목적어 역할을 하는 명사절이다.

Exercise ❷　　　　　　　　　본문 85쪽

1. ⑤	2. (r)efuse

| 소재 | '타인을 기쁘게 하는 사람'이라는 꼬리표

| 직독직해 |

》 In the same way / a child called "a troublemaker" / will
마찬가지로 /　　　'사고뭉치'라고 불리는 아이가 /

begin to perceive herself as such / and live down to this
자신을 그렇게 인식하기 시작할 것이다 /　　그리고 이러한 꼬리표에

label, / labeling yourself a people pleaser will result in /
맞추어 산다 / 여러분 스스로 타인을 기쁘게 하는 사람이라는 꼬리표를
you taking the easiest way out in the short run / by saying
붙이는 것은 결과를 낳는다 / 단기적으로는 여러분은 가장 쉬운 길을
yes in the moment, / only to pay the price later.
택하는 / 당장은 '예'라고 답함으로써 / 결국 나중에는 그 대가를 치르게
된다

| 해석 |

나의 조사 연구에서는 사람들이 자신을 '타인을 기쁘게 하는 사람'이라고 묘사하는 경우가 꽤 흔하다. 그들은 타인과의 관계에 관한 관심이 자기의 필요와 욕구를 충족시키는 것을 훨씬 넘어서기 때문에 자신이 도움이 되지 못하면 심한 죄책감을 느낀다. 이들은 자신을 무력화시키는 꼬리표에서 벗어나야 한다. 이른바 타인을 기쁘게 하는 사람들에게 간단한 부탁을 드리자면, 부디 자신에게 꼬리표를 붙이지 말라. 모든 꼬리표가 하는 일이란 우리를 특정 역할이나 행동에 가두는 메시지를 전달하거나 자기 대화를 유도하는 것뿐이다. '사고뭉치'라고 불리는 아이가 자신을 그렇게 인식하기 시작하고 이러한 꼬리표에 맞추어 살게 되는 것과 마찬가지로, 스스로에게 타인을 기쁘게 하는 사람이라는 꼬리표를 붙이면 여러분은 단기적으로는 당장 '예'라고 답하는 가장 쉬운 길을 택하는 결과를 낳지만, 결국 나중에는 그 대가를 치르게 될 것이다.

| 해설 |

1. 우리가 자신에게 붙이는 꼬리표는 우리의 행동을 제약하는 경우가 많으므로, 스스로 자신을 '타인을 기쁘게 하는 사람'이라고 묘사하는 꼬리표를 붙이는 것은 결국 자신의 필요와 욕구를 충족시키지 못하는 대가를 치르게 된다는 내용의 글이다. 따라서 밑줄 친 부분이 의미하는 바로 가장 적절한 것은 ⑤ '자신의 요구보다 타인의 요구를 우선시하는 태도'이다.

① 다른 사람의 능력을 과소평가하는 습관
② 쉽게 압도당하거나 낙담하는 상태
③ 다른 사람이 자신에게 해 줄 수 있는 것이 없다는 믿음
④ 타인으로부터 끊임없이 검증받으려는 마음가짐

2. 타인과의 관계에 관한 관심이 자기의 필요와 욕구를 충족시키는 것을 훨씬 넘어서기에 '예'라고 대답하는 것을 택한다고 했으므로 다른 사람의 부탁을 거절하는 것을 어려워하고 항상 도와주려고 노력하는 사람임을 알 수 있다.

| 구문 |

■ **It** is quite common in my research studies [for people to describe themselves as "people pleasers."]
It은 형식상의 주어이고 [ ]가 내용상의 주어가 되는 to부정사구인데, for people은 to부정사구의 의미상의 주어를 나타낸다.

■ [All labels do] is [{carry messages} or {prompt self-talk} that confines us to a particular role or behavior].

첫 번째 [ ]는 문장의 주어인 명사절이고, 두 번째 [ ]는 is의 주격 보어 역할을 하며, 그 안의 두 개의 { }는 to가 생략된 to부정사구로 or로 연결되어 있다.

04 주제 및 요지 추론

Get Started
본문 86쪽

| 1. ④ | 2. 앞발을 서로에게 평화롭게 흔든다. |

| 소재 | 동물들의 우위와 화합을 확립하기 위한 전략들

| 직독직해 |

» Throughout the years, / animals living with others /
오랜 세월 동안 / 다른 개체들과 함께 사는 동물들은 /
in the same territories / have learned / many tricks to
같은 영역 안에서 / 배워 왔다 / 우위를 확립할
establish dominance, / while risking / the least amount of /
많은 요령들을 / 위험을 각오하면서 / 가장 적은 양의 /
possible damage.
가능한 손상

| 해석 |

오랜 세월 동안, 같은 영역 안에서 다른 개체들과 함께 사는 동물들은 가장 적은 양의 가능한 손상의 위험을 각오하며 우위를 확립할 많은 요령들을 배워 왔다. 예를 들어, 패배한 늑대는 등으로 누워서 구르며 자신의 목을 승리자에게 노출시킬 것이며, 그러면 승리자는 이제 그것을 갈기갈기 찢지 않기로 선택할 것이다. 이제 우위를 차지한 늑대는 여전히 심지어 지금 패배한 상대만큼 약한 존재일지라도 미래의 사냥 동반자가 필요할지도 모른다. 턱수염도마뱀은 그들의 사회적 화합을 위한 바람을 보여 주기 위해서 서로에게 평화롭게 앞발을 흔든다. 돌고래는 지배 그룹과 종속 그룹원들 사이에 잠재적인 갈등을 줄이기 위해 사냥하는 동안 그리고 흥분도가 높은 시간 동안에 특별한 음파를 만들어 낸다.

| 해설 |

1. 첫 문장에 같은 영역 안에서 살아야 하는 동물들은 우위를 확립하기 위해서 요령들을 배워 왔다고 언급하면서, 이어지는 문장들에서 그 예시들을 언급하고 있으므로 글의 주제로 ④ '우위와 사회적 화합을 위한 동물들의 전략들'이 가장 적절하다.
① 동물 종의 우위의 진화
② 동물 왕국에서의 포식 행동
③ 동물들의 우위에 영향을 미치는 환경적 요인들
⑤ 인간과 동물들 사이의 의사소통과 협력
2. 주어진 질문을 우리말로 해석하면 '턱수염도마뱀은 어떻게

사회적 조화를 위한 그들의 바람을 표현하는가?'로 Bearded dragons wave their front legs peacefully at one another to show their wish for social harmony.에서 단서를 찾을 수 있다.

| 구문 |

■ A defeated wolf, for example, will roll over on its back, [exposing its throat to the victor, {who will not then choose to tear it out}].

[ ]는 주어인 A defeated wolf의 부수적 행위를 나타내는 분사구문이고, 그 안의 { }는 the victor를 추가적으로 설명하는 관계절이다.

Exercise 1
본문 88쪽

| 1. ⑤ | 2. 삶이 우리에게 문제와 어려움을 건네줄 것이라는 것 |

| 소재 | 어르신들에게 배울 수 있는 삶의 지혜

| 직독직해 |

» This is one of the basic sources / of elder wisdom /
이것은 기본적인 원천들 중의 하나이다 / 어르신들의 지혜의 /
and a reason / why we need to listen so closely / to what
그리고 이유이다 / 왜 우리가 그렇게 면밀하게 귀를 기울여야 하는지 /
they tell us. / — no other group in society / has this much
그들이 우리에게 말하는 것에 / 사회의 어떤 다른 그룹도 / 이러한 많은
experiential knowledge.
경험적인 지식을 가지고 있지 않다

| 해석 |

삶이 우리에게 문제와 어려움을 건네줄 것이라는 것은 사실이고, 만약 그런 일이 아직 여러분에게 일어나지 않았다면, 여러분은 운이 좋은 것이다. 이러한 사실에도 불구하고, 우리 모두에게는 선택할 수 있는 힘이 있다. 우리는 매일 긍정적인 태도를 받아들이기로 의식적으로 결정할 수 있다. 그것은 여러분 스스로에게 여러분이 아침에 일어나 긍정적인 감정들에 초점을 맞추도록 결정할 수 있다는 것을 확신시키도록 요구한다. 여러분이 내가 어르신들에 대해 지나치게 장밋빛의 그림을 그리고 있는 중이라고 생각하지 않도록, 70대와 그 이상에 이른 모든 사람이 한 가지 종류 또는 다른 종류의 비극을 경험했다는 것을 기억하는 것이 중요하다. 이것은 어르신들의 지혜의 기본적인 원천들 중의 하나이며 왜 우리가 그들이 우리에게 말하는 것에 그렇게 면밀하게 귀를 기울여야 하는지에 대한 이유인데, 사회의 어떤 다른 그룹도 이러한 많은 경험적인 지식을 가지고 있지 않다. 그들은 상실을 받아들이는 것과 삶의 즐거움에 대한 인식을 유지하는 것 사이의 균형을 유지하는 데 전문가가 되었다. 어르신들은 우리 각자가 더 행복하도록 선택할 수 있고 삶의 과정에 필연적으로 따르는 고통스러운 사건들을 직면하면서도 우

리가 그렇게 할 수 있다는 것을 강력하게 믿는다.

| 해설 |

1. 어려움과 고통을 겪으면서도 긍정적인 태도를 유지하는 것을 우리가 선택할 수 있다는, 어르신들의 경험에서 비롯된 삶의 지혜에 관한 내용의 글이므로, 글의 주제로 가장 적절한 것은 ⑤ '역경 속에서 기쁨을 선택하는 데 대한 어르신들로부터의 교훈들'이다.

① 젊은 에너지를 가지고 역경을 극복하는 것
② 상실과 기쁨을 통해 삶의 균형에 통달하는 것
③ 각 세대로부터의 삶의 가치 있는 비결들
④ 삶의 어려운 도전들로부터의 어르신들의 구원

2. 밑줄 친 this fact가 가리키는 것은 앞 문장에 언급된 사실, 즉 '삶이 우리에게 문제와 어려움을 건네줄 것이라는 것'이다.

| 구문 |

■ [In order not {for you} to think I am painting to rose-colored a picture of our elders], it is important [to keep in mind that everyone {who reaches their seventies and beyond} has experienced tragedy of one kind or another].

첫 번째 [ ]는 목적을 나타내는 to부정사구이고, 그 안의 { }는 to부정사구의 의미상의 주어이다. it은 형식상의 주어이고 두 번째 [ ]가 내용상의 주어인 to부정사구이며, 그 안의 { }는 everyone을 수식하는 관계절이다.

■ The elders overwhelmingly believe [that each of us can choose to be happier] and [that we can do so in the face of the painful events {that inevitably follow the process of living}].

두 개의 [ ]는 and로 연결되어 동사 believe의 목적어 역할을 하는 명사절이며, 두 번째 [ ] 안의 { }는 the painful events를 수식하는 관계절이다.

Exercise 2

1. ③　　　　2. droughts, floods, earthquakes, tsunamis

| 소재 | 기아 퇴치를 위한 안전망

| 직독직해 |

》》 During the last hundred years, / technological, economic
지난 100년 동안 / 기술, 경제, 그리고 정치의

and political developments / have created / an increasingly
발전은 / 만들어 왔다 / 갈수록 더

powerful safety net / saving humankind / from the
강력한 안전망을 / 인류를 구하는 / 생물학적

biological poverty line.
빈곤선으로부터

| 해석 |

지난 100년 동안, 기술, 경제 그리고 정치의 발전은 생물학적 빈곤선으로부터 인류를 구하는 갈수록 더 강력한 안전망을 만들어 왔다. 대규모 기근이 여전히 종종 일부 지역들을 강타하지만, 그것들은 흔한 일이 아니며 오히려 자연재해에 의해서라기보다 인간의 정치 행위에 의해 거의 항상 야기된다. 지구의 대부분 지역에서, 심지어 어떤 사람이 일자리와 그의 재산 모두를 잃어도, 그가 굶어 죽을 가능성은 없다. 사보험, 정부 관계 기관들 그리고 국제적인 비정부 기구들이 그에게 생존하기에 충분한 일일 열량을 공급할 것이다. 전반적으로, 세계 무역 네트워크는 가뭄과 홍수를 사업상의 기회들로 바꾸어 놓고 신속하게 그리고 값싸게 식량 부족을 극복하는 것을 가능하게 한다. 심지어 전쟁, 지진 또는 쓰나미가 온 나라들을 황폐화시킬 때도, 국제적인 노력은 늘 기아를 예방하는 데 성공한다. 비록 수억 명의 사람들이 여전히 거의 날마다 굶고 있지만, 거의 모든 나라들에서 실제로 굶어 죽는 사람은 극소수이다.

| 해설 |

1. 지난 100년간의 기술, 경제, 정치 발전으로 실제 생물학적 빈곤에서 벗어나 기근 또는 굶주림으로 죽어 가는 사람들이 줄어들고 있으며 심지어 자연 재해가 닥쳐도 사보험, 정부 관계 기관들 그리고 국제적인 비정부 기구들이 이를 해결하고 있다는 내용이므로, 글의 요지로 가장 적절한 것은 ③이다.

2. natural disasters는 자연적으로 발생한 재해이므로 본문에 언급된 것은 가뭄, 홍수, 지진 그리고 쓰나미이다.

| 구문 |

■ Mass famines still strike some areas from time to time, but they are [not common], and [almost always caused by human politics rather than by natural disasters].

주격 보어 역할을 하는 두 개의 [ ]가 and로 대등하게 연결되어 are에 이어진다.

■ As a whole, the global trade network [turns droughts and floods into business opportunities], and [makes it possible {to overcome food shortages quickly and cheaply}].

문장의 주어는 the global trade network이고 두 개의 [ ]가 and로 연결되어 술어를 이룬다. 두 번째 [ ] 안의 it은 형식상의 목적어이고 { }가 내용상의 목적어이다.

Exercise 3

본문 90쪽

1. ①　　　　2. their mistakes

| 소재 | 협동 게임

정답과 해설 • 45

정답과 해설

| 직독직해 |

》 When children think / they have done well, contributed,
아이들이 생각할 때 / 자신들이 잘했거나 기여했거나 이겼다고 /
or won, / there is no need / for them to feel threatened or
필요가 없다 / 그들이 위협이나 불안을 느낄 /
anxious / and every reason / to feel happy with themselves
그리고 타당한 이유가 있다 / 자신과 그 경험에 행복감을 느낄
and the experience.

| 해석 |

아이들이 협동 게임을 할 때 그들은 거의 항상 인정, 즐거움, 기여, 그리고 성공의 느낌을 얻는다. 모든 아이들이 인정받고 있다고 느끼고 적어도 적당한 정도의 성공을 경험하는 게임과 스포츠 프로그램이 더 많이 필요하다. 아이들은 잘했거나 기여했거나 이겼다고 생각할 때, 위협이나 불안을 느낄 필요가 없고 자신과 그 경험에 행복감을 느낄 타당한 이유가 있다. 잘못이 생사가 걸린 문제로 여겨지지 않을 때 실패와 연관된 두려움과 스트레스는 줄어든다. 협동 활동에서는 패배자가 없다. 친근하고 절제된 경쟁은 결과의 중요성을 줄여서 서로와 놀이 자체의 경험을 즐기도록 아이들을 해방시킨다. 참가자들은 자신들의 실수를 두려워하거나 그것을 숨기기보다는 자신들의 실수에서 배울 수 있는 새로운 자유를 얻는다.

| 해설 |

1. 협동 게임을 통해 아이들은 자신이 인정받고 기여하고 있다는 느낌을 갖게 되고, 승패의 결과가 생사의 문제처럼 여겨지지 않게 해 줌으로써 실수에 대한 스트레스도 줄어서 놀이 자체를 즐길 수 있게 해 준다는 내용이므로 글의 주제로는 ① '협동 게임의 이점'이 가장 적절하다.
② 경쟁을 동기 부여 요인으로 이용하기
③ 놀이를 통한 학습의 중요성
④ 과도한 게임하기의 문제점
⑤ 또래들이 아동 발달에 미치는 영향
2. 자신들의 실수를 두려워하거나 숨기기보다는 실수에서 배운다는 내용이므로 them이 가리키는 것은 their mistakes이다.

| 구문 |

■The fear and stress [associated with failure] are reduced when errors **are** not **viewed as** a life-and-death matter.
[ ]는 The fear and stress를 수식한다. 「A is viewed as B」는 'A가 B라고 여겨지다'라는 의미이다.

Exercise ④ 본문 91쪽

1. ②   2. 어느 누구라도 역시 매우 창의적일 수 있다

| 소재 | 누구나 가지고 있는 창의성

| 직독직해 |

》 They can be highly creative, / but so can anybody /
그들은 매우 창의적일 수 있다 / 하지만 어느 누구라도 역시 그럴 수 있다 /
if the conditions are right, / including the suits.
조건이 괜찮다면 / 양복장이들을 포함하여

| 해석 |

특별한 사람들만이 창의적이고, 그 창의성은 드문 재능이라고 흔히 생각된다. 이런 생각은 Martha Graham, Pablo Picasso, Albert Einstein 그리고 Thomas Edison과 같은 창의적인 숭배 대상들의 경력에 의해 강화된다. 회사는 흔히 전 직원을 '창의적인 사람들'과 '양복장이들'의 두 집단으로 나눈다. 창의적인 사람들은 양복을 입지 않기 때문에 그들이 누구인지 보통 알 수 있다. 그들은 청바지를 입으며, 어떤 생각과 씨름해 오고 있기 때문에 늦게 출근한다. 창의적인 사람들이 창의적이지 않다고 말하고자 하는 것은 아니다. 그들은 매우 창의적일 수 있지만, 조건이 괜찮다면, 양복장이들을 포함하여 어느 누구라도 역시 그럴 수 있다. 모든 사람에게는 엄청난 창의적 능력이 있다. 그 능력을 개발하는 것이 어려운 일이다. 창의성을 가진 문화는 단지 선택된 소수의 사람들만이 아니라, 모든 사람을 포함해야만 한다.

| 해설 |

1. 창의성은 특별한 사람들만이 가지고 있는 드문 재능이 아니라, 개발하기는 어렵지만 모든 사람이 가지고 있는 능력이라는 것이 글의 주된 내용이므로, 글의 요지로는 ②가 가장 적절하다.
2. 「so+조동사+주어」는 '~도 역시 그렇다'의 뜻이다. 따라서 so can anybody는 anybody can be highly creative의 의미이다.

| 구문 |

■**It** is often thought [that only special people are creative: that creativity is a rare talent].
It은 형식상의 주어이고 [ ]가 내용상의 주어이다.
■You can normally tell [who the creatives are] because **they** don't wear suits.
[ ]는 의문사절로 tell의 목적어 역할을 하며, 대명사 they는 the creatives를 가리킨다.

---

05 제목 추론

Get Started 본문 92쪽

1. ④   2. feelings, conditions, reasons

| 소재 | '나 진술'로 하는 의사소통

| 직독직해 |

>> Compared to "You statements" / that might be used
'당신 진술'과 비교했을 때 / 대신 사용될 수도 있는 /
instead / ("You make me so mad!", / "You don't care at all
("당신은 나를 너무 화나게 해!" / "당신은 나에 대해 전혀
about me!"), / "I statements" provide a method / of
신경 쓰지 않아!") / '나 진술'은 방법을 제공한다 /
informing others that there's a problem / without making
문제가 있다는 것을 다른 사람에게 알리는 / 사람이 방어적
people feel defensive.
느낌을 갖게 하지 않으면서

| 해석 |

여러분의 언어적 메시지의 성공을 극대화하는 한 가지 방법은
자신의 인식을 전달할 때 '나 진술'을 사용하는 것이다. '나 진
술'을 사용하여 여러분의 아이디어와 생각을 공유할 때, 여러분
은 자기의 감정에 대한 책임을 받아들인다는 것을 분명히 한다.
이러한 방식으로 소통하는 것이 상대방을 비난하거나, 재단하
거나, 책망하는 것보다 훨씬 더 효과적인 경우가 많다. '나 진술'
은 자신의 감정에 대한 묘사, 그런 감정을 느끼게 하는 상황에
대한 암시, 그 상황이 그런 감정을 유발하는 이유에 대한 설명
의 세 가지 요소로 구성된다. 대신 사용될 수도 있는 '당신 진
술'("당신은 나를 너무 화나게 해!", "당신은 나에 대해 전혀 신
경 쓰지 않아!")과 비교했을 때, '나 진술'은 사람이 방어적 느낌
을 갖게 하지 않으면서 문제가 있다는 것을 다른 사람에게 알리
는 방법을 제공한다.

| 해설 |

1. 자신이 전하는 언어적 메시지를 성공적으로 만들기 위해서
는 '나 진술'을 써서 대화 상대방을 탓하거나 상대방이 방어적
느낌을 갖지 않게 해야 한다는 내용의 글이다. 따라서 글의 제
목으로 가장 적절한 것은 ④ "'나 진술'을 사용하여 다른 사람과
원활하게 소통하기'이다.
① 의사소통에서의 '당신 진술'의 힘
② 지적하기: '나 진술'로 책임 전가하기
③ 가라앉는 배: '나 진술'로 관계 파괴하기
⑤ '당신 진술': 상처받은 사람을 위한 치유 표현법
2. 자신의 감정에 대한 묘사, 그런 감정을 느끼게 하는 상황에
대한 암시, 그 상황이 그런 감정을 유발하는 이유의 세 가지 요
소가 있다고 했으므로, '나 진술'에 담겨 있어야 하는 세 가지 요
소는 feeling, conditions, reasons이다.

| 구문 |

■One way [to maximize the success of your verbal
messages] is [to use "I statements" {when
communicating your perceptions}].

첫 번째 [ ]는 One way를 수식하는 to부정사구이고, 두 번째
[ ]는 is의 주격 보어 역할을 하는 to부정사구이며 그 안의
{ }는 시간의 접속사가 표시된 분사구문이다.

Exercise 1
본문 94쪽

1. ①   2. reference

| 소재 | 아이스크림의 역사

| 직독직해 |

>> The origin of ice cream / can be traced back to / at least
아이스크림의 기원은 / 거슬러 올라갈 수 있다 / 적어도
the 4th century.
4세기까지 /

| 해석 |

'아이스크림!'이라니 멋진 이름이다! 이 두 단어는 서로를 정말
잘 표현하지 못하는 것 같다. 그렇다면 약간의 역사가 도움이
될 것이다. 아이스크림의 기원은 적어도 4세기까지 거슬러 올
라갈 수 있다. 초기 참고 문헌에는 산에서 '얼음'을 가져와 '과
일' 토핑과 결합하게 지시했던 로마 황제 네로에 대한 것이 있
다. 중국 상나라의 탕왕도 '얼음'과 '크림'을 섞은 조합물을 만드
는 방법을 가지고 있었다. 그렇기에 옛 탕왕이 우리에게 그 이
름을 주었음이 틀림없다. '아이스크림'이라는 적절하게 이름이
붙여진 이 요리는 중국에서 유럽으로 다시 전해졌는데, 그곳에
서는 시간이 지나면서 다양한 조리법이 만들어졌으며, 결국에
는 미국으로 건너갔을 가능성이 크다. 최초의 아이스크림 가게
는 1776년 뉴욕시에서 문을 열었다. 와, 독립기념일과 아이스
크림이 모두 같은 해라니. 대단한 나라야!!

| 해설 |

1. 아이스크림이라는 이름을 통해 아이스크림의 기원을 옛 로
마 제국과 중국에서 찾을 수 있고, 그것이 다시 유럽으로 전해
져 다양한 조리법이 만들어졌고, 결국 미국에서 최초의 아이스
크림 가게가 생겼다는 내용의 글이다. 따라서 글의 제목으로 가
장 적절한 것은 ① '아이스크림의 간략한 역사'이다.
② 아이스크림: 독립의 상징
③ 독립기념일의 즐거움: 정말 맛있는 음식!
④ 뉴욕시: 아이스크림의 발상지
⑤ 아이스크림이 미국 디저트에 미친 영향
2. '정보를 얻는 책, 기사 등'과 '정보를 얻기 위해 무언가를 보
는 행위'의 뜻을 모두 가진 단어는 reference(참고 문헌, 참조)
이다.

| 구문 |

■This dish, [appropriately named "ice cream,"] [was
likely brought from China back to Europe, {where over

time, different recipes were made}] and [finally made its way to the US].

첫 번째 [ ]는 This dish를 수식하는 분사구이며, 두 번째와 세 번째 [ ]는 문장의 술부 역할을 하며 and로 연결되어 있다. { }는 Europe을 부가적으로 설명하는 관계절이다.

Exercise ②

본문 95쪽

1. ③　　　　2. (m)orning

| 소재 | 올빼미형 인간이 우울증에 걸리기 쉬운 이유
| 직독직해 |

》 The problem isn't with their natural chronotype, / but
문제는 이들의 타고난 크로노타입에 있지 않다 /
rather with the fact / that they don't get enough sleep /
오히려 사실에 있다 /   그들이 충분한 수면을 취하지 못한다는 /
because they have to get up earlier than desired / to catch
그들은 원하는 시간보다 더 일찍 일어나야 하기 때문에 /   그 오전
that 8:00 A.M. class, / or because they are switching /
8시 수업을 듣기 위해 /   또는 그들이 번갈아 하기 때문에 /
between 6:00 A.M. weekday wakeups and 9:00 A.M.
평일 오전 6시 기상과 주말 오전 9시 기상을 /
weekend wakeups, / jet lagging themselves / from New
        시차증을 스스로 겪으면서 /   뉴욕에서
York to Los Angeles and back / every week.
로스앤젤레스를 오가는 /   매주

| 해석 |
늦은 시각의 크로노타입(즉, 올빼미형)을 가진 사람들이 우울증에 걸리기 더 쉽다는 것을 보여 주는 연구 결과가 있지만, 이는 이들이 아침형 인간을 위해 고안된 사회적 규범에 자신의 타고난 크로노타입을 굴복시켜야 하기 때문이다. 문제는 이들의 타고난 크로노타입에 있지 않고, 오히려 그 오전 8시 수업을 듣기 위해 원하는 시간보다 더 일찍 일어나야 한다거나, 또는 매주 뉴욕에서 로스앤젤레스를 오가는 시차증을 스스로 겪으면서 평일 오전 6시 기상과 주말 오전 9시 기상을 번갈아 하기 때문에 충분한 수면을 취하지 못한다는 사실에 있다. 만약 이들이 각자의 타고난 크로노타입 시간대, 예를 들어 새벽 2시부터 오전 10시 사이에 잠을 잘 수 있도록 허용된다면, 그들은 완벽하게 행복하고 건강하며 생산적일 수 있을 것이다.

| 해설 |
1. 밤늦게까지 깨어 있다가 아침에는 늦잠을 자는 올빼미형 크로노타입을 지닌 사람들이 하루를 일찍부터 시작하는 아침형 크로노타입의 사람을 위해 고안된 사회 규범을 좇아 사느라고 충분히 잠자지 못하며, 이로 인해 우울증에 걸리기 쉽다는 내용의 글이다. 따라서 글의 제목으로 가장 적절한 것은 ③ '사회 규

범이 올빼미형 사람에게 미치는 건강 관련 영향'이다.
① 수면에는 결코 하나의 정도만 있는 것이 아니다
② 건강한 생활 방식: 아침형 사람과 함께 일어나라
④ 졸린 몸부림: 침대에서 뒤척임
⑤ 사람은 하루에 얼마나 자야 할까?

2. 오전 8시 수업이 열린다든지, 주말에는 9시에 기상하지만 평일에는 오전 6시에 일어나야 하는 등의 사회 규범은 모두 아침형 인간을 위해 고안된 것이다. 따라서 빈칸에 들어갈 말로 가장 적절한 것은 morning이다.

| 구문 |
■ [Although there is research {showing that people with later chronotypes (i.e., night owls) are more prone to depression}], this is because they're having to bend their natural chronotype to societal norms, [which are designed for morning people].

첫 번째 [ ]는 양보의 부사절이고, 그 안의 { }는 research를 수식하는 분사구이며, 두 번째 [ ]는 societal norms를 부가적으로 설명하는 관계절이다.

Exercise ③

본문 96쪽

1. ⑤　　　　2. ocean

| 소재 | 시작의 중요성
| 직독직해 |

》 Beginning the journey, / and being willing to explore
여행을 시작하는 것 /   그리고 다양한 길을 기꺼이 탐험하는
various pathways / can be as productive / as setting out
것은 /   생산적일 수 있다 /   최종 목적지를
with a final destination in mind.
마음에 두고 길을 떠나는 것만큼이나

| 해석 |
삶은 창조적이고 유기적이기 때문에, 한꺼번에 인생 전체의 여정을 계획할 필요가 없다. 때로는 장기적인 목표를 가지는 것이 도움이 되고, 어떤 사람들은 그렇게 한다. 바로 다음 단계에 집중하는 것도 꼭 그만큼 도움이 될 수 있다. 여행을 시작하는 것, 그리고 다양한 길을 기꺼이 탐험하는 것은 최종 목적지를 마음에 두고 출발하는 것만큼이나 생산적일 수 있다. 때로는 바로 다음 단계만 계획할 수도 있다. 그러나 그것만 하더라도 앞으로 나아가기에 충분할 수 있는 것이다. 가장 중요한 것은 첫 단계이다. 시작, 곧 출항을 해야 하는 것이다. 철학자 Teilhard de Chardin도 바다의 비유를 인생의 여정에 대해 생각하는 한 가지 방법으로 사용했다. 그는 다음과 같은 격려의 말을 했다. "바닷가에 서서 바다가 우리를 데리고 갈 수 없다고 굳게 믿지 말고, 과감히 바닷물로 뛰어들자—그냥 알아보기 위해."

| 해설 |

1. 필자는 인생 전체를 한 번에 계획할 필요가 없고, 최종 목적지를 마음에 두고 길을 떠나는 것만큼이나 여행을 시작하고 다양한 길을 탐색하는 것이 생산적이며, 시작이 가장 중요한 것이라고 말하고 있다. 따라서 글의 제목으로 가장 적절한 것은 ⑤ '시작이 인생에서 가장 중요한 부분이다'이다.
① 끝이 좋으면 만사가 좋다
② 열정이 아니라 노력을 따르라
③ 왜 계획보다 준비가 더 나은가?
④ 인생에 대해 쓰기: 발견의 여행

2. 앞 문장에서 언급된 to set sail은 바다와 관련된 표현이고, 이어지는 문장에서 the ocean이 사용되었으므로 Teilhard de Chardin이 사용한 비유(metaphor)는 '바다(the ocean)'임을 알 수 있다.

| 구문 |

■ Sometimes **it**'s helpful [to have long-term goals], and some people **do**.
it은 형식상의 주어이고, [ ]가 내용상의 주어이다. do는 대동사로 have long-term goals를 대신하는 것으로 이해할 수 있다.

■ "Instead of [standing on the shore] and [convincing ourselves {that the ocean cannot carry us}], let us venture onto its waters—just to see."
첫 번째와 두 번째 [ ]는 and로 연결되어 Instead of의 목적어 역할을 하는 동명사구이다. 두 번째 [ ] 안의 { }는 convincing의 목적어 역할을 하는 that이 이끄는 명사절이다.

Exercise ④
본문 97쪽

| 1. ③ | 2. 제1 바이올린 연주자 또는 건반 연주자 |

| 소재 | 지휘자의 탄생과 그 기능
| 직독직해 |
≫ Up until around the beginning of the nineteenth century, /
19세기가 시작되는 무렵까지는 /
an ensemble was typically led / by one of the musicians
합주단은 일반적으로 이끌어졌다 /   거기서 연주하는 연주자들 중
playing in it, / usually the first violinist or the keyboard
한 명에 의해 /   보통 제1 바이올린 연주자나 건반 연주자 /
player / (a harpsichord or other keyboard instrument /
            (하프시코드나 다른 건반 악기는 /
was almost always part of any group / before 1800 or so).
거의 항상 어느 집단이 되었든 그 일원이었다 / 대략 1800년 이전에는)
| 해석 |
문예 부흥기 무렵에는 상당한 규모의 악기 집단을 위해 많은 음

악이 작곡되고 있었는데, 그것이 지휘의 문제로 이어졌다. 19세기가 시작되는 무렵까지는, 합주단은 일반적으로 거기서 연주하는 연주자들 중 한 명, 보통 제1 바이올린 연주자나 건반 연주자가 이끌었다(하프시코드나 다른 건반 악기는 대략 1800년 이전에는 거의 항상 어느 집단이 되었든 그 일원이었다). 점차적으로, 지휘자, 즉 그의 주된 기능이 빠르기를 정하여 모든 사람을 협력시키는 사람의 개념이 확립되었다. 19세기부터는 계속하여 추가적인 기능이 흔히 있었는데 그것은 해석, 즉 어떤 페이지에 있는 음표를 해석하고 관현악단으로 하여금 그것을 실현하게 하는 개인적인 접근법이었다.

| 해설 |

1. 19세기 전까지는 대개 제1 바이올린 연주자나 건반 연주자가 합주단을 이끌었지만, 점차 빠르기를 정하여 모든 사람을 협력시키는 기능을 주로 하는 지휘자의 개념이 확립되었고, 19세기부터는 곡에 대해 해석하는 역할이 추가로 일반화되었다는 내용의 글이므로, 글의 제목으로는 ③ '지휘자의 탄생과 그 기능'이 가장 적절하다.
① 음악 해석의 어려움
② 오케스트라 구성의 이점
④ 지휘자와 음악가들 사이의 갈등
⑤ 여러분 자신을 표현하기 위한 도구로서의 악기

2. Up until around the beginning of the nineteenth century, an ensemble was typically led by one of the musicians playing in it, usually the first violinist or the keyboard player ~에서 답의 근거를 찾을 수 있다.

| 구문 |

■ By the time of the Renaissance, a lot of music was being written for sizable groups of instruments, [which led to the question of leadership].
[ ]는 관계절로 which는 앞의 내용 전체를 가리킨다.

■ Gradually, the concept of a conductor took hold—[someone {whose chief function was to establish the tempo and keep everyone together}].
[ ]는 a conductor와 동격을 이루고, 그 안의 { }는 관계절로 someone을 수식한다.

06 실용 정보 파악

Get Started
본문 98쪽

| 1. ③ | 2. proper hand techniques, chord building and music theory in relation to acoustic guitar |

| 소재 | 통기타 강습

| 직독직해 |

≫ Instruction will focus on / proper hand techniques, /
수업은 중점을 둘 것입니다 / 올바른 손기술 /
chord building / and music theory / in relation to acoustic
화음 / 그리고 음악 이론에 / 통기타에 관한
guitar.

| 해석 |

LUNAS 레크리에이션 센터 통기타 수업
• **수업 시간:** 매주 토요일 오전 10시(100분)
• **수강료:** 월 60달러
• **나이:** 12세 이상
• **추가 정보:**
– 노래책과 기타는 제공됩니다. (원하면 본인의 것을 가져오세요.)
– 수업은 초급 및 중급 연주자를 대상으로 합니다.
– 수업은 올바른 손기술, 화음 및 통기타에 관한 음악 이론에
 중점을 둘 것입니다.
– 수업은 Lunas 레크리에이션 센터 내 음악실에서 합니다.
– 결석한 수업에 대한 환불이나 보강은 없습니다.
등록 및 자세한 정보를 원하시면 www.lunasrec.com을 방문
하시거나 305-5733-8400으로 전화하세요.

| 해설 |

1. 노래책과 기타가 제공된다고 했으므로 안내문의 내용과 일
치하지 않는 것은 ③이다.
2. Instruction will focus on ~ acoustic guitar.에서 수업에
서 집중적으로 배울 내용을 언급하고 있다.

| 구문 |

▪Instruction will focus on [proper hand techniques],
[chord building] and [music theory in relation to
acoustic guitar].
세 개의 [ ]가 and로 대등하게 연결되어 on의 목적어 역할을
하고 있다.

Exercise 1
본문 100쪽

1. ③ 2. 어린 관객을 위한 대단히 흥미롭고 재미있는 희곡
작품 출판사

| 소재 | 젊은 극작가를 위한 희곡 대회

| 직독직해 |

≫ HISTAGE, / the publisher of fascinating and entertaining
HISTAGE는 / 대단히 흥미롭고 재미있는 희곡 작품 출판사인 /
plays / for young audiences, / is pleased to announce / its
 어린 관객들을 위한 / 공지하게 되어 기쁩니다 /

fifteenth annual HISTAGE Play Competition.
15번째 HISTAGE 희곡 대회를

| 해석 |

젊은 극작가들을 위한 HISTAGE 희곡 대회
어린 관객들을 위한 대단히 흥미롭고 재미있는 희곡 작품 출판
사 HISTAGE는 15번째 연례 HISTAGE 희곡 대회를 공지하
게 되어 기쁩니다. 여러분의 연극 대본을 제출하여 대회에 참가
하세요!
제출 기간: 9월 1일~11월 1일
연극 대본 제출 지침
• 대본은 출간된 적이 없는 10~40분 길이의 단막극이어야 합
 니다.
• 대본은 두 명 이상의 등장인물이 있어야 합니다(대규모 배역
 진 권장).
• 대본은 19세 이하 개인의 독창적인 작품이어야 합니다.
• 1인당 한 편의 출품작으로 제한이 있습니다.
상품
• 1위 수상자는 250달러를 받게 되며, 수상 희곡은
 HISTAGE에서 출간됩니다.
• 2위와 3위는 각각 150달러와 100달러를 받게 됩니다.
더 많은 정보를 원하시면, www.HISTAGE.com을 방문하세요!

| 해설 |

1. Scripts must be unpublished one-acts between 10
and 40 minutes in length.에서 출품작은 출간된 적이 없는
단막극이어야 함을 알 수 있다. 따라서 안내문의 내용과 일치하
는 것은 ③이다.
2. HISTAGE, the publisher of fascinating and
entertaining plays for young audiences에서 HISTAGE가
어린 관객을 위한 대단히 흥미롭고 재미있는 희곡 작품을 출간
하는 출판사임을 알 수 있다.

| 구문 |

▪HISTAGE, [the publisher of fascinating and
entertaining plays for young audiences], is pleased
to announce [its fifteenth annual HISTAGE Play
Competition].
첫 번째 [ ]는 HISTAGE와 동격을 이루는 명사구이고, 두 번
째 [ ]는 announce의 목적어 역할을 하는 명사구이다.
▪Enter the competition by [submitting your play
script]!
[ ]는 전치사 by의 목적어 역할을 하는 동명사구이다.

Exercise 2
본문 101쪽

1. ⑤ 2. the gap

| 소재 | 미국인들이 소유하고 있는 애완동물의 수

| 직독직해 |

>> Americans own 145 million freshwater fish, / while the
미국인들은 1억 4500만 마리의 민물고기를 소유하고 있다 / 반면에
number of saltwater fish / is less than one-tenth / of
바닷물고기의 수는 / 10분의 1이 안 된다 /
freshwater fish.
민물고기의

| 해석 |

위 그래프는 미국 내의 애완동물 소유 현황을 애완동물의 유형별로 보여 준다. 미국에서 가장 인기가 있는 애완동물은 민물고기이다. 미국인들은 1억4500만 마리의 민물고기를 소유하고 있는데, 반면에 바닷물고기의 수는 민물고기의 10분의 1이 안 된다. 두 번째로 가장 인기가 있는 애완동물은 고양이이고, 바로 다음에 개가 뒤를 잇는다. 애완 고양이와 개의 수의 차이는 고작 1230만인데, 반면에 개와 네 번째로 인기가 있는 애완동물인 새의 수의 차이는 6000만이 넘는다. 말, 파충류 동물과 작은 동물로 이루어진 세 집단은 각각 1500만 마리 밑에 머물러 있다.

| 해설 |

1. 말, 파충류 동물과 작은 동물로 이루어진 세 집단 중 작은 동물 집단은 1500만 마리를 넘으므로 ⑤는 그래프의 내용과 일치하지 않는다.

2. 지시대명사 that은 the gap을 대신한다.

| 구문 |

■ Americans own 145 million freshwater fish, [while the number of saltwater fish is less than one-tenth of freshwater fish].

[ ]로 묶인 부분은 앞 문장과 역접의 의미로 연결되는 부사절로서 '반면에 ~'로 해석하는 것이 자연스럽다.

■ The second most popular pets are cats, [followed right behind by dogs].

[ ]는 분사구문이다. 「followed by A」는 'A가 그 뒤에 온다'라고 해석하면 편리하다.

Exercise 3

본문 102쪽

1. ③   2. defense

| 소재 | 농구 캠프

| 직독직해 |

>> Camp stores / will be available / daily.
캠프 내 가게는 / 이용 가능합니다 / 매일

| 해석 |

Lee-Scott 아카데미 농구 캠프

■ 일시: 6.20~22
• 오전 9시~정오: 1~6학년
• 오후 1시~오후 4시: 7~9학년
■ 장소: Lee-Scott 농구 아카데미
■ 참가비:
• 5월 20일 이전: 75달러
• 5월 20일과 그 이후: 90달러
■ 참가자들은 다음과 같은 기본적인 농구 기술을 배웁니다:
• 볼 다루기   • 패스 및 받기   • 슈팅
• 리바운드   • 수비   • 팀 개념 및 태도
– 수표는 Scott Phillips를 수취인으로 하여 작성해 주세요.
– 캠프 내 가게는 매일 이용 가능합니다. 모든 간식 품목은 1달러입니다.
– 캠프 참가자는 모두 캠프 티셔츠와 수료증을 받게 됩니다.

| 해설 |

1. 5월 20일 이후의 참가비는 90달러이므로 ③은 안내문의 내용과 일치하지 않는다.

2. '시합에서 상대 팀이 득점하는 것을 막는 능력'이라는 의미이므로 defense(수비)를 의미한다.

| 구문 |

■ **Make checks payable** to Scott Phillips.

「make＋목적어＋목적격 보어」 구문으로 payable은 목적격 보어 역할을 하는 형용사이다.

Exercise 4

본문 103쪽

1. ④   2. the 18–29 and 30–49 age groups

| 소재 | 스마트폰을 소유하고 거의 항상 온라인에 접속하는 미국 성인 비율

| 직독직해 |

>> The graph above / shows the share / of U.S. adults /
위 그래프는 / 비율을 보여 준다 / 미국 성인들의 /
who owned a smartphone / and said / they were 'almost
스마트폰을 소유한 / 그리고 말하는 / '거의 항상'
constantly' online / by age group / in 2023.
온라인에 접속하고 있다고 / 연령대별로 / 2023년에

| 해석 |

위 그래프는 2023년에 스마트폰을 소유하고 있고 자신은 '거의 항상' 온라인에 접속하고 있다고 말한 미국 성인의 비율을 연령대별로 보여 준다. 설문 조사에 참여한 성인 10명 중 9명이 스마트폰을 가지고 있다고 말했고, 10명 중 4명 넘게 거의 항상

온라인에 접속하고 있다고 대답했다. 4개 연령대 중에서 18~29세와 30~49세 그룹이 97퍼센트로 가장 높은 스마트폰 소유 비율을 갖고 있었다. 이 두 연령대 응답자의 절반이 넘는 수가 거의 끊임없는 인터넷 사용을 보고했으며, 18~29세 그룹이 30~49세 그룹보다 더 높은 비율을 보였다. 50~64세 응답자의 거의 90퍼센트가 스마트폰을 소유하고 있었지만, 이 연령대의 30퍼센트 미만이 거의 항상 온라인에 접속하고 있다고 말했다. 거의 항상 온라인에 접속하고 있다고 말한 응답자의 비율은 65세 이상 연령대에서 15퍼센트의 비율로 가장 낮았다.

| 해설 |

1. 50~64세 연령대에서 거의 항상 온라인에 접속해 있는 비율은 32퍼센트이므로, 도표의 내용과 일치하지 않는 것은 ④이다.

2. 밑줄 친 these two age groups는 바로 앞 문장에 언급된 두 연령대인 the 18-29 and 30-49 age groups를 가리킨다.

| 구문 |

■[More than half of the respondents {from these two age groups}] reported near-constant internet use, [**with the 18-29 age group showing** a higher rate than the 30-49 group].

첫 번째 [ ]는 문장의 주어 역할을 하는 명사구이고, 그 안에서 { }는 the respondents를 수식하는 전치사구이다. 두 번째 [ ]에는 「with+명사구+분사구」의 구문이 사용되어 주절의 부수적인 상황을 표현하고 있다.

■[The percentage of the respondents {who said they were almost constantly online}] was the lowest in the 65-and-over age group, with a rate of 15%.

[ ]는 문장의 주어 역할을 하는 명사구이고, 그 안의 { }는 the respondents를 수식하는 관계절이다.

---

07 세부 내용 파악

Get Started
본문 104쪽

1. ③ 　　2. 1987년

| 소재 | 여성 우주인 Mae Jemison

| 직독직해 |

》 In 1992, / she became the first African American
1992년에는 /　　그녀는 최초의 아프리카계 미국인 여성 우주인이
woman in space / when she served as the science
되었다 /　　　　(그때에) 그녀는 과학 임무 전문가로

mission specialist / on the space shuttle Endeavour.
활동했다 /　　　　　우주 왕복선 Endeavour의

| 해석 |

Mae Jemison은 1956년 10월 17일에 Alabama 주 Decatur에서 태어났다. 그녀의 가족은 그녀가 3살 때 Illinois 주 Chicago로 이사했고, 그녀는 그곳에서 성장했다. Mae는 가족의 세 자녀 중 막내였다. 아버지는 정비공이자 목수였고 어머니는 교사였다. Mae의 과학에 대한 관심은 어린 나이에 시작되었다. 어렸을 때 그녀는 과학자이자 우주 비행사가 되는 것을 꿈꿨다. 운 좋게도 그녀는 자신의 꿈을 지지하고 격려해 주는 가족이 있었다. Mae는 1987년에 우주 비행사 훈련을 위해 NASA(미국 항공 우주국)에 들어갔다. 1992년에는 최초의 아프리카계 미국인 여성 우주인이 되어 우주 왕복선 Endeavour의 과학 임무 전문가로 활동했다. 그 역사적인 업적을 달성하는 과정에서 그녀는 이미 의사, 공학자, 평화봉사단의 자원봉사자로 활동했다. Mae는 정말로 특별한 삶을 살아왔다.

| 해설 |

1. Mae Jemison의 가족은 그녀의 꿈을 지지하고 격려해 주었다는 언급이 있으므로 글의 내용과 일치하지 않는 것은 ③이다.

2. Mae was accepted by NASA (National Aeronautics and Space Administration) for astronaut training in 1987.에서 Mae Jemison이 우주 비행사 훈련을 위해 NASA에 들어간 연도는 1987년도임을 알 수 있다.

| 구문 |

■In 1992, she became the first African American woman in space [when she served as the science mission specialist on the space shuttle Endeavour].

[ ]는 때를 나타내는 시간의 부사절이다.

Exercise 1
본문 106쪽

1. ④ 　　2. It is pale green in color.

| 소재 | 로즈애플

| 직독직해 |

》 During the rose apple season, / there are several
로즈애플 시즌에는 /　　　　　여러 송이의 열매가
bunches of the fruit / on all of the branches.
달려 있다 /　　　　모든 가지에

| 해석 |

로즈애플은 Jamaica의 여러 지역에서 plum rose라고 알려져 있다. 열매는 가지가 많은 나무에서 자란다. 로즈애플 시즌에는 모든 가지에 여러 송이의 열매가 달려 있다. 한 송이에 열 개나 되는 열매가 달릴 수도 있다. 열매가 익지 않았을 때는 연한 녹

색이고 열매가 익으면 노란색이 된다. 열매는 일반적으로 타원형이지만 어떤 것들은 둥글 수도 있다. 그것은 탁구공보다 약간 더 크다. 열매의 상부에 잎처럼 생긴 작은 부분이 있다. 그 부분은 가지에 붙어 있지 않으며 먹을 수 없다. 열매에는 또한 먹을 수 없는 씨가 있다. 앞서 설명한 부분을 제외하고 열매의 과육 전체는 먹을 수 있다. 로즈애플은 맛이 달콤하고 기분 좋은 향기가 있다.

| 해설 |

1. It is a little larger than a table tennis ball.에서 열매가 탁구공보다 약간 더 크다고 했으므로 글의 내용과 일치하지 않는 것은 ④이다.

2. When the fruit is young, it is pale green in color,에서 열매가 익지 않았을 때 열매의 색깔이 표현되어 있다.

| 구문 |

■ That part [is not attached to the branch] and [is not edible].

두 개의 [ ]는 and로 대등하게 연결되어 주어인 That part에 이어진다.

■ The fruit also has a pit [that is not edible].

[ ]는 a pit을 수식하는 관계절이다.

Exercise ②
본문 107쪽

1. ⑤   2. several horizontal nesting tunnels

| 소재 | 프레리도그

| 직독직해 |

≫ In a typical burrow, / the entrance descends at a
일반적인 굴에서 /   입구는 45도 각도로 약 10피트(3미터)
45-degree angle for about ten feet (3 meters), / then
정도 내려간다 /
branches into several horizontal nesting tunnels, / each
그리고 나서 여러 개의 수평 둥지 터널로 분기된다 /   각
of which ends in a grass-lined chamber.
터널은 풀로 안감을 댄[내면이 풀로 덮인] 방에서 끝난다

| 해석 |

다람쥣과에 속하는 동물인 프레리도그는 땅을 대단히 잘 파는 동물이고, 각각의 무리는 깊고 광범위한 굴 체계를 점유한다. 굴에는 하나에서 다섯 개까지의 입구가 있다. 일반적인 굴에서 입구는 45도 각도로 약 10피트(3미터) 정도 내려가다가 여러 개의 수평 둥지 터널로 갈라지며, 각 터널은 풀로 안감을 댄[내면이 풀로 덮인] 방에서 끝난다. 이 개별 굴들은 다른 굴들과 결합하여 수백 에이커에 달하는 거대한 거주지를 형성한다. 프레리도그는 식물의 성장에 충분한 수분을 갖춘 배수가 잘 되는 토

양의 영역에 자신들의 거주지를 마련했기 때문에 19세기 미국 정착민들, 특히 목장주들에게 해로운 동물이 되었다. 프레리도그의 개체 수를 조절하기 위해 (이 동물에) 독극물을 먹이고 총을 쐈으며, 이러한 관행으로 인해 한때 흔했던 많은 지역에서 프레리도그의 수가 감소했다.

| 해설 |

1. ~, and these practices decreased prairie dogs in many regions where they were once common.에서 인간들의 개체 수 조절 노력으로 인해 프레리도그의 개체 수가 줄었다고 했으므로, 글의 내용과 일치하지 않는 것은 ⑤이다.

2. 밑줄 친 which는 관계대명사로 선행사인 명사구 several horizontal nesting tunnels를 지칭한다.

| 구문 |

■ These individual burrows are combined with others [to form massive settlements {that spread for hundreds of acres}].

[ ]는 결과를 나타내는 to부정사구이고 그 안의 { }는 massive settlements를 수식하는 관계절이다.

■ [Because they located their settlements in areas of well-drained soil {with sufficient moisture for vegetative growth}], prairie dogs became a pest to 19th-century U.S. settlers, especially ranchers.

[ ]는 이유를 나타내는 부사절이고 그 안의 { }는 well-drained soil을 수식하는 전치사구이다.

Exercise ③
본문 108쪽

1. ⑤   2. He launched an effort to create the League of Nations.

| 소재 | Edith Wilson

| 직독직해 |

≫ His cousin, / who worked as a White House hostess, /
그의 사촌이 /   백악관에서 안주인 역할을 했던 /
introduced him / to her widowed friend, Edith Bolling
그를 소개해 주었다 /   남편을 여읜 자기 친구 Edith Bolling
Galt, / and they became friends.
Galt에게 / 그리고 그들은 친구가 되었다

| 해석 |

Edith Wilson은 다른 어느 대통령 영부인보다 대통령 권한대행 비슷한 역할을 더 많이 하였다. Woodrow Wilson의 첫 번째 부인은 1914년에 신장 질환으로 죽었다. 백악관에서 안주인 역할을 했던 그의 사촌이 남편을 여읜 자기 친구 Edith Bolling Galt에게 그를 소개해 주었고, 그들은 친구가 되었다.

그녀는 화술에 능하고 생각을 상의하기에 좋은 사람이었다. 그들은 1915년 12월에 결혼했다. Woodrow Wilson은 미국을 제1차 세계대전으로 끌어넣었고 미래의 전쟁을 막기 위해 국제연맹을 창설하려는 노력에 착수했다. 그는 두 번째 임기를 1년 반 남겨 두고 뇌졸중을 앓았다. 의사의 지시에 따라 Edith는 가장 중요한 업무를 제외한 모든 업무로부터 자신의 남편을 보호했다. 신뢰할 수 있는 보좌관인 Colonel House와 함께 일하면서 그녀는 정부에 영향을 미치는 그날그날의 결정의 대부분을 내렸다. 그녀는 그의 상태의 심각함을 언론에 전혀 알리지 않았다. Wilson 대통령과 영부인은 1921년에 공직에서 물러났다.

| 해설 |

1. Edith Wilson은 뇌졸중으로 인한 남편의 상태의 심각함을 언론에 전혀 알리지 않았다고 했으므로 ⑤는 글의 내용과 일치하지 않는다.

2. 'Woodrow Wilson은 미래의 전쟁을 막기 위해 무엇을 했는가?'는 Woodrow Wilson led America into World War I and launched an effort to create the League of Nations to prevent future wars.에서 단서를 찾을 수 있고, launched an effort to create the League of Nations를 포함하여 답을 작성할 수 있다.

| 구문 |

■ [Working with **Colonel House, a trusted aide**], she made most of the day-to-day decisions [affecting the government].

첫 번째 [　]는 주절의 주어인 she를 의미상의 주어로 하는 분사구문이다. Colonel House와 a trusted aide는 동격 관계이다. 두 번째 [　]는 the day-to-day decisions를 수식한다.

| TIP |

Colonel House

본명은 Edward Mandell House임. Woodrow Wilson 대통령의 신뢰받는 참모로서 제1차 세계대전 중 대통령 특사로 유럽에 가서 전쟁 종결의 평화 조건을 조성하는 데 핵심적인 역할을 했음. 군 복무를 한 적이 없음에도 불구하고 Colonel House(House 대령)라고 예우를 받음.

Exercise ④

본문 109쪽

1. ③　　　　2. Tucson이라는 도시 이름은 'chukeson'이라는 Pima 인디언의 말에서 왔는데, 그것은 '검은 산의 아랫부분에 있는 샘'이라는 의미이다.

| 소재 | Arizona 주의 도시 Tucson

| 직독직해 |

》 Today / about 150 Tucson companies / are involved
오늘날 /　　　대략 150개의 Tucson 회사가 /　　　설계와 제조에
in the design and manufacture / of optics and
관여하고 있다 /　　　　　　　　　광학과 광전자공학
optoelectronics systems, / earning Tucson the nickname
시스템의 /　　　　　　　그리하여 Tucson에 Optics Valley
Optics Valley.
라는 별명을 가져다준다

| 해석 |

산맥으로 둘러싸인 Tucson은 Arizona 주에서 두 번째로 큰 도시이다. 세계적인 수준의 골프 리조트, 훌륭한 식당, 그리고 미술 박물관과 전시관들이 있다. 1775년에 스페인인들에 의해 세워진 Tucson은 훨씬 더 오래된 북미 원주민들의 마을이 있던 곳에 지어졌다. 도시 이름은 'chukeson'이라는 Pima 인디언의 말에서 온 것인데, 그것은 '검은 산의 아랫부분에 있는 샘'이라는 뜻이다. 1867년부터 1877년까지, Tucson은 Arizona 주 영토상의 수도였지만, 결국 수도는 Phoenix로 옮겨졌다. 결과적으로 Tucson은 Phoenix만큼 빠르게 발전하지 못했다. 오늘날, 대략 150개의 Tucson 회사가 광학과 광전자공학 시스템의 설계와 제조에 관여하고 있으며, 그리하여 Tucson에 Optics Valley라는 별명을 가져다준다. 2010년의 미국 인구조사는 (Tucson의) 인구를 520,116명으로 추정했지만, 2013년의 Tucson의 추정 인구는 996,544명이었다.

| 해설 |

1. Tucson은 1867년부터 1877년까지 Arizona 주 영토상의 수도였다가, 수도가 Phoenix로 옮겨진 후에는 Phoenix만큼 빠르게 발전하지 못했다고 했으므로, ③이 본문의 내용과 일치하지 않는다.

2. The city's name comes from the Pima Indian word *chukeson*, which means "spring at the base of black mountain."에서 도시 이름의 기원과 그 의미를 알 수 있다.

| 구문 |

■ [Founded by the Spanish in 1775], Tucson was built on the site of a **much** older Native American village.
[　]는 분사구문으로 주절의 주어 Tucson이 의미상의 주어이다. much는 비교급을 강조하는 표현으로, even, still, far, a lot 등으로 바꾸어 쓸 수 있다.

■ Today, about 150 Tucson companies are involved in the design and manufacture of optics and optoelectronics systems, [earning Tucson the nickname Optics Valley].
[　]는 분사구문으로 앞의 내용 전체가 의미상의 주어 역할을 한다. which earns ~로 고쳐 쓸 수 있다.

08 어법성 판단

본문 110쪽

Get Started

1. ③   2. dependence (또는 reliance 등)

| 소재 | 기술에 대한 의존이 미치는 영향

| 직독직해 |

≫ We have developed unbreakable bonds / with our
우리는 끊을 수 없는 유대감을 형성해 왔다 /   우리의
computers and phones / for much of our waking hours.
컴퓨터 및 휴대 전화와 /   깨어 있는 많은 시간 동안

| 해석 |

우리는 깨어 있는 많은 시간 동안 컴퓨터 및 휴대 전화와 끊을 수 없는 유대감을 형성해 왔다. 휴대 전화에서 수신 문자를 알리는 벨 소리를 들으면 여러분은 그것을 무시하지 못한다. 스마트폰과 인터넷 접근성의 만연은 우리가 언제나 시간이 있을 것이라는 기대와 함께 업무와 개인 생활 모두의 기준을 바꾸었다. 사람들이 한밤중에 일어나서 휴대 전화로 이메일과 문자 메시지를 확인한다고 말하는 것은 드문 일이 아니다. 나는 연구를 하면서 이런 이야기를 많이 들었다. 연결을 끊으려는 개인은 누구든 정보와 메시지를 따라잡지 못하는 대가를 치르게 된다. 경쟁이 치열한 업무 세계와 서로 연결된 사회적 관계망 사이에서는 누구도 그 고리에서 벗어날 형편이 안 된다.

| 해설 |

1. ③ to report의 목적어 역할을 하는 명사절을 이끄는 접속사가 필요하므로, what을 that으로 고쳐야 한다.
2. 업무 관리 및 사회적 상호 작용을 위해 기술에 의존하는 것이 미치는 영향에 관해 이야기하는 글이므로, dependence나 reliance와 같은 단어들이 빈칸에 적절하다.

| 구문 |

■ Any individual [who tries to disconnect] pays a price [for not keeping up with information and messages].
첫 번째 [ ]는 Any individual을 수식하는 관계절이며, 두 번째 [ ]는 a price를 수식하는 전치사구이다.

Exercise 1

본문 112쪽

1. ③   2. the eggs from female salmon that are close to hatching

| 소재 | 곰의 식습관

| 직독직해 |

≫ Bears spend more time / eating plants than fish, / but
곰은 더 많은 시간을 보낸다 /   생선보다 식물을 먹으며 /   그러나
they need salmon / in order to fatten up / before their
그들은 연어가 필요하다 / 살을 찌우기 위해 /   그들의 긴 겨울
long winter hibernation.
동면 이전에

| 해석 |

곰은 생존하기 위해 엄청난 양의 음식을 먹어야 한다. 곰은 식물, 벌레, 베리류와 연어를 먹는다. 나는 언젠가 흑곰이 뒷다리를 산딸기 덤불의 양쪽에 벌리고 엉덩이로 앉아 야생 블루베리를 많이 먹는 모습을 본 적이 있다. 곰은 생선보다 식물을 먹으며 더 많은 시간을 보내지만, 긴 겨울 동면 이전에 살을 찌우기 위해 연어가 필요하다. 특히 그들은 부화가 임박한 암컷 연어의 알을 좋아한다. 회색곰은 자갈에서 연어알을 핥아 혀로 뒤집어 입에 넣는다. 이 알은 영양분이 매우 풍부하여 이 큰 동물이 작은 알을 하나씩 먹어 치우는 데 걸리는 시간이 아깝지 않을 정도이다.

| 해설 |

1. ③ 주어인 Bears에 대한 술어동사가 필요하므로 주어의 수와 시제에 맞춰, 분사 spending을 spend로 고쳐야 한다.
① 주어와 술어동사, 목적어를 갖춘 완전한 절이 제시되어 있고, 목적을 나타내는 to부정사구가 부사적으로 사용되었으므로 to survive는 어법상 적절하다.
② 지각동사 saw의 목적어인 a black bear의 동작을 나타내는 분사가 필요한데, a black bear가 sit의 동작 주체이므로, 현재분사 sitting은 어법상 적절하다.
④ that 이하는 선행사 the eggs from female salmon을 수식하는 관계절로서, eggs가 수식을 받는 핵이므로 복수형 동사 are는 어법상 적절하다.
⑤ '매우 ~해서 …하다'라는 의미의 「so ~ that ...」 구문이 사용되었으므로 so는 어법상 적절하다.
2. '겨울 동면 이전에 곰이 특히 먹기 좋아하는 것은 무엇인가?'라는 질문에 대한 답은 They especially like ~ close to hatching.에서 찾을 수 있다.

| 구문 |

■ Grizzly bears will lick up salmon eggs from the gravel, [flipping them with their tongues into their mouths].
[ ]는 Grizzly bears가 의미상의 주어인 분사구문으로 주절의 내용을 부연 설명하고 있다.

Exercise ②

본문 113쪽

1. ③   2. 사람들이 어떤 물품의 실용적인 가치보다는 그 물품이 나타내는 패션 감각을 중시하기 때문이다.

| 소재 | 사람들이 물품을 비싼 돈을 주고 사는 이유

| 직독직해 |

》 Smart marketers / are able to convince people to buy
똑똑한 마케팅 담당자는 / 사람들을 설득하여 자신들의 비싼 가격의
their high-priced product / because their brand name
상품을 사게 할 수 있다 /   그들의 상표명이 고품질이라는
implies high quality, / even when it is obvious / that the
것을 의미하기 때문에 /   분명할 때조차도 /   구매한
items purchased / will be retired / long before they are
물품이 /   생산이 중단될 것이다 / 품질에 대한 어떤 실제적인
put to any practical test of their quality.
검사를 받기 오래전에

| 해석 |

모든 연령대의 사람들이 유통 기한을 고려하지 않고 옷에 대해 믿을 수 없을 정도로 비싼 가격을 지불하고자 한다. 십 대와 성인은 예를 들어, 새 코트나 신발 한 켤레가 수명이 겨우 일 년에 불과하리라는 것을 알고 있다고 해도, 그것들에 대하여 수백 달러의 돈을 기꺼이 지불하고자 한다. 그런 구매는, 옷 한 점으로서의 실제적인 가치보다 훨씬 더 가치가 있는 것은 바로 그 물품이 나타내는 패션 감각이라는 것을 매우 분명하게 보여 준다. 똑똑한 마케팅 담당자는, 구매한 물품이 품질에 대한 어떤 실제적인 검사를 받기 오래전에 생산이 중단될 것이 분명할 때조차도, 그들의 상표명이 고품질이라는 것을 의미하기 때문에 사람들을 설득하여 자신들의 비싼 가격의 상품을 사게 할 수 있다.

| 해설 |

1. (A) '기꺼이 ~하다'의 뜻을 나타낼 때는 「be willing+to부정사」를 쓰므로, to pay가 맞는 표현이다.
(B) 「it is A that B」 구문에 의해서 A가 강조되고 있는 문장이므로, that이 맞는 표현이다. 그 앞에 있는 that the item declares는 관계절로 the sense of fashion을 수식하고 있다.
(C) they는 the items purchased를 나타내기 때문에 they는 put의 대상이 된다. 그러므로 수동태를 나타내는 are put이 맞는 표현이다.

2. 세 번째 문장인 Such purchases indicate quite clearly that it is the sense of fashion that the item declares that is far more valuable than its practical worth as an item of clothing.에 첫 번째 문장의 이유가 나와 있다.

| 구문 |

■ Smart marketers are able to convince people to buy their high-priced product [because their brand name implies high quality], [even when it is obvious {that the items purchased will be retired long before they are put to any practical test of their quality}].
첫 번째 [ ]는 이유를 나타내는 부사절이고, 두 번째 [ ]는 때를 나타내는 부사절이다. 두 번째 [ ] 안의 it은 형식상의 주어이고 { }가 내용상의 주어이다.

09 어휘의 적절성 판단

Get Started

본문 114쪽

1. ③   2. technology, balance

| 소재 | 기술이 일과 삶 사이의 균형에 미치는 영향

| 직독직해 |

》 The explosion of data capabilities / related to / the
데이터 용량의 폭발은 /   ~과 관련된 /
availability of high-speed Internet connections / and the
초고속 인터넷 연결의 이용 가능성 /   그리고
increased use of e-mail and cell phones / has bombarded
이메일 및 휴대 전화 사용의 증가   직장인들에게
employees / with demands and information / in both their
퍼부었다 /   요구와 정보를 /   일과 삶
work and lives.
모두에서

| 해석 |

기술은 일과 삶의 균형에 도움을 줄 수도 방해를 할 수도 있다. 초고속 인터넷 연결의 이용 가능성과 이메일 및 휴대 전화 사용의 증가와 관련된 데이터 용량의 폭발은 직장인들에게 일과 삶 모두에서 요구와 정보를 퍼부었다. 그러나 기술은 또한 그들에게 일과 삶의 균형을 맞출 수 있는 유연성을 제공할 수 있다. 그것은 동료나 고객을 직접 만나 대화하는 시간의 필요성을 없앨 수 있다. 지금은 직원이 열심히 일하고 있다는 증거로 사무실에 있는 것이 용인된(→ 구식인) 기준이다. 예를 들어, 한 트럭 회사의 관리자가 Acapulco로 선박 여행을 떠났지만 그의 고객들은 그가 사무실을 떠났다는 것을 결코 알지 못했다. 그는 소프트웨어를 사용하여 원격 연결을 통해 자신의 컴퓨터를 작동시켰다. 기술이 제공하는 유연성은 책임을 회피하려는 근로자에 의해 악용될 수도 있다. 한 기술 근로자는 3시간 동안 점심을 먹기 위해 식당에서 컴퓨터를 작동시켰다는 이유로 해고당했다.

| 해설 |

1. 바로 앞 문장에서 기술이 유연성을 제공하여 동료나 고객을

직접 만나 대화하는 시간의 필요성을 없앤다고 언급하고 있으므로, 열심히 일하고 있다는 증거로 사무실에 있어야 한다는 기준은 낡은 구식의 것이라고 하는 것이 논리적이므로, ③ accepted(용인된)를 outdated(구식의)와 같은 낱말로 고쳐야 한다.

2. 기술이 일과 삶 사이의 균형을 맞춰 주어 유연성을 제공하기도 하지만, 때로는 악용될 수도 있다고 언급하고 있으므로, 글의 주제는 '일과 삶의 균형에 미치는 기술의 영향'이라고 볼 수 있다.

| 구문 |

■The flexibility [that technology provides] can also be misused by workers [who are avoiding their responsibilities].

첫 번째 [ ]는 the flexibility를 수식하는 관계절이고 두 번째 [ ]는 workers를 수식하는 관계절이다.

Exercise ①
본문 116쪽

1. ②　　　2. (A) heavily (B) making (C) control

| 소재 | 기준점 편향

| 직독직해 |

» Anchoring Bias / is our cognitive tendency / to rely
'기준점 편향'은 / 　우리의 인지적 경향이다 / 　심하게
heavily on / the first piece of information we receive /
~에 의존하는 / 우리가 받는 첫 정보에 /
when making decisions.
결정을 내릴 때

| 해석 |

'기준점 편향'은 결정을 내릴 때 우리가 받는 첫 정보에 심하게 의존하는 인지적 경향이다. 그것은 인간 정신의 흥미로운 특징이다. 우리는 우리가 받는 처음 정보에 더 중요성을 두고 그 다음에 우리의 이후 생각과 판단을 이 기준점에 근거하여 조정하는 경향이 있다. 그것은 마치 중고 자동차의 가치를 그것의 현재 상태와 같은 요인들을 존중하면서(→ 무시하면서) 원래 가격표에 근거하여 산정하려고 애쓰는 것과 같다. 이 편향은 형편없는 결정과 판단을 초래할 수 있다. 그것은 우리의 인식을 왜곡하여, 나중에 오는 보다 더 정확하거나 도움이 되는 정보에 잠재적으로 우리를 눈멀게 한다. 이 편향을 예방하기 위해서, 우리는 의식적으로 결정을 내리기 전에 다양한 정보를 구해야 한다. 첫 번째 정보가 여러분의 관점을 통제하도록 내버려두지 말라. 그리고 여러분의 마음의 닻은 필요시 들어 올려질 수 있고 또 그래야만 하는 것을 기억하라.

| 해설 |

1. 첫 번째 정보에 중요성을 두는 기준점 편향으로 인해 중고차의 가치를 산정할 때 현재 상태보다 원래 가격을 기준으로 산정하려고 할 것이므로 ② respecting(존중하면서)을 ignoring(무시하면서)과 같은 말로 고쳐야 한다.

2. (A)는 동사 rely를 수식하는 부사가 와야 하므로 heavily가 적절하며, (B)는 전치사 to의 목적어가 와야 하므로 동명사 making이 적절하고, (C)는 사역동사 let의 목적격 보어이므로 원형부정사 control을 쓰는 것이 적절하다.

| 구문 |

■We tend to [place more importance on the initial information {we receive}] and then [adjust our subsequent thoughts and judgment based on this anchor].

두 개의 [ ]가 and로 대등하게 연결되어 to에 이어지며, { }는 the initial information을 수식하는 관계절이다.

■It can twist our perception, [potentially blinding us to more accurate or helpful information {that comes later}].

[ ]는 앞 절의 결과를 나타내는 분사구문이고, 그 안의 { }는 more accurate or helpful information을 수식하는 관계절이다.

Exercise ②
본문 117쪽

1. ④　　　2. (a) greed (b) a good society (c) greedy behavior

| 소재 | 좋은 사회가 막아야 하는 악덕으로서의 탐욕

| 직독직해 |

» By punishing greedy behavior / rather than rewarding
탐욕스러운 행동을 처벌함으로써 / 　그것을 보상하기보다는 /
it, / society supports / the civic virtue of shared sacrifice /
　사회는 지지한다 / 희생의 공유라는 시민 사회의 미덕을 /
for the common good.
공동의 이익을 위한

| 해석 |

탐욕은 특히 그것이 사람들로 하여금 다른 사람들의 고통을 무시하게 만들 때 악덕이고, 잘못된 삶의 방식이다. 그것은 개인적인 악덕 이상으로서, 시민 사회의 미덕과 조화를 이루지 못한다. 힘든 시기에, 좋은 사회는 협력한다. 사람들은 최대한의 이득을 얻으려고 계속 요구하기보다 서로를 보살핀다. 위기의 시기에 재정적인 이익을 위해 이웃을 이용하는 사회는 좋은 사회가 아니다. 그러므로 지나친 탐욕은, 좋은 사회가 할 수 있다면

막아야 하는 악덕이다. 바가지요금 법은 탐욕을 완전히 없앨 수는 없지만, 적어도 그것의 가장 파렴치한 표출은 억제할 수 있고, 그것에 대한 사회의 인정(→ 동의하지 않음)을 전달할 수 있다. 탐욕스러운 행동을 보상하기보다는 처벌함으로써, 사회는 공동의 이익을 위한 희생의 공유라는 시민 사회의 미덕을 지지한다.

┃해설┃
1. 탐욕은 재정적 이익을 추구하고 다른 사람들의 고통을 알지 못하게 하는 악덕으로서 좋은 사회가 막아야 하는 것이라는 것이 글의 주된 내용이므로, ④ approval(인정)은 disapproval(동의하지 않음)로 고쳐야 한다.
2. 대명사 it은 앞에 나온 단수 형태의 명사를 대신하는 말이므로, 문맥을 통해 파악할 수 있다.

┃구문┃
■ A society [in which people exploit their neighbors for financial gain in times of crisis] is not a good society.
[ ]는 관계절로 주어인 A society를 수식하고 술어동사는 is이다.
■ Excessive greed is therefore a vice [that a good society should discourage if it can].
[ ]는 관계절로 a vice를 수식한다. if it can 다음에는 discourage it(= a vice)이 생략되어 있다.

10 빈칸의 내용 추론

Get Started
본문 118쪽

1. ③ 2. [예시] Their green color makes them less visible to their predators. 또는 They can camouflage themselves in leaves and bushes and escape the view of their predators.

┃소재┃ 자연선택

┃직독직해┃
≫ This is the process of natural selection, / which is a sort
이것이 바로 자연선택의 과정이다 /   일종의 '생존
of 'filter of survival' / that filters out those traits / that are
필터'인 /   그런 형질을 걸러내는 /   생존에
a disadvantage to survival, / like the red color of the beetle, /
불리함인 /   딱정벌레의 붉은 색처럼 /
while enabling the population with traits / that act as
반면에 형질을 가진 개체군은 할 수 있게 하면서 /   유리한 점으로

assets / to grow, flourish / and pass down those traits to
작용하는 / 증가하고 번성하여 /   그리고 이후 세대에게 그 형질을
the subsequent generations.
물려준다

┃해석┃
녹색을 띠는 것은 녹색 딱정벌레가 나뭇잎과 덤불에 자신을 감춰서 자신을 잡아먹는 포식자인 새의 시야를 벗어날 수 있도록 하는 데 도움이 된다. 붉은 딱정벌레에게는 이러한 이점이 없다. 사실 그 반대(불리한 점)가 존재한다. 눈에 띄는 붉은색 때문에 포식자에게 쉽게 눈에 띄므로 붉은 딱정벌레는 점차 멸종되고, 녹색 딱정벌레만 남게 되어, 그것(녹색 딱정벌레)의 개체 수가 증가하여 이후 세대에게는 녹색이라는 형질을 물려줄 것임이 매우 분명하다. 이것이 바로 딱정벌레의 붉은색처럼 생존에 불리한 형질은 걸러내는 반면, 유리한 점으로 작용하는 형질을 가진 개체군은 증가하고 번성하여 이후 세대에게 그 형질을 물려줄 수 있게 하는, 일종의 '생존 필터'인 자연선택의 과정이다.

┃해설┃
1. 생존에 유리한 형질을 가진 딱정벌레는 그 개체 수가 늘어나서 이후 세대에게 그 형질을 물려주고, 불리한 형질을 가진 딱정벌레는 점차 멸종되어 이후 세대에게 그 형질을 물려주지 못한다는 내용으로 자연선택 과정을 설명하는 글이다. 딱정벌레의 붉은색은 포식자인 새에게 눈에 띄는 색이라고 했으므로 빈칸에 들어갈 말로 가장 적절한 것은 ③ '생존에 불리한'이다.
① 유전의 결과인
② 모방을 통해 획득한
④ 단일 유전자에 의해 결정된
⑤ 환경에 잘 맞는
2. 주어진 질문은 '녹색 딱정벌레는 포식자로부터 숨는 데 있어 붉은색 딱정벌레보다 어떤 이점이 있는가?'이다. 녹색 딱정벌레는 나뭇잎이나 덤불과 잘 섞이도록 스스로를 감추어 포식자의 시야에서 벗어날 수 있다고 했으므로, 'Their green color makes them less visible to their predators.' 또는 'They can camouflage themselves in leaves and bushes and escape the view of their predators.' 등이다.

┃구문┃
■ Their glaring red color gives them away to predators easily, and hence, **it** is quite obvious [that they will gradually die out, {leaving only green beetles}, {whose population will increase}, {passing down the trait of being green to the subsequent generations}].
it은 형식상의 주어이고, [ ]는 내용상의 주어이다. 그 안의 첫 번째 { }는 앞의 내용인 they will gradually die out의 결과를 나타내는 분사구문이고, 두 번째 { }는 관계절로 green beetles를 추가적으로 설명하며, 세 번째 { }는 의미상의 주어

인 whose population을 부가적으로 설명하는 분사구문이다.

1. ⑤   2. (M)oreover

| 소재 | 건물 이해를 위한 직접적인 경험의 중요성

| 직독직해 |

>> Understanding buildings / means what it says: / going
건물을 이해한다는 것은 /   말 그대로의 뜻이다 /   밖에
out and about / and looking at buildings for oneself, / not
나가 이리저리 돌아보고 / 그리고 직접 건물을 본다는 /
just from the outside / but inside as well.
밖에서뿐만 아니라 /   안에서도

| 해석 |

건물을 이해한다는 것은 말 그대로의 뜻이다. 즉, 밖에 나가 이리저리 돌아보고 밖에서뿐만 아니라, 안에서도 직접 건물을 본다는 뜻이다. 이것이 우리가 건물에 대한 이해를 시작할 수 있는 유일한 방법이며, 직접적인 경험의 중요성은 아무리 높이 평가해도 지나치지 않다. 어떤 사진, 필름, 또는 비디오도 직접적인 방문에서 얻어지는 형태, 공간, 빛과 음영, 견고함과 무게에 대한 감각을 재현하지 못한다. 이런 특성이 사진 속에서는 없어진다. 그것은 어떤 건물에 대한 외부적인 시각은 벽이 얼마나 두꺼운가를 좀처럼 알려 주지 못하거나 또는 건물 주변이나 그 안의 공간에 대한 감각을 좀처럼 보여 주지 못하기 때문이다. 더군다나, 대부분의 사진은 건물 한 채에 대한 것이므로, 주위 환경이 나타나지 않는다.

| 해설 |

1. 건물을 이해하기 위해서는 직접 안과 밖에서 건물을 보아야 한다는 것이 글의 주된 내용이므로, 빈칸에 들어갈 말로는 ⑤ '직접적인 경험'이 가장 적절하다.
① 개인적인 공간 ② 간접적인 독서 ③ 건축 계획 ④ 사진 촬영
2. 사진, 필름, 비디오를 통해 건물을 보는 것은 형태, 공간, 빛과 음영, 견고함과 무게에 대한 감각을 재현하지 못한다는 내용 다음에, 사진에는 주위 환경이 나타나지 않는다는 내용이 이어지고 있으므로, 첨가의 역할을 하는 연결어 Moreover(더군다나)가 들어가야 한다.

| 구문 |

■This is the only way [we can begin to understand them], and the importance of first-hand experience cannot be overestimated.
[ ]는 관계부사절로, the only way를 수식한다.

■That's because an external view of a building can

rarely [indicate {how thick the walls are}], or [give a sense of the space around the building or inside it].
두 개의 [ ]는 or에 의해 연결되어 can rarely에 이어진다. { }는 의문사절로 indicate의 목적어 역할을 한다.

1. ①   2. that product

| 소재 | 인터넷 쇼핑

| 직독직해 |

>> When you go to buy a product in person, / you get the
직접 제품을 사러 갈 때는 /   기쁨을
pleasure / of being able to take that product home / and
얻는다 /   그 제품을 집으로 가져올 수 있는 /   그리고
experience it immediately.
즉시 그것을 경험할 수 있는

| 해석 |

배달을 기다려야 하는 것이 인터넷 쇼핑의 분명한 단점이다. 직접 제품을 사러 갈 때는 그 제품을 집으로 가져와서 즉시 그것을 경험할 수 있는 기쁨을 얻는다. 이것은 쇼핑의 심리에서 아주 중요한 측면이며, 인터넷이 크게 실패하는 측면이다. 사람들은 흔히 단지 기분이 좋아지기 위해 물건을 사는데, 인터넷 쇼핑의 경우 그 만족감은 배달 트럭이 도착할 때까지 지연되어야 한다. 이것이 아마 인터넷 쇼핑이 전통적인 가게를 완전히 대체하지 못하게 될 주요 이유들 중의 하나일 것이다.

| 해설 |

1. 구매 즉시 제품을 경험해 볼 수 있는 전통적인 방식의 직접 쇼핑과 달리 인터넷 쇼핑은 배달 트럭이 올 때까지 기다려야 한다는 내용이므로 빈칸에는 ① '배달을 기다려야 하는 것'이 가장 적절하다.
② 판매자를 믿을 수 없는 것
③ 비싼 배달료를 지불하는 것
④ 개인 정보를 노출하게 하는 것
⑤ 가격을 협상할 기회가 부족한 것
2. 직접 제품을 사서 집에 가져와서 즉시 제품을 경험해 볼 수 있다는 내용이므로 it은 that product를 가리킨다.

| 구문 |

■People often buy things just **to please** themselves, and with Internet shopping the gratification must be delayed [until the delivery truck arrives].
to please는 '~하기 위해서'라는 목적을 나타내는 to부정사이다. [ ]는 '~할 때까지'라는 의미의 until이 이끄는 부사절이다.

Exercise ③

본문 122쪽

1. ④   2. ⓐ wrestling ⓑ studied ⓒ needed

| 소재 | 몸싸움 놀이와 사회화

| 직독직해 |

» Scientists have found / that when juvenile animals are
과학자들은 알게 되었다 /   어린 동물들이 금지당하면 /
prevented / from wrestling with peers, / they grow into
            또래들과 몸싸움을 벌이는 것을 /   그것들이 지나치게
overly stressed adult animals / that have a hard time /
스트레스를 받는 성체 동물로 자란다는 사실을 / 어려움을 겪는 /
relating to others / and handling social encounters.
다른 이들과 관계를 맺고 / 사교적 만남을 처리하는 데

| 해석 |

이유를 정확히 알지는 못하지만, 거칠게 뒹구는 놀이가 특히 남
아들에게는 아이들의 사회적 뇌를 발달시키는 데 중요한 역할
을 하는 것으로 보인다. 우리 집 아이들은 어릴 때 자신들의 여
가 시간 대부분을 바닥에서 몸싸움을 벌이면서 보냈다. 사실 동
물원 나들이에서 어린 원숭이들이 몸싸움을 벌이는 것을 본 후
Brian은 "어머나, 아빠, 저 원숭이들이 우리처럼 놀아요!"라고
소리쳤다. 몸싸움 놀이는 동물계에서 수십 년간 연구되어 왔다.
과학자들은 어린 동물들이 또래들과 몸싸움을 벌이는 것을 금
지당하면 다른 이들과 관계를 맺고 사교적 만남을 처리하는 데
어려움을 겪는, 지나치게 스트레스를 받는 성체 동물로 자란다
는 사실을 알게 되었다. 아마도 어릴 때 싸움 놀이는 감정을 다
루고 신뢰를 쌓는 데 필요한 뇌의 네트워크를 연결하는 데 도움
이 되는 것 같다. 그것의 기능이 무엇이든 이 신체적 놀이는 사
회화에 결정적인 것으로 보인다.

| 해설 |

1. 인간을 포함한 동물계에서 어린 동물들은 또래와 몸싸움을
벌이며 노는데, 이 놀이가 사회화에 결정적인 역할을 한다는 내
용의 글로, 몸싸움 놀이가 아마도 감정을 다루고 신뢰를 쌓는
데 필요한 뇌의 네트워크를 연결하는 데 도움이 되는 것 같다고
했으므로, 빈칸에 들어갈 말로 가장 적절한 것은 ④ '아이들의
사회적 뇌를 발달시키는'이다.
① 귀중한 자아 존중감을 형성하는
② 신체적 수행 능력을 향상하는
③ 갈등과 폭력을 막는
⑤ 창의성과 상상력을 자극하는
2. ⓐ '(시간)을 ~하면서 보내다'라는 의미의 「spend+시간+
-ing」 구문이 사용되었으므로 wrestling으로 고쳐 써야 한다.
ⓑ 문맥상 과거부터 현재까지 이루어진 일임을 나타내는 현재
완료 시제이고, 주어인 Play wrestling이 연구의 대상이므로

수동태 표현(be+p.p.)이 되도록 studied로 고쳐 써야 한다.
ⓒ the brain networks를 수식하는 분사구가 와야 하고, the
brain networks가 need의 주체가 아니라 대상이 되므로 과거
분사 needed로 고쳐 써야 한다.

| 구문 |

■ Scientists have found [that {when juvenile animals are
prevented from wrestling with peers}, they grow into
overly stressed adult animals {that have a hard time
⟨relating to others⟩ and ⟨handling social encounters⟩}].
[ ]는 found의 목적어 역할을 하는 명사절이고 그 안의 첫 번
째 { }는 시간을 나타내는 부사절이다. 두 번째 { }는 overly
stressed adult animals를 수식하는 관계절로 그 안에서 두 개
의 ⟨ ⟩가 and로 대등하게 연결되어 have a hard time에 이
어진다.
■ Perhaps [early play fighting] helps wire the brain
networks [needed for {handling emotions} and
{building trust}].
첫 번째 [ ]는 주어인 명사구이고, 두 번째 [ ]는 the brain
networks를 수식하는 분사구이며, 그 안에서 두 개의 { }가
and로 대등하게 연결되어 전치사 for의 목적어 역할을 한다.

Exercise ④

본문 123쪽

1. ④   2. 자신을 빤히 쳐다보며 주의를 끌거나 잡으려 하는 것

| 소재 | 쳐다보는 것을 싫어하는 고양이의 특성

| 직독직해 |

» Which explains why, / in a room full of cat lovers, / the
이것이 이유를 설명해 준다 /   고양이 애호가들로 가득 찬 방에서 /
kitten always homes in on the one person / who doesn't
고양이가 항상 한 사람에게 곧장 다가가는 /   고양이를
like cats.
좋아하지 않는

| 해석 |

고양이의 세계에서는 빤히 쳐다보는 것이 친근한 행동으로 여
겨지지 않는다. 이것이 고양이, 고양이 애호가들로 가득 찬 방
에서, 고양이가 항상 고양이를 좋아하지 않는 한 사람에게 곧장
다가가는 이유를 설명해 준다. 다른 사람들은 모두 고양이를 빤
히 쳐다보며 그것의 주의를 끌거나 잡으려고 하는데, 이는 공격
적인 신호이자 지배의 표시이다. 따라서 고양이는 자신을 피하
고 있는 한 사람에게 끌리게 되는데, 고양이 언어에서는 고양이
를 좋아하지 않는 그 가엾은 사람이 최고의 고양이 매너를 가지
고 있고 가장 친근한 고양이 제스처를 취하고 있기 때문이다.
일반적인 상황에서 고양이는 서로, 심지어 사람과도 눈을 마주

치지 않는다. 여러분의 고양이도 여러분이 자신을 똑바로 바라보는 것을 좋아하지 않는다. 여러분은 여러분의 고양이를 사랑하고 그 아름다움에 감탄하기 때문에 그 고양이를 바라볼 수도 있지만, 고양이는 여러분의 이유를 이해하지 못할 것이다. 결국엔, 고양이가 여러분이 자신을 보는 것에 익숙해질 수도 있지만, 심리적 고정화 때문에 고양이는 <u>결코 그것을 편안하게 받아들이지 못할</u> 것이다.

| 해설 |

1. 고양이는 자신을 빤히 쳐다보는 것을 친밀하게 느끼지 않고, 오히려 공격의 신호로 보기 때문에 고양이가 편안함을 느끼는 사람은 역설적으로 고양이를 좋아하지 않아서 쳐다보지 않는 사람이라는 내용의 글이다. 비록 고양이가 자신을 돌봐주는 사람이 자신을 쳐다보는 것에 어느 정도 익숙해지는 것뿐이지 심리적으로는 이미 고정화되어 있다고 했으므로, 빈칸에 들어갈 말로 가장 적절한 것은 ④ '결코 그것을 편안하게 받아들이지 못할'이다.
① 온종일 무릎에 앉아 있을
② 곧 다른 사냥을 시작할
③ 눈 맞춤에 익숙해질
⑤ 공격적인 징후를 보이기 시작할

2. 고양이는 자신을 빤히 쳐다보며 주의를 끌거나 잡으려고 하는 손짓에 대해 공격적인 신호와 지배의 표시로 여긴다고 언급되어 있다.

| 구문 |

■So the kitten's drawn to the one person [who's avoiding him], [because in Felinese, the poor guy {who doesn't like cats} has the best cat manners and is making the friendliest kitty gestures].
첫 번째 [ ]는 the one person을 수식하는 관계절이고, 두 번째 [ ]는 이유를 설명하는 부사절이고, 그 안의 { }는 the poor guy를 수식하는 관계절이다.
■Eventually, she may become accustomed to [you looking at her], but [because of her psychological hardwiring], she'll never be comfortable with it.
첫 번째 [ ]는 전치사 to의 목적어 역할을 하는 동명사구이며, you는 looking at her의 의미상의 주어이다. 두 번째 [ ]는 이유의 의미를 나타내는 because of가 이끄는 전치사구이다.

Exercise ⑤
본문 124쪽

1. ③　　　　2. 지금 싫은 일을 하려고 애쓰고 있음을 인정하고 그 활동을 더 즐겁게 만드는 방법을 찾는다.

| 소재 | 목표 달성을 위한 재미의 요소 찾기

| 직독직해 |

» The novelty was / that some study participants /
새로운 점은 / 일부 연구 참가자들은 /
(chosen at random) / were prompted to select / the kinds
(무작위로 선택된) / 선택하도록 유도되었다 / 건강한
of healthy foods or exercises / they expected to *enjoy*
음식이나 운동 종류를 / 그들이 가장 '즐길' 것으로
most / while others were simply encouraged to pick /
예상하는 / 반면에 다른 사람들은 단순히 선택하도록 권장되었다 /
the ones they'd *benefit* from most.
자신이 가장 많이 '이익을 얻게 될' 것들을

| 해석 |

심리학자 Ayelet Fishbach와 Kaitlin Woolley는 사람들이 자기의 의지력을 과대평가하는 것을 멈춘다면 어려운 목표를 더 효과적으로 다룰 수 있을 것으로 생각했다. 한 연구에서, 그들은 참가자들에게 건강에 도움이 되는 음식을 더 많이 먹도록 권장했다. 다른 연구에서, 그들은 더 많은 운동을 권장했다. 새로운 점은 (무작위로 선택된) 일부 연구 참가자들은 자신이 가장 '즐길' 거라고 예상하는 건강에 좋은 음식이나 운동 종류를 선택하도록 유도되었고, 반면 다른 사람들은 그저 자신이 가장 많이 '이익을 얻게 될' 것들을 선택하도록 권장되었다는 점이다. Ayelet와 Kaitlin은 사람들이 건강한 활동에서 재미를 찾도록 권장하는 것이 상당히 더 나은 결과를 가져왔으며, 사람들이 운동을 더 오래 지속하고 건강에 좋은 음식을 더 많이 먹게 된다는 사실을 발견했다. 우리가 '그저 그것을 하는 것'이 가능할 것이라 믿는 것보다, 지금 싫은 일을 하려고 애쓰고 있음을 인정하고 그 활동을 더 즐겁게 만드는 방법을 찾는다면 더 큰 진전을 이룰 수 있다.

| 해설 |

1. 어떤 힘든 목표를 달성하려고 애쓸 때 그저 하면 된다고 의지력에만 의존하기보다는 그 일을 좀 더 즐기면서 할 수 있는 방법을 찾는다면 더 효과적으로 목표를 달성할 수 있음을 보여준 심리 실험에 관한 글이다. 빈칸에는 힘든 목표를 효과적으로 달성할 방법에 해당하는 내용이 들어가야 하므로 빈칸에 들어갈 말로 가장 적절한 것은 ③ '자기의 의지력을 과대평가하는 것을 멈춘다'이다.
① 규칙적인 생활 습관을 유지한다
② 다른 사람들로부터의 지원이 다양한 형태로 온다
④ 목표를 작은 단계로 쪼갠다
⑤ 상황이 예기치 못하게 변하지 않는다

2. we can make more progress if we recognize that we struggle to do what's distasteful in the moment and look for ways to make those activities sweeter에서 단서를 찾을 수 있다.

|구문|

■ Ayelet and Kaitlin discovered [that {encouraging people to find the fun in healthy activities} led to substantially better results, {leading people to ⟨persist longer in their workouts⟩ and ⟨eat more healthy food⟩}].

[ ]는 discovered의 목적어 역할을 하는 명사절이고, 그 안에서 첫 번째 { }는 that절에서 주어 역할을 하는 동명사구이다. 두 번째 { }는 앞선 절의 부수적 상황을 나타내는 분사구문이고, 그 안에서 두 개의 ⟨ ⟩가 and로 대등하게 연결되어 to에 이어진다.

Exercise ❻
본문 125쪽

1. ④   2. decoration

|소재| 감정을 전달하는 연하장 구매

|직독직해|
≫ It is truly one of the most unusual places / in all of
그곳은 참으로 가장 색다른 곳 중 하나다 /   모든
retailing, / where feelings are quite literally for sale.
소매업에서 / 거기에서는 감정이 정말로 말 그대로 판매된다

|해석|
사람들은 연하장 구매에 관해 고심할 수 있다. 그들은 자신들의 생각을 전하는 딱 맞는 말을 찾는 데 엄청난 양의 시간을 쓸 것이다. 그것은 보통 선물과 함께 전해지는 감정적인 진술에 대한 장식품이다. 그 두 가지는 함께, 선물을 받는 사람에게 조용한 열정이나 감정을 전하기 위한 것이다. 상점의 연하장 코너는 감정의 뷔페에 비유될 수 있다. 사람들은 자신들의 감정적 욕구에 가장 잘 맞는 것을 찾기 위하여, 전시된 물품들을 보면서 이동한다. 그곳은 참으로 모든 소매업에서 가장 색다른 곳 중 하나로, 거기에서는 감정이 정말로 말 그대로 판매된다.

|해설|
1. 사람들은 선물과 함께, 자신들의 감정을 전하기 위해 상점의 연하장 코너에서 연하장을 구매하는데, 그곳은 자기 입맛에 맞는 음식을 골라 먹을 수 있는 뷔페에 비유될 수 있다고 했으므로, 빈칸에 들어갈 말로는 ④ '감정이 정말로 말 그대로 판매된다'가 가장 적절하다.
① 사람들이 돈을 벌 수 있다
② 모든 물품이 무료이다
③ 기다리는 것 이외에 선택의 여지가 없다
⑤ 사람들이 자신들이 가진 어떤 것이든 팔 수 있다
2. 영영사전 뜻풀이는 '어떤 것을 더 매력적인 것으로 보이게 만들기 위해서 그것의 위나 그 안에 놓는 멋진 것'이라는 뜻으로, decoration의 의미이다.

|구문|

■ People move along, [looking at the selection of items], in an attempt to find [what suits their emotional needs the best].

첫 번째 [ ]는 People의 부수적 동작을 나타내는 분사구문이다. 두 번째 [ ]는 관계절로 find의 목적어 역할을 한다.

■ It is truly one of the most unusual places in all of retailing, [where feelings are quite literally for sale].

[ ]는 관계절로 one of the most unusual places in all of retailing을 부가적으로 설명한다.

11 무관한 문장 찾기

Get Started
본문 126쪽

1. ④   2. (A) it (B) which

|소재| 공유된 경험으로의 학습

|직독직해|
≫ We're not saying / that all teachers do everything right /
우리는 말하는 게 아니다 / 모든 교사가 모든 일을 제대로 한다고 /
and that when students don't do well / it's always their
그리고 학생들이 잘하지 못할 때 /   그것은 항상 그들
own fault.
(학생들) 자신의 잘못이라고

|해석|
자기 머리가 '비어' 있으며 그것을 새로운 학습으로 채워야 할 책임이 다른 누군가에게 있다고 믿는 학생들은 일이 잘 풀리지 않을 때 그 곤경에서 빠져나가는 것을 쉽게 생각한다. 그들은 자주 "그는 정말 나쁜 강사였어." 또는 "그녀는 내가 이해할 수 없는 방식으로 화학을 가르쳤어."와 같은 말을 하며 자신들의 성공 부족을 교사 탓으로 돌릴 것이다. 우리는 모든 교사가 모든 일을 제대로 하며, 학생들이 잘하지 못하면 그것이 항상 그들(학생) 자신의 잘못이라고 말하는 게 아니다. 우리가 말하고 있는 것은 자신의 역할을 다하는 게 중요하다는 것이다. (여러분이 정말로 즐길 일을 하고, 여러분의 장기적인 목표를 달성하는 데 방해가 될 일들은 거절하는 법을 배우라.) 학습은 공유된 경험, 즉 여러분과 여러분의 교사 둘 다 중요한 아이디어를 가져오는 경험이다.

|해설|
1. 학습은 교사만의 책임이 아니며, 교사와 학생 모두 자신의

역할을 다하는 공유된 경험이 되어야 한다는 내용의 글이므로, 자신이 즐길 일을 하고 목표 달성에 방해가 될 일은 거절하는 법을 배우라는 내용은 글의 요지와 관계가 없다. 따라서 글의 흐름과 무관한 문장은 ④이다.

2. (A) 술어동사 find와 목적격 보어 easy 사이에 목적어가 와야 할 자리인데, 내용상의 목적어인 to부정사구(to let themselves ~ hook)가 easy 뒤에 왔으므로 형식상의 목적어 역할을 하는 it이 어법상 적절하다.

(B) 문맥상 to 이하는 선행사 an experience를 수식하는 관계절이므로 관계사 which가 어법상 적절하다.

| 구문 |

■ Students [who believe {their minds are "empty"} and {that someone else is responsible for filling them up with new learning}] find **it** easy [to let themselves off the hook] when things aren't going well.

첫 번째 [ ]는 Students를 수식하는 관계절이고, 그 안에서 두 개의 { }는 and로 대등하게 연결되어 believe의 목적어 역할을 하는 명사절이다. it은 형식상의 목적어이고, 두 번째 [ ]는 내용상의 목적어 역할을 하는 to부정사구이다.

■ [What we are saying] is [that **it** is important {to do your part}].

첫 번째 [ ]는 주어 역할을 하는 명사절이고, 두 번째 [ ]는 주격 보어 역할을 하는 명사절이며, 그 안에서 it은 형식상의 주어이고, { }가 내용상의 주어 역할을 하는 to부정사구이다.

본문 128쪽

1. ③   **2.** healthier

| 소재 | 노년의 근육 유지

| 직독직해 |

≫ Other studies show / that with the same amount of
다른 연구들도 보여 준다 /   같은 양의 근력 훈련으로 /
strength training, / people over sixty-five can build / just as
            65세가 넘은 사람들이 키울 수 있다 /   더 젊은
much muscle as younger folks.
사람들만큼의 근육을

| 해석 |

과거 한때는 노인들이 노화의 자연스러운 일부로 근육을 잃는다고 믿겨졌다. 반드시 그런 것은 아니다! Tufts 대학 인간 영양 연구 센터의 노화에 관한 연구는, 더 나이가 많은 사람들은 더 나이가 젊은 사람들과 같은 양의 근력 훈련으로 근육을 유지할 수 있다는 것을 밝혔다. 다른 연구들도 같은 양의 근력 훈련으로 65세가 넘은 사람들이 더 젊은 사람들만큼의 근육을 키울

수 있다는 것을 보여 준다. (더 나이가 많은 사람들이 근육을 발달시키고 좋은 식습관을 유지하는 것은 보통 어렵다.) 근육은 움직이도록 되어 있는데, '사용하지 않으면 잃게 된다'는 원리를 뒷받침한다. 더 많은 근육을 유지하거나, 혹은 심지어 얻을수록, 여러분의 황금 시절은 그만큼 더 건강해질 것이다.

| 해설 |

1. 노인들도 젊은이들과 같은 양의 근력 훈련으로 젊은이들만큼의 근육을 유지하거나 키울 수 있다는 내용에서 나이 많은 사람들이 근육을 발달시키고 좋은 식습관을 유지하기가 어렵다는 ③은 글의 흐름과 무관하다.

2. 「the + 비교급, the + 비교급」 표현으로 '~할수록 더욱더 …하다'라는 의미를 나타내므로 healthy를 비교급인 healthier로 고쳐야 한다.

| 구문 |

■ Once upon a time, **it** was believed [that older folks lost muscle as a natural part of aging].

it은 형식상의 주어이고 [ ]이 내용상의 주어이다.

Exercise ②

본문 129쪽

1. ③   **2.** competition

| 소재 | 사회적 태만

| 직독직해 |

≫ We have to not only perform well / as individuals, / but
우리는 좋은 성과를 내야 할 뿐만 아니라 /   개인으로서 /
cooperate as a team.
팀으로서 협력도 해야 한다

| 해석 |

다른 사람들의 존재는 팀 스포츠와 팀 활동에 매우 중요한 요소이다. 우리는 개인으로서 좋은 성과를 내야 할 뿐만 아니라, 팀으로서 협력도 해야 한다. 그리고 다른 사람들의 존재와 경쟁의 요소가 우리의 성과를 향상할 수도 있지만, 그룹으로 일을 하는 데에는 부정적인 면도 있다. 팀에 속한 개인들은 그룹의 규모가 커질수록, 특히 각 사람이 얼마나 많은 노력을 기울이고 있는지 알기 어렵다면, 임무 수행을 더 못하는 경향이 있다. (우리는 우리의 능력을 시험하는 과제에 더 집중할 필요가 있고, 지켜보는 사람들에 의해 산만해질 경우, 형편없이 수행할 가능성이 더 높다.) 예를 들어, 줄다리기에서, 팀에 더 많은 사람이 있을수록, 각 사람은 전체 결과를 얻기 위해 더 적은 노력을 하게 될 것이다. Bibb Latane은 타인들이 노력을 기울여 주리라고 믿는 이러한 효과를 '사회적 태만'이라고 설명했다.

| 해설 |

1. 팀 스포츠와 팀 활동에서 그룹의 인원이 많고, 개인의 노력

이 잘 드러나지 않을 때 개인들이 더 형편없이 수행하는 '사회적 태만' 현상에 관한 글이므로, 어려운 일을 할 때 지켜보는 사람이 있으면 수행을 형편없이 하게 될 가능성이 더 높다는 내용의 ③은 글의 흐름과 무관하다.

2. 영영사전 뜻풀이는 '무언가를 획득하거나 다른 사람보다 더 성공하기 위해 애쓰는 상황'이라는 뜻으로 이에 해당하는 단어는 '경쟁'이라는 의미의 competition이다.

| 구문 |

■ And [although {the presence of others and the element of competition} may improve our performance], there is also a downside to [working in a group].
첫 번째 [ ]는 양보의 의미를 나타내는 부사절이고, 그 안에서 { }는 부사절의 주어 역할을 하는 명사구이다. 두 번째 [ ]는 전치사 to의 목적어 역할을 하는 동명사구이다.

■ For example, in a tug-of-war, **the more people** there are on a team, **the less effort** each person will make to achieve an overall result.
'~할수록 더욱더 …하다'라는 의미를 나타내는 「the + 비교급, the + 비교급」 구문이 사용되었다.

12 글의 순서 파악

Get Started
본문 130쪽

1. ⑤   2. kisses

| 소재 | 어린 딸의 크리스마스 선물

| 직독직해 |

》 The man became embarrassed / by his overreaction
그 남자는 당황했다 /   이전의 자신의 과잉 반응으로
earlier, / but his anger continued / when he saw / that
인해 /   그러나 그의 화는 지속되었다 /   그가 알았을 때 /
box was empty.
상자가 비어 있는 것을

| 해석 |

얼마 전 한 남자가 금색 포장지 한 롤을 낭비했다고 자신의 세 살짜리 딸을 야단쳤다. 돈이 빠듯하였기에 아이가 크리스마스 트리 아래에 놓을 상자를 꾸미려고 할 때 그는 화가 났다. (C) 그럼에도 불구하고 그 어린 딸은 다음 날 아침에 아빠에게 선물을 가져다주며 "아빠, 이건 아빠를 위한 거예요."라고 말했

다. 남자는 이전의 자신의 과잉 반응으로 인해 당황했지만 상자가 비어 있는 것을 알았을 때 화가 지속되었다. (B) 그는 딸에게 "누군가에게 선물을 줄 때는 안에 뭔가가 있어야만 하는 것을 알지 못하니?"라고 소리쳤다. 그 어린 딸은 눈에 눈물이 고인 채 아빠를 올려보며 "오 아빠, 그건 전혀 비어 있지 않아요. 제가 상자 안에 키스를 불어 넣었어요. 그것들 모두가 아빠를 위한 거예요, 아빠."라고 울며 말했다. (A) 아빠는 마음이 아팠다. 그는 자신의 어린 딸을 끌어안고 그녀의 용서를 빌었다.

| 해설 |

1. 한 남자가 금색 포장지 한 롤을 낭비한 자신의 딸을 야단쳤다는 주어진 글에 이어 (C)에서 그럼에도 불구하고 딸이 다음 날 남자에게 선물을 가져와서 당황했지만 상자가 비어 있는 것을 알고 화가 지속되었다는 내용이 이어진 후 (B)에서 그 남자가 선물은 안에 뭔가가 있어야만 한다는 내용으로 꾸짖었지만 어린 딸은 상자에 키스를 불어 넣었고 그것들 모두가 아빠를 위한 것이라는 대답에 이어 (A)에서 남자는 마음 아파하며 딸을 끌어안고 용서를 빌었다는 것으로 이어지는 것이 자연스럽다. 따라서 주어진 글 다음에 이어질 글의 순서로 가장 적절한 것은 ⑤이다.

2. (B)에서 어린 딸이 "Oh Daddy, it's not empty at all. I blew kisses into the box. They're all for you, Daddy."라고 말한 것에서 딸이 아빠에게 준 상자 안의 선물은 kisses임을 알 수 있다.

| 구문 |

■ Money was tight and he got upset [when the child tried to decorate a box {to put under the Christmas tree}].
[ ]는 시간을 나타내는 부사절이고 그 안의 { }는 a box를 수식하는 to부정사구이다.

Exercise 1
본문 132쪽

1. ②   2. 창의적인 이야기를 쓰는 것이 보이는 것만큼 단순하지도 않고 질서 정연하지도 않다.

| 소재 | 창의적인 이야기를 쓰는 과정

| 직독직해 |

》 We find order / in the chaotic mess of writing a
우리는 질서를 찾는다 /   창의적인 이야기를 쓰는 혼돈된 엉망의
creative story / by picking out the essential elements /
상황에서 /   필수적인 요소를 골라냄으로써 /
and building on them in sequence.
그리고 그것을 순서대로 구축함으로써

| 해석 |

우리는 창의적인 이야기를 쓰는 혼돈된 엉망의 상황에서 필수적인 요소를 골라내어 그것을 순서대로 구축함으로써 질서를 찾는다. (B) 우리는 이야기가 일어나는 무대인 이야기의 '핵심'을 찾는 것으로 시작한다. 우리는 임시 주인공과 우리가 생각하는 바를 나타내는 목표를 선택한다. (A) 그런 다음 주인공이 그 목표를 달성하는 데 방해가 되는 것을 생각해 낸다. 그 이후에 우리는 등장인물을 정의할 수 있다. 우리가 '핵심'과 주인공을 갖고 나면 주인공이 마땅히 직면해야 할 특정 도전이 있을 것이다. (C) 우리는 그러한 도전의 목록을 작성하고, 그러고 나면 그것이 전체 이야기의 개요가 될 것이다. 그것은 단순하고 질서 정연해 보인다. <u>그것은 둘 다 아니다.</u>

| 해설 |

1. 창의적인 이야기를 쓰는 혼돈된 엉망의 상황에서 질서를 찾는다는 주어진 글에 이어 (B)에서 우리는 일단 이야기의 '핵심'을 찾는 것으로 시작한다고 하여 창의적인 이야기를 쓰는 과정을 설명하고 있으며 주인공과 목표를 선택한다고 한 후에 (A)에서 그런 다음 주인공이 그 목표를 달성하는 데에 방해가 될 만한 것을 생각해 낸 후 '핵심'과 주인공을 갖고 나면 주인공이 직면해야 할 도전이 있을 것이라고 하고 (C)에서 그러한 도전의 목록을 작성하고 나면, 그것이 이야기의 개요가 될 것이라고 하면서 글이 마무리된다. 따라서 주어진 글 다음에 이어질 글의 순서로 가장 적절한 것은 ②이다.

2. 바로 앞 문장에서 It looks simple and orderly.라고 했고 밑줄 친 부분은 둘 중의 어느 것도 아니라고 했으므로 밑줄 친 문장인 It is neither.는 '창의적인 이야기를 쓰는 것이 보이는 것만큼 단순하지도 않고 질서 정연하지도 않다.'라고 이해할 수 있다.

| 구문 |

■ We start by [finding the *nub* of the story, {which is the arena ⟨in which the story takes place⟩}].
[ ]는 by의 목적어 역할을 하는 동명사구이고 그 안의 { }는 the *nub* of the story를 추가적으로 설명하는 관계절이고 그 안의 ⟨ ⟩는 the arena를 수식하는 관계절이다.

■ We choose a temporary main character and a goal [that expresses {what we're thinking about}].
[ ]는 a goal을 수식하는 관계절이고 그 안의 { }는 expresses의 목적어 역할을 하는 명사절이다.

Exercise ②　　　　　　　　본문 133쪽

1. ④　　　2. more than 1 million people

| 소재 | 심장 마비

| 직독직해 |

≫ Reduced pumping activity of the heart / can result in
심장의 저하된 펌프 능력은 /　　　　　　심부전이라는
heart failure, / in which the heart can't pump enough
결과를 초래할 수 있다 / 심장이 충분한 혈액을 펌프질하지 못하는 /
blood / to meet the body's needs.
　　　　신체의 필요를 충족할 만큼

| 해석 |

심장의 어느 한 부위가 길어진 시간 동안 혈액을 빼앗기면(혈액이 공급되지 않으면), 그 결과는 심장 마비일 수도 있다. 이것은 일반적으로 관상 동맥 중 하나가 막혀서 발생한다. (C) 일부 심장 마비는 비교적 경미한데, 실제로 경미한 심장 마비로 인한 불편함은 어떤 이에게는 의사의 진료를 찾을 만큼 충분한 경각심을 불러일으키지 않을 수도 있다. 증상이 없는 심장 마비는 침묵의 심장 마비라고 불린다. (A) 더 심각한 심장 마비는 심장에 중대한 손상이나 사멸을 초래할 수 있다. 죽은 심근 조직은 재생되지 않고 심장의 펌프 능력을 저하시킨다. (B) 심장의 저하된 펌프 활동은 심장이 신체의 필요를 충족할 만큼 충분한 혈액을 펌프질하지 못하는 심부전이라는 결과를 초래할 수 있다. 미국에서는 매년 100만 명이 넘는 사람들이 심장 마비를 겪고 있으며, 이 중 다수는 치명적이다.

| 해설 |

1. 심장 마비는 관상 동맥 중 하나가 막혀서 발생한다는 주어진 글에 이어 (C)에서 경미한 일부 심장 마비에 대해 언급한 후 (A)에서 더 심각한 심장 마비를 설명하고 죽은 심근 조직으로 인해 심장의 펌프 능력이 저하될 수 있다고 언급한 후에 (B)에서 심장의 저하된 펌프 활동이 심부전이라는 결과를 초래할 수 있다고 하며 글이 마무리된다. 따라서 주어진 글 다음에 이어질 글의 순서로 가장 적절한 것은 ④이다.

2. Each year in the U.S., more than 1 million people suffer a heart attack, many of which are fatal.에서 설명하듯이 매년 미국에서 심장 마비를 겪는 사람은 more than 1 million people(100만 명 초과)임을 알 수 있다.

| 구문 |

■ Dead cardiac muscle tissue does not regenerate, [decreasing the heart's ability to pump].
[ ]는 주절의 결과를 나타내는 분사구문이다.

■ [Reduced pumping activity of the heart] can result in heart failure, [in which the heart can't pump enough blood {to meet the body's needs}].
첫 번째 [ ]는 주어 역할을 하는 명사구이고 두 번째 [ ]는 heart failure를 추가적으로 설명하는 관계절이며 그 안의 { }는 enough에 호응하는 to부정사구이다.

Exercise ③

본문 134쪽

1. ⑤　　　2. the wise man

| 소재 | 현자를 알아보기

| 직독직해 |

» Everyone we may meet in life / even if they appear
살면서 우리가 만날지도 모르는 모든 사람을 / 비록 그들이 평범하고
plain and insignificant ... / see each of them as a wise man,
하찮게 보이더라도 /　　　　　그들 한 사람 한 사람을 현자로 보라

| 해석 |

산꼭대기에 있는 작은 집에 사는 현자에 관한 소문이 시골 지방 곳곳에 퍼졌다. (C) 마을의 어느 남자가 그를 방문하기 위해 길고 어려운 여행을 하기로 결심했다. 그 집에 도착했을 때 그는 문간에서 그에게 인사하는 집 안의 늙은 하인을 보았다. "저는 현자를 뵙고 싶습니다."라고 그는 그 하인에게 말했다. (B) 그 하인은 미소를 지으며 그를 집 안으로 안내했다. 그들이 그 집을 통과해 걸어갈 때 마을에서 온 그 남자는 열심히 그 집을 여기저기 둘러보며 그 현자와 마주치기를 고대했다. 곧 그는 뒷문으로 안내되어 집 밖으로 나오게 되었다. (A) 그는 걸음을 멈추고 그 하인을 돌아보며 "그런데 나는 현자를 뵙고 싶소!"라고 말했다. "이미 보셨습니다."라고 그 노인이 말했다. 살면서 우리가 만날지도 모르는 모든 사람을, 비록 그들이 평범하고 하찮게 보이더라도, 그들 한 사람 한 사람을 현자로 보라. 우리가 이렇게 한다면 모든 문제가 해결될 것이다.

| 해설 |

1. 현자에 관한 소문이 퍼졌다는 주어진 문장 다음에 마을의 어느 남자가 그를 찾아가 그 집 문간에서 하인을 보았다는 (C)가 이어지고 그 하인이 그를 안내하여 뒷문으로 나오게 되었다는 (B)가 그다음에 이어지며 마지막으로 현자를 만나고 싶다는 남자의 말에 대해 남자에게 이미 현자를 보고도 그를 하인으로 봤다는 응답이 있는 (A)가 이어지는 것이 자연스러운 글의 순서이다.
2. 마을의 어느 남자가 방문하기 위해 길고 어려운 여행을 했다는 대상은 '현자'를 가리킨다.

| 구문 |

■ [As they walked through the house], the man from the village looked eagerly around the house, [anticipating his encounter with the man].
첫 번째 [ ]는 시간의 의미를 나타내는 부사절이고, 두 번째 [ ]는 의미상 주어인 the man from the village의 부수적 행동을 나타내는 분사구문이다.

Exercise ④

본문 135쪽

1. ②　　　2. change color (to make it hard for a predator, or enemy, to see them in their environment)

| 소재 | 두려울 때 동물들이 취하는 방어 방법

| 직독직해 |

» Some animals / change color / to make it hard / for a
일부 동물들은 /　　색을 바꾼다 /　힘들게 만든다 /　포식자,
predator, or enemy, / to see them in their environment.
즉 적이 /　　　　　그것들이 있는 환경에서 그것들을 보는 것을

| 해석 |

두려울 때 여러분은 무엇을 하는가? 도와 달라고 외치는가? 숨는가? 도망치는가? 일부 동물들도 두려울 때 이런 행동을 한다. (B) 그러나 많은 동물들은 더 특이한 방식으로 스스로를 방어한다. 몇몇 동물들은 색을 바꿔서 포식자, 즉 적이 자신들이 있는 환경에서 자신들을 보기 힘들게 만든다. 문어는 몇 초 만에 이것을 할 수 있다. (A) 다른 동물들은 자신들이 아닌 어떤 것인 척한다. 자벌레는 막대처럼 보이려고 스스로 뻣뻣한 상태를 유지한다. 일부 동물들은 심지어 다른 동물들과 동반자 관계를 가지기도 한다. (C) 예를 들어, 물소는 자신들에게 위험에 대하여 경고해 주는 것을 새들에게 의존한다. 그리고 일부 게들은 말미잘이라고 불리는 동물을 칼처럼 사용한다.

| 해설 |

1. 두려울 때 인간이 도와 달라고 외치고 숨고 도망치는 것처럼 일부 동물들도 그렇게 한다는 주어진 글 다음에는 But으로 시작하여 특이한 방식으로 스스로를 방어하는 동물들의 예를 들기 시작하는 (B)가 와야 한다. 그 다음에는 스스로를 방어하는 방법 중에 동물들이 자신들이 아닌 어떤 것인 척한다는 내용의 (A)가 온 다음, (A)의 마지막에 언급된 다른 동물과 동반자 관계를 가지는 동물이 있다는 것의 예를 물소와 게를 들어 설명하는 (C)가 오는 것이 문맥상 가장 자연스러운 글의 순서이다.
2. do this는 '이것을 한다'는 뜻으로, 앞에 나온 change color (to make it hard for a predator, or enemy, to see them in their environment)를 대신한다.

| 구문 |

■ An inchworm holds itself stiff [to look like a stick].
[ ]는 to부정사구로 목적의 뜻을 나타낸다.
■ Some animals change color to make **it** hard [for a predator, or enemy, to see them in their environment].
it은 형식상의 목적어이고, [ ]가 내용상의 목적어 열할을 하는 to부정사구이며, for a predator, or enemy는 to부정사구의 의미상의 주어를 나타낸다.

13 문장 위치 찾기

1. ③　　　2. (a) our kids　(b) our teens and young adult children

| 소재 | 자녀의 성장을 위한 부모의 역할

| 직독직해 |

» The wise parent knows / mistakes are part of the
현명한 부모는 알고 있다 /　　　　실수가 성장 과정의 일부인 것을
growing process.

| 해석 |

우리 자녀들이 아기와 어린아이였을 때, 그들에 관한 모든 것이 우리의 일이었다. 우리가 없었다면, 그들은 살아남을 수 없었을 것이다. 그러나 그들이 성장함에 따라 우리는 적절한 단계에서 그들을 놓아주었다. 그들은 우정을 쌓는 것, 선생님과 소통하는 것, 시간을 관리하는 것 등을 배웠다. 이러한 발달은 어려움과 실수 없이 이루어지지 않았다. 현명한 부모는 실수가 성장 과정의 일부인 것을 알고 있다. 우리의 유아들은 점차 익숙해지기 전에는 넘어지면서 걷는 법을 배웠고, 청소년과 청년 자녀들은 일관되게 올바른 결정을 내리는 것에 점차 익숙해지기 전까지는 많은 실수를 할 것이다. 유아가 넘어졌다가 다시 일어나도록 우리가 놓아두듯이, 성장한 자녀도 삶을 잘 살아가고 관계를 잘 맺을 수 있도록, 넘어지고 다시 일어나도록 해야 한다.

| 해설 |

1. ③의 앞 문장에서는 자녀들이 성장하면서 우정을 쌓는 법과 선생님과 소통하는 법, 시간을 관리하는 법 등을 배웠다고 언급하는데, 이것이 주어진 문장의 This development가 가리키는 내용이라고 볼 수 있다. ③의 다음 문장에서는 현명한 부모는 실수가 성장 과정의 일부임을 알고 있다고 이야기하고 있는데 이는 주어진 문장의 내용을 부연한 것이라 할 수 있다. 따라서 주어진 문장이 들어가기에 가장 적절한 곳은 ③이다.

2. (a) them은 When이 이끄는 부사절에 언급된 our kids를 가리킨다. (b) they는 and 이후 절의 주어인 our teens and young adult children을 가리킨다.

| 구문 |

▪ [When our kids were babies and young children], everything [about them] was our business.
첫 번째 [ ]는 시간의 부사절이며, 두 번째 [ ]는 everything을 수식하는 전치사구이다.

▪ And [as we let our toddlers fall and get back up], we must also let our grown kids fall and get back up [in
order to learn to do life and relationships well].
첫 번째 [ ]는 as가 이끄는 부사절로, '~이듯이'의 뜻을 나타낸다. 두 번째 [ ]에는 '~하기 위하여'라는 목적의 의미를 나타내는 「in order to do」의 표현이 사용되었다.

Exercise 1
본문 138쪽

1. ②　　　2. 아침 일찍 이메일을 확인하는 것을 피하는 것

| 소재 | 이메일 중독

| 직독직해 |

» Emails have a way of grabbing our attention / and
이메일은 흔히 우리의 주의를 잡아끈다 /　　　　　그리고
redirecting it to lower-priority tasks / because completing
그것을 우선순위가 낮은 작업으로 다시 보낸다 / 왜냐하면 작고 빠르게
small, quickly accomplished tasks / produces dopamine,
달성되는 작업을 완료하는 것이 /　　　즐거움을 주는 호르몬인
a pleasurable hormone, in our brains.
도파민을 우리 뇌에 만들어 내기 때문이다

| 해석 |

집중력과 의식의 힘을 더 잘 이해하려면 거의 우리 모두에게 영향을 미치는 문제인 이메일 중독을 생각해 보라. 이메일은 우리의 주의를 잡아끌어 우선순위가 낮은 작업으로 그것을 다시 보내는데, 이는 작고 빠르게 달성되는 작업을 완료하는 것이 즐거움을 주는 호르몬인 도파민을 우리 뇌에 만들어 내기 때문이다. 이 방출은 우리가 이메일에 중독되게 하고 우리의 집중력을 약화시킨다. 그 대신, 받은편지함을 열 때 마음 챙김을 적용하라. 중요한 것에 '집중하고' 단순한 잡음인 것에 대해 '의식'을 유지하라. 여러분의 하루를 더 잘 시작하려면, 아침에 가장 먼저 이메일을 확인하는 것을 피하라. 그렇게 하는 것은 하루 중 뛰어난 집중력과 창의성을 보여 줄 가능성이 있는 시간대에, 쏟아지는 방해 요소와 단기적 문제를 회피하는 데 도움이 될 것이다.

| 해설 |

1. 이 글은 이메일 중독이 우리의 집중력에 미치는 부정적인 영향에 대해 설명하며, 이를 극복하는 방법을 제안하고 있다. ② 앞에서는 이메일이 우리의 집중력을 우선순위가 낮은 작업으로 돌리게 되는 이유를 이처럼 작고 빠르게 달성되는 작업을 완료하는 것이 우리 뇌에 도파민을 생성하기 때문이라고 설명하고 있으며, 주어진 문장의 This release가 바로 이 도파민 방출을 가리킨다. ② 뒤에서는 이메일 중독을 극복하는 방법을 소개하고 있으므로, 이메일 중독으로 인한 문제점을 설명하는 주어진 문장은 ②에 들어가는 것이 가장 적절하다.

2. Doing so는 ⑤ 앞의 문장에서 언급된 avoid checking your email first thing in the morning을 가리킨다.

┃구문┃

■[To better understand the power of focus and awareness], consider an issue [that touches nearly all of us]: email addiction.
첫 번째 [ ]는 목적을 나타내는 to부정사구이며, 두 번째 [ ]는 an issue를 수식하는 관계절이다.

Exercise ② 본문 139쪽

1. ④ 2. total calories, total fat, dietary fiber

┃소재┃ 식품의 라벨에 적힌 정보
┃직독직해┃
》 It also allows you to be sure / you are eating foods / 그것은 또한 여러분이 확신할 수 있게 한다 / 음식을 먹고 있다는 것을 / rich in the nutrients / you want in your diet.
영양분이 풍부한 / 식사에 있기를 원하는

┃해석┃
여러분이 식료품점에서 구입하는 제품에 대하여 공식적인 식품 라벨 부착 정책이 소비자에게 주는 혜택은 무엇인가? 영양 및 성분 표시 라벨은 두 가지 목적에 기여한다. 그것은 여러분이 구입하는 음식에 관해 알 수 있는 빠르고 쉬운 방법을 제공한다. 그것은 또한 여러분이 식사에 있기를 원하는 영양분이 풍부한 음식을 먹고 있다는 것을 확신할 수 있게 한다. 식품의 라벨에, 오늘날의 식품 제조사들은 자신들의 제품에 들어 있는 전체 칼로리, 전체 지방 및 식이섬유에 대한 정보의 목록을 표시하도록 식품의약국에 의해 요구받는다. 라벨에 요구되는 이러한 요소들은, 그것들이 오늘날의 건강에 대한 관심사를 다루기 때문에 선택되었다. 그것들은 보통 대부분의 식품 라벨에 같은 순서로 나타난다. 이러한 순서는 건강에 좋은 식사에 대한 현재의 권장 사항에서의 중요성을 반영한다.

┃해설┃
1. 주어진 문장은 These required elements로 시작하므로 이 문장의 바로 앞에는 요구되는 구체적인 요소들이 나와야 한다. 그러므로 주어진 문장은 이러한 요소들을 보여 주는 문장 다음인 ④에 오는 것이 적절하다.
2. On food labels, ~ to list information on total calories, total fat, and dietary fiber in their product를 통해 영양 및 성분 표시 라벨에 열거된 것은 total calories, total fat, dietary fiber임을 알 수 있다.

┃구문┃
■It provides a quick and easy way [to learn about the food {you buy}].
[ ]는 a quick and easy way를 수식하는 to부정사구이며

{ }는 the food를 수식하는 관계절이다.
■It also allows you to be sure [you are eating foods {rich in the nutrients} {you want in your diet}].
[ ]는 생략된 접속사 that이 이끄는 절로 be sure의 목적어 역할을 한다. 첫 번째 { }는 foods를 수식하며, 두 번째 { }는 the nutrients를 수식하는 관계절이다.

Exercise ③ 본문 140쪽

1. ③ 2. disappointed

┃소재┃ 아이들의 언어 사용 능력 발달 과정
┃직독직해┃
》 Although young children have a much larger vocabulary / 비록 어린아이들은 훨씬 더 많은 어휘를 가지고 있지만 / than toddlers do, / they still experience the frustration / 걸음마 수준의 아기들보다는 / 그들은 여전히 좌절감을 겪는다 / of not being able to get adults to understand their meaning.
어른들이 자신들의 말뜻을 이해하게 할 수 없는

┃해석┃
비록 어린아이늘은 걸음마 수준의 아기들보다는 훨씬 더 많은 어휘를 가지고 있지만, 여전히 어른들이 자신들의 말뜻을 이해하게 할 수 없는 좌절감을 겪는다. 아이들에게는 말하고 싶은데 말할 수 없는 어떤 단어들이 있다. 어떤 소리는 아이들이 발성하기 어려운데, 전 세계의 아이들은 말하기 어렵다는 것을 알게 되는 단어들을 피하기 마련이다. 흔히 아이들은 자신을 더 잘 표현하기 위해 단어를 창조한다. 예를 들어 어느 네 살짜리 아이는 자기 엄마의 건망증에 실망했을 때, "더 '기억을 잘하려고' 애써 봐요, 엄마."라고 말했다. 아이들은 또한 의미를 전달하기 위해 단어를 창의적으로 사용한다. 우리의 세 살짜리 조카인 Erica는 'very'를 대신하여 'soaking'이라는 단어를 사용했는데 그녀는 자신을 '흠뻑 젖게 피곤해' 또는 '흠뻑 젖게 추워'라고 설명했다.

┃해설┃
1. ③의 앞에는 아이들이 발성하기 어려운 단어의 사용을 피한다는 내용이고 ③ 다음에 나오는 사례는 네 살짜리 아이가 'rememberful'이라는 말을 자기가 만들어 내서 말한다는 내용이어서 아이들이 자신을 더 잘 표현하려고 단어를 창조하기도 한다는 주어진 문장이 ③에 들어가야 뒤에 이어지는 사례와 논리적으로 연결된다.
2. 네 살짜리가 자기 엄마의 건망증에 실망해서 그런 말을 했다는 의미이므로 when (a 4-year-old was) disappointed by his mother's forgetfulness에서 「주어＋be동사」가 생략된 것으로 disappoint는 disappointed로 고쳐야 맞는 표현이 된다.

| 구문 |

■**Some sounds** are difficult for them to **produce**, and children around the world will avoid words [that they find difficult to say].

주어 자리에 있는 Some sounds는 의미상 produce의 목적어 역할을 한다. [ ]는 앞에 있는 words를 수식하는 관계절이다.

Exercise ④

본문 141쪽

1. ②

2. – 인간의 뇌는 에너지를 많이 소비하는 기관이다.
– 대화만으로도 안정 시 대사율의 20~25퍼센트를 소비한다.
– 뇌는 하루 약 600칼로리를 필요로 한다.

| 소재 | 인류의 두뇌 발달

| 직독직해 |

≫ Simply sitting and having a chat with a friend / will
단순히 앉아서 친구와 대화를 나누는 것으로도 /
consume / twenty to twenty-five per cent / of your
소모할 것이다 / 20~25퍼센트를 / 여러분의
'resting metabolic energy'.
'안정 시 대사량'의

| 해석 |

인간과 침팬지의 가계도는 약 600만 년 또는 700만 년 전에 분화되었다. 초기 인류, 그리고 Lucy와 같은 우리와 가까운 오스트랄로피테쿠스조차도 뇌가 상당히 작았다. 우리는 약 260만 년 전에 처음으로 석기를 사용하기 시작했다. 하지만 우리가 사냥, 채집, 요리를 시작한 후에야 비로소 뇌는 매우 유별나게 커졌다. 인간의 뇌는 에너지를 많이 소비하는 기관이다. 단순히 앉아서 친구와 대화를 나누는 것으로도 여러분의 '안정 시 대사율'의 20~25퍼센트를 소모할 것이다. 우리의 뇌 하나만으로도, 멈추지 않고 작동하기 위해 하루에 약 600칼로리가 필요하다. 그리고 오늘날에는 손쉽게 이용할 수 있는 고칼로리 음식의 공급원이 너무도 많지만, 구석기 시대에는 우리의 큰 뇌를 위해 큰 비용을 치러야만 했다.

| 해설 |

1. 글의 도입부에서 ② 앞의 문장까지는 초기 인류의 뇌가 상당히 작았기에 발전이 더뎠다는 내용이 이어지고 ② 뒤의 문장에서는 인간의 뇌가 상당히 많은 에너지를 소모한다는 내용을 통해 뇌의 크기가 커졌음을 함의하는 내용이 등장하므로, 뇌의 크기가 커지게 된 계기를 설명하는 주어진 문장은 ②에 들어가는 것이 가장 적절하다.

2. (1) 인간의 뇌는 에너지를 많이 소비하는 기관으로, (2) 단순히 앉아서 친구와 대화하는 것으로도 '안정 시 대사율'의 20~25퍼센트를 소모하며, (3) 하루에 약 600칼로리를 소비하

는 등 많은 에너지를 요구한다. 따라서 구석기 시대에는 오늘날처럼 고칼로리 음식을 쉽게 구할 수 없었기 때문에 우리의 큰 뇌를 유지하기에는 큰 비용이 들었을 것이다.

| 구문 |

■Our brains alone require about six hundred calories a day [to run on].

[ ]는 목적을 나타내는 to부정사구이다.

14 요약문 완성

Get Started

본문 142쪽

1. ④   2. 익숙지 않은 환경에서 뇌의 한쪽 반을 다른 쪽 반보다 덜 쉬게 하는 것

| 소재 | 낯선 환경에서 경험하는 '야경꾼 뇌' 현상

| 직독직해 |

≫ You can minimize it / by staying at the same hotel /
여러분은 그것을 최소화할 수 있다 / 같은 호텔에 머무름으로써 /
for as long as you remain in a city / and by booking /
여러분이 한 도시에 머무르는 동안 줄곧 / 그리고 예약함으로써 /
similar rooms from the same chain / wherever you go.
같은 체인에서 비슷한 방을 / 여러분이 어디로 가든지

| 해석 |

만약 여러분이 호텔 방에서 잠들지 못하고 뒤척인 적이 있다면, '야경꾼 뇌'를 경험했을 수도 있다. 뇌 영상에 의해 돌고래, 비둘기 그리고 다른 동물들과 비슷하게, 인간도 익숙지 않은 환경에 있을 때는 뇌의 한쪽 반을 다른 쪽 반보다 덜 쉬게 한다는 것이 밝혀졌다. 이러한 적응은 야생에서 포식자들의 위험에 처했던 우리 조상들에게는 이로웠을 테지만, 오늘날의 여행자들에게는 훨씬 덜 유용하다. 여러분은 한 도시에 머무르는 동안 줄곧 같은 호텔에서 머무르거나 어디로 가든지 같은 체인에서 비슷한 방을 예약함으로써 그것을 최소화할 수 있다.

→ 여행자들은 낯선 환경에서 '야경꾼 뇌'를 경험하는데, 이것은 일관성 있는 호텔 선택으로 감소될 수 있다.

| 해설 |

1. 인간이 익숙지 않은 환경에서 한쪽 뇌를 다른 쪽보다 덜 쉬게 하는 '야경꾼 뇌'를 경험하는데 이는 같은 호텔 또는 비슷한 호텔 방을 예약함으로써 최소화될 수 있다는 내용이므로, 요약문의 빈칸에 들어갈 말로 가장 적절한 것은 ④ '낯선 – 감소되다'이다.

① 위험한 – 촉진되다
② 편안한 – 활용되다

③ 긴급한 – 예방되다

⑤ 독특한 – 강화되다

2. This adaptation은 바로 앞 문장에서 언급한 인간이 낯선 환경에서 하는 적응 현상, 즉 뇌의 한쪽 반을 다른 쪽 반보다 덜 쉬게 한다는 것이다.

| 구문 |

■ If **you've ever tossed and turned** in a hotel room, ~.

you've는 you have의 축약형으로 「have+p.p.」로 현재완료 시제이며, 부사 ever와 함께 경험의 의미를 나타낸다.

■ This adaptation **would have been** advantageous for our ancestors, ~.

would는 가정법 조동사로 과거 사실에 대한 추측의 결과를 나타낼 때 「would have+p.p.」 형태로 쓰인다.

Exercise ①
본문 144쪽

1. ④   **2.** ⓐ which ⓑ how

| 소재 | 감정으로서의 불안

| 직독직해 |

》 Anxiety refers to / a psychological state / in which the
불안은 가리킨다 /   심리 상태를 /   그 안에서
person's sense of uneasy suspense and worry /
그 사람의 불안한 걱정과 근심이 /
is triggered / by ambiguous circumstances.
촉발된다 /   애매모호한 상황에 의해서

| 해석 |

불안은 사람의 불안한 걱정과 근심이 애매모호한 상황에 의해서 촉발되는 심리 상태를 가리킨다. 즉, 불안은 명시되지 않은, 산만하고 불확실한 그리고 흔히 형태가 없는 위협 또는 위험에 대한 불안과 고민이라는 일반적인 감정을 의미한다. 불안을 일으키는 자극의 애매모호한 본질 때문에, 그 사람은 어떻게 반응해야 하는지에 대해 확신이 없는데, 위협의 본질과 경우가 명백하지 않기 때문에 그것에 대처하기가 더 어렵다. 애매모호한 위험에 대한 그 사람의 행동 반응은 실제 위협에 비해 과도할지도 모른다.

→ 불안은 애매모호한 위협에 의해 야기되며, 이것에 대해 사람들은 부적절하게 반응한다.

| 해설 |

1. 불안이라는 감정이 애매모호하고 불확실한 자극에 기인하며 따라서 어떻게 반응해야 할지가 불확실하기에 실제 위협에 비해 과도할 수 있다는 내용의 글이다. 따라서 요약문의 빈칸에 들어갈 말로 가장 적절한 것은 ④ '애매모호한 – 부적절하게'이다.

① 확실한 – 부정적으로

② 심각한 – 즉시

③ 잠재적인 – 감정적으로

⑤ 계속되는 – 독특하게

2. 빈칸 ⓐ에는 a psychological state를 수식하는 관계절을 이끌면서 전치사 in의 목적어로 올 수 있는 관계대명사 which가 와야 하며, ⓑ에는 '어떻게' 반응할지 확실치 않다고 말해야 의미가 통하므로 의문사 how가 적절하다.

| 구문 |

■ ~ because [the nature and place of the threat] are not clear, it is more difficult [to cope with it].

첫 번째 [ ]는 because가 이끄는 부사절의 주어 역할을 하는 명사구이다. it은 형식상의 주어이며, 두 번째 [ ]가 내용상의 주어 역할을 하는 to부정사구이다.

Exercise ②
본문 145쪽

1. ①   **2.** 여러분은 일곱 살입니다.

| 소재 | 어린 나이와 창의력과의 관계

| 직독직해 |

》 Interestingly, / the first group scored far higher / on the
흥미롭게도 /   첫 번째 집단은 훨씬 더 높은 점수를 받았으며 /
creative tasks, / coming up with twice as many ideas /
창의적인 과제에서 /   두 배나 많은 아이디어를 생각해 냈다 /
as the other group.
다른 집단보다

| 해석 |

심리학자 Michael Robinson은 무작위로 몇백 명의 대학생들을 두 개의 다른 집단에 배정했다. 첫 번째 집단은 다음과 같은 설명을 들었다. "여러분은 일곱 살인데, 학교 수업이 취소되었습니다. 여러분은 자신을 위한 온전한 하루를 가지고 있습니다. 무엇을 하시겠습니까? 어디로 가시겠습니까? 누구를 만나시겠습니까?" 두 번째 집단은 첫 번째 문장이 삭제된 것을 제외하고는 정확히 똑같은 설명을 들었다. 결과적으로 이 학생들은 자신들을 일곱 살짜리로 상상해 보지 않았다. 십 분 동안 글을 쓰고 나서, 두 집단의 피실험자들은 다양한 창의력 검사를 받았다. 흥미롭게도 첫 번째 집단은 창의적인 과제에서 훨씬 더 높은 점수를 받았으며, 다른 집단보다 두 배나 많은 아이디어를 생각해 냈다.

→ 그 실험에 참여한 그 학생들은 자신이 어린아이라고 상상하도록 요청을 받은 후, 창의력이 향상되었다.

| 해설 |

1. 일곱 살이라고 규정한 문장이 들어가 있는 설명을 받은 첫 번째 집단이 그렇지 않은 집단보다 창의력 시험에서 훨씬 더 높은 점수를 받았다는 내용의 글이다. 그러므로 빈칸 (A)와 (B)에 들어갈 말로 가장 적절한 것은 young kids와 improved이다.

2. The second group was given the exact same instructions, except the first sentence was deleted.를 통해 두 번째 집단이 받지 못한 설명은 'You are seven years old'임을 알 수 있다.

┃구문┃

■ The second group was given the exact same instructions, **except** the first sentence was deleted.

이 문장에서 except는 '~을 제외하고, ~ 이외에'라는 의미의 접속사인데, except that의 형태로 쓰이기도 한다.

■ Interestingly, the first group scored far higher on the creative tasks, [coming up with **twice as many** ideas **as** the other group].

[ ]는 분사구문으로서 앞선 절의 내용을 추가적으로 설명하는 기능을 한다. and came up ~으로 이해하면 편리하다. [ ] 안에 쓰인 「twice as many ~ as ...」는 '...보다 두 배 많은 ~'이라는 뜻이다.

본문 146~151쪽

15 Review Test 1

1. ⑤　　 2. ④　　 3. ④　　 4. a sign of depression
5. ②　　 6. ②　　 7. ④　　 8. I find it hard to
connect with it　　 9. ②　　 10. ③　　 11. 매일 수박
밭에 우유를 부으면 수박이 거대하게 자라게 할 수 있다는 것
12. 수박 과육이 발달할 자리를 거의 남겨 두지 않으면서

1.

┃소재┃ 교육의 기본

┃직독직해┃

≫ We believe / the basics are courage, confidence, and
우리는 믿는다 /　 기본이 용기, 자신감, 그리고 삶의 기술들이라고 /
life skills, / because with these, / children have fertile
　　　　 왜냐하면 이것들이 있어야 /　 아이들이 비옥한 기반을
ground / on which to plant the seeds of academics / and
갖게 된다 / (그 위에) 학문의 씨앗을 심을 /
to live successfully in the world.
그리고 세상에서 성공적으로 살 수 있는

┃해석┃

우리는 흔히 "기본으로 돌아가라!"라는 외침을 듣는다. 우리는 동의한다. 그러나, 우리는 '기본'에 대한 그들의 정의의 많은 부분에 동의하지 않는다. 우리는 기본이 읽기, 쓰기, 그리고 계산이라고는 믿지 않는다. 우리는 기본이 용기, 자신감, 그리고 삶의 기술들이라고 믿는데, 왜냐하면 이것들이 있어야, 아이들이

학문의 씨앗을 심고 세상에서 성공적으로 살 수 있는 비옥한 기반을 갖게 되기 때문이다. 읽기, 쓰기 그리고 계산은 젊은이들을 책임감 있는 시민 의식을 갖도록 준비시키기에 충분하지 않다. 삶에서 효과적으로 행동하는 것을 가능케 해 주는 자기 수양, 판단력, 사회적 흥미, 좋은 선택을 할 능력 및 책임감이 부족한 사람에게는 세상의 모든 학문적 지식이 도움이 되지 않을 것이다. 불행하게도, 우리의 현재 교육 시스템은 젊은이들에게 이러한 기술들을 제공하지 않는 경우가 많다.

┃해설┃

필자는 '기본'의 정의에 대해서 기존의 읽기, 쓰기, 그리고 계산이라는 것에 동의하지 않고 '기본'이 용기, 자신감, 그리고 삶의 기술들을 길러 주는 것이며 현재 교육 시스템이 이러한 기술들을 제공하지 않는다는 점을 지적하고 있으므로, 필자가 주장하는 바로 가장 적절한 것은 ⑤이다.

┃구문┃

■ All the academic knowledge in the world will not help those [who lack the self-discipline, judgment, social interest, ability {to make good choices}, and sense of responsibility {that enable them to act effectively in life}].

[ ]는 those를 수식하는 관계절이고, 그 안에서 첫 번째 { }는 ability를 수식하는 to부정사구이고, 두 번째 { }는 sense of responsibility를 수식하는 관계절이다.

┃Words & Phrases┃

■ definition 정의　　　　　 ■ arithmetic 계산
■ confidence 자신감　　　　 ■ fertile 비옥한
■ plant 심다　　　　　　　 ■ citizenship 시민 의식
■ enable A to B A가 B 하는 것을 가능케 하다
■ provide A with B A에게 B를 제공하다

2.

┃소재┃ 수염수리의 생태

┃직독직해┃

≫ The bird throws the larger bones / from a height on to
그 새는 더 큰 뼈를 던진다 /　　　　 높은 곳에서 바위가 많은
rocky slopes / in order to break them, / and immediately
경사지로 /　 그것을 부수기 위해 /　　　 그리고 즉각
descends after them / in a characteristic spiral.
그것(뼈)을 쫓아 내려간다 / 특유의 나선형의 모습으로

┃해석┃

수염수리는 회색빛이 도는 검은색의 꼬리 및 날개와 함께, 머리와 가슴에 불그스레한 노란색 혹은 하얀색의 깃털을 가지고 있다. 수염수리는 한 쌍이 먹고 새끼를 기르는 거대한 영역을 지킨다. 영역의 크기는 약 200~400km²이다. 수염수리는 11월과 12월 사이에 함께 새끼를 기르는 짝을 짓고 암컷들은 12월

과 2월 사이에 알을 낳는다. 그들은 대개 두 개의 알을 낳지만, 두 번째 알은, 더 작은데, 대개 부화를 한 지 처음 몇 주 후에 손위 형제에게 죽임을 당한다. 수염수리는 거의 뼈만을 먹고 사는 유일한 동물이다. 그 새는 더 큰 뼈를 부수기 위해 높은 곳에서 바위가 많은 경사지로 그것을 던지고, 즉각 특유의 나선형의 모습으로 뼈를 쫓아 내려간다.

| 해설 |
the second egg, which is smaller로 보아 ④가 글의 내용과 일치하지 않음을 알 수 있다.

| 구문 |
■They usually lay two eggs, but the second egg, [which is smaller], is usually killed by its older sibling in the first weeks after hatching.
[ ]는 계속적 용법의 관계절로서 the second egg를 추가적으로 설명한다.
■The bird **throws** the larger bones from a height on to rocky slopes in order to break them, and immediately **descends** after them in a characteristic spiral.
throws와 descends가 주어인 The bird를 공유하며 and에 의해 병렬을 이룬다.

| Words & Phrases |
■bearded vulture 수염수리　■reddish 불그스레한
■feather 깃털　■breast 가슴
■grey 회색의　■tail 꼬리
■defend 지키다, 방어하다　■huge 거대한
■territory 영역　■breed 새끼를 기르다
■lay (알을) 낳다　■sibling 형제자매
■hatch 부화하다
■exclusively 오로지, 독점적으로
■height 높은 장소　■rocky 바위가 많은
■slope 경사지　■immediately 즉시
■descend 내려가다　■characteristic 특유의
■spiral 나선(의)

[3~4]
| 소재 | 어린 시절 기억의 긍정적 효과
| 직독직해 |
≫ While psychologists used to consider nostalgia a sign
심리학자들은 향수를 우울증의 증상이라고 여겼지만 /
of depression, / recent research has shown / that reflecting
　　　　　최근의 연구는 보여 주었다 /　　애정을 가지고
fondly on one's past / actually provides a lot of positive
자신의 과거를 회상하는 것은 / 사실상 많은 긍정적인 이점을 제공한다는
benefits / including counteracting loneliness / boosting
것을 /　　외로움에 대응하기를 포함하여 /　　낮선

generosity towards strangers / and avoiding anxiety.
사람들에 대한 관대함 신장시키기 /　　그리고 불안감 모면하기를

| 해석 |
가족 및 노동 연구소의 공동 창립자인 Ellen Galinsky는 자신의 저서 '아이들에게 물어보라'에서 아이들에게 어린 시절에 대해 가장 많이 기억하게 될 것이 무엇인지를 물었던 설문 조사를 설명하고 있다. 아이들 중 대부분은 가족 만찬, 휴가 모임, 잠자리에서 읽어 주는 이야기와 같은 단순한 일상적인 전통들에 대한 이야기를 함으로써 응답했다. 그러한 긍정적인 어린 시절 기억은 자녀가 더 행복하고 더 너그러운 어른이 되는 데 도움이 될 수 있다. 심리학자들은 향수를 우울증의 증상이라고 여겼지만, 최근의 연구는 애정을 가지고 자신의 과거를 회상하는 것은 사실상 외로움에 대응하기, 낯선 사람들에 대한 관대함 신장시키기, 불안감 모면하기를 포함하여 많은 긍정적인 이점을 제공한다는 것을 보여 주었다. 하지만 향수의 혜택을 최대로 받으려면, 풍부하게 저장된 '향수 창고'를 가질 필요가 있다. 그 창고를 채우는 최상의 방법은 의미 있는 집안 전통을 만들고 유지하는 것을 통해서이다!

| 해설 |
3. 어린 시절에 대한 기억, 즉 향수는 행복한 삶을 사는 데 긍정적인 이점을 제공하는데, 그러한 향수의 혜택을 최대로 받으려면 집안 전통으로 '향수 창고'를 풍부하게 채워야 한다는 것이 글의 중심 내용이다. 따라서 제목으로 가장 적절한 것은 ④ '더 행복한 삶을 위해 자녀의 기억을 집안 전통으로 풍요롭게 하라'이다.
① 향수: 외로움과 우울증의 신호
② 어린 시절 기억을 너무 많이 회상하지 마라
③ 집안 전통은 기억에 남을 휴가를 만드는 열쇠이다
⑤ 왜 가족 관계를 유지하기 위해 가족 전통이 중요한가?
4. 심리학자들이 향수를 우울증의 증상이라고 여겼다는 내용이 단서가 된다.

| 구문 |
■In her book *Ask the Children*, Ellen Galinsky, cofounder of the Families and Work Institute, describes a survey [in which she asked children {what they would remember most about their childhood}].
[ ]는 a survey를 수식하는 관계절로, in which는 관계부사 where로 바꾸어 표현할 수 있다. { }는 what이 이끄는 명사절로 asked의 목적어로 쓰였다.
■While psychologists used to consider nostalgia a sign of depression, recent research has shown [that {reflecting fondly on one's past} actually provides a lot of positive benefits including counteracting loneliness,

boosting generosity towards strangers, and avoiding anxiety].

[ ]는 has shown의 목적어로 쓰인 that이 이끄는 명사절이고, { }는 that절 안에서 주어로 쓰인 동명사구이다.

| Words & Phrases |

- cofounder 공동 창립자
- institute 연구소
- describe 설명하다
- respond 대답하다
- get-together 만찬, 파티, 모임
- generous 너그러운, 관대한
- psychologist 심리학자
- nostalgia 향수
- depression 우울증
- reflect on ~을 회상하다
- fondly 애정을 가지고
- benefit 이점, 이익, 혜택
- counteract 대응하다
- boost 신장시키다, 증가시키다
- anxiety 불안감
- well-stocked 풍부하게 갖추어진, (물건이) 많이 쌓여 있는
- maintain 유지하다

5.

| 소재 | 배우는 자세의 중요성

| 직독직해 |

» Though we're often called upon in life / to share what
우리는 인생에서 자주 요청받지만 / 우리가 알고 있는
we know and express our opinions / to help others, /
것을 알려 주고 우리의 의견을 표현하도록 / 다른 사람들을 돕기 위해 /
occasionally / we are better served / allowing ourselves
가끔은 / 더 큰 이득을 얻는다 / 자신을 배우는 사람이
to be the student.
되게 하여

| 해석 |

우리는 인생에서 자주 다른 사람들을 돕기 위해 우리가 알고 있는 것을 알려 주고 우리의 의견을 표현하도록 요청받지만, 가끔은 자신을 배우는 사람이 되게 하여 더 큰 이득을 얻는다. 학교 밖에서 학생이 되는 것이 실제 교실 안에서 학생이 되는 것보다 훨씬 더 매력적이고 재미있을 수 있다. 우리에게 중요한 것이면 어떤 것에 대해서든지 더 많은 정보를 수집할수록, 우리는 삶의 질을 그만큼 더 좋게 한다. 수년에 걸쳐, 나는 행복하고 활기차게 80대, 90대, 그리고 심지어 100세를 넘어서까지도 산 사람들에 대해 연구를 했다. 젊음을 유지하기 위해 무엇을 하는가라는 질문을 받았을 때, 그들은 운동을 거의 언급하지 않았고, 좀처럼 철저한 다이어트를 계속하지도 않았으며, 모두가 스트레스를 피한 것도 아니었다. 하지만 그들 모두는 한 가지 특성을 공유했다. 그들은 새로운 것을 배우는 것을 꺼리지 않았다. 그들 모두는 자신의 인생을 계속하여 새롭고 흥미롭게 할 만큼 소중하게 여겼다.

| 해설 |

학교 밖에서 학생이 되는 것, 즉 배우는 것이 우리에게 도움이

된다는 것이 글의 요지이므로 오랫동안 행복하게 산 사람들의 특성이 배움과 관련되어 있음을 추론할 수 있다. 따라서 빈칸에 들어갈 말로 가장 적절한 것은 ② '새로운 것을 배우는'이다.

① 자연과 더불어 사는
③ 다른 사람들과 나누는
④ 사람들의 마음을 바꾸는
⑤ 책임감을 받아들이는

| 구문 |

■ Though we're often called upon in life [to {share what we know} and {express our opinions} **to help** others], occasionally we are better served [allowing ourselves to be the student].

첫 번째 [ ]는 「be called upon+to부정사(~하도록 요청받다)」라는 어구를 이루는 to부정사구이다. 첫 번째와 두 번째 { }는 and로 병렬되어 to에 이어지며, to help는 목적을 나타내는 부사적 용법의 to부정사이다. 두 번째 [ ]는 분사구문으로서, 「be well served+-ing(~하여 이득을 얻다)」라는 표현의 일부이다.

■ **The more** information we gather about anything [that matters to us], **the greater** we make our quality of life.

「the+비교급, the+비교급」 구문이 쓰여 '더 ~할수록 그만큼 더 …한'이라는 의미를 나타낸다. [ ]는 anything을 수식하는 관계절이다.

■ [When asked {what they did to stay young}], they rarely mentioned exercise, they seldom stuck to a strict diet, and they didn't all avoid stress.

[ ]는 When이 이끄는 부사절로 When 뒤에 they were가 생략되어 있다. { }는 what이 이끄는 명사절로 asked의 목적어 역할을 한다.

| Words & Phrases |

- call upon[on] ~ to do ~에게 …하도록 요청하다
- occasionally 때때로
- serve ~ well ~에게 이득을 주다
- entertaining 재미있는, 유쾌한   ■ quality 질
- vibrant 활력이 넘치는   ■ mention 언급하다
- stick to (어려움을 참고) ~을 계속하다
- strict 철저한, 엄격한   ■ trait 특성

6.

| 소재 | 과제를 하는 것을 재미있게 만드는 것의 필요성

| 직독직해 |

» We tried to understand / the reason for this shift in his
우리는 이해하려고 노력했다 / 그의 행동 변화의 이유를 /
behaviour, / and learnt / that he preferred to engage in
그리고 알게 되었다 / 그가 활동에 참여하는 것을

activities / that he found interesting.
선호한다는 것을 / 그가 재미있다고 생각하는

| 해석 |

초기 몇 년 동안 내 아들은 공부하는 것을 아주 싫어했다. 이것은 걱정스러운 일이었지만, 그때 아내와 나는 그것을 노력 목표로 받아들였다. 그의 공부를 재미있게 만들기 위해 우리는 그림과 스케치를 이용했으며, 놀면서 배울 수 있는 방법을 채택했다. 결과는 놀라웠다. 서너 달 후에 그는 공부를 피하기보다는 그것을 위해 더 많은 시간을 냈다. 심지어 그는 이야기를 읽고 과제를 직접 하기 시작했다. 우리는 그의 행동 변화의 이유를 이해하려고 노력하여, 그가 재미있다고 생각하는 활동에 참여하는 것을 선호한다는 것을 알게 되었다. 그는 자기 스스로 하는 법을 몰랐지만, 우리가 그가 학교 공부를 재미있게 만들도록 돕자 그의 저항은 사라졌다. 성인으로서 우리도 삶에서 비슷한 상황을 발견한다. 예를 들어 우리가 새로운 활동이나 과제를 시작하는 것이 어렵다고 생각할 수도 있다. 최초의 그러한 저항은 우리가 그것을 하기에 재미있게 보이도록 만드는 방법을 더함으로써 처리될 수 있다.
→ 과제를 하는 것을 재미있게 만듦으로써 그것을 할 때의 거리끼는 마음을 없앨 수 있다.

| 해설 |

필자는 자신의 아들의 예를 통해, 과제를 하는 것을 재미있게 만들 때 그 과제를 하는 것에 대한 저항이 사라질 수 있다고 말하고 있다. 그러므로 빈칸 (A)와 (B)에 들어갈 말로 가장 적절한 것은 unwillingness(거리끼는 마음)와 entertaining(재미있는)이다.

| 구문 |

■ We **tried** to understand the reason for this shift in his behaviour, and **learnt** that he preferred to engage in activities [that he found interesting].
tried와 learnt는 주어인 We를 공유하며 and에 의해 병렬을 이룬다. [ ]는 관계절로 activities를 수식한다. 관계대명사 that은 관계절 안에서 found의 목적어이다.

■ For instance, we may find **it** difficult [to start a new activity or assignment].
it은 형식상의 목적어이고, [ ]는 내용상의 목적어이다.

| Words & Phrases |

■ initial 초기의
■ alarming 걱정스러운, 불안한
■ challenge 노력 목표, (해 볼 만한) 문제
■ drawing 스케치
■ adopt 채택하다
■ play-and-learn method 놀면서 배우는 방법
■ avoid 피하다
■ take out more time 더 많은 시간을 내다
■ assignment 과제
■ shift 변화

■ prefer 선호하다
■ schoolwork 학교 공부, 학업
■ vanish 사라지다
■ address 처리하다, 다루다
■ engage in ~에 참여하다
■ resistance 저항, 반대
■ grown-up 성인, 어른

[7~8]
| 소재 | 음악적 공감에 대한 부족
| 직독직해 |

» This lack of musical appreciation / has always struck
이러한 음악적 공감 부족은 / 항상 나에게 느낌을
me / as odd / considering my love / of sound and the
주었다 / 이상한 / 나의 사랑을 고려해 볼 때 / 소리와 구어에 대한
spoken word.

| 해석 |

나는 음악의 혜택을 지적으로는 인정하지만 개인적 수준에서는 그것과 마음이 통하는 것이 어렵다는 것을 안다. 나는 일종의 음악적 냉담에 고통받는다. 십 대 때, 나는 앨범을 모은 적이 없고 믹스 테이프를 만들지도 않았다. 나는 친구들에 의해 설득당했을 때만, 드물게 콘서트에 참석했다. 현재까지도, 음악의 전반적인 장르는 나에게 여전히 낯설다. 나는 음악에 반대하지 않는다. 비록 내가 좋은 영화나 좋은 책을 즐기는 것만큼은 아니지만, 만약 연주된다면, 나는 그것을 즐긴다. 소리와 구어에 대한 나의 사랑을 고려해 볼 때, 이러한 음악적 공감 부족은 항상 나에게 이상한 느낌을 주었다.

| 해설 |

7. ④ many: 문맥상 '영화와 책을 즐기는 것만큼'이라는 뜻으로 수의 비교가 아니라 정도를 비교하는 것이므로 many는 much로 고쳐야 한다.
① intellectually: 동사인 recognize를 수식하는 부사의 형태로 어법상 적절하다.
② created: collected와 병렬 구조로 이어지는 과거시제 동사 created는 어법상 적절하다.
③ persuaded: when 뒤에 주어(I)와 be동사 was가 생략된 것으로 볼 수 있으며, 'I'가 친구들에 의해 설득당하는 것이므로 수동의 의미를 나타내는 과거분사 persuaded는 어법상 적절하다.
⑤ considering: '~을 고려해 볼 때'를 의미하는 관용적 분사구문으로 쓰인 현재분사이므로 적절하다.
8. 빈칸에 들어갈 말은 앞에서 언급한 내용과 but으로 이어지므로, 지적으로는 음악을 인정하지만, 개인적 수준에서는 그것과 마음이 통하는 것이 어렵다는 내용이어야 한다. 「find+목적어+목적격 보어」 구문에서 형식상의 목적어 it을 쓰고 내용상의 목적어인 to connect with it을 목적격 보어인 hard 다음에 위치시켜 I find it hard to connect with it으로 쓸 수 있다.

| 구문 |

■ To this day, entire genres of music remain [foreign to me].

[ ]는 remain의 주격 보어로 쓰였다.

| Words & Phrases |

■ recognize 인정하다
■ benefit 혜택
■ intellectually 지적으로
■ connect with ~와 마음이 통하다
■ suffer from ~로부터 고통받다
■ attend 참석하다
■ rarely 드물게 ~하다
■ persuade 설득하다
■ entire 전반적인
■ foreign 낯선
■ oppose 반대하다
■ appreciation 공감
■ strike 느낌을 주다
■ consider 고려하다

[9~12]

| 소재 | 수박을 크게 키우기

| 직독직해 |

» Everyone was prepared to congratulate him, / and he
모두는 그를 축하할 준비가 되어 있었다 /   그리고

was prepared to accept his first place award / as the
그는 1등상을 받을 준비가 되어 있었다 /

judges cut into his watermelon.
심사위원들이 그의 수박을 자를 때

| 해석 |

(A) 옛날에 수박을 키우는 농부가 있었다. 군의 농작물 품평회에서 그의 수박은 항상 2등과 3등상을 탔고 1등은 어찌된 노릇인지 그를 비켜 갔다. 어느 날 우연하게도 식물학자였던 그 농부의 조카가 그에게 비결을 알려 주었다. "매일 흙에 우유를 부으면 수박이 아주 크게 자랄 겁니다. 하지만 이것을 비밀로 하셔야 해요. 그렇지 않으면 누구나 자기 수박에 우유를 부을 거예요."

(C) 농부는 그것을 시도해 보기로 했다. 그래서 매일 아침 자기 식구들이 깨기 전에 농부는 몰래 밭으로 들어가서 흙에 우유를 붓곤 했다. 재배 시기가 끝날 무렵 농부는 수박의 크기에, 특히 그중 하나의 크기에 놀랐다. 분명히 이 수박은 그에게 품평회에서 1등상을 안겨 줄 것이었다.

(B) 품평회에서 그 지방 사람들은 수박 전시회에 모여 농부가 경연 대회에 출품한 거대한 수박을 경외의 눈으로 바라보았다. 이제 수박들은 모양, 맛, 그리고 물론 크기로 판정받게 될 것이었다. 분명 농부의 수박은 모양과 크기에서 높은 점수를 받았다. 심사위원들이 그의 수박을 자를 때 모두는 그를 축하할 준비가, 그리고 그는 1등상을 받을 준비가 되어 있었다.

(D) 그 농부가 심사위원 및 그 지방 사람들과 함께 그 수박의 3분의 2가 넘는 부분이 껍질이라는 것을 알게 된 것은 바로 그때였다. 알다시피, 농부가 흙에 부은 우유에 들어 있는 칼슘이 수박 껍질을 엄청난 비율로 자라게 해서 수박 과육이 발달할 자리를 거의 남겨 두지 않았던 것이다. 수박은 우유의 이점을 얻었지만 다른 영양분을 얻지는 못했다.

| 해설 |

9. 농작물 품평회에서 1등을 할 수 있는 수박 재배의 비결로 밭에 우유를 부어 보라는 말을 듣고 그대로 했다는 내용이 (A)에서 (C)로 이어지고 품평회에서 농부의 수박이 모양과 크기에서 높은 점수를 받아 1등상을 받을 준비가 되어 있었다는 내용인 (B)가 그다음에 이어지며 수박을 잘라 봤더니 3분의 2가 넘게 껍질이었다는 것을 알게 된 (D)가 마지막에 이어지는 것이 자연스러운 글의 순서이다.

10. 심사위원들이 수박을 자를 때 농부는 1등상을 받을 준비가 되어 있었다고 했으므로 ③은 글의 내용으로 적절하지 않다.

11. 밑줄 친 this는 식물학자였던 농부의 조카가 알려 준 비결로, 매일 수박밭에 우유를 부으면 수박이 거대하게 자라게 할 수 있다는 것이다.

12. room은 '자리'라는 뜻이고 fruit은 '과육'이라는 뜻으로, 밑줄 친 부분은 '수박 과육이 발달할 자리를 거의 남겨 두지 않으면서'라는 의미이다.

| 구문 |

■ **It was** then **that** the farmer, along with the judges and the people of the community, saw [that the watermelon was over two-thirds rind].

「It was ~ that ...」은 then을 강조하는 구문이다. [ ]는 saw의 목적어 역할을 한다.

| Words & Phrases |

■ watermelon 수박
■ county fair 군의 농작물 품평회
■ consistently 항상
■ botanist 식물학자
■ pour 붓다
■ enormous 거대한
■ flock 모이다
■ exhibit 전시회
■ gaze at ~을 바라보다, ~을 응시하다
■ in awe 경외하는 마음으로
■ enter 출품하다
■ congratulate 축하하다
■ sneak into ~에 몰래 들어가다
■ proportion 비율
■ room 자리, 공간
■ nourishment 영양분

본문 152~157쪽

16 Review Test 2

| 1. ④ | 2. ③ | 3. ② | 4. 집이나 직장에서 암묵적으로 동의하게 되었지만 바꾸고 싶은 것 | 5. ① |
| 6. ⑤ | 7. ⑤ | 8. 금화를 주는 것이 알렉산더 대왕의 격에 맞기 때문이다. | 9. ⑤ | 10. ③ | 11. ⑤ |

12. They would fill the tank with gas and take a different route to Aunt Edith's house.

1.

| 소재 | 상상의 놀이 친구

| 직독직해 |

» One three-year-old gifted child claimed / that she
어느 재능 있는 세 살짜리 아이는 주장했다 / 자신이 토끼
lived with a rabbit family / before she lived with her
가족과 살았다고 / 자신이 현재의 가족과 살기 전에
present family.

| 해석 |

재능 있는 취학 전 아이들에게는 아주 흔히 하나 또는 그 이상의 상상의 놀이 친구가 있다. 이 상상의 놀이 친구는 때로는 상상의 애완동물을 갖고 있고 상상의 장소에 산다. 어느 재능 있는 세 살짜리 아이는 자신이 현재의 가족과 살기 전에 토끼 가족과 살았다고 주장했다. 또 다른 아이는 자신의 상상의 친구인 고양이를 저녁 식탁에 가족과 함께 있을 수 있게 해 달라고 간청했으며, 자기 엄마가 자리 하나를 더 마련할 것을 고집했다. 이 아이들에게 상상의 세계는 아주 현실적일 수 있다! 어른들은 아이의 상상의 놀이 친구가 정서적인 문제를 보여 준다고 걱정할지도 모른다. 그러나 그 아이가 애정을 주고받기만 한다면, 상상의 놀이 친구는 그 아이의 높은 지능, 적극적인 상상력, 그리고 창의력을 반영할 따름이다. 부모들은 성인도 역시 환상을 갖고 있다는 것을 명심해야 하는데, 우리 성인도 책과 영화를 통해 공상 과학이나 미스터리의 상상의 세계로 들어가는 것이다.

| 해설 |

아이에게 상상의 놀이 친구가 있을 때 그것을 통해 아이가 애정을 주고받고 있다면 그것은 아이의 높은 지능과 적극적인 상상력과 창의성을 보여 줄 뿐이므로 너무 염려할 필요가 없다는 내용이므로 글의 주제로는 ④ '아이의 상상의 놀이 친구에 대해 우리가 걱정할 필요가 없는 이유'가 가장 적절하다.
① 실제와 환상을 구별하는 것의 중요성
② 상상력을 개발하도록 아이를 부추기는 방법
③ 높은 지능이 대인 관계에 미치는 영향
⑤ 아이가 게임을 하는 방식과 어른이 게임을 하는 방식 간의 차이점

| 구문 |

■ Another child begged to have his imaginary friend cat with the family at the dinner table, and he **insisted** that his mother **set** another place.
insisted가 '~해야 한다고 고집했다'라는 의미일 때 목적어 역할을 하는 절에는 「(should+)동사의 원형」이 쓰인다.

| Words & Phrases |

■ gifted 재능 있는
■ imaginary 상상의
■ claim 주장하다
■ insist 고집하다, 주장하다
■ affection 애정
■ fantasy 환상
■ distinguish A from B A와 B를 구별하다
■ interpersonal relationship 대인 관계
■ preschool 취학 전의
■ playmate 놀이 친구
■ beg 간청하다
■ indicate 보여 주다, 가리키다
■ reflect 반영하다
■ science fiction 공상 과학

2.

| 소재 | 역경에 대한 비관적인 반응을 다루는 방법

| 직독직해 |

» Parents are quite effective / in using distraction /
부모는 매우 효과적이다 / 주의 분산시키는 데
when children are involved in things / they shouldn't be.
자녀가 일에 관여할 때 / 그들이 관여하지 말아야 할

| 해석 |

역경에 대한 비관적인 반응을 다루는 여러 가지 방법들이 있다. 많은 사람들은 주의 분산 방법을 사용하여 많은 성공을 거두었다. 자녀가 관여하지 말아야 힐 일에 관여할 때 부모는 매우 효과적으로 주의를 분산시킨다. 관심은 새로운 과제로 바뀐다. 실생활에서 단지 '그만해!'라고 말하기만 하면 된다. 이것은 생각을 잠시 멈추게 하고 여러분이 다시 통제할 수 있도록 기회를 준다. 어떤 신호든 이 훈련에 도움이 될 것이다. 일부는 종을 울리고, 일부는 자신들의 팔을 꼬집고, 일부는 비관적이 되려는 충동을 재고하도록 유도하는 카드를 들고 다닌다. 요점은 여러분은 상황에 반응하는 방법을 통제할 수 있다는 것이다. 만약 여러분이 그 반응이 자동화되도록 내버려둔다면, 자신의 삶과 성공에 대한 자유를 저버린 것이다.

| 해설 |

첫 문장에서 역경에 대한 비관적인 반응을 다루는 여러 가지 방법이 있다고 설명한 후에 그중에서 생각을 잠시 멈추고 스스로 통제할 수 있도록 기회를 주는 주의 분산 방법이 있으며 이 연습에 도움을 줄 수 있는 신호로 종 울리기, 팔 꼬집기, 비관적이고자 하는 충동을 재고려하도록 유도하는 카드 갖고 다니기를 언급하면서 이러한 신호로 역경에 대한 비관적인 반응을 통제할 수 있다고 서술하고 있다. 역경에 대한 비관적인 반응에 적극적으로 대처하지 않고 자동화되도록 내버려 두면 비관주의에 그 상황에 대한 통제권을 넘겨주게 되어서 여러분 스스로 그 상황을 통제할 수 있는 기회를 놓쳐 버리는 것이기에 밑줄 친 부분이 의미하는 바로 가장 적절한 것은 ③ '비관주의가 여러분의 행동을 통제하도록 허용한다면'이다.
① 멈춰서 신중하게 여러분의 선택을 고려한다면
② 문제를 다루기 위해 다양한 방식을 이용한다면

④ 성공적인 삶을 유일한 가치 있는 목표로 받아들인다면
⑤ 어떻게 살 것인가에 관해 지침서에 전적으로 의지한다면

| 구문 |

■ Parents are quite effective in using distraction [when children are involved in things {they shouldn't be}].
[ ]는 시간을 나타내는 부사절이고 그 안의 { }는 things를 수식하는 관계절이다.

■ The bottom line is [that you have control of {how you respond to situations}].
[ ]는 is의 주격 보어인 명사절이고 그 안의 { }는 전치사 of 의 목적어인 명사절이다.

| Words & Phrases |

■ deal with ~을 다루다
■ pessimistic 비관적인
■ distraction 주의 분산
■ pause (잠시) 멈춤
■ assist 도움이 되다
■ pinch 꼬집다
■ reconsideration 재고
■ impulse 충동
■ bottom line 요점
■ give away ~을 저버리다

[3~4]

| 소재 | 아니라고 대답하기

| 직독직해 |

>> She ends up doing most of the things / he tells her, /
그녀는 결국 대부분의 것을 한다 / 그 의사가 그녀에게 말하는 /
but she also gains the information / she needs / to feel
하지만 그녀는 또한 정보를 얻기도 한다 / 그녀가 필요한 / 자신에
empowered in her treatment.
대한 치료에서 권한이 있다고 느끼는 데

| 해석 |

여러분의 생활을 돌아보고, 아니라고 말하고 싶지만 그렇다고 말하는 경우가 있는지 보라. 집이나 직장에서 암묵적으로 동의하게 되었지만 바꾸고 싶은 것이 있는가? 하나를 골라서 일주일 동안 그것에 대해 아니라고 말하라. 일주일 동안 누군가 여러분에게 부탁을 할 때 즉시 응답하지 말라. 그 사람에게 그것에 대해 생각할 필요가 있다고 말하고는 여러분이 정말로 그것을 하고 싶은지 그렇지 않은지 판단할 시간을 가지라. 하고 싶지 않다면 이것이 무례해 보이더라도 아니라고 말하라. 왜? 여러분은 생존에 필요한 행동을 연습하고 있기 때문이다. 내가 아는 암에 걸린 한 여자는 그녀의 담당 의사가 권하는 모든 것에 항상 아니라고 말한다. 그러면 그 의사는 멈추어서 그녀에게 상황을 설명하고 자기가 생각하기에 그녀에게 최선인 것을 진정으로 말한다. 그녀는 결국 그 의사가 그녀에게 말하는 대부분의 것을 하지만, 또한 자신에 대한 치료에서 권한이 있다고 느끼는 데 필요한 정보를 얻기도 한다.

| 해설 |

3. 원치 않는 것에 대해서 아니라고 대답하는 것을 연습하고,

그렇게 하면 이점이 있다는 사례를 보여 주는 내용이므로 글의 제목으로는 ② '아니라고 대답하는 것을 연습하라'가 가장 적절하다.

① 공손하자
③ 충고를 받아들여야 할 때
④ 부정적인 사고를 극복하라
⑤ 구체적으로 질문하고 구체적으로 대답하라

4. 일주일 동안 아니라고 말하는 연습을 해 보는 대상은 앞 문장에 있는 집이나 직장에서 암묵적으로 동의하게 되었지만 바꾸고 싶은 것을 가리킨다.

| 구문 |

■ Take a look at your life and see [if there are any times when you say yes even though you want to say no].
[ ]는 see의 목적어 역할을 하고 if는 '~인지'라는 의미이다.

| Words & Phrases |

■ unspoken 암묵적인
■ agreement 동의
■ respond 응답하다
■ immediately 즉시
■ impolite 무례한
■ rehearse 연습하다
■ recommend 권하다
■ end up -ing 결국 ~하게 되다
■ empowered 권한이 있는

5.

| 소재 | 멜버른의 자전거 공유 프로그램

| 직독직해 |

>> For the Melbourne bike share program, / people
멜버른의 자전거 공유 프로그램의 경우 / 사람들은
became used to / seeing the bikes sit unused / and this
익숙해졌다 / 자전거가 사용되지 않고 방치되는 것을 보는 것에 /
created the reinforcing negative feedback loop / that
그리고 이는 부정적인 피드백 순환의 강화를 일으켰다 / 겨울철에
worsened the problem of starting in winter.
시작하는 문제를 악화시키는

| 해석 |

멜버른의 자전거 공유 프로그램은 겨울이 시작될 무렵에 시작되었는데, 이로 인해 심지어 호주에서조차도 프로그램의 중대한 첫 몇 개월에 이용 수준이 더 저조했다. 자전거 사용 수준은 겨울에 떨어진다. 겨울철에 시작하면 사용 수준이 장기적으로 크게 감소할 수 있다. 호주에서 실시한 연구에 따르면 사람들의 자전거 공유에 대한 관심에 가장 중요한 영향을 미치는 것 중의 하나는 그들이 다른 사람들이 자전거를 이용하는 것을 보는지이다. 멜버른의 자전거 공유 프로그램의 경우, 사람들은 자전거가 사용되지 않고 방치되는 것을 보는 것에 익숙해졌고 이는 겨울철에 시작하는 문제를 악화시키는 부정적인 피드백 순환의 강화를 가져왔다. 이 경험에서 얻은 교훈은 자전거 공유 프로그램은 라이딩하기에 가장 좋은 계절 중에 시작해야 한다는 것이

다. (프로그램) 시작 후 가능한 한 가까이에서 다른 사람들이 자전거를 타는 것을 더 많은 사람들이 볼수록, 그들이[다른 사람들이] 그 시스템을 긍정적으로 바라볼 가능성이 더 많을 것이다.

| 해설 |
멜버른의 자전거 공유 프로그램이 겨울에 시작되었기 때문에 사람들은 자전거가 사용되지 않고 방치되는 것을 보는 것에 익숙해지게 되었고 사용 수준이 크게 감소하였는데, 이와는 반대로 다른 사람들이 자전거를 타는 것을 더 많이 볼수록 그 시스템을 더욱 긍정적으로 바라보게 될 것이라고 하였으므로 빈칸에 들어갈 말로 가장 적절한 것은 ① '그들이 다른 사람들이 자전거를 이용하는 것을 보는지'이다.
② 안전한 라이딩을 위한 자전거 도로가 있는지
③ 그들이 자전거를 유지하고 수리할 수 있는지
④ 자전거 공유 정거장이 해당 지역에서 얼마나 접근 가능한지
⑤ 자전거 공유 프로그램이 얼마나 친환경적인지

| 구문 |
■[For the Melbourne bike share program], people became used to [**seeing** the bikes **sit** unused] and this created the reinforcing negative feedback loop [that worsened the problem of starting in winter].
첫 번째 [ ]는 For로 유도되는 전치사구이고 두 번째 [ ]는 전치사 to의 목적어인 동명사구이며 그 안의 「지각동사＋목적어＋목적격 보어」 구조를 따르는 동사 see와 목적격 보어 sit이 있다. 세 번째 [ ]는 the reinforcing negative feedback loop을 수식하는 관계절이다.
■**The more people** see others ride the bikes, [as close as possible] after launch, **the more likely** the system will be viewed positively by others.
「the＋비교급, the＋비교급」 구문은 '~할수록, 더 …하다'의 의미이다. [ ]는 원급인 「as ~ as possible」 구문으로 '가능한 한 ~한'의 의미이다.

| Words & Phrases |
■crucial 중대한　　■launch 시작, 개시
■become used to ~에 익숙해지다
■reinforce 강화하다　　■worsen 악화시키다

6.
| 소재 | 좋은 연설문을 쓰는 방법
| 직독직해 |
» Although speech writing is different from other kinds
연설문 쓰기는 다른 종류의 글쓰기와 다르긴 하지만 /
of writing / in the sense that ear appeal is essential, /
청각에 호소하는 것이 필수적이라는 의미에서 /
a well-organized speech / has many characteristics /
잘 조직된 연설문은 /　　　많은 특징을 가지고 있다 /

that ought to be present in other kinds of writing.
다른 종류의 글쓰기에 있어야 하는

| 해석 |
좋은 연설문을 쓰는 방법을 배우는 것은 더 좋은 편지, 비망록, 그리고 다른 형태의 통신문을 쓰는 데 도움을 줄 것이다. 청각에 호소하는 것이 필수적이라는 의미에서 연설문 쓰기는 다른 종류의 글쓰기와 다르긴 하지만, 잘 조직된 연설문은 다른 종류의 글쓰기에 있어야 하는 많은 특징을 가지고 있다. 연설문이란 첫 단계에서 쉽게 이해되도록 논리적으로 조직되어야 한다. 편지, 비망록, 또는 보고서도 똑같은 방식으로 조직되어야 한다. 독자는 다시 읽을 필요가 없어야 한다. 듣는 사람은 되돌아가서 다시 들을 수가 없다. 좋은 연설문이란 활동적인 동사와 생생한 명사를 이용한다. 많은 글쓰기가 더 많은 그런 종류의 말로부터 이익을 얻을 것이다.

| 해설 |
좋은 연설문은 활동적인 동사와 생생한 명사를 이용한다는 내용의 주어진 문장이 없을 경우, ⑤ 다음의 those types of words가 가리키는 표현을 ⑤ 앞의 문장에서 찾을 수가 없어서 내용상 단절이 일어난다. ⑤ 다음의 those types of words는 주어진 문장의 active verbs and vivid nouns를 가리키므로, 주어진 문장은 ⑤에 들어가야 한다.

| 구문 |
■[Learning to write a good speech] will help you write better letters, memos, and other forms of communication.
[ ]는 동명사구로 문장의 주어 역할을 한다.
■[Although speech writing is different from other kinds of writing in the sense {that ear appeal is essential}], a well-organized speech has many characteristics [that ought to be present in other kinds of writing].
첫 번째 [ ]는 양보의 부사절이고 그 안의 { }는 the sense와 동격 관계를 이룬다. 두 번째 [ ]는 관계절로 many characteristics를 수식한다.

| Words & Phrases |
■make use of ~을 이용하다　　■verb 동사
■vivid 생생한　　■noun 명사
■memo 비망록, 메모　　■communication 통신문, 소통
■in the sense that ~라는 의미에서
■appeal 호소　　■essential 필수적인
■well-organized 잘 조직된　　■present 있는, 참석한
■logically 논리적으로
■understandable 이해할 수 있는
■pass 단계
■benefit from ~에서 이득을 얻다

[7~8]

| 소재 | 주는 사람의 격에 맞게 주기

| 직독직해 |

» A nobleman / who aided the king / was surprised at
어느 귀족이 / 왕을 보좌하던 / 그의 관대함에
his generosity / and commented, / "Sir, / copper coins
깜짝 놀랐다 / 그리고 말했다 / "폐하 / 구리 동전으로도
would adequately meet a beggar's needs. / Why give
거지의 욕구를 충족시키기에 충분할 것이옵니다 / 왜 금화를
him gold?"
주시옵니까?"

| 해석 |

우리는 우리가 가진 최고의 것을 주라는 요구를 받는다. 어느날 길가에 있던 한 거지가 알렉산더 대왕이 지나갈 때 약간의 돈을 달라고 청했다는 이야기가 있다. 그 남성은 가난하고 비참했는데, 지배자에게 돈을 달라고 요청할 자격이 없었고, 심지어 기대에 차서 손을 들어 올릴 권리도 없었다. 그러나 왕은 그에게 금화 몇 닢을 던져 주었다. 왕을 보좌하던 어느 귀족이 그의 관대함에 깜짝 놀라 의견을 말했다. "폐하, 구리 동전으로도 거지의 욕구를 충족시키기에 충분할 것이옵니다. 왜 금화를 주시옵니까?" 알렉산더는 머리를 들어 답했다. "구리 동전은 거지의 욕구에 맞겠지만, 금화는 내가 주는 것에 맞는다."

| 해설 |

7. (A) 알렉산더 대왕이 금화를 주었다는 내용이 뒤에 나오므로, money(돈)가 문맥상 맞는 표현이다. advice: 조언
(B) 구리 동전을 줘도 충분한데 금화 몇 닢을 주었으므로, generosity(관대함)가 문맥상 맞는 표현이다. punishment: 처벌 (C) 알렉산더 대왕이 구리 동전을 주는 것은 왕의 격에 맞지 않기 때문에 격에 맞게 금화를 주었다는 내용이므로, giving(주는 것)이 문맥상 맞는 표현이다. receiving: 받는 것

8. 거지에게는 구리 동전만 있어도 충분하겠지만, 왕이 구리 동전을 주는 것은 왕의 격에 맞지 않기 때문이다.

| 구문 |

■ The story is told [that one day a beggar by the roadside asked for some money from Alexander the Great {as **he** passed by}].
[ ]는 명사절로 The story와 동격 관계를 이룬다. { }는 때를 나타내는 부사절로 그 안의 he는 Alexander the Great을 가리킨다.

■ A nobleman [who aided the king] **was surprised** at his generosity and **commented**, "Sir, copper coins would adequately meet a beggar's needs. Why give him gold?"
[ ]는 관계절로 주어인 A nobleman을 수식하고, was

surprised와 commented는 and에 의해 병렬 구조를 이루고 있다.

| Words & Phrases |

- beggar 거지
- miserable 비참한
- right 권리
- comment 의견을 내다, 논평하다
- adequately 충분히, 적절히
- respond 대답[응답]하다
- roadside 길가
- claim 자격, 요청
- hopeful 기대에 찬
- meet 충족시키다
- suit 맞다, 어울리다

[9~12]

| 소재 | Martin이 삼촌과 함께 Edith 이모네 가던 길에 생긴 일

| 직독직해 |

» But when they were nearly there, / they came around
하지만 그들이 거의 다 왔을 때 / 그들은 길의 굽은
a bend in the road / and saw / that the bridge in front of
곳을 돌았다 / 그리고 알게 되었다 / 그들 앞에 있는 다리가 /
them / had almost been washed away.
거의 쓸려 내려가기 직전이라는 것을

| 해석 |

(A) Martin은 부활절 휴가를 보내려고 Montagu에 사는 Edith 이모를 방문하기 위해 Neil 삼촌과 함께 가고 있는 중이었다. 하지만 그들이 거의 다 왔을 때, 길의 굽은 곳을 돌았는데, 그들 앞에 있는 다리가 거의 쓸려 내려가기 직전이라는 것을 알게 되었다. 큰 통나무와 쓰레기가 다리를 이미 막고 있었는데, 마침내 다리가 무너졌다. "이제 어떡하죠?" Martin이 걱정스럽게 물었다. "아마도 돌아가야 할 것 같은데, 연료가 충분치 않아서 Pine Town으로 되돌아갈 수는 없을 것 같구나." 그의 삼촌이 근심에 차서 말했다.

(D) 잠시 생각한 다음, Neil 삼촌이 말했다. "내가 강을 건너 건너편에서 도움을 좀 얻어야 할 것 같다. 바로 저 언덕 너머에 농장이 있는 걸 알고 있단다." "제가 삼촌하고 함께 갈게요!" Martin이 말했다. "그건 안 될 일이지!" 그의 삼촌이 말했다. "강물이 너에게는 너무 세차다. 하지만 걱정 마라. 내가 돌아올 때까지 여기서 기다려라. 그런 다음 다른 길을 택해서 가던 길을 계속 갈 수 있을 거다."

(C) Neil 삼촌은 즉시 걷기 시작했다. 그는 옷이 흠뻑 젖어 가며 힘겹게 강을 헤치며 나아가서 마침내 건너편에 도달했다. 그러고 나서 그는 돌아보며 Martin에게 손을 흔들었다. 잠시 후, 그는 덤불 속으로 사라졌다. Martin은 잘못될 수 있는 많은 일들에 대해 생각할 수 있었지만, 그는 머리를 저으며 그것들에 관해 생각하지 않기로 했다. "내가 확신할 수 있는 것은 Neil 삼촌은 결코 나를 실망시키지 않을 거라는 거야."

(B) 두 시간 후에, Martin은 강 건너편에서 트럭 한 대를 보았다. 어느 친절한 농부가 그의 삼촌을 데려다주었다. 그는 기름

한 통을 들고 있었다. 이제 Martin은 저녁이 되기 전에, 그와 그의 삼촌을 위해 더운 저녁 식사가 기다리고 있을 Edith 이모 집에 자신이 갈 수 있겠다는 것을 알았다!

| 해설 |

9. 자동차로 Edith 이모 집에 가는 도중에 Martin과 그의 삼촌 Neil은 강에 있는 다리가 쓸려 내려가기 직전이라는 것을 보았지만, 연료가 충분치 않아서 되돌아갈 수도 없다는 내용의 주어진 글 다음에는 Neil이 건너편에 건너가서 도움을 청하겠다는 내용의 (D)가 와야 한다. 그다음에는 Neil이 강을 건너간 다음 Martin이 혼자서 Neil을 기다리는 내용에 관한 (C)가 온 다음, 마지막으로 두 시간 후에 삼촌이 연료 한 통을 가지고 와서 다른 길을 택해 Edith 이모 집에 가게 되었다는 내용의 (B)가 오는 것이 가장 자연스러운 글의 순서이다.

10. (c)는 강을 건너 건너편에서 연료 한 통을 구해 온 Martin의 삼촌 Neil을 가리키고, 나머지는 모두 Martin을 가리킨다.

11. 강을 건너가서 도움을 청하겠다는 Neil 삼촌의 말에 Martin이 자신도 가겠다고 했지만, 삼촌이 Martin을 제지하고 기다리고 있으라고 했으므로, ⑤가 글의 내용과 일치하지 않는다.

12. Neil 삼촌이 강을 건너가서 연료 한 통을 구해 온 이유는 기름이 충분치 않아 Pine Town으로 돌아갈 수가 없었기 때문이었으므로, 연료를 구해 온 다음에는 차에 연료를 넣고 다른 길을 택해서 Edith 이모 집에 갈 것이다.

| 구문 |

■ Now Martin knew that he could get to Aunt Edith's house before evening, [where a hot supper would be waiting for him and his uncle]!

[ ]는 관계절로 Aunt Edith's house를 부가적으로 설명한다.

■ He struggled through the river, [his clothes getting soaked through], until he reached the other side.

[ ]는 주절의 주어 He와 his clothes가 같지 않기 때문에 his clothes를 생략하지 않고 쓴 분사구문이다.

■ Martin could think of lots of things [that could go wrong], but he decided not to think about them, [shaking his head].

첫 번째 [ ]는 관계절로 lots of things를 수식한다. 두 번째 [ ]는 분사구문이다.

| Words & Phrases |

■ Easter 부활절　　　　　■ bend 굽은 곳
■ log 통나무　　　　　　■ dam up ~을 막다
■ collapse 무너지다, 붕괴하다　■ immediately 즉시
■ struggle through ~을 헤치고 힘겹게 나아가다
■ soak 적시다　　　　　　■ wave 손을 흔들다
■ disappear 사라지다　　　■ bush 덤불
■ let ~ down ~을 실망시키다　■ route 길

Part Ⅲ　Listening

01　목적/의견/주제 파악

Get Started　　　　　　　　　　본문 160쪽

1. ⑤　　　　　2. ①

1.

| 소재 | 공연장 주변의 쓰레기 치우기

| Script |

M: Ladies and gentlemen. We hope you enjoyed our concert. However, we're afraid that despite the excitement, we must inform you that there's lots of trash around the concert hall. Unfortunately, it's likely that this may affect preparations for tomorrow's concert. We kindly ask for your assistance in maintaining cleanliness by throwing your trash into the trash can. Your cooperation will ensure a clean environment for all future events. Thank you for your attention.

| 해석 |

남: 신사 숙녀 여러분. 저희는 여러분이 저희의 공연을 즐기셨기를 바랍니다. 하지만 그러한 즐거움에도 불구하고 유감스럽게도 여러분들에게 공연장 주변에 많은 쓰레기가 있음을 알려 드리지 않을 수가 없습니다. 불행히도 이는 내일 공연 준비에 영향을 줄 것 같습니다. 쓰레기를 쓰레기통에 버려서 깨끗함을 유지할 수 있도록 도와주시기를 정중하게 요청드립니다. 여러분의 협조가 향후 모든 행사를 위한 깨끗한 환경을 보장할 것입니다. 들어 주셔서 감사합니다.

| 해설 |

남자는 공연이 끝난 후 쓰레기를 쓰레기통에 버려서 공연장을 깨끗하게 유지하도록 협조해 줄 것을 요청하고 있다. 따라서 남자가 하는 말의 목적으로 가장 적절한 것은 ⑤이다.

2.

| 소재 | 교육적 목적으로서의 여행

| Script |

M: Honey, what do you want to do during our trip?

W: Why don't we make a reservation for the observatory? It would be educational.

M: But we're going abroad. There are so many fun tourist attractions.

W: I agree, but I think going on an educational trip can be meaningful. Especially, since Olivia dreams of becoming an astronaut.

M: Ah, I see. Visiting the observatory would inspire her. Perhaps, she'll want to learn more about the universe after the trip.

W: I think so, too. Can you look into making reservations?

M: Sure, no problem at all. I'll book us tickets for the observatory.

| 해석 |

남: 여보, 이번 여행 중에 무엇을 하고 싶어요?

여: 천문대를 예약하는 건 어떨까요? 그것은 교육적일 수 있어요.

남: 하지만 우린 해외로 가잖아요. 재미있는 관광 명소가 많이 있어요.

여: 맞아요, 하지만 교육적인 여행을 가는 것은 의미 있을 수 있다고 생각해요. 특히 Olivia는 우주 비행사가 되는 것을 꿈꾸기 때문이에요.

남: 아, 그러네요. 천문대를 방문하는 것은 그녀에게 영감을 줄 수 있겠네요. 아마도 그녀는 여행이 끝난 후에 우주에 관해 더 많은 것을 배우길 원할 거예요.

여: 저도 그렇게 생각해요. 지금 예약을 찾아볼 수 있어요?

남: 그럼요, 문제없어요. 천문대 티켓을 예약할게요.

| 해설 |

여자는 여행 중 천문대 방문은 교육적일 수 있고 교육적인 여행은 의미 있을 수 있다고 하면서 Olivia를 위해 천문대를 예약했으면 좋겠다고 남자에게 말하고 있다. 따라서 여자의 의견으로 가장 적절한 것은 ①이다.

Dictation
본문 161쪽

1. the concert hall, throwing your trash
2. make a reservation, an educational trip

Practice
본문 162쪽

1. ①   2. (c)-(b)-(a)
3. (1) It's likely that (2) should get (3) Thank you, but

1.

| 소재 | 자전거 여행

| 해석 |

Jack: Sarah, 이번 토요일에 시간이 있니?

Sarah: 응. 무슨 일이야?

Jack: 친구 몇 명과 나는 강을 따라 자전거를 탈 것을 계획하고 있어. 같이 갈 수 있니?

Sarah: 그럼. 나를 초대해 줘서 고마워.

Jack: 나는 네가 타러 가기를 원할 줄 알았어.

Sarah: 몇 시에 자전거 타기를 시작할 거지?

Jack: 우리 학교 정문에서 오전 10시에 떠날 거야.

| 해설 |

Jack이 토요일에 자전거를 타러 가려는 계획을 말했고, 이에 대한 빈칸의 Sarah의 응답에 대해 Jack은 Sarah가 타러 가기를 원할 줄 알았다고 했으므로 빈칸에 들어갈 말로 가장 적절한 것은 ① '그럼. 나를 초대해 줘서 고마워.'이다.

② 그래. 너는 네 자전거를 가져가야 해.

③ 네가 그 자전거 타기 클럽을 마음에 들어 할 것이라고 확신해.

④ 걱정하지 마. 그 도로는 자전거 타기에 아주 편해.

⑤ 맞아. 자전거 타기는 내가 가장 좋아하는 취미 중 하나야.

| Words & Phrases |

■ available 시간적 여유가 있는, 구할 수 있는

■ bike 자전거를 타다   ■ main gate 정문

2.

| 소재 | 수학 공부를 도와줄 친구 찾기

| 해석 |

남: Jane, 이 수학 문제를 푸는 것을 도와줄 수 있니?

(c) 어디 보자. 흠…. 그 문제를 내가 풀 수 없을 것 같아.

(b) 누가 나를 도울 수 있는지 아니?

(a) Dave에게 그 문제를 가져가는 것이 어떨까? 그 애는 수학을 잘하잖아.

| 해설 |

수학 문제를 푸는 것을 도와 달라는 남자의 말에 그 문제를 풀 수 없다고 말하는 (c)가 온 다음, 누가 도울 수 있는지를 묻는 (b)가 오고 그 대상자에 대해 언급하는 (a)가 와야 가장 자연스러운 흐름이 된다.

| Words & Phrases |

■ be good at ~을 잘하다   ■ solve 풀다

3.

| 해석 |

(1) A: 그녀가 언제 이곳에 도착할지 궁금해요.

　　 B: 그녀는 집에서 3시에 떠났어요. 그녀가 곧 이곳에 도착할 것 같아요.

(2) A: 당신의 개는 어때요? 애완견을 수의사에게 데려갔나요?

　　 B: 네. 그가 말하길 내 개가 곧 더 좋아질 거라고 했어요.

(3) A: 오늘 밤 영화 보러 가는 게 어때요? 두 장의 표가 있어요.

　　 B: 고맙지만 갈 수 없어요. 내일까지 독후감을 끝내야 해요.

| 해설 |

(1) '~할 것 같다'라는 의미의 It's likely that ~이 적절하다.

(2) '추측'을 나타내는 should가 포함되어 '~하게 될 것이다'라는 의미의 should get이 적절하다.

(3) 거절하기에 앞서 제안에 대한 감사를 나타내는 Thank you, but이 적절하다.

| Words & Phrases |

■ wonder 궁금해하다　　　■ book report 독후감

Exercises
본문 163쪽

1. ④　　2. ①　　3. ③

1.

| 소재 | 도서관의 무료 영화 상영 프로그램 홍보

| Script |

M: Hi, everybody. I'm John Cruise, director of Willmar Library. First, I'd like to thank all the Willmar residents. With your support, the Willmar Public Library has been able to remain the center of cultural activities in Willmar. Today I'm excited to announce that we're going to begin a new weekly cultural event. We'll be showing a free movie at 1:30 p.m. every Saturday starting this weekend. The movie will be played in the Smart Community Room on the second floor. Everybody is welcome. The movie list will be updated on our website on the first day of the month. The first movie, which will be this Saturday, is 'One Fine Summer Day', and is good for all ages. So come on out and enjoy free cultural movies. Thank you for listening.

| 해석 |

남: 안녕하세요, 여러분. 저는 Willmar 도서관 관장인 John Cruise입니다. 먼저 Willmar의 모든 주민들께 감사드리고 싶습니다. 여러분이 지원해 주셔서 Willmar 공공 도서관은 Willmar의 문화 활동의 중심지로 남을 수 있었습니다. 오늘 저는 매주 새로운 문화 행사를 시작할 예정이라는 것을 알려 드리게 되어 기쁩니다. 이번 주말부터 매주 토요일 오후 1시 30분에 무료 영화를 상영할 예정입니다. 영화는 2층에 있는 Smart Community Room에서 상영될 것입니다. 모두 환영합니다. 영화 목록은 매달 1일에 저희 웹사이트에 업데이트될 것입니다. 이번 주 토요일에 상영될 첫 번째 영화는 'One Fine Summer Day'이며 모든 연령대가 보기에 적당합니다. 그러니 오셔서 무료 문화 영화를 즐기

십시오. 들어 주셔서 감사합니다.

| 해설 |

남자는 매주 토요일 오후 1시 30분에 도서관에서 무료로 영화를 상영하기로 했음을 알리고 있다. 그러므로 남자가 하는 말의 목적으로 가장 적절한 것은 ④이다.

2.

| 소재 | 손 씻기의 중요성

| Script |

M: Mom, I'm home.

W: How was your day at school? Did you have fun?

M: Yes. I especially had a good time playing basketball with my friends.

W: That's good. By the way, you know what you should do right when you get home?

M: I should wash my hands.

W: That's right.

M: But, Mom, is it really that important?

W: Yes. Washing your hands is like a vaccine because it kills the germs on your hands.

M: So that can prevent getting sick?

W: Definitely. Most illnesses result from getting the germs on your hands into your body. So if you just wash your hands well, you can prevent many illnesses.

M: That's a great way to stay healthy.

W: For sure.

| 해석 |

남: 엄마, 저 왔어요.

여: 학교에서의 하루는 어땠니? 재미있었니?

남: 네. 특히 친구들과 농구를 하며 즐거운 시간을 보냈어요.

여: 잘됐구나. 그건 그렇고 집에 왔을 때 무엇을 바로 해야 하는지 알고 있지?

남: 손을 씻어야 해요.

여: 맞다.

남: 하지만 엄마, 그것이 그렇게 정말로 중요한가요?

여: 그래. 손을 씻는 것은 손에 있는 병균을 죽이기 때문에 백신과 같아.

남: 그러니까 그것은 아프게 되는 것을 막을 수 있다는 거죠?

여: 그렇고말고. 대부분의 질병은 손에 있는 병균이 몸 안으로 들어가기 때문이란다. 그래서 손만 잘 씻어도 많은 질병을 예방할 수 있어.

남: 그것이 건강을 유지할 수 있는 아주 좋은 방법이군요.

여: 확실히 그렇단다.

| 해설 |
여자는 아들에게 집에 오자마자 손을 씻을 것을 강조하면서 손을 잘 씻음으로써 병균이 몸속으로 들어가는 것을 막을 수 있고 이를 통해 많은 질병을 예방할 수 있다고 말하고 있다. 그러므로 여자의 의견으로 가장 적절한 것은 ①이다.

3.
| 소재 | 실내 공기 환기의 필요성

| Script |

M: It's cold, honey. Would you close the windows?

W: I'll do it a little later.

M: Our children might catch a cold, though.

W: But we need to let indoor air out and let fresh air into the house. It's healthy.

M: Really?

W: Yeah. Or the indoor air quality gets worse and worse, which could eventually lead to health issues.

M: Oh, I see. That makes sense because we're constantly breathing in the indoor air.

W: Yes. There are invisible tiny dust particles and toxic chemicals in the indoor air.

M: So even though it's cold outside, it's better to keep the windows open for a while longer?

W: Yes, exactly.

M: All right. I'll open the windows every day for a while starting tomorrow.

W: Good idea.

| 해석 |

남: 여보, 춥네요. 창문을 닫아 주겠어요?

여: 조금 더 있다 그렇게 할게요.

남: 하지만 애들이 감기 걸릴지도 몰라요.

여: 하지만 실내 공기를 나가게 하고 신선한 공기가 집 안으로 들어오게 해야 해요. 그것이 몸에 좋아요.

남: 정말요?

여: 그래요. 그렇지 않으면 실내 공기의 질이 점점 더 나빠지고, 그것은 결국 건강 문제로 이어질 수 있어요.

남: 오, 그렇군요. 우리가 계속 실내의 공기를 들이마실 거니까 그 말이 일리가 있네요.

여: 그래요. 실내 공기 중에는 눈에 보이지 않는 작은 먼지 입자들과 독성이 있는 화학 물질이 있어요.

남: 그러니까 밖이 춥다 하더라도 잠깐 동안 더 창문을 열어 두는 것이 더 나은가요?

여: 네, 정확히 맞아요.

남: 알겠어요. 내일부터 매일 잠깐 동안 창문을 열게요.

여: 좋은 생각이에요.

| 해설 |
여자가 창문을 열어서 실내의 공기를 나가게 하고 신선한 공기를 들어오게 하는 것이 건강에 좋다고 말하는 내용과, 남자가 이 말을 이해하고 매일 창문을 열겠다고 말하는 내용을 통해 두 사람이 하는 말의 주제로 가장 적절한 것은 ③이다.

02 관계/이유 추론

Get Started
본문 164쪽

1. ④   2. ⑤

1.
| 소재 | 머리 손질

| Script |

M: Please come and sit here, Elena.

W: Tim, this time I'd like to try something new. I want something different.

M: Sounds good! Do you have a specific style in mind?

W: I'm thinking about going shorter, but I'm a little unsure.

M: I think it'll look great. We'll find the perfect length for you.

W: Will I still be able to tie it up?

M: Absolutely, we'll make sure it's long enough for that.

W: Okay, let's do it.

M: You're going to look fantastic. Shall we begin?

W: Yeah. I'm just feeling a bit anxious.

M: No worries. You're in good hands.

| 해석 |

남: 여기 와서 앉으세요, Elena.

여: Tim, 이번에는 새로운 것을 시도해 보고 싶어요. 무언가 다른 것을 원해요.

남: 좋습니다! 구체적으로 생각하고 있는 스타일이 있나요?

여: 더 짧게 하는 것을 생각 중인데, 잘 모르겠어요.

남: 정말 잘 어울릴 것 같아요. 당신에게 딱 맞는 길이를 찾아드릴게요.

여: 여전히 묶을 수 있을까요?

남: 물론이죠. 그렇게 할 수 있게 충분히 길게 해 드릴게요.

여: 네, 해 보죠.

남: 멋져 보이실 거예요. 시작해 볼까요?

여: 네, 단지 조금 불안하네요.

남: 걱정하지 마세요. 잘해 드리겠습니다.

| 해설 |

여자는 색다른 느낌을 위해 머리 스타일을 바꾸고자 하며, 남자는 여자가 원하는 대로 머리를 자르려고 하고 있으므로 두 사람의 관계로 가장 적절한 것은 ④이다.

2.

| 소재 | 요가 수업

| Script |

W: Mark, are you ready for the Sunday morning yoga class?

M: Yeah, Lisa. I can't wait. What about you? You're coming, right?

W: I'm afraid I can't make it this time.

M: Oh no. Did you lose your yoga mat again?

W: No, it's not that.

M: Hmm, are you not feeling well? I heard you coughing a little while ago.

W: No, I feel completely fine.

M: Then, what's the matter? Is there something wrong with your car?

W: No, nothing like that. I have a family event to attend. My cousin is getting married on Sunday.

M: Oh, I see. That's a really special occasion. Enjoy the wedding!

W: Thanks, Mark.

| 해석 |

여: Mark. 일요일 아침 요가 수업 준비가 다 되었나요?

남: 네, Lisa. 너무 기대가 되네요. 당신은요? 당신도 오는 거죠, 그렇죠?

여: 유감스럽게도 이번에는 못 갈 것 같아요.

남: 이런. 요가 매트를 또 잃어버렸나요?

여: 아니요, 그건 아니에요.

남: 음, 몸이 안 좋은 건가요? 조금 전에 당신이 기침하는 것을 들었어요.

여: 아니요, 저는 아주 괜찮아요.

남: 그럼 무슨 일인 거죠? 차에 무슨 문제가 있나요?

여: 아니요, 그런 건 아니에요. 가족 행사에 참석해야 해서요. 제 사촌이 일요일에 결혼을 해요.

남: 아, 그렇군요. 정말 특별한 일이네요. 결혼식 재미있게 보내세요!

여: 고마워요, Mark.

| 해설 |

여자의 사촌이 일요일에 결혼하게 되어 일요일 아침 요가 수업에 참석할 수 없다고 했으므로, 여자가 요가 수업에 참석할 수 없는 이유는 ⑤이다.

Dictation

본문 165쪽

1. want something different, make sure

2. What about you, not feeling well

Practice

본문 166쪽

1. don't forget to have a good relationship with your new coworkers　　2. (c) - (b) - (a) - (d)　　3. ④

1.

| 소재 | 새로운 직장에 적응하기

| 해석 |

Joanne: 이봐, Alex! 잘 지내? 새 회사에서 일하기 시작했다고 들었어. 지내기가 어때?

Alex: 안녕, Joanne. 잘 지내고 있어! 나는 새로운 일자리가 마음에 들어. 내가 원했던 바로 그런 자리야!

Joanne: 잘됐구나! 그 일을 정말 좋아하는구나. 그런데 일을 정말로 즐겁게 하려면 잊지 말고 너의 새로운 동료들과 좋은 관계를 가져야 해!

| 해설 |

don't forget to *do*는 '잊지 않고 ~하다'라는 표현이므로 don't forget to have 순서로 쓰고 have의 목적어로 a good relationship이 이어지며 그다음에 with your new coworkers가 이어지는 것이 적절한 순서이다.

| Words & Phrases |

■ company 회사　　　　　■ coworker 동료

■ relationship 관계

2.

| 소재 | 자동차 사고

| 해석 |

남: Sarah, 어제 고속도로에서 사고가 났다는 소식을 들었어. 괜찮아?

(c) 응… 나는 괜찮은데, 내 차는 아니야!

(b) 손상이 얼마나 심한데? 수리될 수는 있어?

(a) 그럴 거라고 생각해, 하지만 되돌려 받는 데 시간이 좀 걸릴 거야.

(d) 그 말을 들으니 정말 안됐다. 하지만 기운 내, 네가 다치지 않은 게 다행이야.

| 해설 |

남자가 고속도로에서 사고가 났다고 들었는데 괜찮은지 질문했으므로 자기는 괜찮은데 차가 그렇지 않다고 대답한 (c)가 이어지고 그 말에 대해 차가 얼마나 손상되었는지 묻고 고칠 수 있느냐는 질문인 (b)가 이어지는 것이 자연스럽고, 그에 대해 고칠 수는 있는데 시간이 좀 걸릴 거라는 (a)가 이어지고 마지막으로 안됐지만 사람이 다치지 않은 게 다행이니 기운 내라는 (d)가 이어지는 것이 자연스러운 대화의 순서이다.

| Words & Phrases |

- freeway 고속도로
- damage 손상
- fix 수리하다

3.

| 소재 | 카풀에 늦지 않기

| 해석 |

Jake: 이봐 Brian, 내일 몇 시에 함께 학교까지 카풀을 하러 나를 데리러 올 거야?

Brian: 7시 정각에 갈게.

Jake: 정말이야? 지난 세 차례 네가 늦어서 우리는 첫 시간 수업을 놓칠 뻔했잖아. 네가 늦을 거라면 또 너를 기다리느니 나는 버스를 타는 게 더 좋을 지경이야.

Brian: 내가 약속할게. 내가 내일 정각에 갈게. 나를 믿어.

Jake: 말보다 행동이 중요하지. 정각에 오는 거 잊지 마!

| 해설 |

전에 세 번이나 카풀 시간에 늦게 왔던 Brian이 내일은 꼭 시간을 맞추겠다고 말하자, 그에 대해 자신이 한 말을 꼭 실천하라고 말해 주는 맥락이므로 빈칸에는 ④ '말보다 행동이 중요하지.'가 가장 적절하다.

① 돌다리도 두드려 보고 건너라.

② 하지 않는 것보다는 늦더라도 하는 것이 낫다.

③ 지나간 일을 두고 후회하지 말라.

⑤ 김칫국부터 마시지 말라.

| Words & Phrases |

- carpool 카풀[승용차 함께 타기]을 하다
- prefer 선호하다
- on time 정각에, 시간을 어기지 않고
- leap 도약하다
- hatch 부화시키다

Exercises

본문 167쪽

1. ② 2. ③ 3. ⑤

1.

| 소재 | 영화 의상 준비

| Script |

W: Good morning, Tom.

M: Good morning, Susan.

W: So are you ready for today?

M: Yes. I have to play a role as an agent today, so I have to wear a suit.

W: I know. I see you've already got your makeup on.

M: Yeah. I only have to put on the suit.

W: The director told me you're supposed to wear a black suit, so I got this one.

M: Oh, it looks nice. Here, I'll try it on. *[Pause]* Mmm... I think the sleeves are a little long.

W: Oh, I see. I'll alter them right away. It won't take long.

M: Susan, can you show me the tie you prepared?

W: Sure. Here it is.

M: Thank you. *[Pause]* It goes very well with the suit.

W: I'm glad you think so.

| 해석 |

여: 좋은 아침이에요, Tom.

남: 좋은 아침이에요, Susan.

여: 그래 오늘 연기할 준비가 됐나요?

남: 그럼요. 오늘 첩보원 역할을 해야 해서 정장을 입어야 해요.

여: 알아요. 보니까 분장은 이미 했네요.

남: 네. 정장을 입기만 하면 돼요.

여: 감독님이 저에게 당신이 검은색 정장을 입어야 한다고 말씀하셔서 이것을 준비했어요.

남: 오, 좋아 보여요. 주세요, 입어 볼게요. *[잠시 후]* 음… 소매가 약간 긴 것 같아요.

여: 오, 알았어요. 당장 고칠게요. 오래 걸리지 않을 거예요.

남: Susan, 준비한 넥타이를 저에게 보여 줄래요?

여: 네. 여기 있어요.

남: 고마워요. *[잠시 후]* 넥타이가 정장과 아주 잘 어울리네요.

여: 그렇게 생각한다니 기뻐요.

| 해설 |

남자는 오늘 첩보원 역할을 연기한다고 했고 여자는 남자가 입을 정장과 넥타이를 준비하고 있으므로 두 사람의 관계로 가장 적절한 것은 ②이다

2.

| 소재 | 지각 신고하기

| Script |

[Telephone rings.]

W: Hello. Welton High School.

M: Hello? Ms. Smith? This is Michael Lewis.

W: Mr. Lewis? It's past 8:30. Where are you?

M: I'm calling to tell you that I'll be late today. I'm at the hospital now.

W: Why? Are you sick or did you have an accident?

M: No. Not me. My mother felt really dizzy this morning, so I took her to the hospital.

W: Oh no. Is she all right?

M: Yes, she is. She's recovering and the doctor said she'll be okay.

W: That's a relief! Do you need to stay with her?

M: Just a little bit longer. My sister is coming soon, and then I'll come to school.

W: Oh, I see. Don't worry. I'll take care of your class.

M: Thank you, Ms. Smith.

| 해석 |

[전화벨이 울린다.]

여: 여보세요? Welton 고등학교입니다.

남: 여보세요? Smith 선생님? 저는 Michael Lewis입니다.

여: Lewis 선생님? 8시 30분이 지났는데, 어디에 있는 거예요?

남: 오늘 늦을 거라고 말하려고 전화했어요. 저는 지금 병원에 있어요.

여: 왜요? 아픈 건가요, 아니면 사고가 난 건가요?

남: 아니요. 제가 아니고. 저희 어머니가 오늘 아침에 너무 어지러워하셔서 병원에 모시고 왔어요.

여: 오 저런. 어머니는 괜찮으세요?

남: 네, 괜찮으세요. 회복 중이시고 의사가 괜찮을 거라고 말했어요.

여: 다행이군요! 어머니와 함께 있어야 하나요?

남: 조금만 더 있으면 됩니다. 제 여동생이 곧 올 거예요, 그러면 저는 학교에 갈 겁니다.

여: 오, 알겠어요. 걱정하지 마세요. 제가 선생님 수업을 처리할게요.

남: 고맙습니다, Smith 선생님.

| 해설 |

어머니가 아침에 너무 어지러워하셔서 병원에 모시고 왔다고 했으므로 남자가 학교에 늦게 오는 이유로 가장 적절한 것은 ③이다.

3.

| 소재 | 점심 식사 약속

| Script |

W: Hi, Kevin.

M: Hi, Lucy. Where are you going?

W: To the library. I have to return these books.

M: Do you need help carrying them?

W: No. They're not heavy. Thanks, though.

M: You didn't forget our appointment tomorrow, did you?

W: Of course I didn't. I've already booked our tickets for the Modern Art Exhibition.

M: Good. Then I'll treat you to lunch before going to the exhibition.

W: Well, I'm afraid I can't have lunch with you tomorrow.

M: Oh, do you have another plan?

W: Yes. I'm meeting my book club members for lunch.

M: I see. Then see you tomorrow around 3:00.

| 해석 |

여: 안녕, Kevin.

남: 안녕, Lucy. 어디 가는 길이야?

여: 도서관에. 이 책들을 반납해야 해.

남: 책 들어 줄까?

여: 아니야. 무겁지 않아. 어쨌든 고마워.

남: 내일 우리 약속 잊지 않았지, 그렇지?

여: 물론 잊지 않았어. 이미 현대 미술 전시회의 우리 입장권을 예매했어.

남: 잘됐다. 그럼 내가 전시회 가기 전에 점심 식사를 대접할게.

여: 음, 내일 너와 점심 식사를 할 수 없을 것 같아.

남: 오, 다른 약속이 있니?

여: 응. 점심 먹으러 독서 동아리 회원들과 만나기로 했어.

남: 알겠어. 그럼 내일 3시쯤 만나자.

| 해설 |

내일 점심을 먹으러 독서 동아리 회원들과 만나기로 했다고 말했으므로 여자가 내일 남자와 점심 식사를 할 수 없는 이유로 가장 적절한 것은 ⑤이다.

03 할 일/부탁한 일 파악

Get Started 본문 168쪽

1. ④　　　2. ③

1.

| 소재 | 손님맞이 준비

| Script |

W: Dave, I need your help! I feel like I'm drowning

here.

M: Hey, sis. What's the matter?

W: My boyfriend is coming over soon, and I have so much to do.

M: Take a deep breath. Let's focus. What's the first thing you need to do?

W: The sink is overflowing with dirty dishes. I haven't had a chance to wash them.

M: Okay, what else do you have on your list? Did you clean the bathroom?

W: Yes, I did, but I still need to cook dinner — soup and grilled meat — and set the table.

M: Got it. How about this? Why don't you take care of cooking while I wash the dishes?

W: That would be a huge help! Thank you!

M: I'm glad to help, especially after you helped me with my assignment last week.

| 해석 |

여: Dave, 네 도움이 필요해! 나 일에 파묻혀 있어.

남: 어, 누나. 무슨 일이야?

여: 남자친구가 곧 오는데 할 일이 너무 많아.

남: 심호흡해. 집중하자. 가장 먼저 해야 할 일이 뭐야?

여: 싱크대에 닦아야 할 그릇이 넘쳐 나고 있거든. 그런데 설거지할 시간이 없었어.

남: 좋아, 또 해야 할 일로 다른 것이 있어? 욕실 청소는 했어?

여: 응, 했어. 하지만 아직 국과 고기구이 등 저녁을 요리하고 식탁도 차려야 해.

남: 알았어. 이건 어떨까? 내가 설거지하는 동안 누나가 요리를 하는 게 어때?

여: 그럼 큰 도움이 되겠네! 고마워!

남: 도울 수 있다니 기뻐. 특히 지난주에 내 과제를 도와주었던 이후이니 말이야.

| 해설 |

남자친구가 오기 전에 준비해야 하는 상황에서 여자가 싱크대에 설거지해야 할 그릇이 많고 저녁 준비도 해야 한다고 하자 남자는 자신이 설거지하고, 여자는 요리를 맡으라고 제안하였고, 이에 여자는 도움이 될 것이라고 답했으므로 남자가 여자를 위해 할 일로 가장 적절한 것은 ④이다.

2.

| 소재 | 자전거 빌리기

| Script |

[Cell phone rings.]

M: Hi, Casey.

W: Hi, Mark. Do you have any plans for this afternoon?

M: Yes, I'm going to the museum with some friends.

W: That's cool. Which museum are you going to?

M: The modern art museum downtown. By the way, we have to submit our history project next week, don't we?

W: Yeah, that's why I called you. I'm working on a map of local historical sites that can be explored by bike.

M: Sounds like a fun project.

W: It was, until my bike got a flat tire this morning. Could I borrow yours?

M: Sure, no problem. I'll adjust the seat height to suit you.

W: Thanks so much, Mark. I'll return it as soon as I'm done.

| 해석 |

[휴대 전화가 울린다.]

남: 안녕, Casey.

여: 안녕, Mark. 오늘 오후에 무슨 계획 있니?

남: 응, 친구들과 미술관에 가려고.

여: 좋겠다. 어느 미술관에 갈 거니?

남: 시내에 있는 현대 미술관이야. 그런데 우리 다음 주에 역사 프로젝트 제출해야 하잖아. 그렇지 않니?

여: 응, 그래서 전화했어. 난 자전거로 둘러볼 수 있는 지역 사적지 지도를 만드는 중이거든.

남: 재미있는 프로젝트 같다.

여: 응, 오늘 아침에 자전거 타이어의 바람이 빠지기 전까지는 그랬어. 네 자전거 좀 빌려도 될까?

남: 물론이야. 괜찮아. 네게 맞도록 안장 높이를 조절해 놓을게.

여: 정말 고마워, Mark. 끝나는 대로 그거 바로 돌려줄게.

| 해설 |

여자는 자전거로 둘러볼 수 있는 지역 사적지 지도를 만드는 역사 프로젝트를 수행 중인데, 자신의 자전거 타이어의 바람이 빠져서 남자에게 전화하여 자전거를 빌려도 될지 물어보고 있으므로, 여자가 남자에게 부탁한 일로 가장 적절한 것은 ③이다.

Dictation

본문 169쪽

1. clean the bathroom, while I wash the dishes

2. going to the museum, submit our history project, Could I borrow yours

Practice

본문 170쪽

1. ①   2. (b) - (d) - (a) - (c)
3. (1) Can you tell me (2) Would you mind
   (3) You'd better

1.

| 소재 | 제주도 여행

| 해석 |

남: 이번 여름휴가에 무슨 계획 있어?

여: 아니, 없는데. 왜 물어?

남: 제주도로 여행 가는 건 어떨까?

여: 좋은 생각인데. 보고 즐길 아름다운 것이 많다고 들었어.

남: 맞아. 자연을 경험하는 즐거운 시간을 보낼 것이라고 확신해.

| 해설 |

남자와 여자는 보고 즐길 것이 많고 함께 자연을 경험하는 시간을 보낼 수 있는 여행에 대해 이야기를 나누고 있으므로, 빈칸에 들어갈 말로 가장 적절한 것은 ① '제주도로 여행 가는 건 어떨까?'이다.

② 지금 당장 제주도를 떠나는 게 어떨까?

③ 넌 제주도 여행을 취소하는 편이 좋겠어.

④ 난 제주도에 간다는 생각이 마음에 들지 않아.

⑤ 난 네가 혼자서 제주도로 여행 가야 한다고 생각해.

| Words & Phrases |

▪holiday 휴가   ▪experience 경험하다

2.

| 소재 | 배드민턴 수업

| 해석 |

남: 어디 가고 있어, Christine?

(b) 체육관에 가고 있어. 거기서 배드민턴 수업을 받고 있거든.

(d) 난 네가 배드민턴 치는 법을 배우고 있다는 걸 모르고 있었네.

(a) 지난달에 수업을 받기 시작했어. 관심 있으면, 나와 함께 배우는 건 어때?

(c) 하고 싶긴 하지만, 난 전에 배드민턴을 쳐 본 적이 한 번도 없어.

여: 걱정하지 마. 나도 초보자야.

| 해설 |

여자에게 어디 가고 있는지 묻는 남자의 질문 다음에 배드민턴 수업을 위해 체육관에 가고 있다는 (b)가 와야 하고, 그다음에 여자가 배드민턴을 배우는지 몰랐다는 남자의 대답인 (d)가 이어지고, 이에 대해 함께 배드민턴 수업을 받는 게 어떠냐고 제안하는 (a)와 그 제안에 망설이는 (c)가 차례로 오는 것이 자연스러운 대화의 순서이다.

| Words & Phrases |

▪gym 체육관(= gymnasium)

3.

| 해석 |

(1) A: 새 앨범 제목을 내게 말해 줄 수 있나요?
   B: 그건 'Let Me In'이라고 해요.

(2) A: 라디오 음량을 좀 줄여 주시면 어떻겠습니까? 너무 시끄럽습니다.
   B: 미안합니다. 몰랐습니다. 지금 당장 음량을 낮추겠습니다.

(3) A: 당신 정말 아파 보여요. 병원에 가는 게 좋겠어요.
   B: 네. 두통이 심해요. 오늘 조금 일찍 퇴근할 수 있을까요?

| 해설 |

(1) B가 제목을 말하는 것으로 보아, A는 제목을 말해 달라는 말을 했음을 알 수 있다. 따라서 Can you tell me가 적절하다.

(2) B가 음량을 낮추겠다고 했으므로, A는 라디오 음량을 줄여 달라는 말을 했음을 알 수 있다. 따라서 Would you mind가 적절하다.

(3) B가 두통이 심해서 조금 일찍 퇴근할 수 있겠느냐고 했으므로, A는 병원에 가 보라는 말을 했음을 알 수 있다. 따라서 You'd better가 적절하다.

| Words & Phrases |

▪title 제목   ▪turn down (음량을) 줄이다
▪volume 음량, 볼륨   ▪headache 두통

Exercises

본문 171쪽

1. ②   2. ③   3. ⑤

1.

| 소재 | 말하기 대회 원고

| Script |

M: What are you doing, Jessica?

W: Hi, Charlie. I've finished writing my script for the school speech contest and now I'm practicing reading it.

M: Oh, cool. What's your script about?

W: It's about the power of love.

M: That's a good topic, but it seems like a pretty difficult topic to talk about.

W: You're right. I had a hard time writing the script.

M: Do you feel confident about it?

W: Pretty much, but I'm not sure if the grammar is correct.

M: In that case, let me check it.

W: Really? I'd really appreciate that.

M: No problem. I'm really happy to help you out.

| 해석 |

남: 무엇을 하고 있니, Jessica?

여: 안녕, Charlie. 학교 말하기 대회 원고 쓰기를 마치고, 지금 그것을 읽는 연습을 하고 있어.

남: 오, 멋진데. 무슨 내용의 원고야?

여: 사랑의 힘에 관한 내용이야.

남: 좋은 주제이지만, 말하기는 꽤 어려운 주제 같은데.

여: 네 말이 맞아. 원고 쓰는 데 어려움을 겪었어.

남: 원고에 대해서는 자신감이 있어?

여: 꽤 많이 자신감은 있지만, 문법이 정확한지는 잘 모르겠어.

남: 그 경우라면, 내가 그것을 검토할게.

여: 정말로? 그러면 정말 고맙지.

남: 문제없어. 널 도와줄 수 있어서 정말 행복해.

| 해설 |

남자와 여자는 여자의 말하기 대회 원고에 관해서 대화를 하고 있는 상황이다. 여자가 원고의 문법이 모두 정확한지는 잘 모르겠다고 말하자 남자가 그것을 검토해 주겠다고 했으므로, 남자가 여자를 위해 할 일로 가장 적절한 것은 ②이다.

2.

| 소재 | 할머니 생신 선물

| Script |

W: Dad, next Sunday is Grandma's 70th birthday, isn't it?

M: Yes, it is. Why do you ask?

W: I've been thinking of giving her a special birthday gift.

M: That's so nice of you. Can I ask what the gift is?

W: Sure. I'm going to make her an online photo album.

M: Great idea. Is there anything I can do to help you?

W: Yes. Could you give me all of Grandma's photos you have?

M: Of course. I have lots of her photos on my computer. I'll send them to your email account right now.

W: Thank you, Dad.

| 해석 |

여: 아빠, 다음 주 일요일이 할머니의 일흔 번째 생신이죠, 그렇지 않나요?

남: 그래, 그렇단다. 왜 물어보는 거니?

여: 할머니에게 특별한 생신 선물을 드릴까 생각 중이에요.

남: 너 참 멋지구나. 선물이 무엇인지 물어볼 수 있을까?

여: 물론이죠. 할머니에게 온라인 사진첩을 만들어 드릴 거예요.

남: 좋은 생각이구나. 내가 널 돕기 위해 할 수 있는 일이 있니?

여: 네. 아빠가 가지고 있는 할머니의 모든 사진을 제게 주실 수 있을까요?

남: 물론이지. 내 컴퓨터에 할머니 사진이 많이 있단다. 지금 당장 네 이메일 계정으로 보내 주마.

여: 고마워요, 아빠.

| 해설 |

여자는 할머니의 일흔 번째 생신에 온라인 사진첩을 생신 선물로 만들어 드릴 계획으로 아빠에게 아빠가 가지고 있는 할머니 사진을 보내 달라고 부탁했으므로, 여자가 남자에게 부탁한 일로 가장 적절한 것은 ③이다.

3.

| 소재 | 늦잠

| Script |

W: Brian, wake up. It's already 7:30.

M: Oh, no! Why didn't you wake me up earlier?

W: Don't you remember that I woke you up at 7 o'clock?

M: Did you? I'm sorry, Mom. I went to bed so late last night. I was studying for the final exams.

W: I know you've been working hard for the past couple weeks.

M: Thanks for understanding. I really want to do my best.

W: I'm so proud of you. I'll make some sandwiches for you.

M: I don't have time. I'd better hurry up or I'll be late for school. Could you give me a ride to school?

W: Of course. I'll drive you to school. Take a quick shower first.

M: Thank you, Mom.

| 해석 |

여: Brian, 일어나라. 벌써 7시 30분이란다.

남: 아니, 이런! 왜 좀 더 일찍 저를 깨우지 않으셨어요?

여: 내가 너를 7시 정각에 깨운 기억 안 나니?

남: 그러셨어요? 죄송해요, 엄마. 제가 어젯밤에 너무 늦게 잠자리에 들었어요. 기말고사 시험공부를 하고 있었거든요.

여: 네가 지난 2주일 동안 열심히 공부해 오고 있다는 것을 알고 있단다.

남: 이해해 주셔서 고마워요. 전 정말로 최선을 다하고 싶어요.

여: 네가 참 자랑스럽구나. 내가 샌드위치를 좀 만들어 주마.

남: 시간이 없어요. 서둘러야겠어요. 그렇지 않으면 학교에 늦

을 거예요. 절 학교에 태워다 주실 수 있으세요?

여: 물론이지. 너를 학교까지 차로 태워다 주마. 빨리 샤워부터 해라.

남: 고마워요, 엄마.

| 해설 |

기말고사 시험공부를 하느라 늦게 자서 아침에 늦게 일어난 아들이 엄마와 대화를 나누고 있는 상황으로, 아들이 엄마에게 차로 자신을 학교까지 태워다 달라고 말했으므로, 남자가 여자에게 부탁한 일로 가장 적절한 것은 ⑤이다.

04 그림/도표 내용 일치

Get Started
본문 172쪽

1. ⑤   2. ③

1.

| 소재 | 벽화 그리기 자원봉사

| Script |

W: Hey, Mark! I heard you helped out with a community art project.

M: Yeah! Here's a photo of what we did! We transformed a dirty old wall into a beautiful painting.

W: Let me take a look. Oh, how awesome! I really like the giant sun with the smiling face.

M: Cool, right? Do you see the kids playing near the rainbow slide?

W: They are adorable. And is that a robot holding a balloon?

M: Yeah. That's our little mascot for the project. And check out the swing under the big tree.

W: What a nice touch! Oh, there's even a cat on the rooftop!

M: I painted that! I call it 'Lucy.'

W: Cool! This painting really adds color to our community.

M: That was the goal. Hopefully, it brings a smile to everyone who passes by.

| 해석 |

여: 안녕, Mark! 나는 네가 우리 지역 사회 미술 프로젝트를 도왔다고 들었어.

남: 그래! 이게 우리가 했던 일의 사진이야! 우리는 더럽고 오래

된 벽을 아름다운 그림으로 만들었어.

여: 한번 보자. 오, 멋진데! 나는 그 미소 짓는 얼굴을 한 거대한 태양이 정말 마음에 들어.

남: 멋져, 맞지? 너 무지개 미끄럼틀 근처에서 놀고 있는 아이들이 보이니?

여: 그들은 사랑스러워. 그리고 저건 풍선을 들고 있는 로봇이니?

남: 응, 그게 우리 프로젝트의 작은 마스코트야. 그리고 큰 나무 아래 그네를 한번 봐.

여: 멋진 솜씨야! 오, 심지어 지붕 위에 고양이가 있어!

남: 내가 그걸 그렸어! 나는 그것을 'Lucy'라고 불러.

여: 멋지다! 그 그림이 정말 우리 지역 사회에 색을 더하고 있어.

남: 그게 목표였어. 바라건대, 그게 그곳을 지나는 모든 사람들에게 미소를 가져다주었으면 해.

| 해설 |

대화에서는 지붕 위에 고양이가 있다고 했는데 그림에서는 고양이가 대문 앞에 있으므로, 대화의 내용과 일치하지 않는 것은 ⑤이다.

2.

| 소재 | 자전거 구매

| Script |

M: Hey, Sarah! What are you doing with all those leaflets?

W: Oh, hey! I'm looking to buy a new bike.

M: Nice! Have you set a budget?

W: Yeah, I'm aiming to keep it under $200.

M: Sounds good. And what size are you thinking?

W: I think a medium size would be good for me: not too big or too small.

M: Seems right. Are there any specific features you want?

W: Yeah, definitely a basket. It will be nice when I have to carry things around.

M: I agree. How about color?

W: I want something bright like red or blue. Actually, this one here seems like the right choice.

M: You mean this blue one with a basket? Yeah, that's perfect!

| 해석 |

남: 안녕, Sarah! 그 전단 광고들을 가지고 뭘 하는 거야?

여: 오, 안녕! 새 자전거를 사려고 하는 중이야.

남: 좋아! 예산은 세운 거니?

여: 응. 200달러 미만으로 하려고 목표하고 있는 중이야.

남: 좋아. 그리고 어떤 크기를 생각 중이니?

여: 나는 너무 크지도 않고 작지도 않은 중간 사이즈가 좋을 것 같아.

남: 맞는 거 같아. 원하는 어떤 구체적인 특징들이 있니?

여: 응, 물론 바구니야. 그게 내가 물건을 가지고 다녀야만 할 때 좋을 거 같아.

남: 동의해. 색깔은 어때?

여: 나는 빨간색이나 파란색 같은 밝은 걸 원해. 사실, 여기 이것이 알맞은 선택인 거 같아.

남: 바구니가 있는 이 파란색 자전거 말이니? 그래, 완벽해!

| 해설 |

여자는 200달러 미만의 중간 사이즈에 바구니가 달려 있고 파란색인 자전거를 구매하길 원하므로, 여자가 구입할 자전거는 ③이다.

Dictation
본문 173쪽

1. photo of what we did, That's our little mascot
2. what size are you thinking, I agree

Practice
본문 174쪽

1. is this your father, my uncle, His name is, He lives in, He is a curator
2. ④　　3. (1) ⓑ (2) ⓐ (3) ⓒ

1.
| 해석 |

Ben: Ann, 이분은 너의 아버지시니?

Ann: 아니, 그렇지 않아. 그분은 나의 삼촌이셔.

Ben: 너의 삼촌에 대해 말해 줄 수 있니?

Ann: 물론이지. 이름은 Patrick이야. 스코틀랜드의 에든버러에서 사셔. 스코틀랜드 국립 박물관의 큐레이터이셔.

| Words & Phrases |

■ occupation 직업
■ curator (박물관 · 미술관 등의) 큐레이터, 학예[전시] 책임자, 관리자

2.
| 소재 | 고미술품 감상
| 해석 |

여: 인터넷으로 뭘 하고 있니, James?

남: 라스코 동굴 벽화를 보고 있어. 그것에 대해 알고 있니?

여: 그래. 석기 시대 사람들이 그렇게 대단한 그림을 그렸다는 것은 굉장해.

남: 응, 그래. 나는 고미술품에 대해 배우는 것은 흥미로울 것이라고 생각해.

여: 동감이야. 사실상, 그것은 내가 흥미를 느끼는 분야 중 하나야.

| 해설 |

남자가 고미술품에 대해 배우는 것이 흥미롭다고 생각한다는 말에 여자가 동의를 표현해야 하므로, 빈칸에 들어갈 말로 어색한 것은 ④ '너는 그럴 만한 자격이 있어.'이다.

① 나도 그래.
② 동감이야.
③ 그것은 맞는 말이야.
⑤ 정말 그래.

| Words & Phrases |

■ Lascaux 라스코(프랑스 남서부의, 구석기 시대의 벽화로 유명한 동굴이 있는 곳)
■ Stone Age 석기 시대　　■ ancient 고대의

3.
| 해설 |

(1) 이것은 네 필통이니? 그것은 부엌에 있었어. – ⓑ 아니, 그것은 내 것이 아니야. 틀림없이 Jason의 것일 거야.

(2) 나는 역사 에세이로 무엇에 대해 써야 할지 전혀 모르겠어. – ⓐ 나도 그래. 온라인에서 아이디어를 찾아보자.

(3) 오늘 날씨가 정말 좋아. 산책하러 나갈 거야. – ⓒ 좋은 생각이야. 신선한 공기를 쐬고 운동을 할 수 있어.

| Words & Phrases |

■ search for ~을 찾다

Exercises
본문 175쪽

1. ③　　2. ③

1.
| 소재 | 학교 독서 동아리 포스터 만들기
| Script |

W: What are you doing, Andy?

M: I'm working on a poster for the school reading club. It's almost done.

W: Oh, it looks great. You put "READING CLUB" on the right top in two lines.

M: Yes. What do you think of this boy?

W: He's really cute, standing and reading a book.

M: I drew two shelves of the same size on the left side.

W: Nice. I like how you drew some books upright and others lying down on the upper shelf.

M: Thanks. Do you like the spider web I drew above the lower shelf?

W: Yeah, it's creative. I like how the spider dangles from the web.

M: Cool. Now I'm going to print it out.

| 해석 |

여: 너 뭐 하고 있니, Andy?

남: 학교 독서 동아리 포스터를 작업하고 있어. 거의 다 됐어.

여: 오, 멋져 보여. "READING CLUB"을 오른쪽 상단에 두 줄로 넣었구나.

남: 그래. 이 남자아이는 어때?

여: 정말 귀여워. 서서 책을 읽고 있구나.

남: 나는 왼쪽에 같은 크기의 선반 두 개를 그렸어.

여: 멋져. 나는 네가 위쪽 선반에 책 몇 권은 똑바로 서 있고 몇 권은 누워 있게 그려 놓은 방식이 마음에 들어.

남: 고마워. 아래쪽 선반 위에 그려 놓은 거미줄은 마음에 드니?

여: 응, 창의적이야. 나는 거미가 거미줄에서 매달려 있는 방식이 마음에 들어.

남: 좋아. 이제 출력하겠어.

| 해설 |

남자가 크기가 같은 선반을 두 개 그렸다고 했는데 그림에서는 위 선반이 아래 선반보다 더 길게 그려져 있으므로, 그림에서 대화의 내용과 일치하지 않는 것은 ③이다.

2.

| 소재 | 조카 초등학교 입학 축하 선물 구입

| Script |

W: What are you doing on the computer, Samuel?

M: I'm looking for a gift for my niece Emily. She's entering elementary school next month.

W: That's cool. So have you found a good gift?

M: I'm trying to decide among these five things, but I don't know which one to choose. Can you help me?

W: Sure. I don't think this watch and jewelry set would be good for her.

M: Okay. Oh, and actually I can't spend more than $60. So I can't get this.

W: Then you have to choose one among these three items.

M: That's right. And I can't buy this one. It takes five days for shipping, which is too long.

W: I see. You have two options now. How about this one? They offer an eco-bag and free shipping.

M: That's great. I'll buy it. Thanks.

| 해석 |

여: 컴퓨터로 뭘 하고 있니, Samuel?

남: 내 조카 Emily를 위한 선물을 찾고 있어. 다음 달에 초등학교에 들어가거든.

여: 멋지다. 그래서 좋은 선물을 찾았니?

남: 이 다섯 개 중에서 결정하려는 중인데, 어떤 것을 골라야 할지 모르겠어. 나를 도와줄 수 있니?

여: 물론이지. 이 시계와 보석 세트는 걔한테는 좋지 않을 것 같아.

남: 알겠어. 아, 그리고 사실 나는 60달러 넘게는 쓸 수 없어. 그래서 이것은 살 수 없어.

여: 그렇다면 너는 이 세 물건 중에서 하나를 골라야 해.

남: 맞아. 그리고 나는 이것은 살 수 없어. 배송에 5일이 걸리는데, 그것은 너무 길어.

여: 그렇구나. 너는 이제 두 가지 선택권이 있어. 이것은 어때? 에코 백을 주고 무료 배송을 해 주네.

남: 그거 잘됐다. 그걸 살게. 고마워.

| 해설 |

남자가 고른 선물은 시계와 보석 세트가 아니며, 가격이 60달러 이하이고, 배송 기간이 5일 미만이어야 하며, 에코 백과 무료 배송을 제공하는 것이므로, 정답은 ③이다.

05 숫자 정보 / 세부 내용 파악

Get Started
본문 176쪽

1. ④   2. ④

1.

| 소재 | 놀이 공원 티켓 구매

| Script |

M: Good afternoon! Welcome to Adventure Park.

W: Hi there! I'd like to buy some tickets. Could you let me know the prices?

M: Tickets for the adventure courses are $30 each, and access to the climbing wall is $15 per person. How many tickets would you like?

W: I'll take two tickets for the adventure courses.

M: Sounds good. Do you have a membership with us?

W: Yes, I do. I'm a gold member.

M: As a gold member, you get a discount. The tickets are $25 each for you and a guest.

W: That's great!

M: Let me process that for you. So, you're getting two adventure course tickets at the discounted gold member rate.

W: Thanks. Here's my credit card.

| 해석 |

남: 안녕하세요! Adventure Park에 오신 걸 환영합니다.

여: 안녕하세요! 표를 좀 구매하고 싶어요. 가격에 대해서 알려 주실 수 있을까요?

남: 모험 코스 표는 각 30달러이고, 암벽 등반으로 가시는 건 일인당 15달러입니다. 몇 장을 원하시죠?

여: 모험 코스로 2장을 살게요.

남: 좋습니다. 우리 회원권이 있으신가요?

여: 네, 있어요. 저는 골드 회원이에요.

남: 골드 회원으로서, 당신은 할인을 받으십니다. 표는 당신과 한 명의 손님에게 각 25달러입니다.

여: 좋아요!

남: 당신을 위해 처리해 드리죠. 그래서, 당신은 골드 회원을 위한 할인된 가격으로 모험 코스 2장을 구매하실 겁니다.

여: 감사합니다. 여기 제 신용 카드가 있어요.

| 해설 |

여자는 모험 코스 표를 2장 원하는데 원래 가격은 일인당 30달러이지만 골드 회원은 본인과 추가 인원 한 명에 대해 할인된 가격인 25달러에 구매할 수 있으므로, 여자가 지불할 금액은 ④ '50달러'이다.

2.

| 소재 | 벼룩시장 개최 안내

| Script |

W: May I have your attention, please? Are you ready for the upcoming Stanville Flea Market? It's a chance to buy, sell, or exchange second-hand goods! It's happening from April 15th to April 17th at Stanville Park on Main Street. All Stanville residents are invited, whether you're looking to sell some items or simply looking around. You'll be satisfied with the wide variety of items available. And don't miss out on the special "Swap and Share" event on Sunday! Bring any items you no longer need and exchange them for something else for free. But please note that large furniture items will not be accepted. Join us at the Stanville Flea Market!

| 해석 |

여: 안내 말씀 드리겠습니다. 다가오는 Stanville 벼룩시장에 준비가 되셨나요? 그것은 중고 물건들을 구매하고, 판매하며, 교환할 수 있는 기회입니다! 그것은 Main Street에 있는 Stanville 공원에서 4월 15일부터 4월 17일까지 열립

니다. 물건들을 팔려고 하시든지 그냥 둘러보시든지, Stanville의 모든 주민분들은 오시면 됩니다. 여러분은 이용할 수 있는 다양한 제품들에 만족하실 거예요. 일요일에 열리는 특별한 '교환하고 나누자' 이벤트를 놓치지 마세요! 여러분이 더 이상 필요하지 않은 물건들을 가져오셔서 공짜로 다른 걸로 교환하세요. 하지만 커다란 가구는 받지 않는다는 걸 명심하세요. Stanville 벼룩시장에서 저희와 함께 하세요!

| 해설 |

벼룩시장 행사는 4월 15일부터 4월 17일까지 열리고, 물건을 팔거나 교환하는 게 모두 가능하며 Stanville 주민은 누구라도 참여할 수 있고 부피가 큰 가구는 제한이 있다. 특별 이벤트는 일요일에 열린다고 언급하고 있으므로, 일치하지 않는 것은 ④이다.

Dictation
본문 177쪽

1. Could you let me know, That's great
2. May I have your attention, You'll be satisfied with

Practice
본문 178쪽

1. ③   2. (b)-(a)-(c)   3. ①

1.

| 해석 |

① A: 제가 창문을 닫아도 괜찮을까요?

   B: 그럼요. 어서 하세요.

② A: 네가 그 상을 타지 못했다는 것을 들었어. 괜찮아?

   B: 최선을 다했기 때문에 난 괜찮아.

③ A: 제가 부탁을 드려도 되는지 모르겠어요.

   B: 알고 싶어 하시는 것에 대해 설명해 드릴게요.

④ A: 엄마, 제가 잃어버렸던 책을 드디어 찾았어요.

   B: 잘됐구나. 그것을 다시 잃어버리지 않도록 주의해라.

⑤ A: 여보, John이 그 시험을 통과했어요.

   B: 정말 잘됐네요! 그 애가 그 일을 해내리라는 것을 알았어요.

| 해설 |

부탁을 해도 괜찮을지 묻는 말에 대해 궁금해하는 것을 설명하겠다는 진술이 이어지고 있으므로 ③은 어색한 대화이다.

| Words & Phrases |

■ win 타다, 얻다

■ ask ~ a favor ~에게 부탁을 하다

■ be curious about ~을 알고 싶어 하다

2.

| 해석 |

여: 제가 당신의 휴대 전화를 잠시 쓸 수 있을까요?

(b) 그럼요. 여기 있습니다.

(a) 매우 고맙습니다. 제 것을 오늘 집에다 두고 왔습니다.

(c) 그런 일은 모두에게 일어나죠. 저도 어제 그랬는걸요.

| 해설 |

주어진 말은 휴대 전화를 사용해도 되는지를 묻고 있다. 이에 대한 응답인 (b)가 온 다음 그에 대한 감사를 표현하면서 휴대 전화를 빌려야 하는 이유를 말하는 (a)가 오고, 그 이유에 대한 의견을 말하는 (c)가 오는 것이 가장 자연스럽다.

| Words & Phrases |

▪ leave ~을 두고 오다

3.

| 해석 |

A: 네 공책을 빌려도 괜찮을까?

B: 물론이지. 여기 있어.

| 해설 |

B의 대답이 허가를 묻는 질문에 대한 응답이므로 빈칸에 들어갈 말로 가장 적절한 것은 ① '~해도 괜찮을까?'이다.

| Words & Phrases |

▪ borrow 빌리다   ▪ notebook 공책

Exercises   본문 179쪽

1. ③   2. ⑤   3. ④

1.

| 소재 | 오이와 당근 구입

| Script |

M: Good morning, Janet.

W: Good morning, Tom. Today's vegetables look good.

M: Yes. I got them this morning from the farmer I deal with. The cucumbers are just one dollar each.

W: Great. I'll take ten of them.

M: All right. What about carrots? They're probably the best harvest of the year so far.

W: Oh, good. I want some. How much are they?

M: They're 60 cents each. How many do you want?

W: I want five of them. Here's my credit card.

M: Okay.

W: And can you check my membership points?

M: Wait a second. *[Pause]* You have 2,000 points,

---

which is equal to 2 dollars. Would you like to use them with this purchase?

W: Yes.

| 해석 |

남: 안녕하세요, Janet.

여: 안녕하세요, Tom. 오늘 채소가 좋아 보여요.

남: 네. 오늘 아침 제가 거래하는 농부에게서 그것들을 가져왔거든요. 오이는 개당 겨우 1달러입니다.

여: 좋군요. 오이 열 개를 살게요.

남: 알겠습니다. 당근은 어떠세요? 당근은 어쩌면 지금까지 중한 해 최고의 수확물일 거예요.

여: 오, 좋군요. 몇 개 사고 싶어요. 그것들은 얼마죠?

남: 개당 60센트입니다. 몇 개나 원하세요?

여: 다섯 개를 원합니다. 여기 제 신용 카드가 있습니다.

남: 알겠습니다.

여: 그리고 제 회원 점수를 확인해 줄 수 있나요?

남: 잠깐만요. *[잠시 후]* 2달러에 해당하는 2천 점이 있습니다. 이번 구매에 그 점수를 사용하길 원하세요?

여: 네.

| 해설 |

여자는 개당 1달러인 오이 10개와 개당 60센트인 당근 5개를 사기로 했으며, 2달러에 해당하는 회원 점수를 사용하기로 했으므로 여자가 지불할 금액은 ③ '11달러'이다.

2.

| 소재 | Arctic Cinema Week 홍보

| Script |

M: Hello, everyone! I'm John Penn, head director of Arctic Cinema Week. I'm very happy to announce the 10th Arctic Cinema Week this year. It's going to last for six days, from October 2nd to 7th, so next Monday to Saturday. Twenty films about Arctic issues will be played at five theaters downtown. The films cover a variety of issues, including climate change, native people, and tourism in the Arctic. I'm sure they will help you understand the Arctic better. There will be a question and answer session between the film directors and audience on Wednesday and Friday night. For more information, visit www.arcticcinemaweek.org.

| 해석 |

남: 안녕하세요, 여러분! 저는 Arctic Cinema Week의 책임자인 John Penn입니다. 저는 올해로 열 번째인 Arctic Cinema Week을 발표하게 되어 아주 기쁩니다. 행사는

6일 동안 10월 2일부터 7일까지, 그러니까 다음 주 월요일부터 토요일까지 계속될 것입니다. 북극 문제들에 대한 스무 편의 영화들이 중심가에 있는 다섯 개의 극장에서 상영될 것입니다. 영화들은 기후 변화, 토착 부족과 북극 관광을 포함한 다양한 문제들을 다룹니다. 저는 그 영화들이 여러분이 북극을 더 잘 이해하는 것을 도울 것이라고 확신합니다. 수요일과 금요일 밤에는 영화감독과 관람객 사이의 질문과 답변 시간이 있을 것입니다. 더 많은 정보를 원하신다면 www.arcticcinemaweek.org를 방문하십시오.

| 해설 |

남자는 수요일과 금요일 밤에 영화감독과 관객과의 만남 시간이 있을 것이라고 했으므로 ⑤는 일치하지 않는다.

3.

| 소재 | 새 자전거와 함께 구입한 물품

| Script |

M: Wow, your bike is beautiful!

W: Thank you, John. I bought it yesterday.

M: I'm sure you're going to ride it around the campus a lot. By the way, did you also buy a helmet?

W: Yeah. I'd never ride without one.

M: Good. What about a mirror? It makes it easy to see what's coming up from behind you.

W: I bought one, too. I haven't attached it to the bike yet. And check out this front light and this rear light I bought. I can ride at night.

M: Oh, cool. You're a safe rider.

W: Safety comes first. [Pause] Oh, yeah. I also got a portable bike pump.

M: That's good for long bike trips.

W: Definitely. I'm planning to take a long bike trip this summer.

M: That sounds exciting.

| 해석 |

남: 와, 네 자전거 멋진걸!

여: 고마워, John. 그것을 어제 샀어.

남: 너는 분명히 그것을 타고 캠퍼스 여기저기를 많이 다니겠구나. 그건 그렇고, 헬멧도 샀니?

여: 그럼. 그것 없이는 자전거를 타지 않을 거야.

남: 좋아. 거울은? 그것이 있으면 뒤에서 무엇이 오고 있는가를 보는 것이 쉽거든.

여: 그것도 하나 샀어. 그것을 아직 자전거에 달지는 않았어. 그리고 내가 산 전조등과 미등을 봐. 난 밤에도 탈 수 있어.

남: 오, 멋지다. 너는 안전 운전자구나.

여: 안전이 우선이잖아. [잠시 후] 오, 그래. 휴대용 자전거 펌프도 구입했어.

남: 그것은 장거리 자전거 여행에 유용하지.

여: 맞아. 난 이번 여름에 장거리 자전거 여행을 계획하고 있어.

남: 신나겠는걸.

| 해설 |

여자는 자전거를 사면서 헬멧, 거울, 전등과 휴대용 펌프를 구입했다고 언급했지만 ④ '자물쇠'에 대해서는 언급하지 않았다.

06 짧은 대화의 응답

Get Started
본문 180쪽

1. ③   2. ④

1.

| 소재 | 새로운 프로젝트

| Script |

M: Hey, Sarah! Have you heard about the new project we've been preparing?

W: Yeah, I heard! I'm excited to get started.

M: Totally! I believe we can do some really cool stuff if we all work together.

W: Yeah, I can't wait to work together with you and the others.

| 해석 |

남: 안녕하세요, Sarah! 우리가 준비 중인 새 프로젝트에 대해 들었나요?

여: 네, 들었어요! 시작하게 되어 저도 신이 나네요.

남: 정말 그래요! 우리 모두 힘을 합치면 정말 멋진 일을 할 수 있을 것 같아요.

여: 네, 저도 빨리 당신과 또 다른 분들과 함께 일하고 싶어요.

| 해설 |

준비 중인 프로젝트에 대해 여자가 시작하게 되어 신이 난다고 말하자 남자가 모두 힘을 합치면 멋진 일을 할 수 있을 것 같다고 말했으므로, 이에 대한 여자의 응답으로 가장 적절한 것은 ③ '네, 저도 빨리 당신과 또 다른 분들과 함께 일하고 싶어요.'이다.

① 설마. 당신이 혼자 일하는 걸 선호한다니 놀랍네요.

② 미안해요. 우리가 함께 좋은 팀을 만들 수 있을 줄 알았어요.

④ 안타깝게도 우린 곧 프로젝트 계획을 변경해야 해요.

⑤ 알았어요. 그럼 같이 일할 수 있는 다른 프로젝트를 찾아봅시다.

2.

| 소재 | 조부모님 방문

| Script |

W: Hi, John! Are you planning any exciting trips for your vacation?

M: Hi, Mrs. Smith! Yes, I'm going to visit my grandparents in Florida. They promised to take me to the beach!

W: That sounds wonderful! Have you been to the beach before?

M: Yes, I've visited the beach a few times before, and it's always so much fun.

| 해석 |

여: 안녕, John! 방학 동안 신나는 여행 계획이 있니?

남: 안녕하세요, Smith 선생님! 네, 플로리다에 계신 조부모님을 방문하려고요. 해변에 데려가 주신다고 약속하셨어요!

여: 정말 멋지네! 이전에 그 해변에 가 본 적이 있니?

남: 네, 전에 몇 번 해변을 방문한 적이 있는데 항상 너무 재미있었어요.

| 해설 |

방학 중 여행 계획을 묻는 여자에게 남자가 플로리다의 조부모님을 방문해서 해변에 갈 것이라고 답하자 여자가 그 해변에 가 본 적이 있냐고 물었으므로, 이에 대한 남자의 응답으로 가장 적절한 것은 ④ '네, 전에 몇 번 해변을 방문한 적이 있는데 항상 너무 재미있었어요.'이다.

① 저를 믿으세요. 저도 서핑을 정말 잘하는 거 알잖아요.

② 선생님의 말씀을 들으니 조부모님이 정말 그리워졌어요.

③ 조부모님이 플로리다에 도착하자마자 그분들과 해변에 갈 거예요.

⑤ 잘됐네요! 선생님과 조부모님이 해변에서 환상적인 시간을 보내길 바라요.

Dictation
본문 181쪽

1. we've been preparing, we, work together
2. Are you planning, Have you been

Practice
본문 182쪽

1. (1) thinking of (2) looking forward (3) going to
2. ①   3. (d)-(c)-(a)-(e)-(b)

1.

| 해석 |

(1) A: 여보, 저녁 식사로 무엇을 요리할 생각이에요?

B: 특별한 것은 아니에요. 로스트 치킨(오븐에 구운 치킨)과 그릴에 구운 감자를 요리할 거예요.

(2) A: Charlie, 너는 이번 겨울에 스키 캠프에 가게 되어 틀림없이 신나겠구나.

B: 물론이지. 나는 캠프를 기대하고 있어.

(3) A: 너는 내일 특별 강연에 참석할 예정이니?

B: 물론이야. 강연자가 인기가 아주 높아.

| 해설 |

(1) are you going to ~?나 are you thinking of ~?의 표현을 써서 상대방의 의도를 물을 수 있는데, 동명사 cooking 앞에는 are you thinking of를 쓰는 것이 자연스러우므로 빈칸에는 thinking of를 써야 한다.

(2) '~을 기대하고 있다'는 be looking forward to의 표현이 자연스러우므로 looking forward가 알맞다.

(3) 동사원형 attend 앞에서는 are you going to를 써서 상대방의 의도를 묻는 것이 자연스러우므로 빈칸에는 going to를 써야 한다.

| Words & Phrases |

- attend 참석하다
- lecture 강연, 강의
- popular 인기 있는

2.

| 소재 | 동아리 회의에 오지 않는 Tommy

| 해석 |

Lily: 우리는 지금 동아리 회의를 시작해야 하는데, Tommy가 아직 여기에 안 왔어.

Jack: 진짜? 그는 결코 늦거나 결석을 하지 않아. 그에게 전화를 할 거니?

Lily: 이미 했는데, 그가 받지 않았어. 그에게 무슨 일이 생겼는지 궁금해.

Jack: 틀림없이 그가 늦는 이유가 있을 거야. 기다려 보자.

| 해설 |

결코 늦거나 결석을 하지 않는 Tommy가 동아리 회의 시간이 되어도 오지 않은 상황에서, Lily가 '이미 했는데, 그가 받지 않았어.'라고 답했으므로 빈칸에 들어갈 말로 가장 적절한 것은 ① '그에게 전화를 할 거니?'이다.

② 무슨 일이 일어났는지 아니?

③ 그를 다시 만나고 싶니?

④ 그를 방문할 생각이니?

⑤ 그가 오지 않을 거라는 것을 들었니?

3.

| 소재 | 새해 계획

| 해석 |

여: 새해가 시작되었어. 너는 올해 결심한 것이 있니?

(d) 그래. 나는 공부에 집중하기 위해서 컴퓨터 게임을 하는 것을 그만두기로 결심했어.

(c) 그것 참 좋은 것 같구나. 네가 왜 그렇게 하기로 결정했는지 궁금해.

(a) 사실은 나는 대학에서 의학을 공부하고 싶어. 그래서 성적을 올려야 하거든.

(e) 그렇구나. 네가 (새해) 결심을 이루고 의대에 들어갈 수 있기를 바라.

(b) 고마워. 나도 정말 그러기를 바라.

| 해설 |
새해 결심을 묻는 주어진 말에 대한 적절한 응답은 컴퓨터 게임을 그만하겠다는 결심을 말하는 (d)이고, 그렇게 결심하게 된 계기를 묻는 (c)가 이어지는 것이 자연스럽다. (c)에 대한 응답으로는 의학을 공부하고 싶기 때문에 성적을 올려야 한다는 (a)가 와야 하고, (a)에 대한 응답으로는 새해 결심과 의대 진학 희망이 이루어지기를 바라는 (e)가 자연스럽고, 고마움을 표현하는 (b)가 마지막에 와야 한다.

| Words & Phrases |
- resolution 결심, 결의
- medicine 의학, 약
- improve 올리다, 향상시키다
- concentrate 집중하다
- achieve 이루다, 성취하다

Exercises
본문 183쪽

1. ③   2. ④   3. ①

1.
| 소재 | 할머니의 초콜릿 케이크
| Script |
M: What are you cooking, Grandma? It smells so yummy.
W: I'm baking a chocolate cake in the oven.
M: Oh, I love your chocolate cake! When will it be done?
W: You can have the cake in 30 minutes.

| 해석 |
남: 무엇을 요리하고 계세요, 할머니? 정말 맛있는 냄새가 나요.
여: 오븐에서 초콜릿 케이크를 굽고 있어.
남: 아, 저는 할머니 초콜릿 케이크를 정말 좋아해요! 그게 언제 될까요?
여: 너는 30분 있으면 케이크를 먹을 수 있어.

| 해설 |
초콜릿 케이크를 굽고 있는 여자에게 남자가 언제 되느냐고 물었으므로, 여자의 응답으로 가장 적절한 것은 ③ '너는 30분 있

으면 케이크를 먹을 수 있어.'이다.
① 나는 금방 나갈 준비가 될 거야.
② 나는 지금 너랑 함께 케이크를 사러 갈 수 있어.
④ 온라인에서 케이크를 주문하는 것은 오래 걸리지 않을 거야.
⑤ 그것이 식탁에 있으니 쉽게 찾을 수 있어.

2.
| 소재 | 학교 뮤지컬 오디션
| Script |
W: Joshua, have you heard about the audition for the school musical?
M: Yes, it'll be held next Friday. Why don't you audition for it? You're a great singer.
W: I'd love to, but I'm afraid I might fail. I'm scared to perform in public.
M: You can overcome that. Just keep practicing.

| 해석 |
여: Joshua, 학교 뮤지컬을 위한 오디션에 대해 들어 봤니?
남: 응, 다음 금요일에 열릴 거야. 그 오디션을 받는 게 어때? 너는 노래를 아주 잘하잖아.
여: 그러고 싶은데, 떨어질까 봐 걱정돼. 나는 사람들이 있는 데서 공연하는 것이 겁나.
남: 너는 그것을 극복할 수 있어. 그냥 계속 연습해.

| 해설 |
학교 오디션을 보라고 권하는 남자에게 여자가 사람들이 있는 데서 공연하는 것이 겁난다고 했으므로, 남자의 응답으로 가장 적절한 것은 ④ '너는 그것을 극복할 수 있어. 그냥 계속 연습해.'이다.
① 걱정하지 마. 너는 그것을 다른 사람이 없는 데서 할 수 있어.
② 나도 그래. 우리의 말하기 기술을 향상시키자.
③ 나는 네가 오디션에서 떨어졌다는 것을 몰랐어.
⑤ 좋아, 나는 혼자 학교 뮤지컬을 보러 가겠어.

3.
| 소재 | 출장 가기 전에 딸의 생일 축하 파티 열기
| Script |
M: Honey, I'm going on a business trip to Dubai next Friday for two weeks.
W: I see. But Lily's birthday is next Sunday. She'll be upset when she finds out that you won't be home on her birthday.
M: I know. Why don't we throw a party before I leave?
W: Good idea. Let's have a party next Wednesday.

| 해석 |
남: 여보, 나 다음 금요일에 2주 동안 두바이로 출장을 갈 거예요.

여: 알겠어요. 그런데 Lily의 생일이 다음 일요일이에요. 걔는 당신이 자기 생일에 집에 없을 것이라는 것을 알게 되면 속상할 거예요.

남: 알아요. 내가 떠나기 전에 파티를 열지 않을래요?

여: 좋은 생각이에요. 다음 수요일에 파티를 해요.

| 해설 |

다음 금요일에 출장을 떠나야 하는 남자가 자신이 출장을 떠나기 전에 딸의 생일 파티를 하자고 제안하고 있으므로, 여자의 응답으로 가장 적절한 것은 ① '좋은 생각이에요. 다음 수요일에 파티를 해요.'이다.

② 절대 안 돼요. 걔는 당신이 떠나기 전에 좋아지지 않을 거예요.

③ 좋아요. 걔는 당신을 위해 파티를 열게 되어 기쁠 거예요.

④ 그래요. 환송 파티는 항상 재미있고 감동적이에요.

⑤ 맞아요. 우리는 그녀의 생일에 깜짝 파티를 할 거예요.

07 긴 대화의 응답

Get Started
본문 184쪽

| 1. ⑤ | 2. ① |

1.

| 소재 | 보고서 작성 지연

| Script |

W: Alex, have you completed the report we talked about?

M: No, I haven't. I'm so sorry. It completely slipped my mind.

W: But we talked about how important it is for tomorrow afternoon's meeting.

M: I know. Things have been so busy that it escaped my attention.

W: This puts me in a tough situation. I really needed that report ready by today.

M: I'm truly sorry. I'll work on it tonight and give it to you first thing in the morning.

W: I appreciate that, but I wanted to analyze the data before the meeting.

M: I'll definitely get it done by tomorrow morning.

W: All right, but let's make sure this doesn't happen again. Moving forward, please keep in touch with me about your progress on tasks.

M: I'll give you timely updates from now on to prevent this.

| 해석 |

여: Alex, 우리가 이야기했던 보고서는 완성했나요?

남: 아니요, 아직 못했어요. 정말 미안해요. 그것을 완전히 깜빡했네요.

여: 하지만 우리는 그것이 내일 오후 회의에 얼마나 중요한지에 대해서 이야기했었잖아요.

남: 알고 있습니다. 일이 너무 바빠져서 그것이 제 관심에서 벗어났어요.

여: 이건 저를 곤란한 상황에 처하게 하네요. 저는 정말 오늘까지 그 보고서가 준비되어야 했어요.

남: 정말 미안해요. 오늘 밤에 작업해서 내일 아침 일찍 전해 드릴게요.

여: 감사하지만, 저는 회의 전에 그 자료를 분석하기를 원했어요.

남: 내일 아침까지는 꼭 끝내겠습니다.

여: 알겠어요, 하지만 다시는 이런 일이 일어나지 않도록 해요. 앞으로는 일의 진행 상황에 대해서 계속 연락해 주세요.

남: 앞으로는 이런 일을 피할 수 있도록 제때 소식을 전해 드리겠습니다.

| 해설 |

보고서 작성을 잊어버린 실수를 다시 반복하지 않기를 바라며, 일의 진행 상황에 대한 공유를 요청하는 여자의 말에 대한 응답이므로 ⑤ '앞으로는 이런 일을 피할 수 있도록 제때 소식을 전해 드리겠습니다.'가 가장 적절하다.

① 최종 보고서를 제출하는 것을 잊지 마세요.

② 사실은 이 일정을 따라잡기에는 너무 늦었습니다.

③ 도전적인 과제를 수행하는 것이 의미가 있을 것입니다.

④ 당신이 너무 바쁘다면 마감일을 연기해도 괜찮습니다.

2

| 소재 | 날씨로 인한 주말 계획 변경

| Script |

W: Hello, Greg. Do you have any plans for the weekend?

M: Well, I was considering going to the beach. How about you?

W: That sounds fun. May I join you?

M: Of course, but I don't think I'm actually going to go.

W: Why's that?

M: I checked the weather forecast, and it's expected to rain all weekend.

W: Is that so? That's disappointing.

M: I know. I was really looking forward to enjoying some sunshine.

W: Well, perhaps we can find an indoor activity to do. How about catching a movie?

M: That's a great idea. It's nice and dry, and still fun.

W: It's a plan, then. I can book tickets for us tonight.

| 해석 |

여: 안녕, Greg. 주말에 무슨 계획이 있니?

남: 음, 해변에 갈까 생각 중이었어. 너는?

여: 그거 재미있겠다. 같이 가도 될까?

남: 물론이지. 그런데 난 사실은 가지 않을 것 같아.

여: 왜?

남: 일기 예보를 봤는데 주말 내내 비가 올 것 같네.

여: 그래? 그거 실망스럽네.

남: 맞아. 난 정말로 약간의 햇살을 즐기기를 바랐었는데 말이야.

여: 음, 그럼 실내에서 할 수 있는 활동을 찾을 수 있을 거야. 영화 보는 것은 어떠니?

남: 좋은 생각이야. 비에 젖지 않아 좋고, 재미도 있을 거야.

여: 그럼, 그렇게 하자. 내가 오늘 밤 표를 예매할게.

| 해설 |

주말에 해변을 가려고 했지만, 비가 올 거라는 일기 예보로 대안이 되는 실내 활동을 고민하다 영화를 보러 가기로 약속한 상황이므로, 여자의 응답으로는 ① '그럼, 그렇게 하자. 내가 오늘 밤 표를 예매할게.'가 가장 적절하다.

② 걱정 마. 우리는 다른 할 것들을 찾게 될 거야.

③ 확실치 않아. 건강을 유지하려면 더 많은 신체 활동이 필요해.

④ 유감이야. 네가 대안을 고려했어야 했는데 말이야.

⑤ 잘 모르겠어. 날씨가 어떻게 될지 예측하기는 어려워.

Dictation
본문 185쪽

1. escaped my attention, get it done
2. was considering going to, enjoying some sunshine

Practice
본문 186쪽

1. ②   2. we aren't going to move out of Las Vegas
3. 상사를 더 이상 견딜 수 없는 것

1.

| 소재 | 갑자기 앞에 끼어드는 운전자

| 해석 |

Kate: 나는 California에서 끔찍한 운전자들을 너무 많이 겪었어요. 나는 너무 많이 다른 차가 갑자기 앞에 끼어드

는 경우를 당했어요.

Jason: 나도 그래요! 한번은 내가 너무 놀라서 자동차 사고가 날 뻔했어요. 사람들이 갑자기 앞에 끼어들 때 당신은 어떻게 하세요?

Kate: 나는 차분하려고 노력해요. 경적을 울리거나 그들에게 화가 난 표정을 보이지 않아요.

| 해설 |

다른 운전자가 자기 차 앞에 끼어들었을 때 Jason은 놀라서 사고가 날 뻔하기도 했는데 Kate는 경적을 울리거나 화가 난 표정을 보이지 않는다고 말했으므로 빈칸에는 ② '차분하려고'가 가장 적절하다.

① 거칠어지려고

③ 내 잘못을 인정하려고

④ 내 감정을 보이려고

⑤ 그것에 즉각 반응하려고

| Words & Phrases |

■terrible 끔찍한

■cut off (다른 차가) 갑자기 앞에 끼어들다

■honk 경적을 울리다   ■horn (차량의) 경적

■go wild 거칠어지다   ■admit 인정하다

■respond 반응하다   ■instantly 즉각

2.

| 소재 | 회사 확장하기

| 해석 |

John: Bob, 너희 회사는 여전히 Las Vegas 밖으로 옮길 계획이야?

Bob: 현재로서는 고객들의 수요가 별로 많지 않아서 Las Vegas 밖으로 옮기지 않을 거야. 우리는 이 지역에서 실적이 좋으니까, 안전책을 강구하면서 여기 머물러 있을 거야.

John: 그래, 너무 빨리 확장하려고 하는 것은 위험할 수 있어. 그렇지만 실적이 좋다는 말을 들으니 기분이 좋다.

Bob: 고마워.

| 해설 |

수요가 많지 않아서 회사를 Las Vegas 밖으로 옮기지 않을 거라는 말이 되어야 하므로 we aren't going to move out of Las Vegas가 되어야 한다.

| Words & Phrases |

■be planning to *do* ~할 계획이다

■demand 수요   ■locally 지역적으로

■play it safe 안전책을 강구하다

■risky 위험한   ■expand 확장하다

3.

| 소재 | 상사 문제

| 해석 |

Sue: 안녕, Barry. 너와 논의하고 싶은 문제가 있어.

Barry: 무슨 문제인데?

Sue: 음, 바보 같은 문제 같아서 좀 창피해.

Barry: 창피하게 생각하지 마. 나는 네 문제를 가볍게 여기지 않아. 네가 심각한 문제에 대해서만 나에게 말한다는 것을 알아.

Sue: 고마워, Barry. 사실, 나는 더 이상 내 상사를 견딜 수가 없어.

| 해설 |

Sue의 마지막 말인 I can't stand my boss anymore.에서 Sue의 고민을 알 수 있다.

| Words & Phrases |

■ discuss 논의하다　　　　■ embarrassed 창피한

■ silly 바보 같은, 어리석은　　■ issue 문제, 사안

■ take ~ lightly ~을 가볍게 여기다

■ serious 심각한, 진지한　　■ stand 참다, 견디다

Exercises
본문 187쪽

1. ②　　2. ①　　3. ④

1.

| 소재 | 조별 보고서 보내기

| Script |

[Cell phone rings.]

M: Hello?

W: Sam? Why didn't you answer my call earlier?

M: I'm sorry, Amy. I was busy working at the restaurant.

W: But don't you remember you have to send your part of the group paper by 2 o'clock?

M: By 2 o'clock today? Isn't it due tomorrow?

W: No, it's due today. I have to collect everyone's part of the paper before we submit it tomorrow.

M: I'm really sorry, but I have to work here until 5 p.m.

W: What time do you think you can send it to me?

M: About 9 p.m. I just need to put the finishing touches on it.

W: Are you sure you can finish it by 9 p.m.?

M: Definitely. I won't fail to send it by that time.

| 해석 |

[휴대 전화가 울린다.]

남: 여보세요?

여: Sam? 왜 내 전화를 더 일찍 받지 않았니?

남: 미안해, Amy. 식당에서 일하느라 바빴어.

여: 그런데 2시까지 조별 보고서에서 네가 맡은 부분을 보내야 하는 거 잊었니?

남: 오늘 2시까지? 내일까지 아니니?

여: 아니, 오늘까지야. 내일 보고서 제출하기 전에 내가 모든 조원이 맡은 부분을 모아야 해.

남: 정말 미안한데 내가 오후 5시까지 여기서 일해야 해.

여: 네 생각에 몇 시에 나한테 그걸 보낼 수 있니?

남: 오후 9시쯤. 보고서에 마무리 손질만 하면 돼.

여: 오후 9시까지 끝낼 수 있다고 확신하니?

남: 그럼. 그 시간까지 꼭 보낼게.

| 해설 |

조별 보고서에서 남자가 맡은 부분을 마무리 손질해서 오후 9시까지 보낼 수 있다고 확신하느냐는 여자의 질문에 대한 응답이므로 ② '그럼. 그 시간까지 꼭 보낼게.'가 가장 적절하다.

① 아니, 네가 그 과제를 하는 데 나를 도와줄 필요는 없어.

③ 아니. 내가 내 스마트폰을 어디에 두었는지 모르겠어.

④ 물론이지. 네가 원한다면 우리 그룹에 들어와도 돼.

⑤ 교수님이 우리에게 기한을 연장해 주실 것 같지 않아.

2.

| 소재 | 청소 대신하기

| Script |

W: Harry, do you have a minute?

M: Sure, just a second. I'm sending a text message to my mother. *[Pause]* Okay. What's up?

W: Do you know Alex went home after P.E. class?

M: No. What's the matter?

W: He had a stomachache and went to the nurse's office. The nurse told him he'd better go and see a doctor.

M: I hope he's fine.

W: He'll be fine. But you know, it's Alex's turn to empty the trash cans in the science lab today.

M: Mmm..., Mr. Johnson will be upset if they aren't emptied.

W: Right. How about you and I do it together today?

M: That's a good idea. When do you have time?

W: Let's do it right after lunch.

| 해석 |

여: Harry, 시간 좀 있니?

남: 그럼, 잠깐만. 엄마에게 문자 메시지를 보내고 있거든. *[잠시 후]* 됐다. 무슨 일이야?

여: Alex가 체육 시간 마치고 집에 간 거 알고 있니?

남: 아니. 무슨 일인데?

여: 그가 배탈이 나서 보건실에 갔어. 보건 선생님이 그에게 의사에게 가서 진찰을 받아 보는 게 낫겠다고 말씀하셨대.

남: 그가 괜찮기를 바라.

여: 그는 괜찮을 거야. 그런데 너도 알다시피, 오늘 과학 실험실에 쓰레기통을 비우는 게 Alex가 할 차례야.

남: 음…, 쓰레기통이 비워져 있지 않으면 Johnson 선생님이 언짢아하실 텐데.

여: 맞아. 오늘 너와 내가 그 일을 하는 거 어때?

남: 그거 좋은 생각이다. 너는 언제 시간이 있니?

여: 점심 식사 직후에 그 일을 하자.

| 해설 |

여자는 당번인 Alex가 아파서 조퇴했으므로 대신 과학실 쓰레기통을 함께 비우자고 했고, 남자가 이에 동의하면서 언제 시간이 있느냐고 물었으므로 ① '점심 식사 직후에 그 일을 하자.'가 가장 적절한 응답이다.

② 쓰레기를 내다 놓는 것은 어려워.

③ Alex에게 안부 전하는 거 기억해.

④ 약을 복용한 후에 나아졌어.

⑤ Alex가 오늘 집에 갔다는 걸 몰랐어.

3.

| 소재 | 여행 계획 세우기

| Script |

W: Hey, Chris, what are you planning to do during the summer vacation?

M: I'm thinking of going to Hawaii.

W: Oh, yeah. You're interested in surfing, aren't you?

M: Right. I also want to go snorkeling.

W: But who will pay for your traveling expenses?

M: I will. I've been working part-time to save money for the past year.

W: That's great.

M: But I still don't know exactly how much it'll cost.

W: My cousin went to Hawaii last year. She can probably give you some information.

M: Great. I'd like to talk to her.

W: Okay. I'll call her and put you on the phone.

| 해석 |

여: 이봐, Chris, 여름 방학 동안 뭐 할 계획이야?

남: 하와이에 갈까 생각 중이야.

여: 오, 그래. 너는 서핑하는 데 관심이 있는 거지, 그렇지?

남: 맞아. 스노클링도 하러 가고 싶어.

여: 그런데 네 여행 경비는 누가 내지?

남: 내가 낼 거야. 지난 1년 동안 돈을 모으려고 시간제로 일하고 있어.

여: 대단하구나.

남: 하지만 아직 경비가 정확하게 얼마나 드는지 모르겠어.

여: 내 사촌이 작년에 하와이에 갔어. 그녀가 아마 너에게 정보를 좀 줄 수 있을 거야.

남: 잘됐다. 그녀와 이야기하고 싶어.

여: 알았어. 내가 그녀에게 전화해서 너를 바꿔 줄게.

| 해설 |

하와이 여행에 드는 경비에 대해 작년에 그곳에 갔던 여자의 사촌과 이야기하고 싶다는 남자의 말에 대한 응답이므로 ④ '알았어. 내가 그녀에게 전화해서 너를 바꿔 줄게.'가 가장 적절하다.

① 시간제로 일하는 게 어려웠어.

② 먼저 수영하는 법을 배우는 게 어때?

③ 당장 함께 해변으로 가자.

⑤ 나는 아직 방학 동안 뭘 할지 모르겠어.

08 상황 파악 및 복합 이해

Get Started   본문 188쪽

1. ⑤   2. ④   3. ④

1.

| 소재 | 휴대 전화 가지러 가기

| Script |

W: David's class goes on an enjoyable field trip to the museum. When they board the bus to go back home from the museum, David fastens his seat belt. Ms. Stone, his teacher, asks the students if they have left anything behind. David checks his belongings and realizes he doesn't have his cell phone. He remembers setting it down on the museum bathroom counter when he was washing his hands, and he forgot to take it. He raises his hand to get Ms. Stone's attention and to explain that he needs to go back and get his cell phone. In this situation, what would David most likely say to Ms. Stone?

David: Can I go back to the restroom to get my cell phone?

| 해석 |

여: David의 학급은 박물관으로 즐거운 현장 학습을 갑니다.

박물관에서 집으로 돌아가고자 버스에 탈 때 David는 안전벨트를 맵니다. Stone 선생님은 학생들에게 두고 온 물건이 있는지 묻습니다. David는 자신의 소지품을 확인한 후 휴대 전화가 없다는 사실을 깨닫습니다. 그가 손을 씻을 때 휴대 전화를 박물관 화장실 세면대에 내려놓았던 것을 기억하는데, 그는 그것을 가져오는 것을 잊었던 것입니다. 그는 Stone 선생님의 주의를 끌고 돌아가서 자신의 휴대 전화를 가져와야 한다고 설명하기 위해 손을 듭니다. 이런 상황에서 David는 Stone 선생님에게 뭐라고 말하겠습니까?

David: 화장실로 돌아가서 휴대 전화를 가져올 수 있을까요?

| 해설 |
David는 박물관의 화장실에서 손을 씻을 때 화장실 세면대에 휴대 전화를 내려놓은 것과 그것을 가져오는 것을 잊었다는 사실을 나중에 버스 안에서 깨달은 후 Stone 선생님께 이러한 사실을 설명해야 하는 상황이므로, David가 Stone 선생님에게 할 말로 가장 적절한 것은 ⑤ '화장실로 돌아가서 휴대 전화를 가져올 수 있을까요?'이다.
① 제 안전벨트에 문제가 있는지 궁금합니다.
② 제 휴대 전화를 사용해서 어머니에게 전화하고 싶습니다.
③ 우리가 언제 학교에 도착할지를 말해 주실 수 있을까요?
④ 현장 학습이 얼마나 즐거웠는지를 말씀드리고 싶습니다.

[2~3]
| 소재 | 식물을 기르기 위해 고려해야 할 사항
| Script |
M: Hello, everyone. I'm sure most of you like to garden, or at least have some plants at home. Plants are great for improving air quality and reducing stress. But before you start growing, you need to consider some basic things to make sure they grow well. Let's cover four important things. First, plants need sunlight to grow, so it's vital to place your plants where they can get plenty of natural light. Also, water is very important for plant growth, so water them regularly, but be careful not to overwater them. Next, plants need nutrients to grow, so use the right fertilizer to provide them with essential vitamins. Finally, proper soil is essential for the health of your plants. Choose well-draining soil to support healthy roots. By keeping these four important things in mind, you can help your plants grow strong and healthy.

| 해석 |
남: 안녕하세요, 여러분. 여러분 대부분은 정원 가꾸는 것을 좋아하거나 적어도 집에 일부 식물을 키우고 있을 것입니다. 식물은 공기의 질을 향상시키고 스트레스를 완화시키는 데 좋습니다. 하지만 식물을 키우기 시작하기 전에 식물이 잘 자라도록 확실히 하기 위해 몇 가지 기본적인 사항을 고려해야 합니다. 네 가지 중요한 사항에 대해 다루어 봅시다. 첫째, 식물이 자라려면 햇빛이 필요하므로 자연광을 충분히 받을 수 있는 곳에 식물을 배치하는 것이 중요합니다. 또한, 물은 식물 성장에 매우 중요하므로 정기적으로 물을 주되 너무 많이 주지 않도록 주의하세요. 다음으로, 식물이 자라려면 영양분이 필요하므로 올바른 비료를 사용하여 필수 비타민을 공급해 주세요. 마지막으로, 식물의 건강을 위해서는 적절한 토양이 필수적입니다. 건강한 뿌리를 지탱할 수 있도록 배수가 잘되는 토양을 선택하세요. 이 네 가지 중요한 사항을 명심함으로써 여러분은 식물이 튼튼하고 건강하게 자라는 데 도움을 줄 수 있습니다.

| 해설 |
2. 남자는 식물을 기르기 위해 고려해야 할 네 가지 중요한 사항에 대해 말하고 있으므로 남자가 하는 말의 주제로 가장 적절한 것은 ④ '식물을 기르기 위해 고려해야 할 중요한 요소들'이다.
① 식물을 온라인으로 주문하는 것에 대한 조언
② 식물을 약으로 사용해야 할 필요성
③ 각 나라를 상징하는 식물에 대한 이야기
⑤ 환경의 변화가 식물 성장에 미치는 영향
3. 남자는 식물을 잘 기르기 위해 고려해야 할 중요한 요소로 햇빛, 물, 영양분, 토양을 언급했지만 ④ '온도'는 언급하지 않았다.

Dictation　　　　본문 189쪽
1. left anything behind, get his cell phone
2. they grow well, is essential for

Practice　　　　본문 190쪽
1. ②　　2. (d)-(a)-(c)-(b)
3. (1) I've been looking forward to　(2) I'm curious about
(3) I wish I could

1.
| 소재 | 음악 콘서트에 못 간 이유
| 해석 |
Paul: 어제 음악 콘서트 어땠어?
Amy: 글쎄, 정말 훌륭했다고 하던데.
Paul: 하던데? 거기 안 갔어?

Amy: 응. 갈 수가 없었어.

Paul: 무슨 일 있었어? 넌 그 콘서트를 고대하고 있었잖아.

Amy: 응. 그것을 정말 보고 싶었는데, 어제 심한 복통을 앓았어.

Paul: 안됐다. 좋아지기를 바랄게.

Amy: 좋아지고 있어. 고마워.

| 해설 |

Amy는 심한 복통 때문에 고대하던 음악 콘서트에 가지 못했다는 내용의 대화이다. 빈칸 다음에 Amy가 정말로 보고 싶었다고 답했으므로, 빈칸에 들어갈 말로 가장 적절한 것은 ② '넌 그 콘서트를 고대하고 있었잖아.'이다.

① 표가 매진되었다고 네가 내게 말했잖아.

③ 너하고 거기에 갈 수 없었던 거 미안해.

④ 콘서트가 갑자기 취소되었다고 하던데.

⑤ 너의 병에 대해서 알 수 있었더라면 좋을 텐데.

| Words & Phrases |

▪stomachache 복통

2.

| 소재 | Sam의 생일 선물

| 해석 |

여: Sam의 생일에 Sam에게 무엇을 줄 거야?

(d) 그에게 책 한 권을 사 줄 거야.

(a) 글쎄, 그가 그것을 좋아할지 궁금하네. 대신, 야구 글러브는 어떨까?

(c) 그게 더 좋은 생각 같은데. 그는 야구를 정말 좋아하잖아.

(b) 맞아. 스포츠용품점에 가서 야구 글러브를 하나 함께 사자.

남: 알았어. 오늘 방과 후에 거기에 가자.

| 해설 |

Sam의 생일 선물을 두고 남자와 여자가 의견을 교환하고 있는 대화로, 책 한 권을 사 줄까 생각하고 있는 남자에게 여자가 Sam이 야구를 좋아하니까 글러브를 사 주자고 말하고, 남자가 여자의 말에 동의하는 흐름으로 대화를 배열하면 된다.

| Words & Phrases |

▪sporting goods store 스포츠용품점

3.

| 해석 |

(1) A: 당신 오늘 기분이 매우 좋아 보이는군요.

　　 B: 다음 주에 인도를 갈 거라서 기분이 좋아요. 그것을 <u>나는 고대해 왔어요</u>.

(2) A: 오늘 저녁에 당신이 무엇을 요리할지가 <u>궁금해요</u>.

　　 B: 스테이크와 해물 샐러드를 만드는 것을 생각하고 있어요.

(3) A: 당신과 더 오래 있을 <u>수 있으면 좋겠지만</u>, 지금 가야 합니다.

　　 B: 괜찮아요. 함께 시간을 보내서 즐거웠습니다. 우리 곧

다시 만나요.

| 해설 |

(1) B가 다음 주에 인도를 가게 되어 매우 기분이 좋아 보인다는 내용이므로, look forward to(~을 고대하다)로 표현한다.

(2) B가 저녁에 스테이크와 샐러드를 만들려고 한다는 내용이므로, I'm curious about(~이 궁금하다)으로 표현한다.

(3) A가 지금 가야 한다는 말을 빈칸 다음에 했으므로, I wish I could(~할 수 있으면 좋겠다)로 표현한다.

| Words & Phrases |

▪mood 기분　　　　　　　　　▪seafood 해물

▪hang out with ~와 많은 시간을 보내다

Exercises
본문 191쪽

1. ①　　　2. ②　　　3. ④

1.

| 소재 | 글을 잘 쓰는 비결로서의 일기 쓰기

| Script |

M: Susan and Tom are close friends. Susan won first place in the school essay contest last week. But Tom didn't win any prize. He's been trying to figure out what he could do to improve his writing, but he hasn't come up with any good ideas. So he asks Susan for some writing tips. Susan writes down what happens to her every day. She's been keeping a diary for three years. Because she's been doing that, she's able to organize her thoughts and improve her vocabulary. She thinks this could help him. Now she wants to tell Tom about this writing tip. In this situation, what would Susan most likely say to Tom?

Susan: <u>I'd recommend keeping a daily diary.</u>

| 해석 |

남: Susan과 Tom은 친한 친구입니다. Susan은 지난주 학교 에세이 대회에서 1등을 했습니다. 하지만 Tom은 어떤 상도 타지 못했습니다. 그는 자신의 글쓰기를 향상시키기 위해 자신이 무엇을 할 수 있는지를 알아내려고 노력했지만, 어떤 좋은 아이디어도 생각해 내지 못했습니다. 그래서 그는 글을 잘 쓰기 위한 몇 가지 조언을 Susan에게 묻습니다. Susan은 매일 자신에게 일어난 일을 적습니다. 그녀는 3년 동안 일기를 써 오고 있습니다. 그것을 해 오고 있기 때문에, 그녀는 자신의 생각을 정리하고 어휘력을 향상시킬 수 있습니다. 그녀는 이것이 그를 도울 수 있을 것이라고 생각합니다. 이제 그녀는 글을 잘 쓰기 위한 이 조언을 Tom에

게 말해 주고 싶습니다. 이런 상황에서, Susan은 Tom에게 뭐라고 말하겠습니까?

Susan: <u>매일 일기를 쓰는 것을 권하고 싶어.</u>

| 해설 |

학교 에세이 대회에서 1등을 한 Susan은 상을 타지 못한 Tom에게서 글을 잘 쓰기 위한 조언에 관해 질문을 받고 일기를 쓰는 것이 좋은 글쓰기의 비결이라는 것을 Tom에게 말해 주려고 하는 상황이다. 그러므로 Susan이 Tom에게 할 말로 가장 적절한 것은 ① '매일 일기를 쓰는 것을 권하고 싶어.'이다.
② 나는 네가 글쓰기 수업을 들어야 한다고 생각해.
③ 글을 잘 쓰는 최선의 방법은 책을 많이 읽는 거야.
④ 학교 에세이 대회에 참가하자.
⑤ 나는 네가 왜 상을 못 탔는지 모르겠어.

[2~3]

| 소재 | 기분을 좋게 해 주는 음식들

| Script |

W: Are you feeling stressed or depressed these days, and not in your normal good mood? If so, there's something you can do to get you feeling good again: change what you eat. Adding certain foods to your daily diet can help you enhance your mood. Today, I'll tell you about some of them. First, when you're feeling low, drink a glass of low-fat milk. It is rich in vitamin A and B, which enhance your mood. Second, cherry tomatoes are a good snack because they're really convenient to carry. And they're very helpful to reduce anxiety. Third, one of the best mood-enhancing foods is chocolate. Dark chocolate is the best type of chocolate because it is healthier and contains more of the properties that help you feel better. Finally, grab a handful of nuts, such as walnuts, hazelnuts, and almonds. Nuts are known for relieving bad feelings. The next time you're in a bad mood, remember to grab some of these mood-enhancing foods.

| 해석 |

여: 요즘 스트레스를 받거나 우울하다고, 그리고 보통 때처럼 기분이 좋지 않다고 느끼고 있습니까? 만약 그렇다면, 다시 기분을 좋게 하기 위해 여러분이 할 수 있는 것이 있습니다. 그것은 먹는 것을 바꾸는 것입니다. 매일 먹는 음식에 특정한 음식을 더하면 기분을 좋게 하는 데 도움이 될 수 있습니다. 오늘, 저는 그중 몇 가지에 관해 말씀드리고자 합니다. 첫째, 침울할 때는 저지방 우유 한 잔을 마시세요. 그것에는

비타민 A와 B가 풍부하여 여러분의 기분을 좋게 해 줍니다. 둘째, 방울토마토는 가지고 다니기에 정말로 편리하기 때문에 좋은 간식입니다. 그리고 그것은 불안감을 줄이는 데 매우 도움이 됩니다. 셋째, 기분을 좋게 하는 최상의 음식 중 하나는 초콜릿입니다. 진갈색 초콜릿은 건강에 더 좋고 기분을 더 좋게 하는 더 많은 특성을 함유하고 있기 때문에 가장 좋은 형태의 초콜릿입니다. 마지막으로 호두, 헤이즐넛, 그리고 아몬드와 같은 견과류 한 움큼을 드세요. 견과류는 상한 마음을 완화시키는 것으로 알려져 있습니다. 다음번에 기분이 좋지 않을 때는, 기분을 좋게 하는 이런 음식 중 몇 가지를 드실 것을 기억하세요.

| 해설 |

2. 여자는 스트레스를 받거나 기분이 우울할 때 먹는 것을 바꾸면 기분이 더 좋아질 수 있다고 말한 다음, 그에 해당하는 음식 몇 가지를 소개하고 있다. 그러므로 여자가 하는 말의 목적으로 가장 적절한 것은 ②이다.

3. 여자는 기분을 좋게 하는 데 도움이 되는 음식으로 저지방 우유, 방울토마토, 진갈색 초콜릿, 호두 등을 언급했지만, ④ '신선한 과일 주스'는 언급하지 않았다.

EBS

고등학교
입문서
NO. 1

고등
예비
과정

공통영어

사교육 해.결.사.

🔍 **사교육 해.결.사.**

교육부 시도교육청 EBS

교육부, 교육청, EBS 가 나섰다!

EBS 화상튜터링

*화상튜터링은?

화상튜터링 서비스는 학생들이 EBS 교재, 강좌를 통해 중3, 고1 학생 개인의 수준에 맞는 학습을 강화하고 자기주도학습 역량을 키울 수 있도록 돕는 **개인 맞춤형 온라인 튜터링 서비스**입니다.

현행학습 지원

선행 No! 현행 Yes!

화상튜터링 서비스는 **선행 학습을 지양**하고 현재 학년의 학습 내용을 충실히 이해하고 다질 수 있도록 지원합니다.

학생들이 현재 배우고 있는 과목에 대한 이해도를 높이고, 학습 효과를 극대화할 수 있습니다.

개인별 맞춤코칭

· 학생들은 **EBS 교재**와 **강좌**를 스스로 학습하는 과정에서 궁금한 점이나 이해가 되지 않는 부분을 **멘토에게 질문** 하고 **해결**할 수 있습니다.

· 멘토는 개별 학생의 학습 수준과 필요에 맞춰 **맞춤형 지도**를 제공합니다.

*대학생 튜터링은 1:1,교사 튜터링은 소규모 그룹(1:4 등) 으로 진행

자기주도학습 지원

· 화상튜터링 서비스는 학생들이 **스스로 학습 계획**을 세우고 **목표를 달성**할 수 있도록 돕습니다.

· 멘토는 학생의 **자기주도 학습을 적극 지원**하며, 학습 동기 부여와 효과적인 학습 방법을 지도합니다.

튜터링 비용 무료

· 학생들은 **무료**로 교사와 대학생 멘토를 통해 학습 지원을 받을 수 있습니다.

· 경제적인 부담 없이 **전문적인 학습 지원**을 받을 수 있는 기회를 제공합니다.

· 멘티에게는 총 48회차의 튜터링이 무료로 제공됩니다.

· 대학생 멘토에게는 최대 시간당 2만원, 교사 멘토에게는 방과후 수당 수준의 튜터링 수당이 지급됩니다.

멘토가 되고 싶어요!

현직 교사, 대학생(휴학생 포함)

※ 2024년 EBS 화상튜터링은 시범사업으로 12개 시도교육청이 참여합니다. 자세한 내용은 '화상튜터링' 신청 페이지를 참고해주세요.

※ 사업 참여 시도교육청
·교사 튜터링 : 울산, 강원, 충북, 충남, 전북
·대학생 튜터링 : 서울, 부산, 광주, 세종, 경기, 강원, 충북, 충남, 전북, 전남, 제주

멘티가 되고 싶어요!

중3, 고1 학생

모집 일정

2024년 6월 4일부터

튜터링 과목

수학, 영어 중 택 1

신청 방법

STEP 1 함께학교 사이트 접속

www.togetherschool.go.kr

STEP 2 멘토/멘티 신청

함께학교 사이트 > 스터디카페 > 화상튜터링 > 멘토/멘티 신청하기
희망과목, 수업시간, 수업방식 등을 작성하여 제출해주세요.
심사를 통해 선정됩니다.

STEP 3 결과보기

함께학교 사이트 > 스터디카페 > 화상튜터링 > 결과보기
멘티/멘토 신청 진행 상황 및 결과를 확인하세요.

▲ 함께학교 QR

문의 : [EBS화상튜터링] 카카오채널톡, 02-526-2114 (운영시간 평일 09시 ~ 18시, 점심시간 12시~13시)

고1~2, 내신 중점

구분	고교 입문 >	기초 >	기본 >	특화	+ 단기
국어	고등예비 과정	윤혜정의 개념의 나비효과 입문 편 + 워크북 어휘가 독해다! 수능 국어 어휘	기본서 올림포스 —— 올림포스 전국연합 학력평가 기출문제집 —— 유형서 올림포스 유형편	국어 특화 국어 독해의 원리 　 국어 문법의 원리	단기 특강
영어		내 등급은? 정승익의 수능 개념 잡는 대박구문 주혜연의 해석공식 논리 구조편		영어 특화 Grammar POWER 　 Listening POWER Reading POWER 　 Voca POWER 영어 특화 고급영어독해	
수학		기초 50일 수학 + 기출 워크북 매쓰 디렉터의 고1 수학 개념 끝장내기	고급 올림포스 고난도	수학 특화 수학의 왕도	
한국사 사회			기본서 개념완성	고등학생을 위한 多담은 한국사 연표	
과학		50일 과학	개념완성 문항편	인공지능 수학과 함께하는 고교 AI 입문 수학과 함께하는 AI 기초	

과목	시리즈명	특징	난이도	권장 학년
전 과목	고등예비과정	예비 고등학생을 위한 과목별 단기 완성		예비 고1
	내 등급은?	고1 첫 학력평가 + 반 배치고사 대비 모의고사		예비 고1
국/영/수	올림포스	내신과 수능 대비 EBS 대표 국어·수학·영어 기본서		고1~2
	올림포스 전국연합학력평가 기출문제집	전국연합학력평가 문제 + 개념 기본서		고1~2
	단기 특강	단기간에 끝내는 유형별 문항 연습		고1~2
한/사/과	개념완성&개념완성 문항편	개념 한 권 + 문항 한 권으로 끝내는 한국사·탐구 기본서		고1~2
국어	윤혜정의 개념의 나비효과 입문 편 + 워크북	윤혜정 선생님과 함께 시작하는 국어 공부의 첫걸음		예비 고1~고2
	어휘가 독해다! 수능 국어 어휘	학평·모평·수능 출제 필수 어휘 학습		예비 고1~고2
	국어 독해의 원리	내신과 수능 대비 문학·독서(비문학) 특화서		고1~2
	국어 문법의 원리	필수 개념과 필수 문항의 언어(문법) 특화서		고1~2
영어	정승익의 수능 개념 잡는 대박구문	정승익 선생님과 CODE로 이해하는 영어 구문		예비 고1~고2
	주혜연의 해석공식 논리 구조편	주혜연 선생님과 함께하는 유형별 지문 독해		예비 고1~고2
	Grammar POWER	구문 분석 트리로 이해하는 영어 문법 특화서		고1~2
	Reading POWER	수준과 학습 목적에 따라 선택하는 영어 독해 특화서		고1~2
	Listening POWER	유형 연습과 모의고사·수행평가 대비 올인원 듣기 특화서		고1~2
	Voca POWER	영어 교육과정 필수 어휘와 어원별 어휘 학습		고1~2
	고급영어독해	영어 독해력을 높이는 영미 문학/비문학 읽기		고2~3
수학	50일 수학 + 기출 워크북	50일 만에 완성하는 초·중·고 수학의 맥		예비 고1~고2
	매쓰 디렉터의 고1 수학 개념 끝장내기	스타강사 강의, 손글씨 풀이와 함께 고1 수학 개념 정복		예비 고1~고1
	올림포스 유형편	유형별 반복 학습을 통해 실력 잡는 수학 유형서		고1~2
	올림포스 고난도	1등급을 위한 고난도 유형 집중 연습		고1~2
	수학의 왕도	직관적 개념 설명과 세분화된 문항 수록 수학 특화서		고1~2
한국사	고등학생을 위한 多담은 한국사 연표	연표로 흐름을 잡는 한국사 학습		예비 고1~고2
과학	50일 과학	50일 만에 통합과학의 핵심 개념 완벽 이해		예비 고1~고1
기타	수학과 함께하는 고교 AI 입문/AI 기초	파이선 프로그래밍, AI 알고리즘에 필요한 수학 개념 학습		예비 고1~고2